Os Ensinamentos de Jesus
e a Tradição Esotérica Cristã

Raul Branco

Os Ensinamentos de Jesus

e a Tradição Esotérica Cristã

EDITORA TEOSÓFICA

Direitos Reservados à
EDITORA TEOSÓFICA
Sig Sul Qd. 6 Lt. 1.235
70.610-460 – Brasília-DF – Brasil
Tel.: (61) 3322.7843
E-mail: editorateosofica@editorateosofica.com.br
Site: www.editorateosofica.com.br

B816 Branco, Raul

Os ensinamentos de Jesus e a tradição esotérica cristã.
Raul Branco:1.ed.- Brasília:
Editora Teosófica, 2014.

ISBN: 978-85-7922-103-3

1. Cristianismo
II. Título

CDD 230

Reimpressão: 2022

Revisão:
Zeneida Cereja da Silva
Diagramação:
Helkton Gomes - Fone (61) 8485-2561
helkton@hotmail.com
Obra da capa:
Sermão da Montanha, por Carl Bloch, século XIX.
Capa:
Herbert Barbosa
Impressão:
Grafika Papel e Cores
papelecores@gmail.com

Este livro é dedicado, com respeito e admiração, ao apóstolo Paulo de Tarso, pedra fundamental da verdadeira Igreja de Cristo. Que o exemplo de sua vida dedicada ao serviço da humanidade sirva de inspiração a todos que aspiram viver em Cristo.

SUMÁRIO

PREFÁCIO

Comecei a pesquisar os ensinamentos internos do Cristianismo primitivo por estar convencido de que Jesus não poderia ter omitido de suas instruções o instrumental para o caminho espiritual, à semelhança dos métodos conhecidos nas principais tradições orientais. Essas tradições têm atraído milhares de cristãos sinceros, mas desiludidos com o receituário do Cristianismo tradicional. A riqueza do material encontrado, geralmente pouco conhecido, foi tão surpreendente que resolvi sistematizá-lo e apresentá-lo sob a forma de livro.

Ao mergulhar no estudo das tradições orientais, principalmente do Budismo, do *Yoga*, do Vedanta e do substrato de todas essas tradições, a Teosofia, descobri que o lado esotérico da tradição cristã tem todos os ingredientes das formas esotéricas dessas outras e que a devoção realmente caminha de mãos dadas com a razão. Em face dos inúmeros ensinamentos transformadores que capacitam a união do buscador com o Supremo Bem, poder-se-ia dizer que essa tradição seria o *Yoga* cristão, bem pouco conhecido dos cristãos, porque é derivado dos ensinamentos reservados de Jesus. Lembramos que *Yoga* é um termo sânscrito que significa união, mas que é usado também, por extensão, para transmitir de forma sistemática a metodologia que visa promover a união da natureza exterior do homem com sua natureza interior.

Como o esoterismo cristão é muito rico, e a literatura existente muito extensa, o foco deste trabalho foi direcionado para o ponto central dos ensinamentos esotéricos de Jesus, ou seja, a busca do Reino de Deus. Procuraremos elucidar esse tema sobre o qual todo o ministério de Jesus foi baseado, explorando o caminho que leva ao Reino, bem como o método e o instrumental facilitador que capacitam a entrada pela porta estreita e o trilhar do caminho apertado.

O mais surpreendente, como será visto a seguir, é que a essência dos ensinamentos mais profundos de Jesus sempre esteve expressa na Bíblia e em outros documentos sem ser devidamente percebida. É como se as joias mais preciosas da mensagem bíblica estivessem escondidas debaixo de nossos olhos sob a aparência de coisas sem maior importância. Dentre essas preciosidades negligenciadas do esoterismo cristão, poderíamos mencionar: "Eu e o Pai somos Um," "Conhecereis a verdade e a verdade vos libertará," "Já não sou eu que vivo, mas é Cristo que vive em mim," "Quem não nascer de novo não poderá entrar no Reino dos Céus," "Vinde a mim as criancinhas," "Se o grão de trigo que cai na terra não morrer, permanecerá só; mas se morrer produzirá muito fruto."

Esses exemplos e muitos outros evidenciam que os ensinamentos esotéricos de Jesus foram preservados em dois segmentos: no primeiro, encontram-se as proposições, instruções e os acontecimentos da vida do Salvador, que estão descritos na Bíblia e em diversos documentos apócrifos; no outro, estão os detalhamentos dessas instruções, com as explicações de suas razões e as técnicas e os métodos para o aprimoramento da vida espiritual. Essas instruções e explanações, que não se encontram na Bíblia nem nos documentos apócrifos, foram passadas de boca a ouvido, naquilo que se chama de tradição oral ou mesmo por meio de outros métodos que serão abordados posteriormente. Este livro é em grande parte um trabalho de reconstituição dos diferentes aspectos desses ensinamentos.

Quando buscamos sintonia com o Mestre em nossas meditações, depois de algum tempo, a confusão inicial cede lugar à simplicidade essencial da mensagem divina, facilitando-nos a tarefa de desenterrar a tradição interna que desconhecíamos. Os objetivos da mensagem salvífica de Jesus começam a aclarar-se, seus métodos de transmissão de instruções fazem-se presentes, e seus ensinamentos surgem como joias preciosas escondidas sob o véu da alegoria.

Vivemos na ilusão da separatividade, alimentados pelo egoísmo e pelo orgulho, pensando que criamos de forma separada e independente alguma coisa. A realidade, no entanto, é que cada ser humano é tão somente uma célula no grande organismo da humanidade. Como tal, a mente de cada um nada mais é do que um aspecto da mente universal, também chamada de inconsciente coletivo ou mente divina. Dentro da mente divina, a verdade está eternamente presente em sua forma essencial, embora seja apresentada de diferentes maneiras pelos inumeráveis aspectos individuais desse grande Todo. Verifiquei que, quanto mais procurava estudar e meditar sobre os ensinamentos de Jesus, mais livros e ideias sobre o assunto iam aparecendo. Percebi que muitas outras almas já haviam decifrado e interpretado boa parte dos ensinamentos do Salvador. Minha tarefa, portanto, foi grandemente facilitada, pois foi possível coligir a essência do que já estava escrito e aproveitar parte do que ainda estava no mundo mental à espera de ser expresso. Como é natural, minhas deficiências literárias, intelectuais e espirituais explicam as falhas que serão encontradas ao longo do texto.

Gostaria de expressar meu reconhecimento pelas muitas ideias e inspirações que recebi de tantas pessoas. Vários irmãos altruístas, pacientes e eruditos leram parte ou todo o texto inicial e contribuíram generosamente para melhorá-lo. Dentre estes destaco José Trigueirinho, Ísis Resende, Gilda Maria Vasconcelos, Sérgio Curi, Delzita Portela de Carvalho, Eliane Araque dos Santos, Ricardo Lindenman, Carlos Cardoso Aveline, Siegfried Elsner, Pe. João Inácio Kolling, Pe. Manoel Iglesias SJ, Marco Aurélio Bilibio, Marly Ponce Branco e, em especial, meu bom amigo Edilson Almeida Pedrosa, que, como em minha obra anterior, *Pistis Sophia*, foi de inestimável ajuda, revendo e criticando com paciência, perspicácia e incansável atenção, as várias versões pelas quais o texto passou.

O leitor ansioso em obter uma visão de conjunto do livro, antes de mergulhar nos detalhes explicativos e operacionais do processo de transformação interior do homem velho no homem novo, poderá ler a Introdução, o Anexo 1, e os capítulos 4, 8, 13, 26, e 27. Uma vez efetuada essa leitura seletiva, esperamos que o verdadeiro buscador da tradição cristã tenha a motivação necessária para efetuar não mais uma leitura, mas um estudo atento do texto completo.

I

INTRODUÇÃO

I. INTRODUÇÃO

O cristão dedicado, sincero e que toma sua cruz, seguindo a orientação do Mestre, pode se questionar como é possível que o entusiasmo da cristandade dos três primeiros séculos, que manteve o fervor apesar das perseguições implacáveis, possa ter arrefecido e se transformado, para grande parte daqueles que se dizem cristãos, numa mera afiliação religiosa pró-forma, sem o envolvimento de seu coração. As causas dessa mudança qualitativa da religiosidade do cristão são complexas, mas podem ser em boa parte imputadas ao fato de que a maioria das igrejas atuais distanciou-se dos ideais originais, retornando ao comportamento de obediência a rituais externos e a práticas religiosas mecânicas que Jesus havia tão duramente criticado nos fariseus e levitas. São poucos os cristãos no mundo de hoje que procuram realmente entender os ensinamentos de Jesus e, um menor número ainda, seguir o Mestre.

Com o passar dos séculos, a mensagem central de Jesus foi progressivamente desvirtuada e terminou sendo esquecida. Em vez de buscarmos o Reino dos Céus aqui e agora, colocamos a nossa esperança num paraíso distante, talvez no outro mundo. Porém, se meditarmos profundamente sobre a essência dos ensinamentos de Jesus, deixando de lado nossas ideias preconcebidas, chegaremos à conclusão de que somos o próprio filho pródigo e que um dia retornaremos à Casa do Pai, que é o Reino dos Céus, voltando ao estágio de pureza prístina original de um Filho de Deus, tornando-nos, então, um Cristo[1] e podendo dizer, por experiência própria, que *Eu e o Pai somos um* (Jo 10:30). Paulo demonstra estar em sintonia com essa realidade

[1] Peter Roche de Coppens sugere que: "Tornar-se um 'verdadeiro' cristão, para mim não é mais do que se tornar um 'ser humano crístico,' um ser humano que alcançou a verdadeira Iniciação espiritual. Um ser humano em quem o Senhor é Rei e Governa; um ser humano em quem o Eu espiritual tornou-se o princípio unificador e integrador da psique e dos pensamentos, emoções, desejos, palavras e ações: um ser humano, então, que se torna num outro Cristo vivo." *Divine Light and Fire: Experiencing Esoteric Christianity* (Rockport, Mass: Element, 1992), p. 7.

ao dizer: *Já não sou eu que vivo, mas é Cristo que vive em mim* (Gl 2:20). Esse entendimento do potencial ilimitado do homem e o conhecimento da herança divina podem ser obtidos por meio do estudo e da vivência do lado esotérico de nossa tradição, que permaneceu esquecido e negligenciado por tantos séculos.

O primeiro passo para usufruirmos da herança divina é a decisão de reivindicá-la. Para isso temos que nos desvencilhar dos condicionamentos limitativos impostos por muitos séculos de apatia intelectual e de ausência do exercício da vontade. A verdade sempre esteve ao nosso alcance, mas, por várias razões, deixamos escapar a oportunidade de percebê-la. Podemos, no entanto, reverter esta situação porque o momento atual é extremamente propício para o despertar espiritual. Felizmente, os ensinamentos esotéricos da tradição cristã não foram totalmente perdidos. Eles podem ser recuperados, compreendidos e, se devidamente vivenciados, podem mudar nossas vidas, permitindo que alcancemos *O estado de Homem Perfeito, a medida da estatura da plenitude de Cristo*. (Ef 4:13)

O primeiro passo neste estudo dos ensinamentos de Jesus é deixar claro que o Cristianismo, em sua essência última, não é uma instituição, mas sim uma convicção interior. Essa convicção, a verdadeira fé, deve guiar a conduta de seus seguidores rumo à meta final, o Reino, deixando um rastro de boas obras ao longo do caminho trilhado.

Um aspecto pouco conhecido da natureza cíclica da manifestação é o de que, em cada final de século, a Providência Divina aumenta o fluxo de energias espirituais para estimular o progresso da humanidade. Ocorrem também ciclos maiores, como ciclos milenares e ciclos envolvendo as grandes eras. A humanidade está vivendo agora um momento muito especial, a confluência de três ciclos, o centenário, o milenar e o de transição da era de Peixes para a era de Aquário. Isso pode ser notado pelas pessoas mais sensitivas. O resultado dessa ação energética inusitada se faz sentir no mundo das ideias e do comportamento humano. Nesta virada do terceiro milênio, estamos vivendo um momento extremamente propício para tornar conhecidas as coisas ocultas. Por isso nos esforçamos para fazer com que os ensinamentos de Jesus entesourados em documentos raros, ao alcance apenas de um limitado círculo de estudiosos, sejam postos à disposição dos cristãos sinceros que ainda não conhecem a inteireza de sua mensagem.

Como não podia deixar de ser, essas energias afetaram de forma positiva a vida espiritual do planeta. As estruturas religiosas foram induzidas a alargar seus horizontes para abranger outros grupos e outras etnias. Em virtude da invasão chinesa, que forçou um êxodo de grandes proporções da comunidade monástica tibetana, o Budismo tibetano passou a ser conhecido e praticado por centenas de milhares de pessoas em quase todo mundo ocidental, quebrando um milênio de isolamento no Tibete. O sofrimento do povo tibetano foi transmutado em benefício dos buscadores da verdade em todo o mundo, com a tradução das obras dos mestres budistas daquele país e o estabelecimento de centros de ensino do *Dharma* em vários países do oriente e do ocidente.

Até a rígida e arcaica Igreja de Roma mostrou sinais de abertura. Atendendo aos clamores dos fiéis que há muito se sentiam alienados com os serviços religiosos em latim, uma drástica reforma litúrgica foi implementada, permitindo que a missa fosse conduzida na língua de cada povo e com maior participação dos fiéis. O sacerdote, que anteriormente oficiava boa parte da missa de costas para o público, passa agora a se voltar de frente para os fiéis numa tentativa de quebrar barreiras e promover a comunicação.[2]

Porém, a iniciativa conciliadora mais importante do Vaticano foi o movimento ecumênico. Depois de muitos séculos de disputas fratricidas, a Igreja de Roma, numa demonstração saudável de humildade, tomou a iniciativa de promover o contato com grupos dissidentes dentro da grande tradição cristã, bem como com outras religiões.[3] A mudança de atitude foi, em parte, motivada pelo relativo esvaziamento das igrejas católicas, face ao rápido crescimento das seitas protestantes e de outros movimentos, como o Espiritismo e as religiões ou filosofias orientais. Esse processo ecumênico,

---

[2] Para uma interessante explicação do lado oculto dos rituais, vide: Geoffrey Hodson, *O Lado Interno do Culto na Igreja* (S.P.: Pensamento), e C.W. Leadbeater, *O Lado Oculto das Coisas* (Brasília: Ed. Teosófica).

[3] Esta abertura demandou grande coragem por parte do Vaticano, pois até meados deste século, a convicção de que *fora da Igreja não há salvação*, foi absolutamente dominante para a postura da Igreja Romana em relação às outras igrejas e religiões.

ainda que tímido e cauteloso, em virtude dos ânimos acirrados por séculos de disputas, muitas vezes sangrentas, promove pontos de união e minimiza os de separação.

Esse ecumenismo tem-se mostrado, no entanto, eminentemente externo. Mais importante ainda, com imensas perspectivas de vir a provocar mudanças radicais, inclusive em relação à espiritualidade das massas de fiéis em todo o mundo, seria um ecumenismo interior, entendido como uma abertura que leve em consideração todos os aspectos da natureza humana. Os cultos de praticamente todas as igrejas cristãs tradicionais, antes e depois da Reforma, baseiam-se num acirramento do aspecto "emocional" do homem. As liturgias, cânticos, romarias e atos devocionais baseiam-se numa fé emotiva e cega. A questão da verdadeira fé é de grande importância e será examinada posteriormente, pois ela é um dos instrumentos fundamentais do processo transformador do *Yoga* cristão.

Mas a emoção é apenas um dos aspectos interiores do homem. O caminho que leva ao Reino dos Céus requer a integração de todos os aspectos do ser humano. Isso significa que a emotividade religiosa tem que abrir espaço para a razão, a fim de que as duas, emoção e razão, possam ser integradas e transcendidas, no seu devido tempo, pela intuição. Isso só ocorre quando o Cristo interior tem condições de despertar no âmago de nossos corações e, progressivamente, assenhorar-se do comando de nossas vidas. Esse processo de integração, ou ecumenismo interior, é a essência dos ensinamentos internos de Jesus.

Assim como o aumento da intensidade das energias espirituais neste século se fez sentir no nível das ideias, dos movimentos e das instituições existentes, com mais razão ainda se fez sentir na alma das pessoas. Milhões de indivíduos em todo mundo passaram a sentir o chamado do alto. Esse chamado, sempre sutil, procura por diversos meios fazer com que o homem entenda que sua meta é o Reino e que, para atingi-la, torna-se necessário um progressivo desapego do mundo material. A forma como os homens geralmente sentem esse chamado é por intermédio da insatisfação com sua vida, mesmo quando estão aparentemente fazendo as coisas certas e vivendo uma vida ética. Essa divina insatisfação deslancha um processo de busca, que, inicialmente, é confuso, pois o homem não consegue identificar exatamente o que está procurando. Busca livros e outras formas de autoajuda, dentro e fora de sua tradição; procura ouvir todo tipo de palestra sobre temas espirituais. Procura, enfim, por todos os meios, saciar sua terrível sede da verdade.

Muitos dos que batem às portas das igrejas voltam desapontados com o receituário prescrito pelos seus sacerdotes e pastores. Podemos identificar três áreas principais de insatisfação com a ortodoxia: os dogmas, a conceituação do homem como pecador e de Deus como justiceiro e, finalmente, as práticas espirituais sugeridas.

Os dogmas de fé sempre se constituíram em obstáculos para o crescente segmento pensante da cristandade. Enquanto o domínio da Igreja de Roma era total sobre seus fiéis, o medo era geralmente suficiente para manter os fiéis e até mesmo os intelectuais em linha. Porém, neste último século, com os grandes avanços na educação das massas e a liberdade de pensamento exercida sem as antigas inibições religiosas, o conflito entre dogma e razão vem levando um número crescente de cristãos a assumir uma posição de coerência com seus sentimentos mais íntimos. Infelizmente, isso tem também levado muitos a rechaçarem, juntamente com os dogmas, toda a doutrina cristã e os ensinamentos corretos da tradição.

A segunda área de conflito com a doutrina ortodoxa já era sentida de forma latente há muitos séculos. Trata-se da repulsa instintiva ao conceito de Deus justiceiro apresentado pelo Antigo Testamento, numa interpretação literal, que foi encampado pela ortodoxia cristã. Conceber Deus como um Ser sujeito a ataques de fúria, que precisam ser aplacados por diversas formas de sacrifícios e holocaustos, fere a consciência daqueles que não se recusam a pensar e constitui-se uma verdadeira heresia. A máxima heresia nesse sentido é a proposição de que o Filho de Deus foi oferecido em sacrifício para propiciar o perdão de Deus pelos pecados dos homens, conhecida como doutrina da expiação vicária.

Felizmente, em nosso século, com os avanços da psicologia moderna e o entendimento do lado sombra do ser humano, o cristão começou a entender porque sempre se sentiu incomodado por sua caracterização como 'vil pecador.' Jung mostrou que as negatividades inerentes ao nosso processo de aprendizado terreno devem ser entendidas e superadas pela compreensão e pelo amor e não pelo temor a um Deus implacável que castiga nossas falhas e fraquezas com os tormentos do fogo eterno.[4]

Muitos dos cristãos que ainda se mantêm fiéis à Igreja mostram finalmente seu descontentamento com as práticas espirituais tradicionais da ortodoxia e, em alguns casos, com o significado deturpado dado a elas. A missa, o terço, as romarias e as outras práticas disponíveis aos leigos contrastam com as práticas de outras tradições que, aos poucos, se tornaram conhecidas no Ocidente. Esse descontentamento não se restringe aos católicos, mas é sentido também pelos fiéis das seitas evangélicas e protestantes por causa de sua conhecida inflexibilidade em questões doutrinárias.

Apesar de muita resistência interna, a poderosa energia crística, atuando nesta época de transição, parece ter rachado, em alguns lugares, a espessa muralha do conservadorismo. Assim, algumas aberturas, como o movimento carismático e os movimentos de jovens e de casais da igreja católica resultaram em entusiástica resposta dos leigos e do clero. Também a divulgação, por iniciativa de alguns padres e monges, de certas práticas meditativas e contemplativas, parcialmente inspiradas nos modelos orientais, tiveram excelente acolhida. Porém, para a grande massa dos buscadores, a Igreja permaneceu uma instituição rígida, distante, indiferente e até mesmo alienada das necessidades espirituais de seus fiéis.

O resultado tem sido um progressivo desapontamento dos fiéis com a ortodoxia religiosa cristã e o consequente êxodo para outros movimentos e tradições não cristãos ou fora dos cânones ortodoxos. Isso explica por que o Espiritismo, o Budismo, o Hinduísmo, o *Yoga* e outros movimentos religiosos e filosóficos no Brasil tiveram tão boa acolhida entre os cristãos insatisfeitos com a postura ortodoxa de sua tradição. Isso ocorre porque, nesses movimentos ou tradições, o buscador encontra práticas espirituais sólidas e doutrinas que não agridem a razão.

---

[4] C.G. Jung, *AION. Estudos sobre o simbolismo do si mesmo,* (Petrópolis, R.J., Vozes, 1994), pp. 6-8.

As tradições budistas e do *Yoga* têm exercido grande atração sobre os buscadores ocidentais. Ambas podem ser mais acertadamente consideradas como tradições filosóficas do que religiosas. Seus aspectos doutrinários são extremamente atraentes, englobando conceitos filosóficos e cosmológicos de abrangência e grandeza que fascinam os estudiosos livres de preconceitos. Porém, o ponto que exerce maior atração parece ser a prática espiritual dessas tradições voltadas para a libertação do sofrimento. Dentre essas práticas destaca-se a meditação, com todas suas modalidades e etapas.

Até mesmo alguns padres e monges cristãos, como Thomas Merton[5] e William Johnston,[6] depois de estudarem o Budismo, procuraram introduzir suas práticas meditativas nos meios cristãos. Johnston, preocupado com o desinteresse crescente dos fieis pelas práticas devocionais tradicionais (rosário, via sacra e novenas), e verificando a firmeza milenar das práticas budistas, tal como observou no Japão, desabafa:

> *A velha contemplação cristã destinava-se a uma elite – os franciscanos, os jesuítas, os dominicanos e as pessoas de bem. Mas o pobre leigo, o cidadão de segunda classe, ficava com as contas de seu rosário. De ora em diante, não é preciso que seja assim. Assim como a liturgia ampliou-se para abranger a todos, também o mesmo pode dar-se com a contemplação. O muro infame que separava o Cristianismo popular do Cristianismo monástico pode ser derrubado de forma a que todos possamos ter as nossas visões, alcançar o nosso* samadhi.[7]

A diferença radical de enfoque para a vida espiritual entre a tradição budista e a cristã pode ser aquilatada pela maneira como se denominam seus membros. Os budistas geralmente se autodenominam "praticantes," no sentido de serem praticantes do *dharma*, do corpo de ensinamentos do Senhor Buda. Os cristãos, por sua vez, são normalmente caracterizados como "fiéis" ou crentes, refletindo o fato de serem supostamente fiéis à sua crença

---

[5] Thomas Merton, *Zen e as Aves de Rapina* (S.P.: Cultrix, 1987) e *Mystics and Zen Masters* (N.Y.: The Noonday Press, 1994).

[6] W. Johnston, *Cristianismo Zen. Uma forma de meditação* (S.P.: Cultrix, 1991).

[7] *Cristianismo Zen*, p. 47.

no corpo doutrinário da Igreja. Enquanto uns praticam os ensinamentos de seu mestre, outros simplesmente creem passivamente nos dogmas de sua crença, desconhecendo, em geral, os ensinamentos de seu Salvador.

Dentro desse contexto de crescente insatisfação com as práticas cristãs ortodoxas e a constatação de que existem alternativas atraentes nas outras tradições, a apresentação das doutrinas e práticas espirituais do lado interno da tradição cristã assume especial importância. Felizmente, quando conseguimos desvelar os ensinamentos esotéricos de Jesus, verificamos que as práticas do Cristianismo primitivo nada deixam a desejar às outras tradições orientais tão em voga atualmente. Este livro vem juntar-se a uma crescente literatura sobre o Cristianismo primitivo e os aspectos esotéricos da tradição cristã, enfatizando os métodos e as práticas espirituais voltados para a transformação interior, tão escondidos no passado.[8]

Esses antigos ensinamentos abrangentes, profundos e eternamente atuais, levaram Agostinho, reputado como um dos baluartes da Igreja, a escrever há quinze séculos atrás:

> *A Alma contém dentro de si a tríplice manifestação do Espírito. Diz-se que Deus permanece em Seu próprio nível e que Deus Filho descende à encarnação e toma sobre Si a roupagem da carne. Isso era sabido por outras religiões mais antigas que o Cristianismo.*[9]

A postura necessária para o estudo dos ensinamentos esotéricos

Se por um lado existe uma natural curiosidade por parte de todo cristão em conhecer os ensinamentos internos de sua tradição, devemos estar preparados para o fato de que esses ensinamentos nem sempre estarão de acordo com nossas ideias tradicionais. Na verdade, parte dos conceitos

---

[8] Ver, a propósito, Jacob Needleman, *Cristianismo Perdido* (S.P.: Pensamento); Robin Amis, *A Different Christianity* (Albany: State University of New York Press, 1995); Ted Andrews, *O Cristo Oculto* (S.P.: Pensamento, 1997); Boris Mouravieff, *Gnosis, Study and Commentaries on the Esoteric Tradition of Eastern Orthodoxy* (Newbury, MA: Praxis Institute Press, 1990), 3 vol, e *The Philokalia, The complete text* (Londres: faber and faber, 1979), 5 vol.

[9] St. Agostinho, *Confissões*, Livro I, cap. 13, vers. 3, citado por C.W. Leadbeater, *A Gnose Cristã* (Brasília: Editora Teosófica, 2ª ed., 2001, p. 90).

ortodoxos deverá ser modificada e, em alguns casos, até mesmo abandonada, à medida que adquirirmos um entendimento mais sólido do lado esotérico dos ensinamentos de Jesus. Esse é o processo natural de amadurecimento de todo indivíduo. As noções que governam a atitude das crianças em seus primeiros anos de interação com o mundo exterior, dão geralmente lugar a conceitos mais abrangentes e complexos quando o jovem adulto está suficientemente amadurecido em sua capacidade intelectual e emocional. Um processo semelhante ocorre em nossa vida espiritual. Para que o devoto possa crescer espiritualmente, precisa aprender o sentido esotérico subjacente às doutrinas aceitas literalmente como dogmas de fé.

Nessa busca, o leitor verdadeiramente interessado deve estar disposto a investigar a simbologia bíblica. Essa disposição implica numa atitude de flexibilidade e tolerância para com ideias e argumentos diferentes dos aceitos até então. O verdadeiro estudioso deve submeter todo conceito e argumento, tanto tradicional como não ortodoxo, ao crivo da razão e, a seguir, à avaliação do coração. O devoto que adotar essa postura espiritualmente sadia estará chamando em seu auxílio o Cristo interior, que derramará suas bênçãos na forma de inspiração para a compreensão mais profunda das verdades transformadoras de nossa tradição. Com isso ele sentirá uma profunda alegria ao efetuar uma leitura crítica, que lhe permitirá construir paulatinamente, e de forma consciente, o arcabouço doutrinário e prático de sua transformação espiritual.

Isso significa que o leitor deve adotar a postura do cientista que, ao iniciar um novo projeto de pesquisa, adota uma série de hipóteses de trabalho, que serão investigadas e testadas. Caso essas hipóteses facilitem o avanço da pesquisa e sejam confirmadas por testes posteriores, então, e só então, poderão ser promovidas de hipóteses a premissas para a implementação da parte prática que permitirá a conclusão do trabalho. A atitude "científica," apesar de atraente e lógica, é difícil de ser adotada na prática. Todos nós interagimos com o mundo a partir de um grande número de condicionamentos, a maior parte dos quais inconscientes. Nossa mente racional pode estar disposta a considerar uma determinada linha de raciocínio, porém, nossos sentimentos, que são governados pelo inconsciente, usurpam muitas vezes a atribuição da razão e rejeitam os argumentos lógicos tão logo percebem que esses podem ameaçar a segurança de nossa estrutura de valores. Isso explica a natureza intrinsecamente conservadora de todo ser humano. Resistimos à mudança porque toda mudança implica numa revolução interior que demanda algum compromisso com a verdade. Esse compromisso implica em humildade para aceitar a possibilidade de que alguns de nossos mais estimados conceitos foram construídos sobre a areia e, finalmente, uma coragem extraordinária para enfrentar a resistência inicial de nosso ego orgulhoso e inseguro.

Os meandros da mente são muitas vezes desconcertantes para o iniciante. Um profundo estudioso da matéria escreveu: *Nesse sentido, a mente formal assemelha-se a um ditador de um estado autoritário. Tal dirigente não pode e não ousa tolerar nenhuma interferência de outros no seu despotismo ou sugestão de controle sobre ele, porque se isso properasse a sua ditadura eventualmente cegas de seus membros, a ortodoxia religiosa estreita e defensiva está precisamente na mesma posição. Todo dogmatismo em assuntos religiosos surge do medo e desse impulso para o poder e sua preservação.*[10]

Para o estudante de esoterismo, toda e qualquer proposição doutrinária ou filosófica deve ser tomada como hipótese de trabalho da mente concreta, até que ele alcance o estado místico que lhe permita conhecer diretamente a verdade. Quando em profunda contemplação ele passar a comungar com a Luz, então, e só então, poderá saber com toda certeza as verdades que transcendem a mente intelectiva e que pertencem ao âmbito do que chamamos de intuição (*buddhi*, em sânscrito). É esse conhecimento que os antigos chamavam de *gnosis*, o conhecimento direto da verdade que é alcançado com a iluminação, e que gera uma fé inabalável. Assim sendo, as proposições doutrinárias e de ordem filosófica neste livro devem ser consideradas como secundárias. O importante são os ensinamentos transformadores, que poderíamos chamar de metodologia para a transformação do homem velho no homem novo. Quando tivermos nascido de novo, iluminados pelo Cristo interior, estaremos

---

[10] G. Hodson, *A Vida de Cristo, do Nascimento à Ascensão.* (Brasília: Ed. Teosófica, 2ª ed., 2001, p. 199).

capacitados a reavaliar nossas premissas anteriores para, então, estabelecer nossa fundamentação filosófica com base na Verdade e não mais em hipóteses.

Este livro procura oferecer ao cristão dedicado essa metodologia transformadora que, se devidamente utilizada, pode levar o devoto ao estado experimentado pelo apóstolo Paulo quando disse: *Já não sou eu que vivo, mas é Cristo que vive em mim* (Gl 2:20). Todas as considerações filosóficas ou doutrinárias do livro devem ser consideradas como meras hipóteses, servindo como elementos auxiliares no desenvolvimento de uma estrutura referencial que acreditamos ser lógica e sequenciada. O estudante que estabelecer como meta a sua transformação interior, não se deixando limitar ou intimidar por argumentos filosóficos ou teológicos, poderá deixar para mais tarde as decisões doutrinárias, quando estiver capacitado pela iluminação transformadora a pronunciar-se sobre esses pontos de forma definitiva. O Mestre deve ter tido isso em mente quando nos disse: *Conhecereis a verdade, e a verdade vos libertará* (Jo 8:32).

Apresentamos a seguir as principais hipóteses que foram usadas para nortear o trabalho. Estas hipóteses serão examinadas com mais detalhes ao longo do texto:

1. O objetivo de todo ministério de Jesus foi alertar a humanidade para a realidade do Reino e ensinar os homens como alcançá-lo, retornando à Casa do Pai.
2. Para chegar ao Reino, ou seja, para alcançar a perfeição, o homem deve encontrar e trilhar o Caminho ao longo de todas as suas etapas.
3. A maioria das pessoas ainda não despertou para a realidade do Caminho, pois está mergulhada na vida material e sensual, sem o menor interesse na vida espiritual.
4. O Caminho tem três grandes etapas, que poderiam ser chamadas de religiosa, espiritual e mística. Essas etapas têm um estreito paralelo com as três grandes fases da vida do homem: infância, vida adulta e maturidade. Nem todos os homens chegam à última etapa em sua plenitude e envelhecem sem sabedoria, muitos agindo como crianças em idade avançada.

5. Na infância a criança deve ser conduzida e protegida por seus pais e tutores, enquanto está sendo preparada para enfrentar a vida adulta por seus próprios meios. Nessa etapa a criança caracteriza-se por sua relativa subserviência, passividade e crença no poder e na sabedoria de seus mentores, valendo-se principalmente da emoção como instrumento de resposta ao mundo. O caminho religioso tradicional equivale à infância da humanidade, em que os fiéis são conduzidos pelos sacerdotes, como representantes do Pai Celestial e da Madre Igreja, crendo em dogmas e obedecendo os mandamentos e as regras estabelecidos. As práticas religiosas são fundamentadas essencialmente no aspecto emotivo da natureza humana.
6. A primeira grande transformação da criança ocorre na adolescência, um período caracterizado, entre outras coisas, pela rebeldia. Essa rebeldia, dentro de certos limites, é saudável, pois prepara o jovem para pensar e agir por conta própria, usando a razão e desenvolvendo o discernimento. Um período de transição semelhante também ocorre com o devoto que começa e sentir-se insatisfeito com a vida emocionalmente protegida dentro de sua religião. Ele começa a se rebelar contra a doutrina estabelecida e a obediência às regras e à autoridade religiosa constituída. Esse período é extremamente penoso e eivado de contradições, mas é essencial para a entrada na próxima etapa do Caminho. É caracterizado por uma insatisfação essencial que leva à busca da verdade.
7. A etapa intermediária do Caminho, que chamamos de "vida espiritual", equivale à vida do adulto. Nela o buscador deve assumir a responsabilidade por sua vida e procurar viver de acordo com a mais alta ética que seu discernimento lhe dirá ser apropriada para uma vida responsável, harmônica e construtiva dentro da família humana. O aspecto mais importante dessa fase é a constante preocupação com o crescimento espiritual. A pessoa deverá efetuar diversas mudanças em sua atitude e no seu comportamento, para purificar-se e chegar cada vez mais perto da meta.

8. Ao desenvolver um ego forte, lúcido e crítico o homem maduro chegará um dia ao último estágio do Caminho, a etapa mística. Essa etapa também corresponde, de certa forma, ao caminho ocultista, que será descrito mais adiante. O místico é o buscador espiritual que, tendo feito tudo o que podia para a sua autotransformação, reconhece que os esforços do ego não são suficientes para alcançar a meta suprema, o que só pode ser feito com a ajuda do Alto. A Graça Divina não pode ser forçada, mas o terreno para que ela seja concedida pode e deve ser devidamente preparado por uma vida de purificação, meditação e serviço. O místico procura subordinar seu ego desenvolvido para fazer a vontade de Deus e não mais a sua.
9. No Caminho ocorre um drástico afunilamento de uma etapa para a outra, como havia sido indicado por Jesus quando disse: *muitos são chamados, mas poucos escolhidos* (Mt 22:14) e também que *escolherei dentre vós, um entre mil e dois entre dez mil* (Evangelho de Tomé, versículo 23).[11] Portanto, não é de se estranhar que as instruções esotéricas de Jesus fossem dirigidas "aos poucos", enquanto seu ministério público era voltado para "os muitos." Da mesma forma, entre os milhares de buscadores que se dedicam à vida espiritual, são poucos os que alcançam as realizações místicas avançadas e associadas ao Reino dos Céus.
10. O ministério de Jesus cobriu as três etapas do Caminho. O ensinamento aberto ao povo, mais tarde acrescido das doutrinas e dos dogmas estabelecidos pela Igreja, visava atender à primeira etapa de desenvolvimento do homem. Seus ensinamentos esotéricos, velados nas parábolas e ministrados diretamente a seus discípulos, tinham por objetivo guiar o homem ao longo da segunda etapa de busca espiritual. Seu método de ensino, incluindo a crítica à sabedoria convencional, ou seja, à religião ortodoxa dos judeus de sua época (que será examinado, em especial, nos capítulos 4 e 10), visava estimular a razão, o discernimento e o senso de responsabilidade do

[11] Vide J. Robinson (ed.), *Nag Hammadi Library* (San Franciso: Harper), p. 129.

homem em busca do Reino. Esses ensinamentos e, principalmente, os mistérios, ou sacramentos, que Jesus ministrava aos poucos que estavam preparados para eles, visavam levar o homem à última etapa, à vida unitiva do caminho místico. Nessa etapa o homem aprende que deve morrer para o mundo para alcançar o Reino, ou seja, entregar-se inteiramente a Deus para alcançar a Salvação.

Observamos que o Caminho, como tudo na vida, apresenta uma periódica alternância de ciclos. Na primeira etapa a criança tem uma atitude passiva para com a vida, aceitando a orientação de seus superiores. O adulto, ao contrário, para ser bem-sucedido, deve assumir uma atitude ativa, buscando sua liberdade para decidir sobre o que julga ser melhor para seus interesses. Na última etapa, o futuro sábio deve mais uma vez retornar à passividade, aguardando com paciência, humildade e perseverança a chegada da Graça que trará a iluminação.

A classificação das três etapas do Caminho como religiosa, espiritual e mística deve ser entendida como indicativa de características básicas do comportamento e da atitude dos indivíduos. Para evitar controvérsias semânticas, é preciso que fique claro que um indivíduo na etapa espiritual ou até mesmo na via mística pode se considerar corretamente como sendo religioso, cristão ou católico. A religião em seu sentido mais amplo deve acomodar almas em todos os estados evolutivos, da mesma forma como o Reino do Pai, que tem muitas moradas.

Esta obra foi dividida em sete partes. Na primeira, procuramos identificar o estado atual da vida espiritual do cristão comum, alheio aos ensinamentos internos de Jesus, e indicar por que o momento presente é especialmente propício para resgatar esses ensinamentos, confirmando as palavras do Mestre de que *nada há de oculto que não venha a ser manifesto, e nada em segredo que não venha à luz do dia* (Mc 4:22).

A segunda parte estabelece a definição de 'tradição interna', determina as fontes primárias e secundárias dessa tradição e as formas para termos acesso ao seu material. A importância da interpretação do material bíblico é ressaltada.

O significado da meta suprema apontada por Jesus, o Reino dos Céus, é o objeto da terceira parte. Contrastando com o conceito de 'Reino' na tradição judaica e como ele foi interpretado pelas igrejas ortodoxas, é sugerido que o Reino dos Céus não é um lugar no tempo e no espaço, e não é atingido somente após a morte, mas é um estado de espírito que pode e deve ser alcançado aqui e agora. Ao contrário do que muitos creem, só aqueles que alcançam o Reino enquanto encarnados podem gozar da bem-aventurança celestial após a morte.

A quarta parte é a descrição do processo de retorno à Casa do Pai, a nossa meta, sendo a Parábola do Filho Pródigo um exemplo de como a interpretação de um mito ou alegoria pode proporcionar a chave para o entendimento dos ensinamentos ocultos de Jesus. Dois outros mitos cosmogônicos ainda mais abrangentes e profundos do que aquela parábola, conhecidos como o Hino da Pérola e o mito de Pistis Sophia, são apresentados em anexo, oferecendo assim outras fontes para o mesmo ensinamento. Como o objetivo do trabalho não é meramente acadêmico, as questões práticas relacionadas com o método e o instrumental transformador legado pela nossa tradição são enfatizadas, ocupando a maior parte do livro.

A quinta parte aborda o método para alcançar o Reino dos Céus, que foi descrito por Jesus como a porta estreita e o caminho apertado. Em sua essência, o método poderia ser resumido no que a ortodoxia chamou de 'arrependimento', mas que no original grego era *metanoia*, que tinha um significado bem mais amplo: o de mudança dos estados mentais que levam à mudança de consciência pela superação dos condicionamentos e da ignorância anterior. Esse conceito é basicamente psicológico e oferece um paralelo com o enfoque da tradição budista de transformação da mente. Ainda nesta parte são abordados os primeiros passos no caminho espiritual, incluindo o despertar para a realidade última da vida, a eterna busca da felicidade e o papel da aspiração ardente. Finalmente, são examinadas as regras do caminho espiritual, a fundação da verdadeira fé. Dentre essas regras são discutidas a unidade de todas as coisas, a natureza cíclica da manifestação, o objetivo do processo de manifestação, o papel do livre-arbítrio e da lei de causa e efeito e a importância do conhecimento de si mesmo.

O instrumental transformador de nossa tradição é tão rico e efetivo como o das tradições orientais. Esse instrumental, que constitui verdadeiramente as chaves do Reino dos Céus, é examinado na sexta parte. Assim como a Bíblia nos fala dos doze apóstolos de Jesus, a tradição interna legou-nos doze instrumentos transformadores. Os seis primeiros servem como fundação para o processo transformador, promovendo o que os místicos chamam de "via negativa ou purgativa" e os cristãos primitivos de *kenosis*, ou esvaziamento que prepara a alma para receber a Graça suprema do Espírito. Esses seis primeiros instrumentos fundamentais são a fé, o amor a Deus, a vontade, a purificação, a renúncia e o discernimento. Os outros seis instrumentos são de natureza mais operativa. São eles: estudo, oração e meditação, lembrança de Deus, atenção, rituais e sacramentos e, finalmente, a prática das virtudes.

Na sétima e última parte destaca-se a integração entre a natureza superior e a inferior do homem que, semelhantemente ao processo de individuação descrito por Jung, é necessária para que ocorra o verdadeiro crescimento espiritual. Verifica-se que o amor e a verdade são os elementos integradores mais importantes no processo. De interesse especial para o devoto são os indícios de que a transformação está ocorrendo e está levando-o progressivamente à união com o Supremo Bem, a meta de todo esforço. Um fato de especial interesse para o devoto é que a vida do Cristo pode ser vista como uma alegoria do caminho acelerado, em que os marcos de seu nascimento, batismo, transfiguração, morte e ressurreição e, finalmente, a ascensão representam as cinco grandes iniciações.

Com o objetivo de tornar este livro o mais prático possível para o buscador determinado a entrar pela *Porta Estreita* e trilhar o *Caminho Apertado*, reunimos no Anexo 1 algumas práticas e exercícios espirituais, decorrência natural dos instrumentos transformadores examinados ao longo do texto. Um glossário também é apresentado, numa tentativa de facilitar o entendimento da terminologia cristã e esotérica, bem como uma bibliografia.

II

O LADO INTERNO DE UMA TRADIÇÃO

Capítulo 1

EXISTE UM LADO INTERNO NA TRADIÇÃO CRISTÃ?

As igrejas cristãs na atualidade professam que todos os ensinamentos de Jesus estão contidos na Bíblia, tendo sido interpretados, no decorrer dos séculos, pelos credos, dogmas e outros ensinamentos transmitidos pela hierarquia eclesiástica. Apesar das passagens da Bíblia que falam claramente sobre ensinamentos reservados e dos escritos dos Padres da Igreja Primitiva, referindo-se aos Mistérios de Jesus, a atitude ortodoxa é de que não existe um lado interno na tradição cristã. Caso isso fosse verdade, essa seria a única grande religião sem ensinamentos esotéricos. Essa postura da igreja não é de se estranhar, pois, como disse o Bispo Leadbeater da Igreja Católica Liberal,[12] *com a passagem do tempo, todas as religiões gradualmente se distanciam da forma original em que foram plasmadas por seus fundadores. Quase sempre esta mudança é para pior.*[13]

Porém, existe um lado interno na tradição cristã, que são os ensinamentos reservados e as práticas estabelecidas por Jesus, preservadas e desenvolvidas por seus discípulos e grandes praticantes. Pelo fato de lidarem com os aspectos ocultos da natureza e do homem, são geralmente preservados pela tradição oral ou apresentados de forma alegórica. Esses ensinamentos visam identificar

---

[12] A Igreja Católica Liberal foi estabelecida em 1916 na Inglaterra, a partir da Igreja Velho-Católica da Holanda, seguindo a sucessão apostólica. Atualmente existem dioceses dessa igreja cristã em mais de quarenta países, com seu centro internacional em Londres, Inglaterra. Não é romana nem protestante, mas uma das muitas igrejas de tradição católica de origem semelhante, tais como as igrejas orientais (ortodoxa grega, russa, síria, copta), as igrejas episcopais (Comunhão Anglicana) e as igrejas velho-católicas (Comunhão de Utrecht), que são independentes de Roma. A Igreja Católica Liberal aspira combinar a antiga forma de adoração sacramental com a mais ampla medida de liberdade intelectual e de respeito pela consciência individual. Para maiores detalhes vide: Igreja Católica Liberal, *Informação Geral,* (Diocese do Brasil, 1985).

[13] C.W. Leadbeater, *A Gnose Cristã* (Brasília: Editora Teosófica, 1994, p. 89).

o objetivo último da vida do homem no mundo e orientar os praticantes como alcançá-lo o mais rápido possível. O lado interno, portanto, é equivalente ao lado esotérico ou oculto da tradição.[14]

Como os ensinamentos esotéricos, por definição, são ministrados de forma reservada a um número relativamente pequeno de discípulos mais avançados e, geralmente, sob o juramento de sigilo, muito pouca informação a esse respeito chega ao domínio público. Essa situação tem um paralelo na tradição dos mistérios, sobre a qual tanto se fala, mas pouco se sabe fora do círculo de seus iniciados.

Apesar de quase ignorado por muitos séculos, o lado interno da tradição cristã é uma realidade. Jesus falava de acordo com a capacidade de discernimento de cada um, *segundo o que podiam compreender* (Mc 4:33), sendo que para seus discípulos ministrava ensinamentos reservados, como fica claro na seguinte passagem:

> *Quando ficaram sozinhos, os que estavam junto dele com os Doze, o interrogaram sobre as parábolas. Dizia-lhes: 'A vós foi dado o mistério do Reino de Deus; aos de fora, porém, tudo acontece em parábolas'.* (Mc 4:10-11)

Se aceitarmos o teor dessa passagem, que é confirmado em outras partes dos evangelhos[15] e em documentos apócrifos,[16] podemos assumir que a tradição cristã, pelo menos em seus primórdios, teve um lado interno, estabelecido diretamente por Jesus. Paulo confirma esse fato em suas epístolas quando fala

---

[14] *Os aspectos esotéricos da religião são as percepções, conceitos, definições e reações às imagens, símbolos, mitos e rituais religiosos de pessoas num nível mais elevado de consciência. Essas percepções envolvem algo que deve ser aprendido "de dentro", de visões internas, experiência e contatos diretos. Ainda que alguns aspectos do lado esotérico da religião possam ser conceituados, ensinados e transmitidos para aqueles que são capazes de atuar nos andares superiores de sua consciência, outros aspectos, o coração essencial do modo esotérico, são estritamente pessoais e não podem ser comunicados ou transmitidos a outros, pois só podem ser revelados através da experiência pessoal direta. Divine Light and Fire,* pp. 34-35.

[15] Mt 13:10-13; 13:17; Mc 4:34; Lc 8:9-15; Lc 24:27; Jo 20:30; Jo 21:25.

[16] Vide: J. Robinson, ed., *The Nag Hammadi Library* (San Francisco: Harper); W. Schneemelcher, ed., *New Testament Apocrypha* (Louisville, USA: Westminster/John Knox Press, 1991); R. Branco, *Pistis Sophia. Os Mistérios de Jesus* (Brasília: Ed. Teosófica, 2009)

de verdades veladas, reservadas aos perfeitos,[17] ou seja, aos que tinham sido iniciados nos mistérios de Jesus: *Ensinamos a sabedoria misteriosa e oculta de Deus, que, antes dos séculos, de antemão, destinou para a nossa glória* (1 Co 2:7). E, referindo-se aos dons da graça de Deus, o apóstolo diz: *Desses dons não falamos segundo a linguagem ensinada pela sabedoria humana, mas segundo aquela que o Espírito ensina, exprimindo realidades espirituais em termos espirituais* (1 Co 2:13). Na Epístola aos Hebreus é mencionado que, mesmo com o passar do tempo, a maior parte dos membros das comunidades cristãs primitivas ainda não estava apta a receber os ensinamentos internos:

> *Muitas coisas teríamos a dizer sobre isso, e a sua explicação é difícil, porque vos tornastes lentos à compreensão. Pois, uma vez que com o tempo vós deveríeis ter-vos tornado mestres, necessitais novamente que se vos ensinem os primeiros rudimentos dos oráculos de Deus, e precisais de leite, não de alimento sólido. De fato, aquele que ainda se amamenta, não pode degustar a doutrina da justiça, pois é uma criancinha! Os adultos, porém, que pelo hábito possuem o senso moral exercitado para discernir o bem e o mal, recebem o alimento sólido.* (Hb 5:11-14)

No evangelho de João existem várias passagens de natureza profundamente esotérica apresentadas de forma velada. Existem, também, indicações de que outros evangelhos de natureza esotérica foram escritos, mas não foram conservados pela tradição ortodoxa, como o Evangelho de Matias, referido por Jerônimo, o Evangelho secreto de Marcos,[18] e os Evangelhos de Tomé e de Felipe, encontrados na biblioteca de Nag Hamaddi. Clemente de Alexandria, um dos maiores patriarcas da Igreja, falando sobre o trabalho de Marcos e os ensinamentos secretos de Jesus, escreve: *(Desta forma) ele (Marcos) organizou um evangelho mais espiritual para aqueles que estavam sendo purificados. No entanto, não divulgou as coisas que não deveriam ser reveladas, nem escreveu os ensinamentos hierofânticos do Senhor... Incluiu*

---

[17] I Co 2:6-9; I Co 4:1; Ef 3:9; Cl 1:26.

[18] Morton Smith, *The Secret Gospel: The Discovery and Interpretation of the Secret Gospel According to Mark* (Clearlake, Cal.: The Dawn Horse Press, 1982).

certas explicações que, ele sabia, conduziriam os ouvintes ao santuário mais interno daquela verdade oculta por sete (véus).[19]

A prática de diferenciar os níveis de ensinamento, conforme a preparação dos ouvintes, era comum entre os judeus, tanto da tradição rabínica como dos essênios, que transmitiam dois tipos de ensinamentos, um externo para o povo e os neófitos, e outro interno, para os estudantes avançados.[20]

Os grandes seres que legaram ensinamentos à humanidade, que mais tarde transformaram-se em religiões, sempre levaram em consideração as necessidades específicas das almas em diferentes estágios evolutivos. Para as massas eram ministradas instruções simples, voltadas para as necessidades prementes de orientação moral, de consolação e de esperança para os aflitos. Assim, as parábolas e outros ditados de Jesus contêm, numa primeira leitura, uma 'moral da história', um ensinamento prático, geralmente apresentado com imagens da vida diária de seus ouvintes. Porém, para as pessoas mais instruídas e já despertas espiritualmente, as mesmas parábolas, devidamente interpretadas, ofereciam outra camada de ensinamentos mais profundos que haviam sido velados pela alegoria. Finalmente, para seus discípulos mais chegados, foram ministrados ensinamentos secretos conservados pela tradição oral e só mais tarde confiados à linguagem escrita, ainda que de forma altamente simbólica.

O bispo Leadbeater afirma categoricamente que existe um lado esotérico do Cristianismo, apesar dos protestos em contrário das correntes ortodoxas dominantes. Em suas pungentes palavras:

> *Originalmente, o Cristianismo era uma doutrina de magnífica elaboração – aquela doutrina que repousa nos fundamentos de todas as religiões. Quando a história do Evangelho, que tinha significação alegórica, foi degradada a uma pseudonarrativa histórica da vida de um homem, a religião tornou-se confusa. Por essa razão, todos os textos relativos às coisas elevadas foram distorcidos e, portanto, não mais correspondem à verdade subjacente. Por ter o Cristianismo*

[19] Morton Smith, *The Secret Gospel*, p. 15.
[20] *The Secret Gospel*, pp. 81-84.

esquecido muito de seu ensinamento original, é costume atualmente negar que algum dia tenha tido qualquer instrução esotérica.[21]

Nos primeiros séculos de nossa era, os ensinamentos internos de Jesus foram preservados, principalmente, pelos grupos conhecidos como gnósticos, que transmitiam oralmente seus segredos, de forma gradual, a seus seguidores. A massa dos fiéis recebia os ensinamentos da tradição aberta, muitos dos quais derivados dos ensinamentos esotéricos. Com o tempo, porém, a corrente ortodoxa passou a dar uma interpretação de cunho histórico e literal às verdades profundas, transformando-as em dogmas. Um estudioso chega a sugerir que:

Os dogmas tradicionais da Igreja que chegaram a nós ao longo dos séculos são materializações grosseiras do verdadeiro ensinamento sobre a natureza e origem espiritual do homem contido na gnosis. Esses dogmas são o resultado do historicismo literal das narrativas – alguns casos, porém, tendo uma base semi-histórica -- que tinham a intenção original de servir como alegorias cobrindo profundas verdades espirituais.

A verdade, portanto, não é que o gnosticismo seja uma 'heresia', um afastamento do verdadeiro Cristianismo, mas precisamente o oposto, isso é, que o Cristianismo em seu desenvolvimento dogmático e eclesiástico é uma caricatura dos ensinamentos gnósticos originais.[22]

Com o crescente acervo de informações sobre o lado esotérico dos ensinamentos de nossa tradição, seria lícito perguntar por que esses dados não foram apresentados de forma sistemática para o grande público? A verdade é que nunca houve interesse nesse particular dentro da Igreja. Ao contrário, as autoridades eclesiásticas, depois de Clemente de Alexandria e Orígenes, sempre negaram que houvesse um lado esotérico da tradição cristã. Um dos principais fatores para essa atitude remonta à aliança da incipiente igreja com o

---

[21] *A Gnose Cristã*, (Brasília: Ed. Teosófica, 2ª ed;, 2001, p. 89).

[22] William Kingsland, *The Gnosis or Ancient Wisdom in the Christian Scriptures* (Dorset, G.B.: Solos Press, 1993), pp. 16-17.

Imperador romano Constantino no início do século IV. O Cristianismo popular, introduzido por Constantino como religião oficial do Império Romano, não podia se dar ao luxo de aceitar uma visão interna e esotérica, fora do controle da hierarquia. A nova religião tinha que servir como instrumento de garantia do reino terrestre. Um "Reino" espiritual não tinha lugar nesse esquema. Para a Igreja Romana, essa aliança trouxe inúmeras vantagens, como a cessação das perseguições e o poder temporal sobre assuntos religiosos. Porém, o preço pago foi demasiado alto: o afastamento do que havia de mais precioso na herança cristã e a alienação de milhares de buscadores sinceros que foram anatemizados ao longo dos séculos. Dessa tentação não escaparam, mais tarde, as igrejas da reforma protestante, que também se uniram aos príncipes desse mundo.

A Bíblia permaneceu a suprema fonte da tradição, em que pese a importância concedida à tradição oral, principalmente nos meios monásticos. Toda tentativa de sistematização dos ensinamentos do Mestre sempre foi vista com extrema suspeita, pois o resultado de qualquer nova apresentação dos ensinamentos iria, no mínimo, afetar as prioridades e valores relativos da estrutura dogmática estabelecida pela Igreja.[23] A atitude usual, porém, ia muito além da suspeita, chegando à rejeição peremptória das novas interpretações, pois, por definição, seriam diferentes da ortodoxa, sendo, portanto, taxadas de heresias e combatidas literalmente a ferro e fogo. Dado o poder quase absoluto da Igreja a partir do século IV até o século XIX, todas as tentativas de sistematização, inclusive dos ensinamentos esotéricos de Jesus que vieram a público, não tiveram sucesso, geralmente terminando com os escritos e seus escritores sendo execrados ou lançados na fogueira.

Com a liberdade de pensamento e expressão conquistada no século passado e consolidada a partir da segunda metade deste século, um número crescente de estudos vem sendo realizado: inicialmente comparando os provérbios e as parábolas semelhantes nos evangelhos sinóticos, que levaram

[23] Um exemplo dessa intransigência foi o desaparecimento da obra de Papias, bispo de Hierápolis (Ásia Menor), que escreveu em aproximadamente 140 d.C. um livro em cinco volumes, intitulado: *Interpretação das Palavras do Senhor.* Essa obra foi perdida, sendo conhecida apenas por alguns fragmentos relatados por Eusébio e Irineu.

à teoria do evangelho Q (inicial da palavra alemã *Quelle,* que significa fonte, para a suposta fonte original das logia de Jesus) e, mais recentemente, a comparação e análise das formulações dos sinóticos com as equivalentes nos evangelhos gnósticos, principalmente com o Evangelho de Tomé. As interpretações das parábolas de Jesus foram outro grande avanço no entendimento dos ensinamentos do Mestre.[24]

Partimos, portanto, da hipótese de que os ensinamentos de Jesus, o vivo, como o Mestre era chamado pelos gnósticos, foram o instrumento para trazer salvação aos homens, entendida como a admissão ao Reino dos Céus. Esses ensinamentos seriam a medicação salvadora receitada pelo grande terapeuta à humanidade. O diagnóstico foi feito, a medicação receitada. Resta a cada ser humano exercitar seu livre-arbítrio e decidir se toma a medicação necessária, em tempo hábil, na atual encarnação. Caso o diagnóstico e a prescrição sejam aceitos, deve-se envidar todo o esforço possível para fazer o tratamento, que é, como na homeopatia, feito a longo prazo, ativando os princípios curadores existentes no interior de cada um. A revelação foi feita, a ajuda divina está disponível, mas o paciente deve fazer a sua parte.

[24] Dentre os principais expoentes poderíamos citar C.H. Dodd, *The Parables of the Kingdom* (N.Y.: Scribner, 1961), J. Jeremias, *The Parables of Jesus* (N.Y.: Scribner, 1963), N. Perrin, *Rediscovering the Teachings of Jesus* (Londres: SCM Press, 1967) e J. D. Crossan, *In Parables. The Challenge of the Historical Jesus* (Sonoma, Cal.: Polebridge Press, 1992).

Capítulo 2

AS FONTES PRIMÁRIAS DA TRADIÇÃO INTERNA

Se Jesus passou ensinamentos reservados, como poderemos ter acesso a eles decorridos quase 2000 anos? Por estranho que pareça, em certos casos, a passagem do tempo tende a relaxar o sigilo sobre as coisas esotéricas, em virtude do desenvolvimento consciencial da humanidade. Com isso, o esoterismo de uma era torna-se o exoterismo das eras seguintes. Essa tendência parece comum a todas as tradições. Ao que tudo indica, Jesus tinha em mente a inevitabilidade dessa abertura gradual quando disse:

> *Pois nada há de oculto que não venha a ser manifesto, e nada em segredo que não venha à luz do dia.* (Mc 4:22)

Como veremos a seguir, existem três fontes básicas originais e duas fontes secundárias dos ensinamentos e das práticas ocultas de nossa tradição. As fontes primárias são as mais próximas da origem dos ensinamentos ocultos de Jesus. São a própria Bíblia, os documentos apócrifos e a tradição oral. As fontes secundárias são, em primeiro lugar, os ensinamentos transmitidos pelos grupos esotéricos que surgiram ao longo do tempo dentro da tradição cristã ou associados a ela, como os templários, os albigenses, os rosa-cruzes, os alquimistas e, em segundo lugar, a vida e experiência espiritual dos místicos. Essas fontes são referidas como secundárias, em termos do relativo afastamento temporal da fonte original dos ensinamentos e não de sua importância, pois oferecem dados valiosos e de grande abrangência, nem sempre explicitados nas fontes primárias.

Os evangelhos canônicos

Pode parecer estranho, à primeira vista, a referência à Bíblia como uma fonte primária da tradição esotérica, em vista da opinião corrente de que os ensinamentos do Mestre relatados nos evangelhos eram destinados ao grande público, "aos muitos," e que os ensinamentos internos ministrados aos discípulos não foram incluídos na Bíblia, sendo transmitidos somente pela tradição oral. Esse é um erro muito comum que precisa ser corrigido.

A palavra 'bíblia' (βιβλια) em grego significa 'livros'. A Bíblia, portanto, era a expressão coloquial usada para referir-se aos 'livros' que haviam sido escolhidos pela Igreja, dentre os muitos evangelhos e documentos existentes, para representar o *Cânon,*[25] ou seja, a expressão oficial da 'Boa Nova' como referendada pela Igreja. Se houve uma escolha entre diversos documentos, isso significa que alguns ou mesmo muitos documentos foram preteridos pelas autoridades eclesiásticas, apesar de muitos deles terem sido escritos ou compilados por autoridades tão competentes quanto às dos 'evangelhos canônicos'. Essa escolha, ou melhor, esse veto, deve-se ao fato desses documentos conterem informações ou ensinamentos que divergiam das doutrinas preconizadas pelos bispos mais influentes da época.[26]

O leigo geralmente associa a palavra Bíblia aos quatro evangelhos. Na verdade, a Bíblia contém o Antigo e o Novo Testamento, sendo esse último o relato da Boa Nova de Jesus, o que em parte explica a ideia popular

---

[25] A palavra *cânon* vem do grego *kanwn*, que significava originalmente junco ou bambu usado para medir. Mais tarde, o sentido de medida assume uma conotação genérica de regra, preceito, praticamente de lei. Passou a ser usada pela Igreja com o significado de norma, regra de conduta, padrão, sendo nesse sentido que o termo 'evangelhos canônicos' era usado. Esse cânon tornou-se particularmente importante em vista da disputa entre a nascente hierarquia da Igreja e os grupos gnósticos, que, ao que tudo indica, estavam aliciando um número crescente de simpatizantes com suas doutrinas e seus evangelhos (Vide W. Schneemelcher, ed., *New Testament Apocrypha* (Louisville, USA: Westminster/John Knox Press, 1991), pp. 10-12.

[26] Uma das primeiras listas de documentos 'canônicos,' algo parecido com o Novo Testamento atual, foi proposta pelo Bispo Irineu, de Lion, com o beneplácito de alguns colegas, por volta de 180 d.C. Dois séculos mais tarde, o Bispo Athanasius preparou uma lista semelhante, ratificada pelos concílios de Hippo e de Cartago (M. Baigent, R. Leigh e H. Lincoln, *Holy Blood, Holy Grail* N.Y.: Dell, 1982), p. 318. Uma abrangente história do 'cânon' da Igreja é apresentada no livro *New Testament Apocrypha* (pp. 34-42).

sobre a Bíblia como sinônimo de evangelho, pois esse termo, 'evangelho' (*euaggelion*), é a palavra grega que expressa a ideia de 'boa nova'.[27] O Novo Testamento, no entanto, é composto de vinte e sete documentos, dentre os quais os quatro evangelhos ocupam posição de destaque.

Os três primeiros evangelhos (Mateus, Marcos e Lucas) são referidos como sinóticos porque narram a vida e o ministério de Jesus segundo uma ótica semelhante, enquanto o quarto evangelho, atribuído a João, é diferente, sendo considerado esotérico. Dentre os sinóticos, apenas um terço do conteúdo é comum aos três. Cinquenta por cento do material contido em Lucas é exclusivo, trinta e quatro por cento em Mateus e dez por cento em Marcos. Daí, admitir-se que a redação de Marcos precedeu a dos outros dois, que se apoiaram nele no que diz respeito aos relatos sobre a vida de Jesus.

A autoria dos evangelhos nem sempre é bem explicada aos leigos. Cada evangelho não é o produto monolítico de um único autor. Na verdade, sabemos hoje em dia que eles são o fruto da contribuição de vários autores, ao longo de muitos anos, tendo passado por diferentes versões até chegar ao formato atual. A autoria, no entanto, é atribuída ao autor que, de acordo com a tradição, teria fornecido a primeira camada ou versão da parte principal da obra. Esses fatos são admitidos até mesmo pelas autoridades eclesiásticas.[28] A versão atual do Evangelho de São João também passou por um complexo processo de incorporação e editoração semelhante aos sinóticos. Para muitos ele incorpora uma fonte anterior, um Evangelho de Sinais.[29] Na Introdução

---

[27] O termo 'evangelho' aparece muito pouco no Antigo Testamento e, mesmo assim, sem nenhuma conotação técnica, sendo usado para vários tipos de mensagens. Nas epístolas de Paulo, que são os primeiros documentos da tradição cristã, tanto o substantivo como o verbo (*euaggelizesqai*) adquiriram a conotação técnica referente à mensagem cristã e à sua proclamação. No Evangelho e nas Epístolas de João, nem o substantivo nem o verbo são usados, o que para os estudiosos é mais uma indicação de que a comunidade joanina estava fora da esfera de influência da área missionária de Paulo. Ainda que o termo seja usado nos sinóticos, nem sempre parece expressar exatamente a mesma coisa (Vide H. Koester, *Ancient Christian Gospels: their history and development* (Philadelphia, Pa.: Trinity Press, 1990, pp. 1-48).

[28] Vide a introdução aos evangelhos sinóticos na Bíblia de Jerusalém, a versão mais atualizada da Bíblia, preparada por uma grande equipe de teólogos com o respaldo oficial e o *imprimatur* do Vaticano.

[29] R. Funk e R. Hoover, *The Five Gospels. The search for the authentic words of Jesus* (N.Y.: Macmillan, 1993), p. 16.

da Bíblia de Jerusalém ao Evangelho segundo São João, somos informados que:

> *A ordem na qual se apresenta o evangelho cria certo número de problemas. É possível que essas anomalias provenham do modo como o evangelho foi composto e editado: com efeito, ele seria o resultado de uma lenta elaboração, incluindo elementos de diferentes épocas, bem como retoques, adições, diversas redações de um mesmo ensinamento, tendo sido publicado tudo isso definitivamente, não pelo próprio João, mas, após sua morte, por seus discípulos; dessa forma, estes teriam inserido no conjunto primitivo do evangelho fragmentos joaninos que não queriam que se perdessem, e cujo lugar não estava rigorosamente determinado.*[30]

Os estudiosos bíblicos concordam que a redação dos evangelhos, como os conhecemos hoje, pelo menos os de Mateus, Lucas e João, resultaram da estruturação dos ensinamentos de Jesus na sua tradicional forma de *logia* e parábolas, dentro de um arcabouço do que seria a história da vida de Jesus. Foi essencialmente essa combinação que criou toda uma série de problemas de interpretação bíblica, que perdura até hoje. Tanto as *logia* como os relatos da história do Cristo tinham uma grande importância simbólica e, certamente, foram escritos originalmente sob inspiração. Infelizmente, mesmo assim, as autoridades eclesiásticas querem a todo custo que o texto bíblico seja interpretado como um relato da história de Jesus, devendo ser aceito literalmente.

Sabemos, no entanto, que a opinião oficial da Igreja quanto à historicidade dos evangelhos não é a mesma apresentada internamente entre os membros mais esclarecidos do clero. Um douto padre católico, professor de teologia, que pediu para permanecer anônimo, escreveu ao autor, com seus comentários a uma versão preliminar deste texto: *a interpretação simbólica e alegórica esteve em voga entre os Santos Padres desde os primeiros tempos da Igreja. Não é nenhum segredo na Igreja Católica que a Bíblia está repleta*

---

[30] Bíblia de Jerusalém (S.P.: Edições Paulinas, 1993, p. 1981).

de mitos, símbolos e alegoria que precisam ser interpretados. Já o Papa Pio XII dissera que seria preciso levar em consideração os gêneros literários na Bíblia, somente uma pequena parte dos quais é historiografia.

Para o estudante do lado esotérico da tradição cristã deve ficar claro que tanto as parábolas e os ditados de Jesus, como a vida do Cristo devem ser interpretados de acordo com certas chaves da milenar simbologia sagrada. Os relatos da vida do Cristo devem ser entendidos como servindo a um propósito ainda mais transcendente do que os dados biográficos da vida de Jesus. O fato de a Bíblia ter sido escrita em linguagem simbólica apresenta certo perigo para o leitor moderno. Esse perigo reside nas traduções e adaptações que periodicamente são feitas com o propósito de tornar a linguagem da Bíblia mais acessível ao público. Adaptações da linguagem e das imagens utilizadas seriam úteis se a Bíblia contivesse meramente um relato histórico ou uma coletânea de histórias. No entanto, esse não é o caso. Traduções, adaptações e tentativas de modernização da linguagem invariavelmente modificam os símbolos e as alegorias dos relatos, deturpando ou obscurecendo a mensagem velada por trás do simbolismo.

O Cristo é um ser divino que se encontra de forma latente ou pouco ativa no coração de cada um de nós. Cristo, porém, revelou a plenitude de sua estatura no personagem histórico Jesus. No entanto, a grande importância da história do Cristo não são os poucos fragmentos da historiografia de Jesus, mas sim a revelação dos estágios avançados da evolução da alma, que passa por cinco grandes iniciações: nascimento, batismo, transfiguração, crucificação e ressurreição e, finalmente, a ascensão. Esses estágios anteriormente só eram revelados em segredo nos ritos dos Mistérios Maiores. Portanto, os relatos da vida do Cristo oferecem um precioso mapa do tesouro para todo aspirante que deseja seguir o Mestre. O que está sendo relatado são os grandes marcos da vida espiritual de cada um de nós, a história viva de cada alma que um dia chegará a se tornar um Cristo, e não simplesmente a história de um grande personagem do passado. Uma interpretação iniciática da vida do Cristo é apresentada no último capítulo deste livro.

A redação final dos evangelhos tendeu a enfatizar os relatos da vida do Cristo, minimizando a importância de seus ensinamentos. Vê-se, assim, que os evangelhos canônicos não apresentam os ensinamentos de Jesus em sua forma original, como também não apresentam "todos" os ensinamentos do Mestre. Isso é dito, de forma alegórica, ao final do Evangelho de João: *Há, porém, muitas outras coisas que Jesus fez e que, se fossem escritas uma por uma, creio que o mundo não poderia conter os livros que se escreveriam* (Jo 21:25). Não sabemos ao certo porque os evangelhos omitem muitos ensinamentos de Jesus: se devido à ausência de registro por parte de seus discípulos, o que não parece verossímil, em virtude da existência da tradição oral, ou por terem sido deliberadamente excluídos, pelo fato de não serem compreendidos pelos editores finais dos evangelhos ou, ainda, por apresentarem contradições com a doutrina da Igreja que já estava em processo de elaboração.

Qualquer curioso pode obter prova insofismável de que existem muitos ensinamentos perdidos de Jesus, alguns certamente de caráter oculto, a partir de um estudo atento do Novo Testamento.[31] Um autor declara: *Em comparação com o número de vezes em que afirmam que Jesus lecionou, uma quantidade surpreendentemente pequena de versículos menciona que lições foram essas. Alguns escritores relatam que Jesus ensinou durante várias horas, mas não incluem uma só palavra sobre o que foi dito.*[32] Um exemplo flagrante é a passagem da multiplicação dos pães, em que Jesus ensinou à multidão por grande parte do dia, mas nada é relatado sobre o que foi dito, além do lacônico comentário de Lucas no sentido de que Jesus *falou-lhes do Reino de Deus* (Lc 9:11).

A maioria das igrejas cristãs prega que a Bíblia é isenta de erros e que os autores dos evangelhos foram divinamente inspirados;[33] assim, todas as

---

[31] Por exemplo, as seguintes passagens indicam que Jesus ensinava sem, no entanto, mencionar o que ele dizia: Mt 9:35, Mt 15:34, Mt 16:21, Mc 1:21, Mc 1:39, Mc 2:2, Mc 2:13, Mc 6:2, Mc 6:6, Mc 8:31, Lc 2:46-47, Lc 4:15, Lc 4:31, Lc 4:44, Lc 5:17, Lc 5:3, Lc 6:6, Jo 4:40-42. Outras passagens registram umas poucas palavras, porém não todo o ensinamento de Jesus: Mt 4:17, Mt 4:23-25, Mt 10:27, Mt 21:23-46, Mc 1:14-15, Mc 4:33-34, Mc 10:1-52, Lc 13:10-21, Lc 13:22-35, Lc 20:1-47, Jo 7:14-53, Jo 8:2-59.

[32] M.L. Prophet e E.C. Prophet, *Os Ensinamentos Ocultos de Jesus* (R.J.: Nova Era, 1997, p. 18).

[33] Essa concepção não poderia estar mais longe da verdade quando consideramos que a Bíblia sofreu inúmeras modificações ao longo dos séculos, seja por parte de editores agindo por conta própria, seja por decisões em concílios. A maior sistematização dos textos, porém, ocorreu por ocasião do Concílio de Niceia, em 325, convocado e presidido pelo imperador Constantino,

palavras deste livro devem ser aceitas literalmente e sem discussão.[34] Na Igreja Católica, um corolário dessa posição é a infalibilidade de seu magistério. As igrejas protestantes, em sua grande maioria, encamparam a proposição da Igreja de Roma.

Essa posição dogmática prestou um grande desserviço à nossa herança cristã. Os leigos, face às inúmeras contradições encontradas na Bíblia, quando lida literalmente, desistem de interpretá-la e entendê-la,[35] refugiando-se na premissa de que todos esses assuntos são dogmas de fé e devem ser aceitos, até mesmo quando a razão protesta. Com isso a verdadeira mensagem da Bíblia, que está encoberta por um véu de alegoria, foi inicialmente colocada de lado e finalmente esquecida.[36] Dessa forma, os ensinamentos do Mestre, com sua mensagem salvífica, foram, na prática, relegados a segundo plano. Essa atitude

---

em virtude de crescentes dissensões sobre questões de fé que tinham importantes implicações políticas. Graças à autoridade do imperador, que seguidamente tinha que moderar discussões entre bispos exaltados e arbitrar soluções sobre questões doutrinárias sobre as quais quase nada conhecia, foi possível selecionar aqueles textos que viriam formar a base dos evangelhos a serem incluídos na Bíblia, os quais, mais tarde, ainda sofreram modificações. *Constantino, que tratava as questões religiosas somente do ponto de vista político, assegurou a unanimidade banindo todos os bispos que não quiseram assinar a nova profissão de fé.* (W. Nigg, *The Heretics: Heresy Through the Ages* (N.Y.: Dorset Press, 1962), p. 127).

[34] Vide R.W. Funk, *Honest to Jesus* (Harper San Francisco, 1996), pp. 49-50.

[35] A tentativa de entendimento da Bíblia por parte dos leigos é fato recente na história. Um corolário dos dogmas e da manipulação da Bíblia é que a própria Igreja temia que os leigos e até mesmo o clero "estudasse" seus livros sagrados. O Papa Gregório I, conhecido como Gregório o Grande, durante seu papado de 590 a 604 condenou a educação para todos, a não ser o clero. Proibiu os leigos de lerem até mesmo a Bíblia e mandou queimar a biblioteca de Apolo Palatino, para *que 'a literatura secular não distraísse os fiéis da contemplação do céu'*. Essa ojeriza da ortodoxia aos livros já havia custado à humanidade a perda da imensa biblioteca de Alexandria, queimada pelos cristãos em 391, com todo seu acervo de aproximadamente 700.000 papiros e milhares de livros, incluindo as obras dos gnósticos como Basílides, Valentino e Porfírio (Helen Ellerbe, *The Dark Side of Christian History*, San Rafael, CA: Morningstar Books, 1995, pp. 46-48). *No princípio da Idade Média os dominicanos tomaram a posição simplista de proibir absolutamente a leitura da Bíblia, a não ser nas versões deformadas que autorizavam; e todos os que não obedeciam eram afastados da Igreja.* (Isabel Cooper-Oakley, *Maçonaria e Misticismo Medieval*, S.P., Pensamento, p. 16).

[36] Um padre católico escreve: *Um perigo, Jung alertou, é que a religião como credo perde contato com a proximidade da experiência. Formas codificadas e dogmatizadas da experiência religiosa original tendem a tornar-se ideias rígidas, elaboradamente estruturadas, que tendem a esconder a experiência. Quando isso ocorre, a religião torna-se uma atividade totalmente fora da experiência pessoal.* John Welch, *Spiritual Pilgrims* (N.Y.: Paulist Press, 1982, p. 79).

perdura até os dias de hoje como atesta um autor moderno pertencente ao clero romano: *Uma das primeiras características da leitura cristã da Bíblia, é considerar esta última como um livro de história, não como uma coleção de pensamentos – uma história cujo centro é Cristo.*[37]

Contrastando com essa posição ortodoxa temos a opinião de um profundo estudioso da matéria, o bispo Leadbeater da Igreja Católica Liberal:

> *A partir destes poucos (textos mal traduzidos, a Bíblia), foi edificada uma estrutura insegura de uma doutrina desarrazoada que, examinada à luz da razão, mostra-se imediatamente indefensável. O verdadeiro e nobre ensinamento do Cristo, o qual, se o Cristianismo sobreviver no futuro, deverá mais cedo ou mais tarde tomar seu lugar, está bem claro nas próprias escrituras. Elas nos falam constantemente de uma doutrina oculta que não foi revelada ao público. Há muito tem sido costume negar isso e ostentar que o Cristianismo nada contém que esteja além do alcance do intelecto mais mediano. É seguramente uma vergonha para o Cristianismo dizer que não há nada nele para o homem que pensa.*[38]

O primeiro passo, portanto, para que se possa resgatar os ensinamentos esotéricos de Jesus que se encontram no Novo Testamento é estabelecer firmemente a premissa de que tanto os relatos sobre a vida de Jesus como seus ensinamentos devem ser interpretados, e que as chaves para essa interpretação podem ser obtidas. Essa premissa não é uma posição moderna. Já no segundo século de nossa era, Clemente de Alexandria, um dos mais respeitados e cultos padres da Igreja primitiva, ensinava que devemos procurar entender a mensagem essencial de Jesus por trás dos relatos dos evangelhos e da tradição oral:

> *Sabendo que o Salvador não ensina nada de uma maneira meramente humana, não devemos ouvir seus pronunciamentos de forma carnal; mas com a devida investigação e inteligência, devemos buscar e aprender o significado oculto neles.*[39]

---

[37] Monge Pierre-Ives Emery, *A Meditação na Escritura*, em Frei Raimundo Cintra, *Mergulho no Absoluto* (S.P.: Edições Paulinas, 1982, p. 249).

[38] *A Gnose Cristã,* (Brasília: Ed. Teosófica, 2ª ed., 2001, p. 89).

[39] Clemente de Alexandria, *On the Salvation of the Rich Man 5*, em A. Roberts and J. Donaldson, eds., *The Ante-Nicene Fathers: Translations of the Writings of the Fathers down to a.D. 325,* Reprinted (Grand Rapids: William B. Eerdmans, 1981, vol. II, p. 592).

Em outra ocasião Clemente indicou que existe um significado secreto nos ensinamentos de Jesus e que os mistérios da fé não devem ser divulgados a todos, portanto, como *essa tradição é relatada exclusivamente àquele que percebe o esplendor da palavra, é necessário ocultar num Mistério a sabedoria divulgada que o Filho de Deus ensinou.*[40]

Nesse século, Geoffrey Hodson, outro grande erudito da Bíblia, produziu um estudo monumental sobre o significado oculto das escrituras sagradas.[41] Em suas palavras,

> *Aqueles que consideram as escrituras e mitologias do mundo como uma combinação de história, alegoria e símbolo evidenciam que respostas plenas para essas e outras questões urgentes, relativas à vida humana, experiências e destino, estão contidas debaixo da superfície dos textos escriturais. Eles afirmam, ademais, que tais respostas são dadas plenamente ali com significados subjacentes, e que a impotência relativa do Cristianismo ortodoxo de hoje na presença dos males mundiais tão evidentes é devida à insistência oficial na crença da Bíblia como revelação divina, verbal, desde o Gênesis até o Apocalipse. Se a ortodoxia estivesse disposta a examinar as Escrituras como parábolas, que revelam verdades e leis espirituais, ao invés de insistir em que o texto, em sua interpretação literal, é expressão divina e, portanto, verdade absoluta, ela não estaria sujeita aos ataques que lhe são desferidos.Quando, além disso, a crença implícita na letra da Bíblia é apresentada como essencial à salvação da alma, é intensificada uma natural repulsão da aceitação de dogmas, alguns dos quais violam o fato e a possibilidade.*[42]

Os maiores estudiosos da Bíblia insistem que ela é uma fonte de ensinamentos ocultos e, como todas as escrituras sagradas, deve ser interpretada de acordo com uma simbologia milenar conhecida dos grandes

---

[40] Clemente de Alexandria, *Stromata*, vol. I, cap. xxi, p. 388.

[41] Geoffrey Hodson, *The Hidden Wisdom in the Holy Bible* (Wheaton, Illinois: The Theosophical Publishing House, 1963), quatro volumes.

[42] *A Sabedoria Oculta na Bíblia Sagrada*, (Brasília: Ed. Teosófica, 1ª ed., 2007, p. 19).

seres que foram inspirados a escrevê-las.[43] Essas verdades sempre foram conhecidas dos sábios da tradição oculta judaica, como indicam as palavras de Moses Maimonides, um grande talmudista e historiador do século XII de nossa era:

> *Cada ocasião em que você encontra em nossos livros um conto cuja realidade parece impossível, uma história que é repugnante à razão e ao bom-senso, então esteja certo de que ela contém uma imperscrutável alegoria velando uma profunda verdade misteriosa; e quanto maior o absurdo da letra, mais profunda a sabedoria do espírito.*[44]

Mais contundente ainda é a admoestação do livro sagrado da sabedoria esotérica da Cabala, o *Zohar*, que diz:

> *Ai do homem que vê na Torá, i.e., na Lei, somente simples exposições e palavras usuais! Porque, se na verdade ela somente contém isso, nós igualmente seríamos capazes hoje de compor uma Torá muito mais merecedora de admiração ... As narrativas da Torá são as vestimentas da Torá. Ai daquele que toma essas vestimentas como sendo a própria Torá! ... Há algumas pessoas tolas que, vendo um homem coberto com uma bela roupa, não levam sua consideração mais além e tomam a vestimenta pelo corpo, enquanto lá existe uma coisa ainda mais preciosa, que é a alma... Os sábios, os servidores do Rei Supremo, aqueles que habitam as alturas do Sinai, estão ocupados exclusivamente com a alma, que á a base de todo o resto, que é a própria Torá; e no tempo vindouro eles serão preparados para contemplar a Alma daquela Alma (i.e., o Deus) que sopra na Torá.*[45]

---

[43] Peter Roche de Coppens, referindo-se à linguagem da Bíblia, escreve: "Ela é a linguagem simbólica e analógica dos Sábios, usada para descrever visões, intuições e êxtases obtidos em estados alterados de consciência, num estado de iluminação ou de consciência espiritual; ela á a língua esquecida da Mente Profunda, a linguagem das imagens, arquétipos e mitos que têm tantos significados diferentes e interpretações possíveis como existem estados de consciência, níveis de evolução e biografias pessoais." *Divine Light and Fire*, pg. 7.

[44] *A Sabedoria Oculta na Bíblia Sagrada* (Brasília: Ed. Teosófica. 1ª ed., 2007, p. 203).

[45] *A Sabedoria Oculta na Bíblia Sagrada* (Brasília: Ed. Teosófica. 1ª ed., 2007, p. 8).

O enfoque de que a Bíblia deve ser interpretada como um repositório de alegorias sobre assuntos espirituais contrasta com a posição assumida por um segmento importante dos eruditos bíblicos deste século. A tendência moderna é a busca do Jesus histórico, iniciada por Schweitzer no início do século,[46] impulsionada por Bultmann, um teólogo que procurou salvar o edifício da ortodoxia das insistentes investidas da ciência e da história com sua proposta de depurar a Bíblia de seus elementos mitológicos,[47] e consolidada mais recentemente pelos membros do 'Seminário sobre Jesus' que chegaram a propor uma versão do Novo Testamento, sugerindo quatro categorias para classificar as palavras atribuídas a Jesus e concluíram, depois de sete anos de trabalho, que provavelmente mais de oitenta por cento das palavras atribuídas a Jesus nos evangelhos não seriam autênticas, ainda que muitas pudessem expressar suas ideias.[48]

A busca do Jesus histórico deve ser vista como uma saudável oscilação do pêndulo da verdade, afastando-se da posição extremada da ortodoxia que, desde os primórdios do estabelecimento de sua posição, insistia que a Bíblia era inexpugnável e que devia ser interpretada literalmente, exceto quando uma interpretação mítica era apresentada pela própria Igreja para justificar os dogmas estabelecidos. A busca do Jesus histórico vem possibilitando o acúmulo de muitas informações esclarecedoras sobre a cultura da Palestina helenizada do tempo de Jesus, bem como uma pletora de dados novos sobre os relatos da Bíblia tornados possíveis pelo novo instrumental usado pela crítica bíblica moderna, incluindo até mesmo a forma literária dos originais gregos conhecidos.

No entanto, como a história nos ensina, o pêndulo retificador tende a oscilar para o outro extremo quando as resistências às mudanças são demasiado fortes, necessitando o uso de força considerável para vencer a

---

[46] Vide Albert Schweitzer, *The Quest of the Historical Jesus: a Critical Study of Its Progress from Reimarus to Wrede* (N.Y.: Macmillan, 1961), publicado originalmente em 1906.

[47] Rudolf Bultmann, "New Testament and Mythology" em *Kerygma and Myth* (N.Y.: Harper & Row, 1961), pp. 1-44.

[48] Vide a obra editada por R. Funk e R. Hoover *The Five Gospels. The search for the authentic words of Jesus* (N.Y.: Macmillan, 1993).

oposição de posições consideradas imutáveis por vários séculos. Isso ocorreu, por exemplo, com o movimento feminista neste século, o movimento para a dissolução dos impérios coloniais e o movimento pela igualdade de direitos de todos os grupos raciais e étnicos. Porém, a providência divina, em sua inexorável tendência para a harmonia, faz com que, no seu devido tempo, as posições extremadas deem lugar a posições mais abrangentes e harmônicas. Assim, a busca pelo Jesus histórico deverá passar por nova fase em que será incorporada em sua metodologia o estudo da simbologia milenar das escrituras sagradas e procurar-se-á encontrar a verdade sobre o ministério de Jesus e não a mera subserviência às posições dogmáticas da Igreja.

Em seu estudo ímpar sobre a interpretação da vida e dos ensinamentos de Jesus, Geoffrey Hodson alerta que Jesus foi realmente um personagem histórico, e que a Bíblia inclui alguns incidentes sobre sua vida na Palestina. Porém, esse autor insiste que o importante não é o fato histórico, mas sim seu significado místico:

> *Os evangelhos, particularmente os sinóticos e o de S. João, são muito mais documentos místicos do que históricos. Essa é a ideia que falta em todas as exposições da história evangélica. A ênfase é colocada erroneamente sobre o histórico, quando deveria ser posta sobre o Jesus místico, o veículo escolhido, o maravilhoso jovem hebreu sobre cuja vida, imperfeitamente registrada, toda a estrutura do Cristianismo está fundada. As muitas passagens lembrando os ensinamentos profundamente esotéricos de Jesus, inclusive o sermão da Montanha, estão entre as joias preciosas da sabedoria que ele legou à humanidade em geral e, especialmente, a todos os aspirantes, para os quais a história de sua vida pretende descrever a plena experiência e realização espiritual. Assim considerada, a historicidade, ainda que seja importante num sentido, cede lugar inteiramente ao reconhecimento da pérola inestimável de sabedoria que o relato evangélico contém.*[49]

Tendo em vista essas considerações, partimos da hipótese de que Jesus, seguindo a tradição milenar dos grandes Mensageiros da Luz, incluiu

---

[49] *A Vida de Cristo, do Nascimento à Ascensão.* (Brasília: Ed. Teosófica. 1ª ed., 2007, p. 310).

em sua mensagem todos os ensinamentos necessários para despertar os que estão mortos para o Espírito e preparar progressivamente os peregrinos para que possam encontrar e, finalmente, trilhar a Senda da Perfeição para, no seu devido tempo, ingressar no Reino dos Céus. Esse trabalho em dois níveis, o ministério público e a instrução interna dos discípulos, exigiu, por parte de Jesus, um cuidado todo especial para que os segredos do 'Reino' não fossem divulgados abertamente aos muitos, pois esses não estavam preparados para recebê-los. Isso explica porque Jesus pregava ao público por meio de parábolas e metáforas, que incluíam verdades profundas para os que têm olhos para ver e ouvidos para ouvir.

Porém, como efetuar essa interpretação? Algumas chaves para a interpretação das escrituras alegóricas são conhecidas:

- Todos os eventos registrados, supostamente históricos, também ocorrem interiormente. Cada evento descreve uma experiência subjetiva do homem.
- Cada pessoa que figura proeminentemente na história representa uma condição da consciência e uma qualidade de caráter.
- Cada história é considerada como descrição da experiência da alma ao passar por certas fases da sua jornada evolutiva para a Terra Prometida. Quando os seres humanos são os heróis, a vida do homem no seu estágio normal de desenvolvimento está sendo descrita. Quando o herói é semidivino, a tônica é colocada sobre o progresso do Ser divino no homem depois dele ter começado a assumir poder preponderante. Quando, entretanto, a figura central é um Mensageiro Divino ou descendente de um aspecto da Deidade, suas experiências narram aquelas do Eu Superior nas últimas fases da evolução do homem divino em direção à estatura do homem perfeito.
- Todos os objetos e certas palavras têm significado simbólico especial. A linguagem sagrada dos iniciados das escolas de mistério é formada de hierogramas e símbolos, sendo seu significado mais constante.[50]

---

[50] *A Sabedoria Oculta na Bíblia Sagrada* (Brasília: Ed. Teosófica. 1ª ed., 2007, pp. 69).

Assim, cientes de que a Bíblia esconde um tesouro de informações que podem ser desveladas com base no estudo das alegorias e símbolos conhecidos, consideramos o Novo Testamento como uma das fontes do lado interno da tradição cristã.

Os documentos apócrifos

A segunda grande fonte da tradição interna são os documentos chamados apócrifos pela ortodoxia, os escritos que não foram aceitos no cânon bíblico, mas que tratavam dos mesmos assuntos do Antigo e do Novo Testamento. Existe uma grande variedade de documentos classificados nessa categoria genérica. Alguns, como os relatos da infância de Jesus, eram muito populares entre as classes mais humildes; outros apresentavam relatos ou doutrinas disparatadas; mas um grande número era de escritos oriundos dos grupos denominados gnósticos, que desde o primeiro século representaram um espinho na carne das doutrinas ortodoxas.

O termo "apócrifo" em grego (*apokrufo*) significava aquilo que estava escondido ou velado. Portanto, o fato de um texto estar escrito em linguagem velada ou oculta era, naquela época, indicação de idoneidade e profundidade. Tais eram os escritos esotéricos gnósticos que, com frequência, usavam criptogramas e símbolos para velar suas doutrinas. No entanto, os padres da Igreja, após selecionar aqueles livros que fariam parte do cânon, com suas repetidas referências depreciativas aos documentos rejeitados, conseguiram mudar a conotação desse termo, fazendo com que os documentos velados, ou apócrifos, fossem tidos como inidôneos ou de autenticidade não comprovada.[51] Atualmente, os dicionários informam que, entre católicos e protestantes, chamam-se apócrifos os escritos de assuntos sagrados não incluídos pela Igreja no cânon das escrituras autênticas e divinamente inspiradas. Esse estigma continua afetando até mesmo alguns eruditos modernos que ainda *caracterizam os evangelhos apócrifos como secundários, derivados, especulativos e meramente voltados para a edificação e entretenimento de*

---

[51] *New Testament Apocrypha*, p. 14.

seus leitores, enquanto os evangelhos canônicos são rotineiramente vistos como originais, históricos e repletos de percepções teológicas.[52]

Durante os séculos II e III de nossa era esses documentos eram simplesmente rejeitados pela Igreja como espúrios e disseminadores de uma falsa fé. Porém, a partir do século IV, com a aliança da Igreja com o Imperador Constantino, os bispos passaram a exercer poder temporal em assuntos religiosos e, com isso, procuraram abolir os documentos apócrifos, principalmente aqueles de origem gnóstica. Milhares de manuscritos preciosos foram queimados ou sequestrados. Em muitos casos, só temos conhecimento de alguns desses manuscritos devido a citações em obras literárias de seus detratores, como Irineu e Tertuliano, por exemplo, que escreveram contra os 'hereges,' como eram chamados os autores dos documentos apócrifos.

A atitude intolerante da incipiente Igreja nos primeiros séculos de nossa era pode ser compreendida em face da decisão tomada de popularizar a vida de Jesus como narrada nos evangelhos, como sendo a verdadeira mensagem divina, a 'Boa Nova', estabelecendo uma série de conceitos que resumiriam o que os 'fiéis' deveriam crer para alcançar o céu. Como os escritos e ensinamentos mais esotéricos da corrente mais pura do Cristianismo primitivo eram uma constante fonte de contradição com esse enfoque distorcido da verdade, a solução encontrada foi anatemizá-los e destruí-los, o que passou a ser feito com grande zelo pelo clero da corrente dominante.

O pomo de discórdia era o papel de Jesus e de seu ministério. A ortodoxia apresentava, como apresenta hoje, Jesus como um dos aspectos da Divindade, a segunda pessoa da Trindade, o Verbo feito carne que habitou entre nós, tendo vindo à Terra para expiar os pecados do mundo. Esse dogma da expiação vicária, em evidente contradição com as palavras de Jesus, como registradas nos evangelhos canônicos, levou a Igreja, por absurdo que pareça, a relegar os ensinamentos de Jesus a um segundo plano. A 'mensagem' de Jesus foi praticamente esquecida; para a Igreja o que importava era o 'mensageiro'. Alguns teólogos, até hoje, assumem abertamente esta posição:

---

[52] *Ancient Christian Gospels*, p. 44.

Para os cristãos, a boa nova é o próprio Jesus, e não qualquer coisa que ele tenha dito ou não. Num sentido mais restrito, o termo 'evangelho' refere-se aos registros escritos da sua vida, obras e palavras. Para a Igreja cristã, nada disso pode ser separado ou isolado, pois o primordial é quem ele é. O que fez foi uma consequência de quem ele é, da mesma forma como o que ele disse foi uma consequência de quem ele é. Suas palavras têm importância secundária, por mais valiosas que sejam em si.[53]

A fundamentação da proclamação da Igreja, o *kerygma*[54] da morte e da ressurreição do Cristo, transformou Jesus do maravilhoso instrumento divino que trouxe a 'boa nova' do Reino dos Céus, na própria boa nova. Com isso o mensageiro divino tornou-se a mensagem de Deus. O triste corolário dessa mudança de perspectiva é a pouca importância dada pela Igreja aos ensinamentos do Mestre.

Quis a providência divina, no entanto, que alguns exemplares dos antigos documentos anatemizados pela Igreja fossem preservados, chegando até nós. Alguns já eram conhecidos desde a antiguidade, tais como os Atos de Tomé, nos quais se encontra o 'Hino da Pérola', apresentado e interpretado no Anexo 2, e os Atos de João. Esse último documento, citado por Clemente de Alexandria, apresenta uma visão docética[55] de Jesus relacionada com sua crucificação, e o único ritual conhecido da tradição cristã, chamado 'Hino de Jesus'.[56]

No século dezoito foram encontrados os códices conhecidos como Askew e Bruce, dos quais faziam parte o livro *Pistis Sophia* e os *Livros de Ieu*. No século dezenove foi encontrado o *Codex Akhmin*, pouco conhecido. No início do século XX foram encontrados vários fragmentos de antigos documentos, geralmente denominados pela região de sua descoberta ou pelo nome de seus descobridores, como os papiros *Oxyrhynchus 840*, *Egerton 2*,

[53] A. Duncan, *Jesus, Ensinamentos essenciais* (S.P.: Cultrix, p. 12).

[54] Palavra grega que significa 'proclamação'. Núcleo central e essencial da mensagem cristã.

[55] Doutrina segundo a qual o corpo de Cristo era de natureza sutil e não de carne e osso.

[56] G.R.S. Mead, *Fragments of a Faith Forgotten* (London, Theosophical Publishing Society, 1906, pp. 426-444).

Oxyrhynchus 1224 e mais tarde o *Evangelho Secreto de Marcos*. Em meados de nosso século, mais precisamente em 1945, foi descoberto no Alto Egito, numa caverna perto da localidade de Nag Hammadi, um grande vaso com uma coleção de livros, provavelmente escondidos por monges do mosteiro de São Pacômio, localizado próximo à caverna. Esses monges procuraram salvar sua preciosa biblioteca, contendo vários textos gnósticos, antes da chegada de observadores enviados pelo arcebispo Athanasius, com um destacamento de tropas romanas, para certificar-se de que suas ordens dadas em carta, no ano 367 de nossa era, tinham sido obedecidas. Esse édito condenava os gnósticos e determinava que seus livros fossem destruídos.[57]

A coleção de Nag Hammadi consiste de doze códices, em copto (a língua antiga do Alto Egito), e de oito páginas adicionais retiradas de um décimo terceiro códex e usadas para formar a capa do livro. Essas oito páginas correspondiam a um texto completo, um tratado independente retirado de um livro de ensaios. Havia um total de 52 tratados, sendo seis repetidos. Outros seis já eram conhecidos no original grego ou em tradução para o latim ou para o copto quando a biblioteca de Nag Hammadi foi descoberta. Dessas 40 obras novas, 10 estavam bastante fragmentadas, decompostas pelo tempo. Esse acervo constitui um tesouro de ensinamentos originais de diferentes escolas gnósticas, sobre as quais só eram conhecidas citações de seus detratores, que proporcionavam visões invariavelmente resumidas e distorcidas. Os livros eram traduções de originais gregos, provavelmente produzidos entre a segunda metade do século III e a primeira mctade do século IV.

Dentre os textos encontrados destaca-se, no códex II, o *Evangelho de Tomé*, obra preciosa com aforismos e várias parábolas do Mestre, sem nenhum relato da vida de Jesus nem de sua morte e ressurreição, provavelmente nos moldes da fonte dos ditados (*logia*) de Jesus, conhecido como livro "Q", inicial de *Quelle* (fonte, em alemão), que teria servido de base para os evangelhos de Mateus e Lucas. Muitos estudiosos são da opinião de que esse

[57] Para mais detalhes sobre a história desses documentos, vide a introdução de James M. Robinson à monumental obra que editou, *The Nag Hammadi Library* (Harper San Francisco, 1980).

evangelho deveria estar entre os canônicos. O Seminário sobre Jesus,[58] que reuniu quase 200 professores bíblicos e teólogos para pesquisar quais teriam sido as verdadeiras palavras de Jesus, incluiu esse evangelho junto com os quatro canônicos em sua pauta de trabalhos.

O *Evangelho de Felipe*, também encontrado no códex II, segue a tradição dos evangelhos de sentenças (que apresentam somente aforismos atribuídos a Jesus, sem nenhum relato de sua vida). Nesse evangelho os aforismos são geralmente mais extensos que os encontrados no *Evangelho de Tomé*, dando ênfase especial aos mistérios, ou sacramentos, de Jesus. Esse Evangelho é uma joia que oferece inúmeros vislumbres do instrumental esotérico utilizado pelo Mestre para promover a expansão de consciência e, assim, introduzir os discípulos devidamente preparados no Reino dos Céus.

Alguns textos, como *O Evangelho da Verdade, O Livro de Tomé o Contendor, O Diálogo do Salvador* e *O Evangelho de Maria,* permitem uma visão diferente do Mestre, que é mostrado revelando segredos aos seus discípulos. A maioria dos textos versa sobre assuntos cosmológicos, como os apresentados por diferentes movimentos gnósticos, dentre os quais sobressaem os barbeloítas, os sethianos e os gnósticos cristãos. O mito de Sophia e a peregrinação da alma são também abordados em vários textos, como *O Tratado sobre a Ressurreição, O Apócrifo de João, A Exegese da Alma, A Sophia de Jesus Cristo, Allogenes e Protennoia Trimórfica.*

Esses textos não canônicos utilizam alegorias e símbolos para velar os ensinamentos de cunho esotérico. Um exemplo de como as palavras são propositadamente veladas pode ser visto no *Evangelho da Verdade*:

> *Esse é o conhecimento do livro vivo que ele revelou aos eons, no final, como (suas letras), revelando como elas não eram vogais nem consoantes, de forma que alguém pudesse lê-las e pensar sobre algo tolo. Elas eram letras da verdade que somente os que as conhecem falam. Cada letra é um (pensamento) completo como um livro completo, pois elas são letras escritas pela Unidade, tendo o Pai escrito essas letras para que os eons, por meio delas, pudessem conhecer o Pai.*[59]

[58] Vide a introdução de *The Five Gospels.*

[59] *Evangelho da Verdade,* em *Nag Hammadi Library*, p. 43.

Os documentos apócrifos, principalmente aqueles de origem gnóstica, oferecem um imenso tesouro de informações sobre o lado interno da tradição cristã, quando sua linguagem alegórica e simbólica é devidamente interpretada.

A tradição oral

Como o próprio nome diz, a tradição oral é transmitida de boca a ouvido. Porém, com o passar do tempo, com o fito de proteger esse acervo de eventuais perdas ou possíveis distorções, parte dessa tradição foi escrita, tornando-se paulatinamente conhecida do público estudioso.

Tudo leva a crer que os ensinamentos reservados aos discípulos foram transmitidos e conservados pela tradição oral. Isso significa que os discípulos iniciados por Jesus nos mistérios transmitiram esses ensinamentos reservados diretamente a seus próprios discípulos, que os ensinaram a outros e assim sucessivamente. É provável que pelo menos parte desses ensinamentos tenha sido colecionada e passada para a linguagem escrita, ainda que de forma velada. Como exemplo, cita-se o original do Evangelho de Mateus, ou Matias, como era conhecido naquela época, que Jerônimo traduziu do original em aramaico para o grego. Jerônimo comenta que teve muita dificuldade para entender o texto, porque esse havia sido escrito de forma cifrada, não possuindo ele a chave para decifrar os ensinamentos aí contidos. O texto original desse Evangelho foi, desde então, subtraído dos olhares curiosos do mundo.[60]

[60] Blavatsky escreve em *Ísis sem Véu* (vol. III, p. 164), que *Jerônimo encontrou o original hebreu (em caracteres hebraicos e na língua aramaica) do Evangelho de Mateus na biblioteca de Cesareia, fundada por Pânfilo Martir. 'Os nazarenos, que em Béria de Síria, usavam este Evangelho deram-me permissão para traduzi-lo,' escreve Jerônimo em fins do século IV.*

O fato de os apóstolos receberem de Jesus ensinamentos secretos evidencia-se nas seguintes palavras de São Jerônimo, confessadas talvez em um momento de espontaneidade, quando, escrevendo aos bispos Cromácio e Heliodoro, ele se queixa: 'Mui difícil foi a tarefa que Vossas Reverências me encomendaram (a tradução), pois o próprio apóstolo São Mateus não quis escrever em termos claros. Porque, se não se tratasse de um ensinamento secreto, teria acrescentado ao Evangelho alguns comentários seus; mas o escreveu em caracteres hebraicos, de seu próprio punho, dispondo estes de maneira tal que o sentido ficou velado, sendo perceptível somente às pessoas de maior religiosidade e, no transcurso do tempo, aos que houvessem recebido de seus antecessores a chave interpretativa. E esses nunca deram o livro a ninguém para ser copiado. Uns apresentavam o texto de certa maneira; outros de maneira diferente' (citação retirada de São Jerônimo, V, 445; Dunlap, *Sôd, the Son of Man*, p. 46).

É provável que uma parte dos ensinamentos transmitidos pela tradição oral fosse a chave para a interpretação dos ensinamentos de Jesus que foram preservados nos documentos canônicos e não canônicos. O conhecimento dessas chaves colocava à disposição dos estudiosos credenciados um imenso tesouro de informações sobre a natureza do ser, seu propósito de vida e indicações sobre como proceder às transformações necessárias para trilhar-se a Senda da Perfeição que leva ao Reino dos Céus. Parte desse acervo da tradição oral parece estar ainda preservada em alguns mosteiros, principalmente na Síria e na Grécia, aí, no Monte Athos. Esses centros de espiritualidade cristã ainda ensinam métodos e práticas que parecem remontar aos primeiros séculos da nossa era. Uns poucos pesquisadores tiveram acesso a essas comunidades e, após passarem algum tempo ali, relataram aquilo que puderam perceber e entender.[61]

A vida dos místicos

Uma das mais ricas fontes de ensinamentos ocultos da tradição cristã é a vida dos místicos. Essa fonte e a dos grupos esotéricos constituem prova viva e sempre renovada da tese da revelação permanente. A Igreja Católica Romana prega que a Bíblia foi escrita sob a inspiração do Espírito Santo (por isso seria isenta de erros). Mas a Igreja sempre foi enfática em limitar a extensão dessa inspiração, negando-a para todos os outros documentos que não estivessem incluídos na lista daqueles considerados canônicos. Se, teoricamente, a Igreja considera que a inspiração teria ocorrido quando os evangelistas supostamente escreveram a Bíblia, na prática ela deixa implícito que deveria haver algum

---

Em face dessas informações, Blavatsky conclui: *Jerônimo sabia que aquele era o Evangelho original e, sem embargo, cada vez mais se obstinou na perseguição aos 'hereges.' Por quê? Porque admiti-lo significaria uma sentença de morte contra o dogmatismo da Igreja. É sabido que o Evangelho Segundo os Hebreus foi o único reconhecido durante os quatro primeiros séculos pelos cristãos judeus, pelos nazarenos e pelos ebionitas. E nenhum desses proclamou a divindade de Cristo.*

61 Vide, por exemplo, Boris Mouravieff, *Gnosis, Study and Commentaries on the Esoteric Tradition of Earstern Orthodoxy* (Newbury, MA: Praxis Institute Press, 1990) 3 vol., e Robin Amis, *A Different Christianity* (Albany: State University of New York Press, 1995).

tipo de inspiração, senão permanente pelo menos esporádica, para explicar como os textos bíblicos foram modificados "oficialmente" tantas vezes ao longo dos séculos, em concílios, sem perder a veracidade inicial.

Interpretações teológicas à parte, o fato é que a inspiração divina sempre existiu e continuará a ocorrer cada vez mais no futuro, à medida que maiores contingentes de discípulos ingressem no Caminho da Perfeição. Os místicos são, por definição, indivíduos que alcançaram um certo grau de abertura espiritual caracterizada por níveis crescentes de contato interior.[62] Essas visões e contatos interiores com o Eu Superior nada mais são do que aquilo que os Padres da Igreja Primitiva chamavam de 'inspiração do Espírito Santo'. Esse tipo de contato, que possibilita a apreensão direta da verdade, é responsável pela firmeza inquebrantável da fé típica dos místicos.[63] Vivendo num mundo interior de visão espiritual, o místico passa por um processo de transformação acelerada. As experiências interiores reforçam sua determinação de prosseguir com a transformação exterior, necessária para o aprofundamento de sua vida interior até alcançar o objetivo de todos os místicos, a vida unitiva, o Supremo Bem da consciência de união com Deus.

Uma consequência natural dos contatos interiores do místico é que ele passa a confiar cada vez menos nas autoridades constituídas, mesmo em se tratando da hierarquia eclesiástica. Para evitar conflito com seus superiores religiosos, alguns místicos procuram experiências de caráter muito reservado.[64] Outros orientam sua consciência de forma a que sua experiência interior seja pautada por seus conceitos religiosos, como Mechthilde de Magdeburg.[65] O místico, assim, torna-se, de certa forma, extremamente individualista, ainda que humilde. Um estudioso da vida dos místicos, que pode falar com

[62] O contato interior ocorre quando a consciência usual do indivíduo é influenciada por sua parte divina, seu Eu Superior. Esse contato ocorre em diferentes níveis, podendo ir desde um impulso inconsciente para pensar sobre algum conceito ou ideia, até a instrução consciente por vozes nem sempre identificadas, como é o caso dos místicos.

[63] Otto, Rudolf, *Mysticism East and West. A Comparative Analysis of the Nature of Mysticism* (The Macmillan Co., 1932, pp. 29-37).

[64] Dan Merkur, *Gnosis. An Esoteric Tradition of Mystical Visions and Unions* (State University of New York Press, 1993, p. 11).

[65] Mechthild of Magdeburg, *The Revelations of Mechthild of Magdeburg (1219-1297)* (Londres: Longmans, Green, 195, p. 9).

conhecimento de causa em virtude de suas próprias experiências interiores, diz:

> *Devemos distinguir o místico do homem piedoso. Ambos podem ser religiosos e, igualmente, devotados a um credo ou ritual; mas o último se baseia na autoridade da igreja ou do ritual de uma forma que o temperamento do místico não aceita. O místico é sempre um espinho na carne de uma igreja estabelecida, porque será guiado pela autoridade até onde lhe convier.*[66]

As igrejas cristãs, católicas e protestantes sempre tiveram relações tensas com seus místicos. O católico que admira profundamente a vida de santidade de místicos como Francisco de Assis, Teresa de Ávila e João da Cruz, conhecendo os encômios prestados pela Igreja a estes Santos, geralmente não imagina que possam ter sido perseguidos pela mesma Igreja que agora lhes presta louvor. Francisco de Assis teve que se explicar ao Vaticano em virtude do rigoroso voto de pobreza que estabeleceu para sua ordem, pois com isso causou considerável constrangimento à hierarquia clerical da época, vivendo em grande fausto e opulência, em meio à pobreza do povo.

Teresa de Ávila foi examinada pela Inquisição, aquela terrível instituição que tanto sofrimento trouxe à humanidade supostamente em nome do Deus de compaixão. Felizmente, a ajuda divina transformou aquela tentativa de cerceamento da Inquisição numa grande dádiva para o mundo, pois Teresa foi instruída por seu confessor, a mando da Inquisição, a escrever suas experiências espirituais, que tanta suspeita causavam a seus superiores. Apesar das condições inusitadas em que foi forçada a escrever (devia entregar seus escritos cada dia a seu confessor e, ao recomeçar no dia seguinte, ou quando viável, não tinha permissão para consultar o que tinha escrito anteriormente),[67] a inspiração divina, que guia todos os que realmente vivem para Deus, permitiu que suas obras literárias servissem de fundamento e orientação para místicos e buscadores espirituais desde então. João da Cruz,

---

[66] C. Jinarajadasa, *The Nature of Mysticism* (Adyar, India: Theosophical Publishing House, 1934, p. 4).

[67] Teresa de Ávila, *Castelo Interior ou Moradas* (S.P.: Paulus, 1981, pp. 11, 80).

por sua vez, foi perseguido e jogado na prisão por seus superiores eclesiásticos onde, na solidão, passou por experiências místicas que lhe deram inspiração para suas obras mais profundas e reveladoras.

Apesar de todos esses percalços, o Cristianismo institucional sempre reconheceu e aceitou a realidade da experiência mística, contanto que fosse circunscrita aos ditames da ortodoxia. *Como a guardiã autonomeada da salvação humana, a teologia reservou para si o poder de decisão final em todos os assuntos religiosos. Ela condenava incondicionalmente aqueles cuja busca por esclarecimento interior os afastava das restrições impostas pela ortodoxia. Essas restrições aos instintos naturais do coração e da mente dividiam a congregação e resultaram em cisões. O místico não podia aceitar o conceito de que uma instituição mortal pudesse ser legitimamente capacitada a ditar as regras da salvação humana. A associação íntima entre Deus e o homem está além da alçada do clero.*[68]

O caminho místico, como descrito pela tradição monástica ocidental, desde os primeiros séculos com os anacoretas e cenobitas, passando pela Idade Média e Renascença, inclui uma imensa variedade de experiências. Evelyn Underhill, em seu monumental tratado sobre misticismo, alerta que:

> *Não se descobriu nenhum místico em quem todas as características observadas de consciência transcendental estivessem resumidas e que, por isto, possa ser tratado como caso típico. Em alguns casos, estados mentais que são distintos e mutuamente exclusivos ocorrem simultaneamente. Em outros, estágios que foram considerados como essenciais são inteiramente omitidos, em outros, ainda, sua ordem parece ser invertida. Parece inicialmente que nos confrontamos com um grupo de seres que chegam ao mesmo fim sem obedecer a nenhuma lei geral.*[69]

Em que pese essa enormidade de experiências distintas, alguns estudiosos dividem a vida dos místicos em três etapas:

---

[68] Manly Hall, *The Mystical Christ* (Los Angeles: The Philosophical Research Society, 1993, p. 101).

[69] Evelyn Underhill, *Mysticism. The Nature and Development of Spiritual Consciousness* (Oxford, One World, 1993, pp. 167-68).

* **Via negativa, ou purgativa**. Primeira etapa, em que o postulante deve proceder uma mudança radical de vida, com o assíduo combate aos vícios, às paixões e aos apegos. Constitui um processo de despojamento das coisas do mundo, também conhecido por *kenosis* (palavra grega que significa esvaziamento), que abre espaço em seu coração para preenchê-lo com as coisas espirituais.
* **Via positiva, ou iluminativa**. A etapa intermediária de cunho mais positivo, em que o místico procura cultivar as virtudes que, promovendo a sintonia com a perfeição divina, levam às expansões de consciência conhecidas como iluminação.
* **Via unitiva, ou perfeita**. O coroamento de todo o esforço do místico, marcado pela contemplação que leva o praticante à suprema manifestação terrestre da realidade divina. Nessa etapa, o místico passa por experiências que interpreta como "ver a Deus," chegando, mais tarde, a unir-se a Ele. Pode-se perceber na via unitiva três níveis de realização espiritual: a união rara, a intermitente e a estável ou plena.[70]

Essa classificação em etapas será útil para a compreensão da metodologia de transformação apresentada na última parte deste livro. Teresa de Ávila, no entanto, sugere que a experiência mística passa por sete estágios.[71] Sua classificação é extremamente útil para o entendimento dos tipos de oração ou meditação. Esses sete estágios, ou moradas, como ela prefere chamar, têm um paralelo com o processo de individuação, como apresentado por Jung. Os três primeiros representam a primeira fase do processo de individuação, caracterizado pela expansão da personalidade e sua adaptação ao mundo exterior. As três últimas moradas representam a segunda fase do processo de individuação, caracterizado pelo retraimento necessário para a adaptação à vida interior. O quarto estágio é uma etapa de transição em que o indivíduo começa a redirecionar a ênfase de sua vida do exterior para o interior.[72]

---

[70] Frei Raimundo Cintra, *Mergulho no Absoluto* (S.P., Edições Paulinas, 1982, p. 24).
[71] Vide a inspiradora obra de Teresa de Ávila, *Castelo Interior ou Moradas* (S.P.: Paulus, 1981).
[72] Um estudo profundo e inspirado dos paralelos entre a obra de Teresa de Ávila, *Castelo Interior ou Moradas* e o trabalho de Jung, foi apresentado por um padre da ordem carmelita, John Welch, intitulado *Spiritual Pilgrims* (N.Y.: Paulist Press, 1982).

O misticismo, portanto, não é um credo, mas uma qualidade de percepção espiritual. Por isso, a experiência dos místicos é de suma importância para o estudo do lado interno da tradição cristã, pois eles demonstram em sua vida que o instrumental que nos foi legado por Jesus para que se possa alcançar a meta final de união com Deus ainda está disponível e vem sendo usado com sucesso por inúmeros peregrinos ao longo dos séculos.

Os grupos esotéricos

Conhecemos menos sobre os verdadeiros grupos esotéricos do que sobre os místicos, porque estes últimos não são cerceados por juramentos secretos que os impedem de divulgar suas experiências interiores. Sigilo absoluto sobre tudo o que é dito e feito atrás dos portais da Câmara Sagrada sempre foi um dos requisitos exigidos dos candidatos à iniciação nos Mistérios. A natureza sigilosa das atividades desses grupos é tida como necessária para salvaguardar a humanidade da má utilização de seus segredos por indivíduos egoístas e sem a devida capacitação moral. Essa obrigação foi tão estritamente observada ao longo dos milênios que nenhuma narrativa dos verdadeiros segredos dos Mistérios jamais chegou ao conhecimento dos curiosos ou dos historiadores. O voto não se estendia a todos os elementos de um Mistério, mas sim aos detalhes cerimoniais, às revelações feitas no templo, à interpretação esotérica do mito representado de forma dramática, às palavras de passe da fraternidade e seu significado, às fórmulas de iluminação e sabe-se lá que outros fatos de interesse oculto.[73]

Os místicos, ao contrário, sempre sentiram a obrigação de compartilhar suas experiências com seus irmãos buscadores, de forma a confirmar que é possível a união com Deus para aqueles que seguem o árduo, mas gratificante, caminho da entrega total ao Pai Supremo até alcançarem o merecimento de receber a graça da Luz Divina.

Os membros dos grupos esotéricos podem, num certo sentido, ser considerados como místicos, porém, com uma característica toda especial,

---

[73] Samuel Angus, *The Mystery-Religions and Christianity* (N.Y.: Citadel Press, 1966, pp. 78-79).

eles também se valem de uma série de rituais e outros procedimentos para facilitar e acelerar o processo de transformação interior que, com o tempo, leva à iluminação. Esses grupos, geralmente estabelecidos por iniciados com elevados dons espirituais, utilizam a teurgia, ou seja, a energia divina direcionada por aqueles devidamente capacitados, para promover condições facilitadoras para as progressivas expansões de consciência que caracterizam o caminho espiritual.

Esses procedimentos não devem causar nenhuma surpresa ao estudioso, pois Jesus demonstrou ser um grande teurgo, usando a energia divina tanto para curar o corpo como, principalmente, a alma. Jesus era familiarizado com os grupos ocultos de sua época, pois acredita-se que ele era um essênio e recebeu instrução de seu tio o Rabbi Jehoshuah e, mais tarde, do Rabino Elhanan, renomado cabalista em sua época, sobre os mistérios da Cabala. Os essênios eram grandes ocultistas e buscavam, principalmente em seu centro de treinamento em Qumrã, o ideal místico de todos os séculos, a união com Deus. O mesmo deve ser dito dos grupos cabalistas, que mantiveram acesa a chama do conhecimento divino entre os judeus.

Não seria de estranhar, portanto, que Jesus ministrasse ensinamentos reservados a um grupo de discípulos mais avançados, como é mencionado na Bíblia: *Porque a vós foi dado conhecer os mistérios do Reino dos Céus* (Mt 13:11). Esse grupo de discípulos foi o núcleo do primeiro grupo esotérico da tradição cristã. Dele derivou-se, ao longo dos séculos, toda uma série de outros grupos sempre com o objetivo de perseguir a *gnosis* divina que levava ao prometido "Reino dos Céus."

É lógico supor-se que após a morte de Jesus esse grupo interno continuou seus trabalhos e procurou manter, com todo o zelo característico dos discípulos mais próximos do Mestre, a tradição oculta que lhe havia sido transmitida. Assim, as instruções secretas, rituais, sacramentos e todo o instrumental transformador ensinado por Jesus foram mantidos por seus discípulos. Como é comum acontecer, na prática de todos os grupos verdadeiramente esotéricos, seus membros comprometem-se solenemente a manter acesa a chama divina da *gnosis*[74] para o benefício de todos os verdadeiros buscadores que possam ser admitidos ao ádito sagrado.

Seria lícito perguntar, portanto, por que a Igreja nunca reconheceu oficialmente a existência de grupos que seriam os mantenedores da tradição esotérica cristã? A resposta é óbvia. O grupo que mais tarde se tornou a Igreja Católica, consolidada no século IV, sob a égide de Constantino, não era o ramo esotérico da tradição, mas sim aquele que manteve a tradição aberta, a tradição das parábolas de Jesus ministradas aos muitos (ao público). Entende-se, portanto, porque as autoridades eclesiásticas sempre relutaram em reconhecer a existência de uma tradição interna e, com o tempo, cada vez mais preocupadas com sua autopreservação, tornaram-se inimigas coléricas e perseguidoras dos grupos ocultistas, usando de todos os meios para neutralizá-los, desacreditá-los e destruí-los.

Os primeiros grupos internos de nossa tradição foram conhecidos como gnósticos, podendo-se destacar dentre eles os ofitas ou naassenos. Esses termos, gnósticos e ofitas, tão injustamente vilipendiados pela ortodoxia merecem um esclarecimento. Gnóstico é o buscador da *gnosis*, que em grego significa conhecimento, não um conhecimento meramente intelectivo, mas sim a percepção direta, intuitiva da verdade, sobre a qual Paulo fez tantas alusões em suas epístolas. Esse conhecimento só é adquirido por aqueles que conseguem silenciar a mente e ouvir a voz silenciosa do Cristo interior, que tudo revela aos seus bem amados. É

[74] O termo *gnosis*, que significa conhecimento, no original grego, não é o conhecimento usual obtido pelas regras aceitas de raciocínio metódico, mas sim por revelação interior. Para os gnósticos, como para os ocultistas, a *gnosis* era um conhecimento que oferecia a salvação, portanto, era basicamente de natureza interior. Na definição de Reitzenstein a *gnosis* era: *Conhecimento imeditato dos Mistérios de Deus, recebido por meio de relacionamento direto com a Deidade ... Mistérios que devem permanecer ocultos ao homem natural, um conhecimento que exercita, ao mesmo tempo, uma reação decidida em nosso relacionamento com Deus e também com nossa própria natureza ou disposição*. Citado por G.R.S. Mead em *A Gnosis Viva do Cristianismo Primitivo* (Brasília: Núcleo Luz, 1995). Para outro autor, *Aqueles que tinham a gnosis sabiam o caminho para Deus, de nosso mundo material visível para o reino espiritual do ser divino; sua meta final era conhecer ou "ver" a Deus que, às vezes, ia a ponto de tornar-se unido com Deus ou permanecer em Deus*. Roelof van Den Broek, *Gnosticism and Hermeticism in Antiquity*, em *Gnosis and Hermeticism* edit. por R.V.D. Broek e W.J. Hanegraaff (N.Y.: State University of New York Press, 1998, p. 1).

importante lembrar que os grupos gnósticos já eram conhecidos antes do ministério de Jesus.

Ofita vem do termo grego *ofis*, serpente. Esses grupos não eram adoradores da serpente, como maldosamente lhes é atribuído. A serpente sempre foi o símbolo da sabedoria em todas as grandes tradições, daí a instrução de Jesus a seus discípulos: *Sede prudentes*[75] *como as serpentes e sem malícia como as pombas* (Mt 10:16). A serpente sempre foi um símbolo usado para representar a sabedoria nas tradições da antiguidade. Entre os judeus, a serpente, (Gênesis 3) aparece como a primeira reveladora do conhecimento divino.[76] Os antigos cabalistas judeus usavam a serpente *nechushtan,* com sua cauda segura entre os dentes, como símbolo da sabedoria e da iniciação.[77] Tanto na tradição hinduísta como na budista, os grandes *nagas* (serpentes, em sânscrito) são representados como os instrutores primordiais. É possível que isso reflita o fato de que certos buscadores passam pela experiência interior de visualização de uma ou várias serpentes, na verdade um teste de sua coragem e determinação. Caso o buscador não se retraia com medo, é dito que a experiência prossegue com a serpente se aproximando do devoto, abrindo sua boca e, finalmente, fundindo-se com o fiel indômito. Essa visão parece ser uma espécie de iniciação que possibilita a abertura de um processo de revelação progressiva da verdadeira sabedoria ao buscador da verdade. É dito na tradição budista que, no momento da iluminação do Senhor Buda, estando em profunda meditação, uma enorme serpente aproximou-se e postou-se por trás e acima dele como que o protegendo e inspirando durante toda a experiência interior. Finalmente, a serpente é também o símbolo da *kundalini,* o fenômeno de subida da energia conhecida como 'fogo serpentino', dormente no *chakra* básico, até o centro da cabeça, onde se encontra com a energia superior, causando a iluminação.

---

[75] A expressão original, como formulada no Evangelho de Tomé (vers. 39, p. 131), era: *Sede sábios como as serpentes e mansos como as pombas,* tendo sido mudada mais tarde para que as palavras de Jesus não fossem usadas para fortalecer os grupos ofitas.

[76] Vide Helmuth Koester, *History and Literature of Early Christianity* (N.Y., Walter de Gruyter, 1987, p. 231).

[77] Dion Fortune, *The Mystical Qabalah* (N.Y.: Samuel Weiser, 1996, p. 25).

Portanto, os gnósticos e os ofitas cristãos formavam os grupos de buscadores da verdade, ou sabedoria divina, fundados pelos discípulos mais chegados de Jesus. Mais tarde esses grupos passaram a ser conhecidos por diferentes nomes, dependendo de características regionais e ênfase da doutrina externa exposta. Dentre os grupos mais ativos nos dois primeiros séculos de nossa era destacam-se os naassenos (palavra aramaica com o mesmo significado de ofitas, de origem grega), perates, sethianos (gnósticos de orientação judaica), docéticos (propunham que a natureza exterior do Cristo era ilusória), carpocráticos, basilidianos e valentinianos. Devemos mencionar que ainda hoje existem dois grupos remanescentes do movimento original no primeiro século de nossa era, conhecidos como mandeanos e drusos.

Os mandeanos, também conhecidos como discípulos de São João, praticam seus rituais de batismo por imersão em água corrente, como fazia seu fundador, João, o Batista. Atualmente, encontram-se pequenas comunidades de mandeanos na região sul do Iraque, principalmente em Basra, Amarah e Nasiriya, bem como no Irã, na província de Khuzistan, especialmente em Ahwaz e Shushtar. A denominação dessa seita deriva-se da antiga palavra "mandeano" que significava 'percepção ou conhecimento'; portanto, o termo refere-se 'àquele que conhece, o gnóstico.' A literatura existente sobre essa tradição é considerável, dado o número relativamente pequeno de seus membros. Dentre seu acervo literário destacam-se: "o Tesouro" (*Ginza*) e o "Grande Livro" (*Sidra Rabba*). Sua cosmologia é muito semelhante à dos antigos gnósticos, incluindo uma deidade suprema (Ferho) e um deus criador inferior (Ptahil). Os números sete e doze ocorrem com frequência em sua hierarquia espiritual. O ponto alto da cosmogonia é a redenção, que ocorre com os "Mistérios" que proporcionam a "*Gnosis* da Vida."[78]

A referência mais confiável que temos sobre os drusos foi escrita há pouco mais de um século por Blavatsky. Essa autoridade informa que os misteriosos drusos do Monte Líbano são descendentes dos grupos originais de gnósticos, ou ofitas. Os drusos eram de origem copta, e caracterizavam-

[78] Vide Kurt Rudolph, *Gnosis. The Nature and History of Gnosticism* (Harper SanFrancisco, 1977, p. 343-366).

se por serem estudiosos e diligentes, podendo ser encontrados em pequenas comunidades em vários países do oriente médio. De acordo com Blavatsky, havia na sua época *cerca de 80.000 guerreiros, espalhados desde a planície oriental de Damas até a costa ocidental. Não fazem proselitismo, fogem da notoriedade, mantêm a fraternidade – na medida do possível – seja com os cristãos, seja com os muçulmanos; respeitam a religião de qualquer outra seita ou povo, mas jamais revelam seus segredos. Quanto aos não iniciados, jamais se lhes permitiu ver os escritos sagrados, e nenhum deles tem a mais remota ideia do local onde estão escondidos.*[79] O pouco que se sabe a seu respeito vem de uma comunicação escrita por um de seus iniciados a Blavatsky, que aparentemente tinha autorização para fazê-lo. Nessa carta, é mencionado que os mandamentos da seita, erroneamente divulgados por outros autores, são da mais alta ética e comparáveis aos mais avançados códigos de outras tradições.

O grupo de maior repercussão no cenário ocidental e no oriente médio foi provavelmente o dos chamados maniqueus. Isso se deve ao impacto das ideias e do trabalho de seu fundador, Mani, que no século III revolucionou a vida de muitas centenas de milhares de buscadores com suas revelações. Como não poderia deixar de ser, esse grupo foi imediatamente alvo de críticas por parte da então nascente Igreja Católica, sendo seu fundador perseguido e finalmente morto sob intensa tortura por parte das autoridades civis e religiosas, em circunstâncias que lembram o martírio do próprio Jesus. Mani deixou uma extensa obra literária e, apesar da constante perseguição a seus seguidores ao longo dos séculos, inúmeros grupos locais foram estabelecidos em diferentes países, geralmente com nomes diferentes para tentar escapar da perseguição sistemática a que eram submetidos.

> *A vitalidade dos maniqueístas permaneceu poderosa, não obstante as severas perseguições que suportaram durante o Império Romano, ateu e cristão; mas sobreviveram no Oriente e no Ocidente, tendo reaparecido com frequência na Idade Média, em diferentes partes da Europa. O maniqueísmo ousou aquilo que os gnósticos jamais se aventuraram: entrar abertamente em conflito com a Igreja, no século V. Ademais, a autoridade civil auxiliou a religiosa na sua repressão.*

[79] H.P. Blavatsky, *Ísis Sem Véu* (S.P.: Pensamento, vol. III, pp. 269-270).

Os maniqueístas, onde quer que aparecessem, eram imediatamente atacados; foram condenados na Espanha no ano 380 e em Treves, em 385, por intermédio de seus representantes, os priscilianistas.[80]

Com o passar do tempo, os herdeiros da tradição gnóstica e maniqueísta foram mudando de nome. Sem tentar um levantamento exaustivo da matéria, que não é o objetivo deste estudo, podemos indicar o aparecimento dos seguintes grupos: entre os séculos III e IX: Euchites, Magistri Comacini, Artífices Dionisianos, Nestorianos e Eutychianos; no século X: Paulicianos e Bogomilos; no século XI: Cátharos, Patarini, Cavaleiros de Rodes, Cavaleiros de Malta, Místicos Escolásticos; no século XII: Albigenses, Cavaleiros Templários, Hermetistas; no século XIII: a Fraternidade dos Winklers, os Beghards e Beguinen, os Irmãos do Livre Espírito, os Lollards e os Trovadores; no século XIV: os Hesychastas, os Amigos de Deus, os Rosa-cruzes e os Fraticelli; no século XV: os Fraters Lucis, a Academia Platônica, a Sociedade Alquímica, a Sociedade da Trolha e os Irmãos da Boêmia (Unitas Fratrum); no século XVI: a Ordem de Cristo (derivada dos Templários), os Filósofos do Fogo, a Militia Crucífera Evangélica e os Ministérios dos Mestres Herméticos; no século XVII: os Irmãos Asiáticos (Irmãos Iniciados de São João Evangelista da Ásia), a Academia di Secreti e os Quietistas; no século XVIII: os Martinistas; no século XIX: a Sociedade Teosófica.[81] O fato de um determinado grupo ter aparecido num século não significa que tenha atuado somente naquele período. Diversos grupos, como os cátaros, os albigenses, os rosa-cruzes, os templários e os alquimistas permaneceram ativos por dois ou mais séculos.

Foge ao escopo desta obra descrever o trabalho e a doutrina desses grupos que, ao longo dos séculos, mantiveram acesa a chama da verdade, servindo como foco de transformação interior e inspiração para as transformações da sociedade de seus dias. Esses grupos geralmente trabalhavam veladamente, pois, quando conhecidos abertamente, eram invariavelmente perseguidos, como ocorreu com os albigenses no século XIII.

---

[80] P. Marras, *Secret Fraternities of the Middle Ages* (Londres, 1865, pp. 19-20).

[81] Vide Isabel Cooper-Oakley, *Maçonaria e Misticismo Medieval* (S.P., Pensamento, pp. 21-22).

Para entender o chocante genocídio dos albigenses, devemos lembrar que a insatisfação e as críticas generalizadas sobre o estado de podridão moral da Igreja na Idade Média fez com que o papado agisse com crescente rigor, não para promover uma renovação interior, mas para perseguir todos os dissidentes e potenciais inimigos, valendo-se de sua supremacia. O exemplo de virtude e religiosidade dos cátaros não podia ser deixado livre para florescer, pois iria certamente estimular movimentos semelhantes em outras regiões, solapando o poder da Igreja. Portanto, o Papa Inocêncio III e seus prelados atacaram os albigenses com toda a fúria dos fanáticos que veem seus interesses ameaçados. A campanha de trinta anos contra os albigenses prenunciou um período de quinhentos anos de repressão brutal pela "Santa Inquisição" em todas as áreas de influência da Igreja, que se estendeu, mais tarde, às colônias europeias nas Américas e na Ásia.[82]

Esses relatos da fúria dos hierarcas das igrejas ao longo dos séculos contra seus supostos inimigos nos remete à resposta de um grande sábio quando perguntado sobre a origem do mal: *Direi a você qual é a maior, a principal causa de cerca de dois terços dos males que perseguem a humanidade desde que esta causa se tornou um poder. É a casta sacerdotal, o clero e as igrejas; é nestas ilusões que o homem vê como sagradas, que ele deve procurar a fonte daquele sem-número de males, que é a grande maldição da humanidade e que quase domina totalmente o gênero humano.*[83]

---

[82] As atrocidades cometidas pela inquisição guardam um paralelo com os regimes totalitários da atualidade. Assim como os torturadores das ditaduras justificam seu barbarismo em nome da segurança nacional, os inquisidores justificavam suas atrocidades em nome do Deus de compaixão para a salvação das almas dos supostos hereges. A frieza com que esses inimigos da humanidade agiam com o respaldo dos bispos e do Papa, pode ser aquilatada numa obra chocante intitulada *Manual dos Inquisidores*, escrita por Nicolau Eymerich, em 1376, e revista e ampliada por Francisco de Peña, em 1578, ambos experientes inquisidores da ordem dos dominicanos. Esse livro foi publicado pela Fundação Universidade de Brasília em 1993, com uma excelente introdução de Leonardo Boff.

[83] *Cartas dos Mahatmas para A.P. Sinnett*, vol. II (Brasília: Ed. Teosófica, 1ª ed., 2001, p. 61).

III
A META:
O REINO DOS CÉUS

Capítulo 3

O SIGNIFICADO DO REINO PARA A ORTODOXIA

Tanto os evangelhos canônicos como os gnósticos indicam claramente que o ponto central do ensinamento de Jesus era a pregação do 'Reino.' Nos evangelhos sinóticos existem mais de cento e vinte referências sobre o Reino de Deus e o Reino dos Céus. Em inúmeras admoestações e parábolas o Mestre alerta que 'O Reino de Deus está próximo.' Com seu coração compassivo, convidava a humanidade sofredora a buscar refrigério e salvação no Reino. Nos apócrifos, além das expressões Reino, Reino dos Céus, Reino de Deus, foram usadas outras equivalentes: Mundo de Luz, Pleroma e Herança da Luz.

Os evangelhos usam diferentes expressões para o "Reino". Mateus geralmente prefere o termo, "Reino dos Céus," Marcos e Lucas preferem "Reino de Deus," enquanto Tomé usa "Reino do Pai." Em João encontramos a expressão "Vida Eterna" num sentido semelhante ao Reino dos sinóticos. É provável que essas distinções sejam meramente literárias e reflitam a preferência dos compiladores e não de Jesus. Por isso, usaremos esses termos indistintamente, como sinônimos.

Jesus, porém, não apenas pregava sobre o Reino, mas ensinava como nos prepararmos para nele entrar. Ele ainda nos convida a participar da glória do Reino, do qual somos herdeiros naturais, sem distinção de raça, classe social ou denominação religiosa. Para isso basta reivindicarmos nosso direito de nascença a essa herança. O chamado para nos acercarmos do Pai misericordioso provocou uma revolução espiritual no início de nossa era. Seus contemporâneos na Palestina e muitos milhões de seres, desde então, ficaram fascinados com a possibilidade de entrar no Reino de Deus. Infelizmente, relativamente poucos tiveram a coragem e a determinação para empreender a jornada rumo a essa meta.

Todo ser humano, sendo em sua natureza última uma centelha ou expressão da própria Divindade, tem dentro de si uma programação ou condicionamento original que o leva a buscar suas origens para voltar ao estado de bem-aventurança e gozo de sua herança divina. Esse tema da orientação interior da alma é abordado com grande mestria no Hino da Pérola, apresentado no Anexo 2. Portanto, ao pregar reiteradamente que o Reino de Deus estava próximo, Jesus atendia ao anseio mais profundo da alma de todos seus ouvintes.

Entre os estudiosos da Bíblia, incluindo os modernos buscadores do Jesus histórico, a questão do Reino parece ser um dos principais pontos de concordância. As palavras de Norman Perrin parecem resumir esse consenso: *O aspecto central do ensinamento de Jesus foi relacionado ao Reino de Deus. Não pode haver dúvida sobre isso e hoje nenhum erudito, na verdade, duvida-o. Jesus apareceu como aquele que proclamou o Reino; tudo o mais em sua mensagem e ministério condiciona-se àquela proclamação e dela deriva seu significado.*[84]

Logo no início de seu ministério na Galileia, após seu batismo por João, Jesus disse: *Cumpriu-se o tempo e o Reino de Deus está próximo* (Mc 1:15). A indefinição sobre a 'proximidade' do Reino, geralmente interpretada num sentido temporal e alimentada pela tradição apocalíptica judaica, gerou a expectativa de um iminente fim dos tempos, com o tão temido juízo final. Algumas passagens da Bíblia são usadas para esse tipo de interpretação, como por exemplo:

> *Enviando seus discípulos para pregar a Boa Nova, Jesus disse: Dirigi-vos, antes, às ovelhas perdidas da casa de Israel. Dirigindo-vos a elas, proclamai que o Reino dos Céus está próximo.* (Mt 10:6-7)

Nessas e em todas as outras referências sobre o Reino, Jesus não especifica nem define a natureza do Reino nem indica claramente o que significa essa proximidade. Isso não deveria surpreender aos buscadores dos ensinamentos ocultos de Jesus, porque o uso de linguagem simbólica, ou

---

[84] *Rediscovering the Teachings of Jesus*, p. 54.

cifrada, é conhecido e esperado nos meios esotéricos. Mas, a grande maioria dos leitores da Bíblia, ao longo dos séculos, permaneceu confusa a esse respeito, e nisso tiveram a companhia de muitos teólogos.

O Reino na Tradição Judaica

O Reino sempre foi um conceito central entre os judeus. Para alguns estudiosos as raízes do símbolo "Reino de Deus" remontam a antigos mitos do oriente médio sobre o reinado divino. O mito foi absorvido por Israel dos cananitas que, por sua vez, o haviam recebido das civilizações da Mesopotâmia e do Egito.[85] Nesse mito, Deus, o criador do universo, mantinha o seu reinado renovando anualmente a fertilidade da terra e protegendo particularmente seus eleitos, que deviam cultuar a Divindade para continuar a receber essa proteção.

Etimologicamente, o conceito de "Reino" vem da expressão aramaica *malkuth*, a *sephira* inferior da Cabala em seu uso judaico corrente, que expressa mais propriamente o conceito de 'reinado' ou 'soberania.' O sentido da expressão "Reino de Deus" para os judeus seria, então, a ação ou atributo de Deus como Rei Supremo do Universo e de Seu povo. [86]

Na tradição bíblica, em sua interpretação literal, durante o período da monarquia israelita independente, de Davi até a queda de Jerusalém sob Nabucodonosor no início do século VI a.C., o 'Reino de Deus' era essencialmente concebido como a contraparte do reinado terrestre.[87] O povo judeu vivia de acordo com os mandamentos estabelecidos como parte da Grande Aliança, e o monarca terrestre agia como representante de Deus. O 'povo eleito de Deus' nutria a esperança de que, em breve, um monarca judeu iria reinar sobre todas as nações, levando-as a aceitar e adorar o verdadeiro Senhor do Universo. Nos Salmos o rei de Israel

---

[85] Vide: S. Mowinckel, *The Psalms in Israel's Worship* (N.Y.: Abingdon Press, 1962, I, p. 114).
[86] Vide: C.H. Dodd, *The Parables of the Kingdom* (Londres: The Religious Book Club, 1942, p. 34).
[87] Vide: *The Religion of Jesus the Jew*, de Geza Vermes (Minneapolis, Fortress Press, 1993, p. 121).

é instruído: *Peça-me e farei das nações a sua herança. E os confins da terra a sua posse* (Sl 2:8). A literatura da época, em particular os Salmos, exorta os governantes gentios a '*servir o Senhor com temor*' (Sl 2:11), pois o 'Rei divino' era descrito como objeto de 'pavor e admiração' entre os estrangeiros (Sl 99:1).

Com a dominação do Reino de Judá pelos babilônios em 586 a.C., houve uma modificação da perspectiva, refletindo a perda de autonomia política do povo judeu. A partir de então, sob o jugo estrangeiro, nasceu o messianismo bíblico. O povo passou a ansiar pelo aparecimento de um rei que restabelecesse o domínio visível e institucional de Deus sobre todos os judeus, liberados dos impérios estrangeiros. O estabelecimento do Reino divino estava indissoluvelmente relacionado com a expectativa de uma batalha que culminaria na vitória de Deus, ou seja de Israel, com seus antigos dominadores vencidos e submissos. Vemos, assim, em Isaias 45:14: *Eles vos seguirão; eles virão acorrentados e se prostrarão diante de vós. Farão suas súplicas a vós, dizendo: Deus está convosco, e não existe outro, nenhum Deus além dele.*

A tradição hebraica, mesmo durante o cativeiro, manteve alta a fé em Iahweh e na esperança de liberdade e de preeminência entre os povos. Vemos no livro de Daniel o louvor ao Deus de Israel decantado pelo próprio rei Dario, após verificar que Daniel, seu fiel ministro, lançado aos leões, por sua ordem, havia sido salvo por seu Deus (Dn 6:27-28). Encontramos ainda referências importantes a respeito do Rei (Divino) e de seu Reino. Nas descrições das visões dos sonhos de Daniel (Dn cap. 7), apesar de não serem mencionadas as palavras Rei ou Reino, verifica-se a figura do 'Ancião dos Tempos', sentado num trono celestial, julgando quatro impérios do mundo. Essa passagem é especialmente importante, pois estabelece a fundação da doutrina posterior do segundo advento, ou da *parousia* do Senhor, introduzida mais tarde nos evangelhos, apesar de conflitar com os ensinamentos de Jesus.[88]

No período pós-exílio, a literatura judaica tende a enfatizar a exaltação a Deus e demonstrar a sua transcendência. Essa tendência pode ser vista nas

[88] *The Religion of Jesus the Jew*, p. 126.

práticas externas, tais como evitar pronunciar o nome de Deus (Iahweh) e a consequente substituição desse nome por palavras tais como Senhor, o Nome, a Presença. Ao que tudo indica, essas práticas foram mantidas pelos essênios.[89]

Nos Targuns[90] palestinos sobre a Canção de Moisés (Ex 15:18), a duração do Reino de Deus é indicada como sendo 'para todo o sempre' e este referia-se tanto ao mundo celestial como ao terreno. No pensamento bíblico, quando o estabelecimento do Reino de Deus necessita de uma intermediação, essa é geralmente associada a um Messias, que se apresenta vitorioso em batalha sobre os inimigos.[91]

A tradição messiânica entre os essênios também era marcante. No Pergaminho da Guerra, a vitória final sobre as forças das trevas e o estabelecimento concomitante do Reino divino são descritos como resultado da batalha escatológica disputada pelos exércitos aliados dos 'filhos da luz', humanos e angélicos, sob a liderança do Príncipe Miguel, contra a coalizão dos 'filhos das trevas', humanos e demoníacos (I QM 17:6 e seg.). Para os essênios, o Reino seria uma conquista árdua a ser obtida após uma batalha sem trégua, que deveria ser preparada com grande antecipação pelos 'filhos da luz'. O Senhor triunfante assume a atitude típica da tradição judaica, inspirando terror por sua ira contra seus inimigos (I QM 12:7-9).[92]

Mas não só de forma aterrorizante manifesta-se o Senhor para a sua congregação. Sua glória terrestre, governando o destino dos homens, também é anunciada para os sacerdotes de Qumrã, que seriam os líderes do culto no Templo do Reino. Vemos, portanto, que os conceitos de Reino entre os judeus ortodoxos e os essênios, em sua interpretação literal, não nos ajudam a entender a mensagem de Jesus sobre o Reino.

---

[89] H. Ringgren, *The Faith of Qumran, Theology of the Dead Sea Scrolls* (N.Y.: Crossroad, 1995), p. 47.

[90] Conjunto de traduções e comentários de textos bíblicos que datam do século VI a.C.

[91] *The Religion of Jesus the Jew,* pp. 131-32.

[92] *The Religion of Jesus the Jew*, p. 127.

O Reino para a Igreja

Em primeiro lugar, deve ficar claro que estamos usando o termo 'igreja' com sua conotação hierárquica usual dentro de nossa tradição e não no seu sentido original. O termo original grego, *eklhsia* tinha o significado de assembleia, da qual participavam igualmente todos os que estavam reunidos. Nos primórdios do Cristianismo, significava a comunidade fraterna dos seguidores de Jesus, os praticantes de seus ensinamentos. A comunidade inteira, irmanada pelo ideal fraterno do amor, compartilhava das tarefas e do poder. Os diferentes ministérios eram exercidos por todos, em consonância com os dons carismáticos de cada um. Com o passar do tempo, os líderes das comunidades cristãs começaram a utilizar o termo igreja para retratar a hierarquia em comando. Foi instituída uma divisão clara entre a hierarquia clerical, que detinha todo o poder, referida como 'igreja', e a comunidade dos fiéis, que devia obedecer às instruções do clero sob o comando de seu bispo. Dentro desse esquema, as grandes virtudes do leigo passaram a ser apresentadas como a fé na doutrina e a obediência ao clero, ficando a prática dos ensinamentos de Jesus em segundo plano. É a essa igreja restrita, hierárquica e totalitária que nos referimos a seguir.

A importância do Reino na mensagem de Jesus não podia ser negada pela ortodoxia, mesmo não sendo realmente entendida. Passemos a palavra aos teólogos para que expressem sua sincera perplexidade sobre o real significado do conceito que sabem ser central nos ensinamentos do Salvador e que, ao longo dos quase vinte séculos da história das igrejas cristãs, vem sendo interpretado de diferentes maneiras:

> *Não é fácil definir com precisão o que significa realmente a expressão 'Reino de Deus'. Ao longo da história da teologia, a interpretação desta expressão mudou muitas vezes, de acordo com a situação e o espírito da época. A palavra 'Reino' é expressão arcaica que não desperta nenhuma ressonância em nossa atual experiência da realidade. A expressão precisa ser retraduzida para poder exprimir seu significado. Por isto, o problema que diz respeito à mensagem de Jesus sobre o reino é de como superar a distância hermenêutica*[93] *entre o que o reino de Deus significava no ensinamento de Jesus e o que significa hoje para nós.*

---

[93] Hermenêutica quer dizer interpretação dos textos sagrados.

> *Jesus nunca definiu o reino de Deus com uma linguagem discursiva. Apresentou sua mensagem do Reino em parábolas. As parábolas devem ser vistas como a escolha por parte de Jesus do mais adequado veículo para a compreensão do Reino de Deus.*[94]

Os autores do texto acima não esclarecem o significado da expressão, porém, compensam sua perplexidade com o uso generoso do jargão teológico. Mais adiante, esses autores sugerem uma interpretação sobre a natureza paradoxal do reino, que se lhes configura como algo que se inicia no presente, mas que ainda está por vir:

> *Embora a presença histórica do reino, dentro e através do ministério de Jesus, seja fortemente afirmada, deve ainda vir a consumação do que agora é apenas experimentado de maneira antecipatória. Embora Jesus tenha ficado na tradição dos grandes profetas, sua mensagem é profundamente influenciada pelas expectativas apocalípticas da época. Apesar disto, não compartilhou do pessimismo dos escritores apocalípticos no tocante a este mundo, mas descreveu de maneira realista o poder do mal. Sua mensagem do reino de Deus só pode ser entendida em seu contraste com o reino do mal, que está em ação neste mundo, permeando tudo. Jesus entendeu sua missão como a destruição e derrubada das potências do mal para trazer uma libertação que tende a acabar com todo o mal e à transformação da criação inteira.*[95]

Esse tipo de consideração teológica obscura não é restrito aos autores desse texto. Ideias semelhantes permeiam os escritos da maioria dos teólogos, fazendo com que, em alguns casos, suas tentativas de explicar a natureza do reino beirem a incoerência:

> *(Jesus) pregava algo novo: a chegada da plenitude dos tempos, do 'Reino' que realizava de modo eminente as profecias da Salvação. O ensinamento de Jesus continha sem dúvida mais que um anúncio, mas estava centrado nessa mensagem, a da misericórdia divina, que*

---

[94] R. Latouelle e R. Fisichella (ed.), *Dicionário de Teologia Fundamental* (edição conjunta das editoras Vozes e Santuário, 1994, pp. 738-39).

[95] *Dicionário de Teologia Fundamental*, p. 740.

tornava próxima dos homens a salvação escatológica.[96] *Na pregação sobre o 'mistério do Reino de Deus' (Mc 4:11), ou sobre o ingresso na 'vida', revela-se chegada a hora de os homens se defrontarem com a divina misericórdia. Sim, é verdade que Deus reina desde sempre, sobre o céu e a terra, sobre Israel e sobre as nações pagãs, mas além disto Ele prepara um Reino Escatológico, todo feito de consolação exuberante e de experiência de Seu amor, e é o que Jesus anuncia como aproximado enfim do homem.*[97]

Num esforço ingente para transmitir aos seus leitores um conceito que parece não ter entendido, o autor dessa passagem balança entre o aqui e agora e o futuro 'escatológico', tateando com o respaldo de citações bíblicas:

Na mensagem de Jesus, o 'Reino de Deus', a salvação escatológica, era algo que já chegara com sua pessoa e que, tendo embora uma futura manifestação gloriosa, não estava ligado apenas a essa condição epifânica[98] *e futura. A mensagem de Jesus fora preparada no Antigo Testamento quanto à ideia de um Reino de Deus iniciado dentro da história. Abrir-se-ia com o Messias, disseram os Profetas, a nova e eterna Aliança, em que Deus fixaria seu santuário em Israel, dali estabelecendo seu reinado sobre todos os povos, numa era de santidade e paz.*

O Reino de Deus, que Jesus proclama, transcende a concepção da felicidade terrena, erigida sob o signo do triunfo político de Israel. Neste sentido difere das interpretações comuns dadas aos dias do Messias. Mas também não se identifica simplesmente com a expectativa do Reino da ressurreição, após o Juízo Final. De um lado anuncia ele que em dia ainda futuro se perceberá que o Filho do homem está às portas (Mc 13:32). Mas desde já o Filho do homem veio à terra, e o advento do Reino de Deus é qualquer coisa 'que não se deixa observar', pois está presente entre os homens.[99] *(Lc 17:20-21)*

---

[96] Para os teólogos, 'escatologia' significa a doutrina sobre a consumação do tempo e da história. O uso desse termo não é muito feliz, tanto em sua etimologia como em sua conotação teológica, pois, em grego, o significado primário da palavra (*escató + logia*) é 'tratado acerca dos excrementos', ou 'coprologia'. Em seu sentido teológico, o termo escatologia é derivado da palavra grega *eschaton*, que significa final ou término, daí a doutrina do final dos tempos.

[97] C.F. Gomes, *Riquezas da Mensagem Cristã* (R.J.: Lumen Christi, 1981, p. 347).

[98] No jargão teológico significa aparição ou manifestação divina.

[99] *Riquezas da Mensagem Cristã*, pp. 487-488.

Os teólogos afirmam que existem várias referências aparentes ao fim dos tempos e do julgamento final nos evangelhos. A descrição dos sinais dos fins dos tempos é apontada com frequência como sendo a parábola da figueira, reproduzida quase sem modificações nos três evangelhos sinóticos.

> *Aprendei da figueira esta parábola: quando o seu ramo se torna tenro e as suas folhas começam a brotar, sabeis que o verão está próximo. Da mesma forma também vós, quando virdes todas essas coisas, sabei que ele está próximo, às portas. Em verdade vos digo que esta geração não passará sem que tudo isso aconteça. Passarão o céu e a terra. Minhas palavras, porém, não passarão. Daquele dia e da hora, ninguém sabe, nem os anjos dos céus, nem o Filho, mas só o Pai.* (Mt 24:32-36; e passagens semelhantes em Mc 13:28-29; Lc 21:29-31)

Um bom e dedicado teólogo não poderia se esquecer de garantir um papel para a Igreja no Reino, ainda que esse último não esteja bem definido[100]. Como já dizia S. Jerônimo, o poder das palavras ressonantes é bem maior do que se poderia imaginar no mundo, tanto no seu tempo como agora.

> *É o reino ora presente que cria a igreja e a conserva constantemente viva. Por isto, a igreja é o resultado da vinda do reino de Deus ao mundo. O poder dinâmico do Espírito, que torna eficazmente presente a intencionalidade salvífica e final de Deus, é verdadeira causa da comunidade chamada igreja. Embora o reino não possa ser identificado com a igreja, isto não significa que o reino não esteja presente nela. Podemos dizer que a igreja é uma realização 'inicial', 'proléptica' ou antecipada do plano de Deus para a humanidade. Na expressão do Vaticano II, 'ela se torna na terra o germe inicial do Reino'. Em segundo lugar, a igreja é um instrumento ou sacramento, através do qual este projeto de Deus no mundo se realiza na histório.*[101]

---

[100] Neste particular, vale o alerta de um místico: *Os teólogos se esquecem que servem melhor por meio do desabrochar de seus próprios poderes espirituais e não pela expansão e glorificação de suas instituições. The Mystical Christ*, p. 18.

[101] *Dicionário de Teologia Fundamental*, p. 744.

Um dos principais responsáveis pelos conceitos materializantes e apocalípticos do Reino dentre os teólogos foi Agostinho, uma das figuras centrais da ortodoxia, que escreveu várias obras, sendo que sua *Cidade de Deus* foi, desde então, especialmente influente na literatura da Igreja. Agostinho apresentou o símbolo primordial do pecado, que produziu o mito da queda de Adão como sendo o pecado original. Foi dele, também, a ideia especulativa de que a Igreja seria o Reino de Deus, um Reino englobando a totalidade da humanidade redimida, sendo essa entidade chamada por ele de Cidade de Deus, a cidade dos santos. Esse Reino de Deus não era necessariamente a Igreja como existia então, mas como seria no fim dos tempos. Alguns séculos depois, os teólogos da Idade Média passaram a conceber o Reino de Deus como a Igreja com sua hierarquia clerical no mundo.[102]

Nem todos os estudiosos dentro da Igreja compartilham dessas posições confusas e, de certa forma, inconsequentes. Aqueles que passam por experiências místicas geralmente conseguem transcender as limitações do dogmatismo e chegam intuitivamente ao entendimento do Reino como foi ensinado por Jesus. A citação a seguir demonstra essa assertiva, com um enfoque que muito se aproxima da interpretação esotérica a ser apresentada no próximo capítulo:

> *Jesus nunca definiu o reino de Deus. Descreveu o reino com parábolas e similitudes (Mt 13; Mc 4), com imagens como vida, glória, alegria e luz. Paulo, em Rm 14:17, apresenta uma descrição que está bem próxima de uma definição: 'o Reino de Deus não consiste em comida e bebida, mas é justiça, paz e alegria no Espírito Santo'.*
>
> *A declaração que Jesus faz do reino está, em última análise, enraizada em sua experiência do Abba (Pai em hebraico). A mensagem do reino foi-lhe 'enviada' durante a oração, por isto, está intimamente ligada e é determinada por sua experiência pessoal de Deus como Abba. Na experiência de Jesus, Deus era aquele que vinha com amor incondicional, como aquele que tomava a iniciativa e entrava na história humana de um modo e em um grau desconhecido dos profetas.*

---

[102] Norman Perrin, *Jesus and the Language of the Kingdom* (Philadelphia: Fortress Press, 1976, p. 63).

> *Esta experiência de Deus decidiu toda a sua vida e formou o autêntico núcleo de sua mensagem do Reino.*
> *Num determinado momento de sua vida, Jesus deu-se conta de que Jhwh queria conduzir Israel, e finalmente todos os homens, àquela intimidade com ele que ele mesmo havia experimentado em seu relacionamento pessoal, que ele chamava de pai. Isto é expresso muito explicitamente no 'Pai-Nosso'. Nele Jesus autoriza seus discípulos a imitarem-no, ao dirigirem-se a Deus como Abba. Agindo assim, fá-los participar de sua comunhão pessoal com Deus. Somente os que podem pronunciar este Abba com a disposição de uma criança poderão entrar no reino de Deus.*[103]

Esse apanhado resumido da posição das autoridades eclesiásticas sobre o Reino parece indicar que a maioria dos teólogos permanece confusa e até mesmo perplexa a respeito da natureza do Reino, mas que alguns estudiosos dentro do clero chegaram intuitivamente a um conceito mais elevado. Os místicos, no entanto, nunca tiveram problema para entender o conceito do Reino, pois têm experiência própria do Reino de Deus no seu interior e o refletem em suas vidas.

[103] Estes três parágrafos, extremamente elucidativos, também citados no *Dicionário de Teologia Fundamental*, p. 742, foram escritos por outro autor, ao que parece H. Schermann (*Gottes Reich*, 21-64).

Capítulo 4

UMA VISÃO ESOTÉRICA DO REINO NOS ENSINAMENTOS DE JESUS

Em linguagem corrente, a expressão "Reino" transmite a ideia de uma área de domínio dentro da qual o reino é delimitado e também da extensão de poder que seu governante, o Rei, exerce. Alguns autores[104] sugerem que o termo grego original, *basileia*, transmite mais o conceito de domínio. Assim, quando Jesus falava do 'Reino', estava se referindo às condições ou situações em que o domínio de Deus imperava. Essa interpretação é especialmente importante para entendermos a mensagem de Jesus. Ainda que a expressão "Domínio de Deus" seja mais apropriada para transmitir o conceito original da expressão grega, decidimos manter a expressão "Reino de Deus", nesta obra, em virtude de seu uso corrente em nossa tradição.

Verificamos, portanto, que as conotações do mundo terreno acabam colorindo as imagens que são apresentadas sobre o Reino dos Céus. A verdade é que o mundo espiritual é totalmente diferente do mundo terreno, não estando sujeito às nossas limitações. O Reino de Deus não tem fronteiras nem limites, pois inclui todo o universo com todos os seus planos de manifestação, além do imanifesto que está totalmente além da nossa compreensão.

Se o Reino não pode ser limitado no espaço, também não pode ser limitado no tempo. As esperanças de um Reino futuro, na Terra, com o retorno do Cristo, ou no outro mundo, após a morte, fizeram com que milhões de cristãos ao longo dos séculos voltassem sua atenção para a direção errada. Quando Jesus anunciou que o *Reino dos Céus está próximo* (Mt 3:2), ele não estava se referindo necessariamente a uma proximidade temporal nem,

---

[104] Helmut Koester, *History and Literature of Early Christianity* (N.Y.: Walter de Gruyter, 1987, p. 79).

tampouco, fazendo uma proclamação apocalíptica. O entendimento errôneo de suas palavras levou grande número de devotos a esperar por um iminente retorno do Cristo, a vaticinada *parousia*, para estabelecer um reino de Deus na Terra.[105] Como, com o passar do tempo, esse retorno material de Jesus não ocorria, os teólogos passaram a interpretar as palavras bíblicas como o anúncio do fim dos tempos, quando deverá supostamente ocorrer o temido juízo final.

A simples verdade é que Jesus procurou nos alertar que o Reino estava, e ainda está muito próximo de todos nós, pois pode ser encontrado em nossos corações aqui e agora. Por isso disse que *o Reino de Deus está no meio de vós* (Lc 17:20-21) e *o Reino do Pai está espalhado pela Terra e os homens não o veem* (To 113). Não percebemos o Reino porque procuramos por ele fora de nós, enquanto ele só pode ser encontrado em nosso próprio coração.

Como o homem pode perceber o Reino? O Salvador, seguindo seu método de instrução característico, dá-nos os ingredientes para o entendimento e não o prato feito. Ao dizer que *meu Reino não é deste mundo* (Jo 18:36), Jesus estava indicando que o Reino, sendo um conceito espiritual, só pode ser percebido num sentido espiritual. Para alcançar o Reino, o homem não precisa morrer e tornar-se espírito, como muitos acreditam. O Reino pode e deve ser alcançado aqui e agora, com a elevação da consciência de nosso plano material para o plano espiritual. É por isso que Paulo disse que '*o Reino de Deus não consiste em comida e bebida, mas é justiça, paz e alegria no Espírito Santo*' (Rm 14:17).

Os místicos que vislumbram ou até mesmo penetram no Reino descrevem suas experiências como de imensa paz e harmonia, bem-aventurança indescritível, amor incondicional e total, compreensão da realidade sobre o nosso mundo e de outras dimensões, a certeza da imortalidade e a percepção de

---

[105] Não foram somente os teólogos que se deixaram envolver pela esperança de um retorno corpóreo do Cristo. Vários sensitivos, ao longo dos tempos, interpretaram suas percepções interiores como indicativas de um retorno do Cristo ao nosso mundo terreno. Dentre esses destaca-se Alice A. Bailey, que permitiu que seu condicionamento religioso como pregadora anglicana durante a primeira parte de sua vida viesse a colorir seu trabalho posterior como sensitiva, a ponto de fazer com que a maior parte de seu trabalho esotérico girasse em torno de um suposto retorno *iminente* do Cristo, vaticinado por ela desde o início da década de 1920. Vide, por exemplo, *The Reappearance of the Christ* (N.Y.: Lucis Publishing Co., 1948).

que tudo e todos fazem parte de um grande Todo, que é Deus. As experiências místicas são de diferentes tipos e ocorrem em diferentes níveis, confirmando as palavras de Jesus de que *a casa de meu Pai tem muitas moradas*. É por isso que Jesus também se refere ao Reino dos Céus, no plural, indicando a diversidade de experiências que nos aguardam quando alcançarmos o estado de consciência do Reino.

Como o Reino de Deus não é deste mundo, logicamente não pode ser percebido por nossos sentidos terrenos. Mas sendo um Reino espiritual ele está ao alcance de todos aqueles que desenvolveram os sentidos espirituais. Esses sentidos não podem ser definidos, precisamente pelo fato de serem espirituais. No entanto, podem ser referidos de forma simbólica, oferecendo imagens que possibilitam ao buscador uma percepção intuitiva de seu significado.

Os sentidos espirituais têm um paralelo com os sentidos físicos. Geralmente o primeiro sentido espiritual desenvolvido corresponde ao olfato. Deus e o mundo espiritual, o Reino de Deus, são percebidos como um perfume inefável. No mundo terreno os odores têm o efeito de nos atrair ou repelir. Quanto mais deliciosa a fragrância mais somos atraídos por ela. Como no mundo espiritual o foco máximo de atração é a presença do Pai celestial, o interesse crescente do devoto pelas coisas espirituais evoca a imagem de um perfume extraordinário e irresistível. O sentido espiritual do olfato manifesta-se como uma atração pela introspeção, oração e meditação, em que o indivíduo busca a solidão e o silêncio para encontrar a Deus.

No curso natural do desabrochar interior, outros sentidos espirituais vão desabrochando. Em muitos casos, a audição e a visão espirituais desenvolvem-se a seguir. Porém, as percepções mais profundas do Reino dos Céus só ocorrem com o desenvolvimento dos correspondentes "tato e paladar espirituais".

O estágio intermediário do desenvolvimento da audição e da visão espirituais representa uma grande conquista, mas oferece grandes perigos. O devoto passa a ouvir sons diáfanos, vozes angélicas e até mesmo instruções de natureza espiritual. Com o tempo passará a perceber, também, imagens de outros planos. Inicialmente são luzes e vultos indistintos, mais tarde, cenas e seres diversos. Essas conquistas naturalmente trazem grande satisfação ao devoto, aumentando sua fé e determinação de seguir o Caminho. Porém, tudo na vida tem seu preço. O preço dessa conquista são duas armadilhas perigosas: (a) a possibilidade do desvirtuamento de imagens e mensagens obtidas no plano astral,[106] que podem levar o devoto a confundir certas entidades astrais, cascões de pessoas desencarnadas ou formas-pensamentos de nossos condicionamentos anteriores, com anjos ou mensageiros do alto; e (b) a inflação do ego, com o desenvolvimento do orgulho espiritual, a desdita e a perdição de muitos discípulos avançados.

Talvez como proteção contra os perigos do desenvolvimento prematuro da audição e da visão espirituais, a providência divina faz com que muitos devotos passem da atração irresistível pelo mundo divino, devido ao perfume espiritual, para o desenvolvimento do tato espiritual. Em alguns casos, só com amadurecimento conferido pela conquista do tato e do sabor espirituais que, no devoto, desabrocha a audição e a visão espirituais.

Mas em que consiste o tato espiritual? Quando o devoto passa a dedicar-se de todo coração à busca de Deus, procurando de todas as formas acatar a vontade do divino Pai, chega um determinado momento nesse relacionamento em que ele passa a sentir a presença de Deus em suas orações ou meditações, até que, finalmente, essa Presença concede uma graça especial que é sentida pelo devoto como um abraço inefável. Essa experiência é referida como o sentido do tato espiritual. Nas palavras de um monge católico que parece ter passado por ela: *O toque divino pode ser sentido como se Deus tivesse descido do alto e nos envolvido num abraço, ou nos abraçado a partir de dentro e colocado um grande beijo no meio de nosso espírito. Nossa própria identidade se esvai e, por um instante, Deus é tudo em tudo.*[107]

Essa, no entanto, não é a mais alta percepção do Reino. Uma experiência ainda mais profunda pode ocorrer com o que chamaríamos de sentido do paladar espiritual. Tendo recebido a imensa graça de ser abraçado por Deus, o próximo passo é unir-se a Ele, fundindo-se no Supremo Bem. Essa experiência

---

[106] Para maiores informações vide: Arthur Powell, *O Plano Astral,* (SP: Pensamento); vide também: C. W. Leadbeater, *O Plano Astral*, (Brasília: Ed.Teosófica, 2014)

[107] Thomas Keating, *Crisis of Faith, Crisis of Love* (N.Y.: Continuum, 1998, p. 68).

confere uma bem-aventurança inefável, que os místicos de todos os tempos tentam descrever com pouco sucesso. Esse indescritível sabor espiritual ocorre de duas formas, uma temporária e outra permanente. A primeira seria equivalente à Eucaristia, em que o devoto absorve o corpo espiritual do Cristo e, com isso, sente-se unido à Presença divina por algum tempo. A segunda seria equivalente à Câmara Nupcial mencionada no Evangelho de Felipe, em que ocorre o casamento indissolúvel da alma com o Supremo Noivo, o Cristo interior. A partir de então, o místico sentirá constantemente a presença divina, quer esteja em meditação ou envolvido em assuntos do mundo terreno.

Se o Reino só pode ser percebido com os sentidos espirituais, o objetivo prioritário de todo devoto deveria ser o desenvolvimento desses sentidos. Felizmente a tradição esotérica acumulou considerável experiência sobre esse assunto, que procuramos apresentar de forma sistemática nas três últimas seções deste livro.

Jesus provavelmente estava se referindo aos diferentes níveis de experiência do Reino quando nos ensinou a sublime oração em que invocamos o *Pai Nosso* para que *venha a nós o vosso Reino assim na Terra como nos Céus.* O místico geralmente vislumbra e penetra no Reino quando no estado de consciência alterado que poderíamos chamar de "céu".[108] Esse é o estado contemplativo, que será examinado mais adiante, em que o devoto, ao silenciar inteiramente a mente, consegue perceber as vibrações dos planos espirituais que se encontram acima da mente concreta.[109] Porém, só nos estágios mais avançados é que o místico consegue entrar no Reino estando na Terra. Quando entra no derradeiro estágio místico, referido como a via unitiva, em que percebe ser uno com Deus, cada momento de sua vida, não importa o que esteja fazendo, será como viver sempre no céu. Esse estágio é conhecido dos místicos como a prática da presença de Deus.

---

[108] *No misticismo, o céu é experimentado como uma condição de união com a natureza divina. É uma atmosfera espiritual que pode ser conhecida pela alma que se dedica à verdade. O místico cristão torna-se consciente do céu como um estado de perfeita fé e paz internas, um bem estar infinito e segurança mais real do que qualquer ambiente terreno. The Mystical Christ,* p. 143.

[109] Aquele nível da mente que se ocupa de pensamentos expressos por meio de palavras e conceitos de nosso mundo material. Acima da mente concreta está a mente abstrata, também chamada de superior, que se ocupa de percepções abstratas como a matemática e a filosofia.

Deve ficar claro, porém, que o aspirante não precisa esperar pelo estágio final do caminho espiritual, a via unitiva, para começar a ter alguma experiência de como é possível viver no Céu aqui na Terra. Assim como os vislumbres do Reino se desenvolvem lentamente com a experiência contemplativa, da mesma forma, os efeitos do aprofundamento meditativo se farão sentir gradativamente na vida cotidiana. Um crescente sentimento de paz e harmonia passará a envolver o buscador. Um suave contentamento com a vida, mesmo em face de vicissitudes, demonstrará a profunda confiança que o devoto sente para com a justiça e o amor divinos. Seu entendimento intuitivo do Plano de Deus[110] fará com que o espírito de dever seja desenvolvido cada vez mais. Assim, passará a executar suas tarefas na vida familiar, social e profissional com amor e dedicação, procurando fazer tudo da melhor maneira possível, pois sabe que todo ato seu é uma pequenina contribuição para a economia do universo, para a expressão do bom, do belo e do justo na Terra.

O principiante que busca orientação sobre o Reino na Bíblia precisará de muita paciência, estudo e meditação para alcançar o entendimento desejado, porque a linguagem usada por Jesus em suas instruções e referências sobre o Reino pode ser frustrante, não só para os principiantes, mas também, para muitos teólogos como vimos na seção anterior. A linguagem das parábolas, carregada de símbolos e imagens, tinha como objetivo, não só velar os ensinamentos internos, mas, ainda mais importante, preparar a humanidade para a nova etapa do processo evolutivo que estava se iniciando.

Na era anterior, que estava terminando aproximadamente na época em que Jesus ministrava na Palestina, o grande objetivo para a humanidade rude e primitiva de então era o controle das paixões e o aprendizado da vivência harmônica em grupos heterogêneos. Assim, foi necessária a instituição de regras de conduta e padrões morais rígidos para uma população ainda em sua infância espiritual. Essas regras eram as leis mosaicas, cujos 613 preceitos regiam a conduta do homem em quase todas as situações de sua vida. O objetivo da instrução religiosa poderia, então, ser resumido como sendo "obediência à lei".

---

[110] Maiores informações sobre o Plano de Deus são apresentadas mais adiante na seção **O objetivo do processo da manifestação**, no capítulo 12: AS REGRAS DO CAMINHO.

O advento do ministério de Jesus coincidente com o início da Era de Peixes, uma nova meta parecia estar sendo indicada para o progresso da humanidade. Não bastava mais ser obediente à lei, ser um homem justo, como se dizia na época, para progredir espiritualmente. A grande meta passou a ser, então, o desenvolvimento da razão e do discernimento, com vistas a produzir homens mais maduros. A humanidade devia aprender a pensar por sua própria conta e usar seu livre-arbítrio para escolher entre diferentes alternativas o que seria mais apropriado para si. Isso não quer dizer que Jesus não pregasse o controle da natureza inferior. Muito pelo contrário, o Mestre, por seu exemplo e seus ensinamentos, deixou claro que a disciplina é um requisito essencial para a vida espiritual. Porém, essa disciplina não devia mais ser imposta de fora para dentro, por meio de um código moral herdado do passado, devendo ser obedecido compulsoriamente. A disciplina devia refletir o entendimento do indivíduo de que a obediência voluntária ao mais alto código de ética possível era o primeiro passo no Caminho.

Se estudarmos atentamente a linguagem de Jesus em suas parábolas e assertivas, conhecidas como *logia*, veremos que o Mestre procurava sistematicamente induzir seus ouvintes a pensar e tirar suas próprias conclusões. E mais, de forma também sistemática, confrontava o público com situações onde demonstrava que agir estritamente de acordo com os preceitos da tradição não era necessariamente a opção correta. Em termos atuais, Jesus seria considerado um revolucionário, pois subverteu a lei (mosaica) e a sabedoria convencional, confrontou as autoridades (religiosas) e promoveu uma verdadeira revolução ética que afetou pela raiz o comportamento do povo. Seu trágico fim nas mãos das autoridades constituídas não é nada surpreendente, tendo em vista seu ministério revolucionário. Podemos imaginar que o mesmo teria acontecido se ele tivesse nascido uns quinze séculos depois, na Europa, durante a inquisição.

O leitor atento poderia contrapor que o objetivo de Jesus de desenvolver a capacidade de raciocínio e de discernimento de seus seguidores teria como corolário o desenvolvimento do ego. Sem dúvida, um intelecto aguçado e crítico tende a produzir uma personalidade forte, o que favorece o aparecimento do orgulho e do egocentrismo. Jesus, porém, conhecendo a natureza humana, sabia que uma personalidade forte, apesar de seus perigos, é necessária para que o indivíduo possa passar para o próximo estágio, o da entrega voluntária ao Eu Superior, ao Cristo interno. Esse estágio parece ser a meta para a humanidade, na Era de Aquário, o desenvolvimento da intuição a partir de uma mente desenvolvida e crítica.

Por essas razões, em vez de procurar descrever o Reino, Jesus falava a seu respeito em parábolas, uma linguagem toda especial para esse propósito. Seus ensinamentos sobre o Reino não visavam primordialmente transmitir informações de natureza descritiva, que permitiriam formar, quando agregadas, uma imagem pictórica ou conceitual do Reino. Como o Reino é um estado de consciência, as parábolas de Jesus tinham o propósito de induzir seus ouvintes ao estado de consciência em que Deus impera. Nesse sentido, as parábolas se assemelham aos *koans* da tradição *zen* budista, em que proposições aparentemente ilógicas servem como trampolim para um salto de consciência, do plano mental concreto para o plano intuitivo.[111]

Nas parábolas sobre o Reino dos Céus, percebe-se que Jesus falava em sentido figurado, usando uma simbologia que procurava transmitir ideias do mundo espiritual, por meio de imagens comuns ao povo daquele tempo, incluindo, principalmente, os temas centrais da vida rural e religiosa. Porém, as parábolas só produziam seus frutos de despertar espiritual quando os ouvintes remoíam em seu íntimo as imagens apresentadas, procurando perceber o sentido mais profundo do que estava sendo aludido alegoricamente. Assim, se procurarmos analisar as alegorias e os símbolos apresentados por Jesus, veremos que, aos poucos, o Reino, ou seja, o estado de consciência em que existe uma total harmonia com a vontade de Deus, passa a ser uma realidade em nossa mente e, mais ainda, em nosso coração. O comportamento ético sugerido por Jesus em suas parábolas e aforismos, tão radical quando comparado à moralidade tradicional, deve ser entendido como a conduta de indivíduos que aceitam morrer para o mundo a fim de viver de acordo com o verdadeiro amor a Deus e aos homens.

---

[111] Vide glossário.

Vejamos, portanto, a interpretação de algumas das principais parábolas sobre o Reino, buscando compor um quadro mais amplo do mundo dos céus que já existe potencialmente em cada um de nós, mas que não o realizamos ainda.

A natureza espiritual do Reino foi indicada quando Jesus declarou que *Meu Reino não é deste mundo* (Jo 18:36). O 'mundo' a que se refere Jesus é um estado de consciência alterado em que os pares de opostos são unificados, em que o egoísmo dá lugar ao altruísmo e o indivíduo percebe ser uno com todos os seres.

> *Interrogado pelos fariseus sobre quando chegaria o Reino de Deus, respondeu-lhes: A vinda do Reino de Deus não é observável. Não se poderá dizer: 'Ei-lo aqui! Ei-lo ali!, pois eis que o Reino de Deus está no meio de vós.* (Lc 17:20-21)
>
> *Jesus disse: Se aqueles que vos guiam dizem 'Vejam, o Reino está no céu', então, os pássaros do céu vos precederão; se eles vos dizem que está no mar, então, os peixes vos precederão. Pois bem, o Reino está em vosso interior, mas também está em vosso exterior. Quando vos conhecerdes, então sereis conhecidos e sabereis que sois filhos do Pai Vivo. Mas, se não vos conhecerdes, então estareis na pobreza e sereis a própria pobreza.* (To 3)
>
> *Seus discípulos lhe disseram: "Quando virá o Reino?" (Jesus disse:) Ele não virá porque estamos esperando por ele. Não será uma questão de dizer 'eis que está aqui' ou 'eis que está lá'. Pois bem, o Reino do Pai está espalhado pela terra e os homens não o veem.* (To 113)

Quando se alcança o entendimento de que o Reino não é um lugar físico e que não será encontrado num futuro distante, mas sim que ele existe **aqui e agora, dentro de nossos corações**, os ensinamentos de Jesus ficam mais claros, revelando-se um conjunto de diretrizes que, se forem seguidas com verdadeira dedicação, levarão à libertação da alma aprisionada no caos, como é dito em *Pistis Sophia*.[112] O importante é o reconhecimento de que não precisamos esperar até o fim do mundo para entrar no Reino, como muitos ainda acreditam.

---

[112] Vide Anexo 3.

O fato de que o Reino já existe latente dentro de cada um de nós, como um estado de espírito sublimado, foi magistralmente transmitido na parábola da semente de mostarda que germina e cresce quando ocorrem as condições propícias, tornando-se um arbusto frondoso que dá abrigo aos pássaros (àqueles que voam pelas alturas espirituais). Essa parábola está relacionada à passagem em Ez 17:22-23, que conta como o cedro do Líbano cresce e chega às alturas, produzindo frutos e sombra sob a qual habitam as aves do céu.

> *O Reino dos Céus é semelhante a um grão de mostarda que um homem tomou e semeou no seu campo. Embora seja a menor de todas as sementes, quando cresce é a maior das hortaliças e torna-se árvore, a tal ponto que as aves do céu se abrigam nos seus ramos.* (Mt 13:31-32) (semelhante em Mc 4:30-32 e Lc 13:18-19)

A mesma ideia da pequenina essência espiritual que cresce e transforma a natureza das coisas externas é transmitida pela parábola do fermento adicionado a três medidas de farinha. A farinha é a substância material da personalidade do homem com seus três corpos: físico, emocional e mental, que deve ser transformada, ou fermentada, para que a consciência possa crescer até atingir a plenitude do Cristo em nós.

> *O reino dos Céus é semelhante ao fermento que uma mulher tomou e pôs em três medidas de farinha, até que tudo ficasse fermentado.* (Mt 13:33) (semelhante em Lc 13:20-21 e To 96)

Discernimento e renúncia são necessários no caminho que leva ao Reino. Esse aspecto é enfatizado em duas parábolas que apontam para o objetivo da vida do homem, a parábola do tesouro escondido e a parábola do comerciante de pérolas. Percebe-se nesses textos que o Reino é realmente um tesouro escondido no interior do ser humano, a ser descoberto por cada um de nós. O corpo, onde esse tesouro está enterrado, deve ser trabalhado e revolvido até se encontrar a essência divina ali escondida, numa alusão ao eterno chamado para que o homem conheça a si mesmo.

> *O Reino dos Céus é semelhante a um tesouro escondido no campo; um homem o acha e torna a esconder e, na sua alegria, vai, vende tudo o que possui e compra aquele campo.* (Mt 13:44)

Num estreito paralelo com a parábola anterior, a pérola na parábola a seguir simboliza o tesouro espiritual, a *gnosis*, pelo qual devemos sacrificar todos outros bens, como faz o comerciante perspicaz. Essa imagem da pérola como tesouro precioso, objetivo da busca de todos os homens, está descrita com riqueza de detalhes no Hino da Pérola (vide Anexo 2).

> *O Reino dos Céus é ainda semelhante a um negociante que anda em busca de pérolas finas. Ao achar uma pérola de grande valor, vai, vende tudo o que possui e a compra.* (Mt 13:45-46)

Em algumas ocasiões, Jesus falava do "homem" como se estivesse se referindo ao Reino. Isso se explica pelo fato de que o "homem" simboliza o Homem Celestial, o arquétipo do Homem Perfeito (o *Logos*). A versão dessa parábola apresentada no Evangelho de Tomé parece mais completa do que na versão de Mateus. (Mt 13:47-49)

> *E ele disse: 'O homem é semelhante a um pescador prudente que lança sua rede ao mar e retira-a cheia de peixinhos. O pescador prudente encontra no meio deles um peixe grande de excelente qualidade. Ele joga todos os peixinhos ao mar e escolhe o peixe grande sem dificuldade. Quem tem ouvidos para ouvir, ouça'.* (To 8)

Nesse caso, o Homem Celestial seria o pescador prudente, o pescador de almas, que constantemente lança sua rede ao mar da vida. Os peixinhos que aí encontra, ou seja, os homens comuns que ainda não cresceram em estatura espiritual, são lançados de volta ao mar da vida terrena, ao mundo do cotidiano, para seguirem seu curso normal de crescimento. Porém, quando o pescador encontra um peixe grande, a pessoa que alcançou a *gnosis*, guarda-o em seu reino, fora das águas turbulentas das paixões do mundo.

> *Jesus disse: 'O Reino do Pai assemelha-se ao homem que queria matar um gigante. Ele tirou a espada da bainha em sua casa e enfiou-a na parede para saber se sua mão poderia realizar a tarefa. Então, matou o gigante'.* (To 98)

O homem é o ser espiritual real que anseia matar aquele gigante que lhe impede de alcançar o Reino, a personalidade que escraviza a alma, mantendo-a prisioneira no mundo por eras sem fim. A espada desembainhada é a verdade, e a mão firme capaz de atravessar a parede de nossos condicionamentos materiais é a vontade.

> *Jesus disse: 'O Reino do (Pai) assemelha-se a (uma) mulher que carrega um vaso cheio de farinha. Enquanto estava andando pela estrada, ainda muito distante de casa, a alça do vaso se quebra e a farinha se espalha pelo caminho. Sem dar-se conta, ela não notou o acidente. Chegando à casa, pousou o vaso no chão e viu que estava vazio'.* (To 97)

A mulher é a alma. Essa é geralmente descrita como sendo do gênero feminino, em contrapartida ao Espírito, ou Cristo, seu noivo, que é masculino. O vaso é o receptáculo da personalidade, o corpo, que está cheio de farinha, ou seja, da substância material de nossa natureza inferior, os desejos e pensamentos que resultam em apegos que alimentam a personalidade. A alça do vaso é o egoísmo, que mantém o recipiente da personalidade ligado ao materialismo. Quando o egoísmo é rompido, a farinha (os apegos) que alimenta a personalidade vai se perdendo pela estrada da vida, ficando para trás no caminho que leva à Casa do Pai. Esse esvaziamento era descrito pelos primeiros místicos de nossa tradição como sendo a *kenosis*, um processo necessário para esvaziar inteiramente a taça, ou vaso, dos apegos, tornando-a pura e pronta para ser preenchida com a *gnosis*. Na parábola, a alça do egoísmo é rompida quando a alma está trilhando o caminho ainda distante da casa do Pai. Ao chegar a casa, depois da longa peregrinação terrena, a alma deposita o vaso aos pés do Pai, e verifica que ele está vazio das coisas do mundo e pode ser preenchido, então, com os tesouros do Reino.

Esse conceito é adotado por Paulo em sua Epístola aos Coríntios, em que o corpo é comparado ao templo exterior, que é a morada de Deus. *Não sabeis que sois um templo de Deus e que o Espírito de Deus habita em vós?* (1 Co 3:16)

Se Deus habita em nosso interior, podemos inferir que o Reino é o estado de consciência de nossa verdadeira natureza divina. Paulo complementa esse conceito (Ef 4:11-13), quando indica que os santos devem se aperfeiçoar para a *edificação do Corpo de Cristo* até alcançarem *o estado de Homem Perfeito, a medida da estatura da plenitude de Cristo*. Esse corpo existe em todos nós em estado latente e será o veículo para alcançarmos o estado de graça supremo, representado pela entrada no Reino, quando ocorre a união do exterior com o interior, a união da alma com o Cristo interno.

Uma parábola que causa certa perplexidade é a dos trabalhadores na vinha (Mt 20:1-16), contratados ao longo do dia com o mesmo salário. O dono da vinha é o Senhor dos Céus e da Terra. Ele convida todos os que estão disponíveis para trabalhar na vinha, ou seja, participar da execução do plano divino na Terra, ao longo das eras. O salário simbólico fixado em um denário, a recompensa do tesouro do Reino, é o mesmo, quer os trabalhadores tenham iniciado sua labuta transformadora (o caminho da perfeição) na primeira hora, quer no meio, quer no final da longa peregrinação terrena. O Pai da grande família humana estende a sua misericórdia igualmente a todos que se engajam no trabalho, que é o aprimoramento de suas próprias almas.

Outra imagem do Reino apresentada por Jesus é a parábola das bodas nupciais (Mt 22:1-14). Nessa parábola, o rei é Deus, e seu filho, para quem o banquete nupcial é preparado, é o Cristo, o noivo de todas as almas puras preparadas para a união com o divino. Os servos são os irmãos mais velhos da humanidade, os Mestres e Hierofantes que percorrem todas as regiões da Terra procurando os 'convidados' para o banquete de luz. Esses servos, apesar de toda sua dedicação, amor e sabedoria, nem sempre conseguem tocar o coração dos homens e demonstrar a importância e especial privilégio que é o convite para participar da festa divina. Os homens, em sua cegueira, não só recusam o convite como chegam ao ponto de maltratar e até matar esses servos fiéis do Senhor. Quando o Rei é informado de que seus servos haviam sido maltratados e assassinados por aqueles que foram convidados para as bodas, é dito que ele fica "irado". Essa ira é um véu, pois Deus é sempre absolutamente sereno e imperturbável, e a raiva mencionada é a operação da lei de causa e efeito, que atua automaticamente como instrumento da justiça de Deus, trazendo consequências especialmente danosas para aqueles que maltratam os enviados divinos. Essas consequências são descritas na parábola como a destruição dos homicidas e o incêndio de sua cidade. Ora, como o banquete nupcial está sempre preparado, se os primeiros convidados não querem comparecer, outros são constantemente chamados por todos os caminhos e encruzilhadas da vida. Porém, ai daquele que comparecer sem a veste nupcial de absoluta pureza e renúncia do mundo. Ele será lançado na escuridão exterior de outra encarnação na Terra, o lugar onde causamos sofrimento a nós mesmos, onde há 'choro e ranger de dentes'. A parábola termina com o lembrete de que muitos são chamados a entrar no Reino, porém, os requisitos para a admissão à cerimônia nupcial são tão estritos que poucos são escolhidos.

> *Os discípulos se aproximaram de Jesus e lhe perguntaram: 'Quem é o maior no Reino dos Céus?' Ele chamou perto de si uma criança, colocou-a no meio deles e disse: 'Em verdade vos digo que, se não vos converterdes e não vos tornardes como as crianças, de modo algum entrareis no Reino dos Céus. Aquele, portanto, que se tornar pequenino como esta criança, esse é o maior no Reino dos Céus'.* (Mt 18:1-4)

A questão da pureza como requisito para entrar no Reino é também expressa como a inocência das crianças. A instrução de Jesus é de que para entrar no Reino precisamos ser como as criancinhas. Esse era um termo técnico para os iniciados nos mistérios, usado no mediterrâneo e no oriente médio na época de Jesus. O Mestre, nessa alegoria, parece estar dizendo que só pode entrar no Reino quem for iniciado nos mistérios. As crianças também representam a inocência e liberdade de condicionamentos, que faz com que vivam sem malícia e com total naturalidade, as atitudes necessárias para que os homens possam perceber a essência divina por trás de toda manifestação.

A parábola das dez virgens (Mt 25:1-13) presta-se a muitas interpretações. A mensagem central dessa parábola é a necessidade de atenção e preparação constante, 'porque não sabemos nem o dia nem a hora.' As noivas são todas as almas que anseiam unir-se ao noivo celestial. Algumas são insensatas e não trazem o combustível necessário para que suas lâmpadas possam brilhar. O azeite representa, por um lado, o óleo com que o iniciado é ungido e, por outro, a substância espiritual que arde no coração do discípulo. Quando a cerimônia de núpcias é iminente, deve ser efetuada uma avaliação da capacidade de brilho da luz interior (a lâmpada). Se o azeite for pouco, ou seja, se os méritos acumulados forem insuficientes, as noivas deverão sair à procura dos que 'vendem o azeite,' o que pode ser interpretado como a própria natureza interior do homem. Nesse caso, as noivas perderão aquela cerimônia de núpcias, mas poderão alcançar seu objetivo supremo mais tarde. O ponto crítico dessa parábola, bem como da anterior, é a participação no banquete de núpcias. As cinco noivas imprudentes também podem ser vistas como os cinco sentidos quando não estão suficientemente fortalecidos pela Graça do Espírito, ou seja, pelos sacramentos simbolizados pelo óleo usado na unção.[113] Esse é realmente o mistério, ou sacramento, que Jesus ensinou e ministrou a seus discípulos e que possibilitava a entrada no Reino.

> *E dizia: 'O reino de Deus é como um homem que lançou a semente na terra: ele dorme e acorda, de noite e de dia, mas a semente germina e cresce, sem que ele saiba como. A terra por si mesma produz fruto: primeiro a erva, depois a espiga e, por fim, a espiga cheia de grãos. Quando o fruto está no ponto, imediatamente se lhe lança a foice, porque a colheita chegou'* (Mc 4: 26-29).
>
> *Por esta razão vos digo isto, para que possais conhecer a vós mesmos. Pois o Reino dos Céus é como uma espiga de cereal depois de germinar no campo. Ao amadurecer ela espalha seus frutos, preenchendo mais uma vez o campo com espigas para o outro ano. Vós também, apressai-vos a colher uma espiga de vida para vós, para que possais ser preenchidos com o Reino.*[114]

A semente é a centelha divina que vivifica e habita em cada homem. Para germinar, essa 'semente' deve ser enterrada em solo fértil, ou seja, no corpo de um homem com condições *kármicas* propícias. Se o 'solo' for fértil,

[113] Vide, *A Different Christianity*, pp. 94-96.
[114] Vide Apócrifo de Tiago, em *Nag Hammadi Library*, p 35.

se for arduamente cultivado, mantido livre das ervas daninhas dos vícios e negatividades e regularmente irrigado com a água da vida, que constitui a prática dos ensinamentos do Senhor, a semente dará frutos. O processo de crescimento da planta é longo e eivado de riscos. Porém, se os riscos forem superados, no seu devido tempo, a planta oferecerá uma colheita generosa.

A parábola dos talentos (Mt 25:14-30 e Lc 19:11-27) é uma das favoritas dos pregadores porque oferece um nível de significado bastante óbvio: que todos devem desenvolver seus dons e retornar à economia da natureza os resultados alcançados de acordo com o número de 'talentos' que receberam. Se o Senhor dá a um servo cinco talentos numa determinada vida, é porque este servo, ao longo das existências passadas, mostrou-se capaz de utilizar essa quantia mais alta. O Senhor é absolutamente justo e investe em cada um sempre de acordo com os méritos do indivíduo (a cada um de acordo com a sua capacidade).

O que a muitos causa perplexidade na parábola, no entanto, é o tratamento dado ao servo que só recebeu um talento e não o utilizou, mas enterrou-o no chão, desperdiçando a oportunidade de gerar alguma riqueza adicional para o Senhor. Ora, o Senhor é a Vida Una, da qual todos participamos. Quando desperdiçamos a oportunidade que nos é dada numa vida, por mais singelas que possam ser as condições dessa existência, representando o equivalente simbólico de um só talento, estamos trabalhando contra nós mesmos, daí a aparente severidade do Senhor.

Mas por que tirar do que tem pouco e dar ao que tem muito? Quem tem poucos méritos e virtudes, se não os usa para superar sua condição de vida, os vícios e as tentações se encarregarão de retirar o pouco que tem de bom naquela existência, endurecendo sua alma e arrastando-o para uma vida de iniquidade. Verificamos na vida prática que tudo o que não é usado tende a se atrofiar perdendo sua utilidade; esse princípio é conhecido dos cientistas como a lei da entropia. Porém, ao discípulo que tem muitas virtudes e as utiliza bem, quando engajado firmemente no Caminho Espiritual, mais lhe será dado, pois com cada nova realização criamos para nós mesmos maiores oportunidades para contribuir para a Vida Una.

Entrar no Reino dos Céus significa experimentar uma grande expansão de consciência, em que os mais profundos segredos são desvelados e de onde advém uma bem-aventurança paradisíaca, que os místicos têm dificuldade para descrever, como podemos deduzir das palavras do apóstolo Paulo falando de sua experiência:

> *Conheço um homem em Cristo que, há quatorze anos, foi arrebatado ao terceiro céu – se em corpo, não sei; se fora do corpo, não sei; Deus o sabe! E sei que esse homem – se no corpo ou fora do corpo, não sei; Deus o sabe! – foi arrebatado até o paraíso e ouviu palavras inefáveis, que não é lícito ao homem repetir.* (2 Cor 12:2-4)

O conhecimento de que o Reino dos Céus está em nosso interior,[115] aparentemente esquecido pela doutrina ortodoxa, estava bem presente entre os padres da Igreja primitiva, como indica a seguinte passagem de Simeão, o novo teólogo, pautada por sua rica linguagem devocional.

> *Aprendeste, meu amigo, que o Reino dos Céus está em teu interior, se o quiseres, e que todos os bens eternos estão em tuas mãos. Apressa-te, pois, em obtê-los e cuida de não os perder, imaginando possuí-los. Geme, prosterna-te como o cego de outrora (Lc 18:35), e dize, tu também: 'Tem piedade de mim, Filho de Deus, abre-me os olhos da alma, a fim de que eu veja a luz do mundo que tu és, ó Deus, e que me torne, eu também, filho do dia divino. Envia o Consolador, ó clemente, a mim também, para me ensinar o que concerne a ti, o que é teu, ó Deus do universo. Permanece, como o disseste, em mim também, para que eu seja digno de permanecer em ti e conscientemente te possuir em mim. Digna-te, ó invisível, tomar forma em mim, para que, vendo a tua beleza inacessível, eu tenha a tua imagem, ó celeste, e esqueça as coisas visíveis. Dá-me a glória que te deu o Pai, ó misericordioso, a fim de que, semelhante a ti, como todos os teus servos, eu venha a ser deus segundo a graça e esteja contigo continuamente, agora e sempre, pelos séculos sem fim'.*[116]

---

[115] Lc 17:21.

[116] Simeão, o novo teólogo, *Oração Mística* (S.P.: Edições Paulinas, 1985, pp. 64-65).

Para os místicos de todos os tempos o Reino sempre foi uma realidade interior.[117] Entrar no Reino é adquirir a consciência espiritual, a consciência da unidade. Essa consciência é indescritível, mas inclui, além do conhecimento supremo, a suprema bem-aventurança. Essa felicidade, sem paralelos com os prazeres deste mundo, é a razão pela qual a meta do Reino dos Céus sempre foi tida como o Bem Supremo. Em *Imitação de Cristo* é dito:

> *O Reino de Deus está dentro de vós, disse o Senhor. Deixa este mundo miserável e tua alma encontrará descanso. Aprende a desprezar as coisas exteriores, aplica-te às interiores e verás como vem a ti o reino de Deus. Porque o reino de Deus é paz e alegria no Espírito Santo, que não é concedido aos ímpios. Cristo virá a ti, trazendo-te suas consolações, se lhe preparares no interior, uma morada digna. Toda a sua glória e formosura está no interior da alma.*[118]

É bom ter sempre em mente, porém, que o processo evolutivo é gradual e infinito, como se pode depreender da visão de Jacó, de que *uma escada se erguia sobre a Terra e o seu topo atingia o Céu, e anjos de Deus subiam e desciam por ela* (Gn 28:12). Essa colocação de que existe uma gradação infinita entre o Céu e a Terra, simbolizada pelos degraus da escada de Jacó, é também retratada num livro que é um verdadeiro tesouro de sabedoria conhecido como *Luz no Caminho*, onde encontramos a afirmação: *Estarás no seio da Luz, mas nunca tocarás a Chama.*[119] Por isso, nossa consciência da unidade, ou da natureza divina, será sempre limitada pelo nosso estágio evolutivo e não pela natureza última da Divindade, pois sabemos que o Pai Supremo é inefável e que só o Filho o conhece, ou seja, que somente quando alcançamos a consciência crística podemos conhecer o Pai.

Como o Reino dos Céus é a percepção e a manifestação gradual da natureza divina em nós, podemos acelerar nossa jornada rumo ao Reino.

---

[117] Leon Tolstoy, o escritor russo do século passado escreveu suas experiências místicas num livro entitulado: *O Reino de Deus está dentro de ti*, tendo como subtítulo: *O Cristianismo não como uma religião mística mas como uma experiência de vida.* L. Tolstoy, *The Kingdom of God is Within You* (University of Nebraska Press, 1984).

[118] *Imitação de Cristo*, p. 107.

[119] Mabel Collins, *Luz no Caminho* (Brasília: Ed. Teosófica, 5ª ed., 2011, p.44).

Primeiramente, procurando entender essa natureza divina e, a seguir, sintonizando-nos progressivamente com ela, até que possamos finalmente expressá-la em sua plenitude. Inicialmente, esse será um trabalho de fora para dentro, porém, quando começarmos a entrar em sintonia, ainda que momentaneamente, com a luz interior, o Cristo, os efeitos indeléveis dessa união começarão a agir em nós, de dentro para fora, acelerando o processo.

Verificamos, destarte, que a natureza divina é o começo, o meio e o fim de nossa busca. Quanto mais nos sintonizarmos com essa natureza, que é a essência da paz, do amor e da sabedoria, mais próximos estaremos do Reino. A natureza divina é o princípio, porque somos parte dela. Nossa origem é divina, pois, como diz a Bíblia, fomos criados à imagem e semelhança de Deus (Gn 1:26). Ela é o meio, porque oferece os instrumentos para a nossa entrada no Reino. E, obviamente, é o fim, porque este é o nosso objetivo final: a plena manifestação do divino na Terra. Como a natureza divina é um todo indivisível, qualquer que seja o ângulo que venhamos a enfocá-la ou percebê-la proporcionará um bom começo para nossos esforços, pois nos levará, finalmente, ao entendimento de que todos os aspectos do divino constituem uma única coisa, ainda que nós, com nossa visão separatista do mundo material, necessária para fins cognitivos, descrevamos os diferentes aspectos e características dessa natureza como coisas separadas.

IV

O PROCESSO DE RETORNO À CASA DO PAI

Capítulo 5

A LEI DAS CORRESPONDÊNCIAS

Muitos dos grandes instrutores da humanidade fizeram apresentações de suas ideias sobre a criação e o desenvolvimento do universo e do homem. Seria lícito, portanto, perguntar a razão de ser dessa fixação em assunto tão abstruso. Existem bons motivos para isso. Talvez o mais importante seja que a visão cosmológica, ao apresentar os processos de criação do universo, oferece a perspectiva mais ampla possível para o homem entender seu lugar no cosmo.

Grandes sábios ensinaram que existe uma lei universal de correspondência entre o macro e o microcosmo.[120] Do ponto de vista físico, a ciência moderna mostra claramente que existe uma grande semelhança entre as leis prevalecentes nos sistemas siderais e nos sistemas atômicos. A lei das correspondências, como apresentadas nos ensinamentos herméticos, indica que: "Assim como é acima é em baixo; e assim como em baixo é acima. O interior é semelhante ao exterior, e o exterior ao interior". Essa lei também foi mencionada por Jesus no evangelho de Felipe: *Vim fazer (as coisas abaixo) como as coisas (acima e as coisas) fora como aquelas (dentro. Vim para uni-las) no lugar.*[121] Vale a pena lembrar que as palavras da oração do Senhor *...seja feita a tua vontade, assim na Terra como no Céu*, também sugerem o mesmo ordenamento nas esferas espirituais e materiais.

Geoffrey Hodson afirma que:

> *O Universo com todas suas partes, do mais alto plano até a natureza física, é considerado como interconectado e entrelaçado para formar um todo singular – um corpo, um organismo, um poder, uma vida, uma consciência, tudo ciclicamente evoluindo sob uma lei. Os 'órgãos' ou*

---

[120] Vide, por exemplo, *Hermetica*, os escritos atribuidos a Hermes Trimegistos, editado e traduzido por Walter Scott (Boston, Shambhala, 1985), 4 volumes.

[121] Evangelho de Felipe, em *Nag Hammadi Library*, p. 150.

partes do macrocosmo, embora aparentemente separados no espaço e em diferentes planos de manifestação, estão de fato harmoniosamente inter-relacionados, intercomunicados e interagem continuamente. De acordo com essa revelação da filosofia oculta, o zodíaco, as galáxias e seus sistemas componentes, os planetas com seus reinos e planos da natureza, os elementos, ordens de seres, forças radiantes, cores e notas não somente são partes de um todo coordenado, em 'correspondência' ou ressonância mútua com cada um dos outros, mas também – o que é profundamente significativo – têm suas representações dentro do próprio homem. Esse sistema de correspondências está em operação através de todo o microcosmo, da Mônada, ou espírito mais interno, à carne mortal, incluindo as partes do mecanismo da consciência, os veículos e seus chakras, *por meio dos quais o Espírito no homem é manifestado através de sua natureza completa, variando em grau de acordo com o estágio de evolução alcançado. O ser humano que descobre essa verdade pode se introduzir no aspecto poder do Universo e utilizar-se de qualquer uma dessas forças. Ele então se torna dotado de influência quase irresistível sobre a natureza e sobre os seus semelhantes.*[122]

Esse conceito aparentemente tão simples é a chave do estudo esotérico dos mundos sutis, ou planos da natureza, nos quais nossa mente, em condições usuais, não pode penetrar. Por meio de inferências a partir do plano, ou sistema, que conhecemos, podemos ter uma ideia aproximada daqueles que não conhecemos. Existe, por exemplo, um paralelo entre o conhecimento da célula e da mente. Cada célula do corpo tem codificada todas as informações para reproduzir a totalidade do corpo. Assim, também, a mente de cada ser recapitula por meio dos movimentos holográficos todos os eventos cósmicos.[123] Portanto, a partir dos sistemas cosmogônicos, com as diferentes etapas de manifestação do cosmo, podemos inferir que o ser humano seguiu as mesmas etapas de descida à matéria e retornará da mesma forma à sua fonte divina. Assim como

[122] *A Sabedoria Oculta na Bíblia Sagrada,* (Brasília: Ed. Teosófica, 2007, p. 7).

[123] Vide Sam Keen, *Amor Próprio e Conexão Cósmica*, em *O Paradigma Holográfico* (S.P.: Cultrix, p. 115).

o Deus Supremo, por intermédio de um processo de sucessivas emanações, manifestou o mundo material, também Deus no interior do homem, que é um aspecto microcósmico do Deus Supremo macrocósmico, manifesta-se como o Cristo interior, emanando outros níveis de manifestação, espiritual, psíquico e material, para formar o homem completo. O homem imortal, espiritual, pode então ser identificado e sua longa peregrinação entendida.

Assim, a lei das correspondências presta-se perfeitamente como instrumento de análise para o estudioso do ocultismo. O conhecimento de determinado nível da manifestação, seja macro ou microcósmico, permite o acesso a outros níveis em virtude da harmoniosa ressonância mútua entre as muitas partes aparentemente separadas do universo. Essa técnica é especialmente útil para entender a constituição do homem e a natureza do divino.

Por que, então, vários movimentos gnósticos eram associados a sistemas cosmogônicos? A razão dessa ênfase na cosmogonia é que ela propicia uma visão ampla das questões fundamentais da vida humana, esclarecendo de onde viemos e para onde vamos. No entanto, deve ficar bem claro que os sistemas cosmogônicos não são a *gnosis*. Eles propiciam um mero vislumbre da verdade que não pode ser obtida em segunda mão, quer seja de livros ou de apresentações orais, ainda que proferidas por grandes sábios. A *gnosis* é necessariamente uma conquista pessoal, uma revelação interior.

Essa revelação ocorre quando a mente do buscador, inteiramente serena, torna-se translúcida. Quando isso ocorre, a mente é iluminada pela intuição. Usando a terminologia cristã, nesse momento o Cristo interior revela a verdade à alma serena e receptiva. A revelação é feita num outro plano de percepção que prescinde de palavras. A percepção vem em relances sintéticos, simbólicos, junto com uma imensa quantidade de informações transmitidas num curtíssimo intervalo de tempo. Somente após a experiência é que o místico procede à decodificação das verdades abstratas conferidas durante o voo da alma, passando a expressá-las por meio de palavras e imagens que podem ser compreendidas, ainda que vagamente, pelos outros. Nessa decodificação, ou tradução da experiência simbólica interior em palavras, o místico deve valer-se de sua capacidade imaginativa e dos conceitos correntes em sua cultura para transmitir os valores ou imagens que procura expressar. Isso explica, portanto, parte das diferenças entre as várias apresentações cosmogônicas, quando elas expressam realmente as experiências interiores de seus autores. A mesma experiência interior inefável provavelmente será descrita por meio de palavras diferentes, por diferentes indivíduos, em diferentes épocas.

Não podemos nos esquecer, também, que a *gnosis* não é uma experiência uniforme. Existem diferentes graus de *gnosis*, ou seja, a iluminação interior ocorre com diferentes níveis de intensidade. Assim como uma lâmpada no mundo moderno pode ser de diferentes potências, indo desde a luzinha usada numa lanterna até os grandes holofotes, também a potência da iluminação interior apresenta-se em diferentes graus durante o processo de adentramento no Reino dos Céus. Por isso, alguns autores gnósticos podem ter percebido apenas o contorno da verdade, enquanto outros foram banhados com a Luz do Alto em grande intensidade, recebendo, portanto, revelações mais profundas que, aliadas a sua melhor capacidade de comunicação no mundo exterior, explicam, então, as diferenças de detalhes dos sistemas cosmológicos existentes.

Portanto, as representações cosmogônicas derivadas dos ensinamentos de Jesus, como finalmente foram apresentadas pelos diferentes autores, gnósticos ou não, oferecem valiosos instrumentos para o entendimento do magnífico processo da manifestação divina, incluindo a peregrinação da alma. Infelizmente, diferentes interpretações cosmogônicas e metafísicas geraram disputas e cisões dentro do Cristianismo. Dentre essas vale citar a questão da substância do Filho, se igual ou semelhante à do Pai (a questão *filioque*); se o corpo de Cristo era de carne ou de uma natureza ilusória, denominada questão docética; se Jesus foi concebido de forma natural ou pelo Espírito Santo; se sua mãe permaneceu virgem após a concepção, etc.

Essas questões, que geraram disputas tão acirradas no passado, tornam-se absolutamente irrelevantes quando examinadas à luz do nosso esforço para alcançar o Reino. Será que a opção por uma ou outra opinião faz-nos avançar um milímetro sequer na evolução da alma? Por outro lado, será que o desenvolvimento da tolerância e do respeito e mesmo do amor por aqueles que mantêm opiniões diferentes da nossa não nos adianta quilômetros no caminho da perfeição? Felizmente, nos dias de hoje, é possível uma posição de questionamento religioso temperada pela tolerância para com as posições contrárias. Isso nem sempre foi assim. O Papa Inocente III, que ordenou o genocídio dos albigenses e da população de Constantinopla, no início do século XIII, declarou que *todo aquele que tentar estabelecer uma visão pessoal de Deus que conflite com o dogma da Igreja deve ser queimado sem piedade.*[124]

A realidade é que o entendimento profundo de todas essas questões cosmológicas de natureza abstrata e simbólica estão além da capacidade de nossa mente concreta. Se nos fosse permitido olhar um eclipse do sol através da imagem refletida numa série de espelhos com diferentes graus de distorção, cada uma delas tendo passado por filtros que diminuem a intensidade e a nitidez do brilho solar para proteger nossos olhos, teríamos uma imagem muito mais fidedigna da natureza do sol do que a que podemos ter da verdadeira natureza e dos processos espirituais descritos nos tratados de cosmogonia.

---

[124] Peter Tompkins, "Symbols of Heresy" em *The Magic of Obelisks* (N.Y.: Harper, 1981, p. 57).

Capítulo 6

ALEGORIAS, MITOS E SÍMBOLOS

As verdades mais profundas relativas à natureza e ao homem nas escrituras sagradas de todos os povos e de todos os tempos, são geralmente apresentadas por meio de alegorias, mitos e símbolos. Esse método de ensinamento é uma prática imemorial dos grandes instrutores da humanidade para que as verdades profundas que conferem poder possam permanecer circunscritas aos iniciados cujo caráter já tenha sido amplamente testado.[125] Esses grandes seres, cuja missão é legar aos buscadores da verdade os ensinamentos que os capacitem a alcançar a libertação do sofrimento, ou a 'salvação', ou ainda o 'Reino dos Céus', são forçados a velar seus ensinamentos para impedir que venham a cair em mãos indignas. Por outro lado, esses instrutores também são obrigados a exercer extrema cautela na escolha de seus discípulos devido a uma lei espiritual segundo a qual o instrutor que revela verdades ocultas a seus estudantes passa a assumir a responsabilidade *kármica* por todos os erros que esses possam cometer, sejam eles de abuso ou de omissão, até que esses estudantes alcancem a meta da Perfeição e assumam a total responsabilidade por seus atos, tornando-se, por sua vez, Instrutores da humanidade.[126]

[125] A questão da preservação das verdades sagradas é abordada de forma contundente por Jesus: *Não deis aos cães o que é santo, nem atireis as vossas pérolas aos porcos, para que não as pisem e, voltando-se contra vós, vos estraçalhem* (Mt 7:6). Ainda que chocante aos ouvidos de nossa cultura, as palavras de Jesus devem servir como um alerta atemporal para que usemos sempre o discernimento ao divulgarmos o que é santo. A maior parte das pessoas não está interessada nas verdades sagradas e, não estando moralmente preparadas, tenderão a usar esse conhecimento de forma egoísta. Assim, os ensinamentos ocultos que conferem poder, não devem ser ministrados a pessoas despreparadas para que elas não causem sofrimento adicional a si e aos outros.

[126] É o dogma da absoluta sacralidade da relação entre os padrinhos que tomam para si responsabilidade sobre uma criança. Estes assumem tacitamente para si todos os pecados da criança recém-batizada – (um verdadeiro mistério: ela é ungida da mesma forma que na iniciação!) – até o dia em que a criança torna-se responsável por si mesma, conhecendo o bem e o mal. Vide, H.P. Blavatsky, *Ocultismo Prático* (Brasília: Ed. Teosófica, 4ª ed., 2011, pp. 112-113).

Não há dúvida de que a humanidade vem desenvolvendo o intelecto mais rapidamente do que a consciência ética, e que existem muitos indivíduos que buscam ensinamentos esotéricos como forma de aumentar seu poder e usá-los para seus interesses pessoais. Por essa razão, os grandes instrutores sempre velaram seus ensinamentos com linguagem simbólica e alegorias, devendo os sinceros aspirantes aprender a chave dessa simbologia para penetrar nos mistérios.

A grande maioria dos leitores da Bíblia e de outras escrituras sagradas insiste em interpretar esses textos literalmente, como se fossem relatos históricos insofismáveis. Os absurdos e as contradições encontrados nesses materiais, tomados ao pé da letra, não parecem arrefecer os ânimos dos crentes, que encaram essas contradições e impossibilidades como oportunidades para reiterar sua fé cega nos mistérios de Deus, como supostamente nos foram revelados nessas sagradas escrituras. No entanto, um grande número de estudiosos, mesmo nas hostes da ortodoxia,[127] estão acordando para a realidade óbvia da alegoria, para a beleza do mito e para a riqueza dos símbolos como métodos tradicionais de expressão de verdades eternas. Nas palavras de um desses estudiosos:

> *Como pode aquilo que está inteiramente além de nossa consciência comum de tempo e espaço e do realismo grosseiro dos conceitos comuns deste mundo de matéria física, como podem estas coisas ser expressas senão por meio de analogias físicas (alegorias) e numa linguagem física que só pode ser simbólica, nunca literal? Mas o prejuízo está justamente nisto, que a alegoria seja tomada pelos não instruídos como história literal e o símbolo como realidade.*[128]

---

[127] Um exemplo disso pode ser encontrado na Introdução ao "Apocalipse" na Bíblia de Jerusalém. Temos ali a seguinte referência sobre as visões narradas no Apocalipse: *Tais visões não têm valor por si mesmas, mas pelo simbolismo que encerram, pois num apocalipse tudo ou quase tudo tem valor simbólico; os números, as coisas, as partes do corpo e até as personagens que entram em cena. Para entendê-lo, devemos, por isso, apreender a sua técnica e retraduzir em ideias os símbolos que ele propõe, sob pena de falsificar o sentido de sua mensagem.* Esperemos que, em breve, o Vaticano permita a extensão dessas ideias para a interpretação do resto da Bíblia.

[128] *The Gnosis or Ancient Wisdom in the Christian Scriptures*, p. 26.

Desde o início de nossa era os autores gnósticos eram capazes de entender o verdadeiro significado velado do Antigo Testamento, a começar pelos relatos do Gênesis, com suas afirmações aparentemente absurdas. Uma séria estudiosa das questões bíblicas contrasta a atitude dos gnósticos com a dos ortodoxos em relação ao entendimento das escrituras:

> *Alguns cristãos gnósticos sugeriram que esses absurdos demonstram que a história (do Gênesis) nunca teve a intenção de ser tomada literalmente, mas que deveria ser compreendida como uma alegoria espiritual – não como história com uma moral mas como um mito com um significado. Esses gnósticos encaravam cada linha das escrituras como um enigma, um quebra cabeça indicando um significado mais profundo. Lido dessa forma, o texto tornava-se uma superfície brilhante de símbolos, convidando o aventureiro espiritual a explorar suas profundidades escondidas, para valer-se de sua própria experiência interior – que os artistas chamam de imaginação criativa – para interpretar a história.*[129]

Assim sendo, devemos nos preparar para abordar os relatos cosmológicos, tanto da Bíblia canônica como dos textos gnósticos como alegorias, mitos e símbolos de verdades mais profundas, que os autores nos convidam a explorar com a mente aberta e, se possível, iluminada pelo Cristo interior.

Deve ser lembrado que os autores das escrituras escreveram a partir dos relatos que lhes foram confiados diretamente pelo Mestre ou por um dos discípulos ou, então, a partir de uma experiência interior. Essas experiências, por serem geralmente de cunho abstrato e simbólico, são relatadas na forma de mitos, facilitando o entendimento, por meio da analogia, de algo que não poderia ser expresso de outra forma. Apesar do caráter poético da maioria dos mitos, isso não deve nos levar a crer que o mito é um produto da imaginação fértil de seu autor. O verdadeiro mito expressa necessariamente uma experiência interior, não sendo, portanto, uma ficção, mas sim algo mais real do que os fatos do mundo exterior.

---

[129] Elaine Pagels, *Adam, Eve and the Serpent* (New York, Vintage Books, 1989, pp. 63-64).

Muitos, no entanto, não percebem que a insistência desses autores na apresentação dos mitos cosmogônicos, longe de ser um mero entretenimento para seus leitores ou mesmo uma instrução, constitui, na verdade, convite para que cada um de nós experimente, por sua vez, a viagem da alma que levou o autor original àquela experiência transcendental, com suas consequências usuais de transformação interior. Jung utilizou-se amplamente de mitos e símbolos pessoais, principalmente os revelados em sonhos, para o conhecimento da realidade interior do homem. Stephan A. Hoeller, um de seus discípulos, deixou claro o papel do ritual como instrumento para transformar a riqueza do mito, expressando uma experiência interior, num processo de interiorização que eventualmente poderia levar o praticante a uma experiência mística semelhante à original, fechando, portanto, o ciclo.

> *A experiência transformada em mito, e o mito voltado para dentro como autoconhecimento psicológico: eis o grande movimento da Gnosis no plano da realidade psíquica. Contudo há, ainda, um terceiro componente que permite que o mito desça do nível puramente psicológico para o nível da manifestação material, onde ele pode imprimir sua marca, não apenas nas funções de intuição, pensamento e sentimento, mas também na função de sensação. Esse terceiro elemento é o ritual válido, que possui verdadeiro significado e que se transforma em dramatização ou 'atuação' do mito para os sentidos. O interesse considerável dos gnósticos pelo ritual sacramental atesta o importante papel da ritualização do mito no supracitado movimento da Gnosis.*[130]

Examinaremos no capítulo seguinte a principal apresentação cosmogônica existente no Novo Testamento, a parábola do Filho Pródigo. Incluímos, também, em anexo, duas apresentações gnósticas, que podem contribuir para o nosso entendimento do processo de descida do espírito à matéria e seu eventual retorno ao mundo de luz. Estes mitos são o Hino da Pérola, provavelmente de autoria de Bardesanes, eminente autor gnóstico do século II, e *Pistis Sophia*, de autor desconhecido, do início de nossa era, que relata ensinamentos de caráter esotérico de Jesus aos discípulos, após sua ressurreição.

---

[130] Stephan A. Hoeller, *Jung e os Evangelhos Perdidos* (São Paulo, Cultrix/Pensamento, 1989, pg. 110).

Capítulo 7

A PARÁBOLA DO FILHO PRÓDIGO

Deixemos que o evangelista nos conte, mais uma vez, sua linda mensagem de esperança para todos nós, peregrinos há muito desgarrados e humilhados em terra distante, que ansiamos voltar à Casa do Pai.

> *Um homem tinha dois filhos. O mais jovem disse ao pai: 'Pai, dá-me a parte da herança que me cabe'. E o pai dividiu os bens entre eles. Poucos dias depois, ajuntando todos os seus haveres, o filho mais jovem partiu para uma região longínqua e ali dissipou sua herança numa vida devassa. E gastou tudo. Sobreveio àquela região uma grande fome e ele começou a passar privações. Foi, então, empregar-se com um dos homens daquela região, que o mandou para seus campos cuidar dos porcos. Ele queria matar a fome com as bolotas (cascas) que os porcos comiam, mas ninguém lhas dava. E caindo em si, disse: 'Quantos servos de meu pai têm pão com fartura, e eu aqui, morrendo de fome! Vou-me embora, procurar o meu pai e dizer-lhe: Pai, pequei contra o Céu e contra ti; já não sou mais digno de ser chamado teu filho. Trata-me como um dos teus empregados. Partiu, então, e foi ao encontro de seu pai. Ele estava ainda longe, quando seu pai viu-o, encheu-se de compaixão, correu e lançou-se-lhe ao pescoço, cobrindo-o de beijos. O filho, então, disse-lhe: 'Pai, pequei contra o Céu e contra ti; já não sou digno de ser chamado teu filho'. Mas o pai disse aos seus servos: 'Ide depressa, trazei a melhor túnica e revesti-o com ela, ponde-lhe um anel no dedo e sandálias nos pés. Trazei o novilho cevado e matai-o; comamos e festejemos, pois este meu filho estava morto e tornou a viver; estava perdido e foi reencontrado!' E começaram a festa. Seu filho mais velho estava no campo. Quando voltava, já perto de casa ouviu músicas e danças. Chamando um servo, perguntou-lhe o que estava acontecendo. Este lhe disse: 'É teu irmão que voltou e teu pai matou o novilho cevado, porque o recuperou com saúde'. Então ele*

ficou com muita raiva e não queria entrar. Seu pai saiu para suplicar-lhe. Ele porém, respondeu a seu pai: 'Há tantos anos que eu te sirvo, e jamais transgredi um só dos teus mandamentos, e nunca me deste um cabrito para festejar com meus amigos. Contudo, veio esse teu filho, que devorou teus bens com prostitutas, e para ele matas o novilho cevado!' Mas o pai lhe disse: 'Filho, tu estás sempre comigo, e tudo o que é meu é teu. Mas era preciso que festejássemos e nos alegrássemos, pois esse teu irmão estava morto e tornou a viver, ele estava perdido e foi reencontrado! (Lc 15:11-32)

Para a maior parte dos cristãos, que por diversas vezes ouviram referências a essa parábola em sermões dominicais, a história significa pouco mais do que a infinita generosidade do Pai, que recebe de braços abertos o filho pródigo que saiu de sua Casa para entregar-se à devassidão, dissipando sua herança. É mais uma lembrança de que o erro não compensa, mas que, em última análise, se tivermos a desgraça de cair no pecado (e quem não caiu incontáveis vezes?) podemos, por meio da verdadeira contrição, ser perdoados e recebidos de novo pelo Pai. Essa interpretação singela tem seus méritos e satisfaz a grande massa dos fiéis. Mas existe muito mais riqueza por trás dessa parábola, que é um verdadeiro exemplo de quantos ensinamentos podem estar velados na linguagem do simbolismo.

O respeitado pesquisador e autor Geoffrey Hodson[131] afirma que essa parábola pode ser interpretada tanto do ponto de vista macro como do microcósmico, pois todas as alegorias apresentadas na Linguagem Sagrada são passíveis de diferentes níveis de interpretação. Isso se deve à natureza essencial da unidade de toda a manifestação, desde o infinitamente grande até o infinitamente pequeno, tanto nos planos mais elevados como nos mais grosseiros. Esse é o sentido do homem ter sido criado à imagem e semelhança de Deus. Visto sob outro ângulo, o homem é aquele ser em quem o espírito mais elevado e a matéria mais densa estão unidos pela mente.

---

[131] *A Sabedoria Oculta na Bíblia Sagrada,* Vol. I, parte iv, apresenta uma seção com a exposição da Parábola do Filho Pródigo como um exemplo da lei dos ciclos (Brasília: Ed. Teosófica, pp. 197-243).

Segundo aquele autor, a parábola do Filho Pródigo descreve, de forma simplificada, o processo cíclico de descida consciente da vida do Logos à matéria e seu eventual retorno à origem, à Casa do Pai, devidamente enriquecida pela experiência do processo, como simbolizado pela boa vinda concedida pelo Pai a seu filho. A parábola oferece um magnífico cenário, onde os atores e as principais etapas da jornada da alma, segundo a interpretação de G. Hodson, podem ser apresentados resumidamente da seguinte forma:[132]

O Pai. Representa o eterno e infinito Genitor, do qual o temporário e o finito são gerados. Ele é causa primordial de toda a manifestação, sendo uma Existência ilimitada e incognoscível.

O Filho mais Velho. No sentido macrocósmico, personifica os *elohim*, as inteligências criadoras ou arcanjos, que nunca perdem a consciência da unidade com sua Fonte divina, permanecendo, portanto, em casa. No sentido microcósmico, representa a Centelha Divina no homem, ou a Mônada humana, que também permanece em unidade com a Fonte divina. As Mônadas são provavelmente os anjos que estão sempre voltados para a Divina Presença.

O Filho Pródigo. Macrocosmicamente representa o aspecto imanente do Logos, a vida divina interior que embarca na grande peregrinação pelos diferentes planos da manifestação. No seu sentido microcósmico, representa o raio projetado da Mônada que, no seu devido tempo, manifesta-se no nível da inteligência abstrata como a alma espiritual em sua veste imortal de luz. Ele é o Deus peregrino que habita no homem, seu Eu Superior, que passa por infindáveis experiências ao longo de suas muitas encarnações na Terra.

A Casa do Pai. A consciência do Logos do Universo (o Pai) está estabelecida em seu mundo espiritual mais elevado. Alegoricamente, o Pai permanece em casa com as inteligências criativas cósmicas, o filho mais velho. Essa é a residência celestial do 'Pai que está nos Céus'.

Ele toma a sua parte da herança e parte em viagem. A 'parte da herança' representa a porção de vida cósmica alocada a uma unidade individual em manifestação. Esse evento é, às vezes, descrito como a 'queda dos anjos',

---

[132] O leitor poderá encontrar o significado das palavras técnicas incluídas nesta seção no glossário apresentado no anexo 4.

dando uma conotação infeliz ao processo, pois a saída da Casa do Pai é uma parte essencial do Plano Divino. Um símbolo mais apropriado é a plantação de sementes, que são enterradas na escuridão do solo, de onde germinarão, no seu devido tempo, quando regadas com a água da vida e fortalecidas com a luz do espírito. Num sentido pessoal, a 'herança' refere-se aos poderes armazenados no Eu Superior. Quando o homem chega ao 'país distante', isto é, manifesta-se no mundo das formas, esses poderes serão expressos de inúmeras maneiras, algumas temporariamente infrutíferas, insatisfatórias, daí a parábola dizer que o filho dissipou a herança de forma 'pródiga'.

A região longínqua. O país distante é o espaço virgem sobre o qual o novo Sistema Solar será construído, ou como diziam os gnósticos, o Grande Abismo. No sentido microcósmico, o país distante é o campo evolutivo, incluindo, portanto, os planos mental, emocional, etérico e físico, dos quais o corpo físico, por ser o mais denso, é geralmente tido como a prisão do Ego imortal.

Dissipar a herança. Refere-se à Eterna Oferenda pela qual o *Logos* sacrifica Sua essência espiritual para que Seu Universo possa existir. É a crucificação voluntária do Cristo cósmico, o Filho Pródigo. Como se trata de um processo de limitação da vida universal da Deidade do universo vincula-se alegoricamente como a dissipação da herança.

Uma grande fome. No sentido macrocósmico, representa a inércia que resulta do equilíbrio temporário entre Espírito e matéria, quando é alcançado o ponto mais denso da manifestação. Microcosmicamente refere-se à ausência de compreensão espiritual da mente concreta durante a etapa inicial da peregrinação da alma, quando não recebe conscientemente nenhum impulso espiritual, mas vive para a gratificação da personalidade de forma deliberadamente egoísta e sensual. Fome e sede são também símbolos do anseio pela verdade. Embora a fome e a sede físicas possam ter consequências desastrosas, a fome e a sede da alma são auspiciosas, pois representam o prelúdio da busca da verdade.

Ele se emprega para cuidar de porcos. O porco é um símbolo dos instintos e desejos mais baixos e sensuais do homem. Isso significa que o filho pródigo chegou ao fundo do poço da materialidade, sensualidade e depravação.

Ele alimenta os porcos. No sentido macrocósmico, a vida una (o filho pródigo) vitaliza as formas materiais grosseiras (os porcos). Sem essa alimentação interior eles morreriam de inanição (fome). De forma similar, a Mônada, como microcosmo, supre o poder e 'alimenta' espiritualmente a alma que, por sua vez, inspira e vitaliza a personalidade. Na aplicação pessoal do símbolo, alimentar os porcos significa dar energia vital para as tendências animalescas, indicativas da vulgaridade que ocorre no ponto mais denso da jornada evolutiva.

Ele queria matar a fome com as cascas jogadas aos porcos. As cascas são os revestimentos físicos exteriores, ou as formas temporárias. Comer cascas, então, simboliza existência e experiência no interior da forma externa mais densa. Para o intelecto humano, essa fase da jornada corresponde ao estágio evolutivo em que a mente é incapaz de apreender as ideias e verdades abstratas e espirituais, daí alimentar-se com as ideias concretas. A percepção de que as cascas, ou a natureza efêmera das formas exteriores, são inteiramente insatisfatórias produz um anseio pelas realidades permanentes interiores. Essa é a verdadeira 'fome' por Deus, o anseio da alma pela união com sua verdadeira Fonte.

Mas ninguém lhas dava. A fome ainda perdura. A descoberta da realidade pelo homem é acompanhada pela compreensão de que a fome da alma nunca poderá ser satisfeita por 'comida' do exterior, e que a peregrinação da alma não terminará enquanto houver dependência de apoios externos. Esse é também um indício da solidão do místico.

Os servos de seu Pai comem enquanto ele passa fome. O ciclo de descida à matéria está chegando ao fim, pois o filho pródigo pensa em seu lar. O místico, faminto por alimento espiritual, contempla a casa do Pai, os seres espirituais e as inteligências criativas, os servos do Supremo, que têm comida em abundância. O homem que começa a despertar espiritualmente, percebe lentamente que somente através do serviço ao próximo poderá encontrar o caminho de casa e trilhá-lo até o fim. Somente pelo serviço o homem pode tornar-se Senhor do Todo. Está implícita a necessidade de humildade e a subserviência da personalidade ao Eu espiritual.

Vou-me embora. Macrocosmicamente, o ponto mais baixo da involução foi atingido e a viagem de retorno começa. Microcosmicamente, o filho pródigo fala pela primeira vez, indicando que a vida universal no homem atingiu a autoconsciência e a individualidade, capacitando-o a entrar deliberadamente no caminho de retorno. Seu arrependimento expressa um estágio de maturidade no qual descobre que nenhum objeto exterior pode satisfazer espiritualmente a alma, ou 'salvar' qualquer ser humano. A busca da satisfação começa a ser direcionada para o interior e para cima. Simbolicamente, o filho pródigo arrepende-se de seus erros anteriores, descobre o verdadeiro caminho e começa a jornada de retorno.

E ele partiu e foi ao encontro de seu Pai. Ainda que a longa e árdua jornada de volta à casa do Pai não seja explicitada (a via normal ou o caminho acelerado), a meta é atingida finalmente. Tendo escolhido as realidades permanentes, o homem entra no Caminho do Discipulado e acelera a viagem. A ilusão da separatividade é superada, e a consciência universal, a condição da Casa do Pai, é atingida.

Seu Pai corre para recebê-lo, dando calorosas boas-vindas e o beija. Quando o caminho de retorno é trilhado, num certo ponto ocorre um afluxo de poder divino. A partir de então, para cada passo que o aspirante dá em direção ao alto, seu Mestre dá dois passos em sua direção, alegoricamente seu Pai corre para abraçá-lo. No sentido iniciático, o beijo simboliza a descida da força monádica sobre o candidato, por meio da voz e do tirso do hierofante na iniciação. Nesse sentido, o beijo representa a união das energias telúricas com as energias espirituais no centro da cabeça do iniciado, conferindo iluminação.

O filho pródigo confessa ser indigno. A confissão metafórica revela que, quando o ciclo evolutivo está prestes a terminar, o peregrino compreende o quanto a descida à matéria macula a expressão do Espírito. Da mesma forma, quando o Eu Superior alcança certo grau de autoconsciência e é capaz de transmitir esse fato à mente e ao cérebro do homem mortal, então a motivação e a conduta não espirituais anteriores são deploradas e renunciadas. A adoção natural dessa atitude de reconhecimento, renúncia e entrega marca uma fase muito importante no desenvolvimento do homem. Em cada encarnação, esse processo de arrependimento também ocorre no momento da morte, quando a alma passa em revista toda a vida da personalidade.

O Pai disse: trazei a melhor veste. Vestimenta nova é símbolo de um estado de consciência renovado e expandido. A vestimenta existente expressa as limitações usuais da personalidade como egoísmo, preconceito, intolerância, cegueira espiritual e outros grilhões da mente, que devem ser descartados para que uma nova fase evolutiva possa ser adentrada. Geralmente, uma veste nova ou lavada significa um novo corpo para a consciência, uma vez terminada uma etapa de experiência de vida no mundo. Agora a Veste do Filho é do melhor tecido, o mais sutil, a veste de Luz, ou Manto de Glória.

O Pai disse: ponde-lhe um anel no dedo e sandálias nos pés. O círculo (anel), é o símbolo da eternidade, do poder e da sabedoria eternos. Um ciclo foi terminado, e o anel indica que outro deverá ser começado, pois a progressão cíclica não tem começo concebível nem fim imaginável. O anel simboliza também os poderes adquiridos com o término do ciclo anterior. A colocação de sandálias nos pés complementa o simbolismo do anel no fim de um ciclo. A substância macrocósmica, especialmente a mais densa, é comumente representada por calçados, pois esses são colocados na parte inferior do corpo. O Ser está agora capacitado a entrar num novo ciclo devidamente aparelhado. Ao lavar os pés de seus discípulos, Jesus tinha em vista o mesmo significado. Os pés simbolizam a fundação da vida humana e das atividades diárias. Quando são purificados ou 'lavados' pela ação inspiradora e iluminadora do Princípio Crístico no interior de cada homem, então, é alcançada a autopurificação.

O novilho cevado. Simboliza o resultado do processo criativo. Macrocosmicamente, comer o novilho cevado indica a absorção na Fonte divina de todas as experiências e poderes resultantes do processo de manifestação em seus ciclos involutivo e evolutivo. No homem, o microcosmo, o novilho é o símbolo da sabedoria intuitiva, que nasce da descida da vontade espiritual ao veículo da inteligência abstrata, onde reside a alma imortal. No sentido espiritual, o processo de comer o novilho cevado, assim como todo banquete, simboliza o estado de 'plenitude' que foi alcançado ao fim de um ciclo (como a última ceia do Senhor).

O irmão mais velho ficou com raiva. A suposta raiva do filho mais velho deve ser tomada como uma manobra proposital para não chamar a atenção dos profanos para a natureza mais profunda da sabedoria secreta, pois é inconcebível a inveja entre diferentes aspectos da natureza Divina. Microcosmicamente, os dois irmãos podem ser considerados como os dois aspectos da mente humana, abstrato e concreto. Quando ocorre a sublimação da mente concreta, após o seu mergulho na matéria, os dois aspectos da mente são unidos e tornam-se o princípio intelectual. Assim, é natural que no fim da grande peregrinação o filho mais novo e o mais velho sejam reunidos na casa do Pai.

Teu irmão estava morto e tornou a viver; ele estava perdido e foi reencontrado! A parábola descreve estados de consciência. A morte, nesse caso, implica na completa, ainda que temporária, perda, pelo homem mortal, da experiência da natureza divina e imortal do verdadeiro Eu. A ressurreição, por outro lado, descreve o redescobrimento desse conhecimento da unidade. Estar perdido significa o estado mental de ilusão da separatividade, que inibe temporariamente a compreensão espiritual, principalmente da unidade com Deus.

Queda e redenção. A ideia da queda do homem, da maldição de Eva e do pecado original, descritos no Gênesis, estão em íntima conexão com o tema da Parábola do Filho Pródigo, e descrevem a 'queda' do Espírito na matéria e sua eventual redenção, simbolizada pela jornada do filho pródigo ao país longínquo e seu retorno à casa do Pai. Em contato com a matéria, o Espírito perde temporariamente a consciência da unidade, desenvolvendo a ilusão da separatividade, individualismo, orgulho, sensualidade, que constituem o preço que cada habitante da Terra deve pagar para alcançar o estado do Homem Perfeito, o Adepto.

Tudo o que é meu é teu. A suave reprimenda do Pai ao filho mais velho constitui a afirmação da verdade eterna de que todos os seres são expressões da vida una divina. Consequentemente, todas as manifestações da vida una participam nas realizações umas das outras, ainda que aparentemente separadas. A afirmação do Pai sobre a unidade aparece corretamente ao final da história, que descreve alegoricamente o término de um grande ciclo.

Está implícito que a descida do 'filho' de sua morada celestial de eterna harmonia e bem-aventurança obedece a um desígnio da maior transcendência e não representa uma atitude de rebeldia ou de desrespeito, mas, ao contrário, constitui-se num ato de total obediência à vontade do Pai.

Capítulo 8

A PEREGRINAÇÃO DA ALMA

Os diferentes mitos da Criação, ou apresentações cosmogônicas, oferecem profundos ensinamentos sobre a origem do universo, a natureza do homem, sua origem e seu destino. A parábola do filho pródigo deixa clara a natureza divina do ser humano e lembra que, após nossa longa peregrinação pela terra distante,[133] deveremos voltar à Casa do Pai. A viagem de regresso começa tão logo tenhamos adquirido a consciência de que estávamos nos nutrindo com a comida lançada aos porcos (as paixões e os desejos), enquanto na Casa do Pai há pão para todos (sustento espiritual) em abundância. Quando estivermos a caminho do Lar, o Pai nos verá a distância e virá correndo para receber-nos com grande afeto (proverá meios para acelerarmos o nosso progresso), perdoando todas nossas falhas e comemorando o evento com uma grande festa. É dito que, quando um Mestre finalmente recebe a Iniciação suprema, toda a natureza comemora.[134]

O Hino da Pérola, ou do Manto de Glória, apresentado no Anexo 2, retoma o tema, esclarecendo diferentes aspectos da grande Jornada da alma. Nossa origem divina é confirmada. É mencionado que os tesouros que obtemos ao término de nossa valorosa aventura já eram nossos desde o princípio. Isso significa que somos herdeiros de direito à nossa condição divina. Esse tema também é elaborado no Evangelho de Tomé em linguagem velada:

---

[133] A ideia de que vivemos em desterro longe da casa do Pai está expressa em *Imitação de Cristo*: *Considera-te, neste mundo, como peregrino e hóspede, que nada tem que ver com os negócios da terra. Conserva o teu coração livre e voltado para Deus, porque não tens aqui morada permanente.*(pp. 90-91).

[134] *Sabe, ó Conquistador dos pecados, que uma vez que um Sowani tenha atravessado a sétima Senda, toda a natureza vibra com alegre admiração e se faz submissa. A estrela prateada cintila a novidade às flores da noite, o riacho murmura esse conto às pedras; as ondas escuras do oceano o cantam aos espumosos rochedos, as brisas perfumadas o cantam aos vales, e os altivos pinheiros sussuram misteriosamente: "Surgiu um Mestre, um Mestre do Dia". A Voz do Silêncio* (Brasília: Ed. Teosófica, 1ª ed., 2012, pp. 228-229).

Os discípulos disseram a Jesus: 'Diz-nos como será o nosso fim'. Jesus disse: 'Então, se estais buscando o fim, isso significa que haveis descoberto o princípio? Pois onde está o princípio é que estará o fim. Abençoado aquele que ocupar o seu lugar no princípio, pois conhecerá o fim e não provará a morte'.[135]

Um dos ensinamentos mais intrigantes e profundos sobre a peregrinação da alma é o próprio relato bíblico da vida de Jesus. Vimos anteriormente que a Bíblia é um repositório de ensinamentos profundos velados pela linguagem alegórica. Uma dessas alegorias é a vida de Jesus. Como foi dito anteriormente, Jesus, nesses relatos, simboliza o Cristo que habita no interior do homem. Sua vida, como apresentada nos quatro evangelhos, é uma descrição da viagem de retorno de todas as almas à casa do Pai. Ela inclui os cinco grandes marcos iniciáticos da progressiva expansão de consciência que caracteriza aquelas almas que se engajam no esforço ingente conhecido como o caminho acelerado.

Jesus faz alusão ao processo iniciático ao referir-se a Jonas: *Como Jonas esteve no ventre do monstro marinho três dias e três noites, assim ficará o Filho do Homem três dias e três noites no seio da terra* (Mt 12:40). Na iniciação o candidato sai do corpo físico, simbolizado pelo barco, entra no mundo interior, o mar, quando é, então, elevado em consciência ao estado crístico, o peixe. Após um período determinado, geralmente três dias e três noites, o iniciado retorna ao seu corpo; na alegoria é expelido do monstro marinho e volta à terra firme.

Outra alusão importante aos Mistérios é encontrada na Epístola aos Hebreus, que indica que Jesus também era membro da grande confraria, como havia sido profetizado no Antigo Testamento (Sl 2:7 e Sl 110:4): *Tu és sacerdote para sempre, segundo a ordem de Melquisedec* (Hb 5:6). E quem seria esse misterioso Melquisedec? De acordo com o autor de Hebreus: *Este Melquisedec é, de fato, rei de Salém, sacerdote de Deus Altíssimo. E o seu nome significa, em primeiro lugar, "Rei de Justiça', e, depois, 'Rei de Salém',*

[135] Evangelho de Tomé, versículo 18, em *The Nag Hammadi Library*, p. 128.

o que quer dizer, 'Rei da Paz' (Hb 7:1-2). Esse ser, a quem Abraão fez suas oferendas (Gn 14:20), certamente não podia ser humano, pois é descrito como: *Sem pai, sem mãe, sem genealogia, nem princípio de dias nem fim de vida! É assim que se assemelha ao Filho de Deus, e permanece sacerdote eternamente* (Hb 7:3). O sacerdócio eterno refere-se à Grande Fraternidade de Adeptos, dedicada a facilitar a evolução da grande família humana por meio de periódicas revelações a seus filhos, conferidas por seus Mestres de compaixão e sabedoria.

A tradição cristã enfatiza que a consciência focalizada exclusivamente nas coisas terrenas representa, na verdade, uma vida de trevas, na qual prosseguimos como mortos-vivos, cegos, nada sabendo a respeito de nossa verdadeira natureza e destino, mergulhados na escuridão da ignorância, adormecidos e embriagados, apartados do Reino dos Céus. Vivemos nessa condição por muito tempo, na realidade, por muitas existências terrenas, vagando ao sabor dos ventos da ilusão da separatividade, buscando a felicidade na gratificação dos sentidos e, mais tarde, alimentando nosso orgulho, buscando o poder sobre as coisas do mundo e sobre nosso próximo. Só depois de termos exaurido nossas tentativas de alcançar a felicidade com as coisas deste mundo, quando chegamos ao 'fundo do poço', geralmente passando por crises existenciais, é que nos damos conta de que estamos no caminho errado e começamos, então, a busca das coisas do alto, tateando a princípio e, mais tarde, trilhando firme a Senda sob a orientação do Mestre.

O mecanismo que possibilita o retorno da alma ao Mundo de Luz é a *metanoia,* palavra grega geralmente traduzida como arrependimento, mas que no original grego tem o significado de "além da mente". A metanoia confere ao indivídio um estado de consciência da realidade, que o leva a uma transformação de seu estado mental, entendido como a mudança de seus condicionamentos e orientação de seus pensamentos. Esse processo de transformação mental é lento, demandando muitas vidas até que o homem alcance o estado final de perfeição, referido como *a medida da estatura da plenitude do Cristo.* Para que a transformação dos estados mentais se processe de forma mais acelerada, o Mestre legou a seus discípulos as chaves do Reino, o instrumental transformador que será examinado na próxima seção.

Deve ficar claro, no entanto, que nossa admissão ao Reino dos Céus não ocorre depois da morte, mas enquanto estamos encarnados no corpo físico. Essa verdade é apresentada de forma alegórica na passagem bíblica em que Jesus entra em Jerusalém montado num jumento (Mc 11:1-11). Nessa passagem, Jesus simboliza o Cristo interior, que deve entrar no Reino de Deus (a cidade santa de Jerusalém) servindo-se de um quadrúpede como veículo (os quatro corpos da natureza inferior). Esse quadrúpede deve ser devidamente domesticado (com suas emoções e pensamentos inteiramente disciplinados) para servir como veículo apropriado à natureza superior. Portanto, devemos alcançar esse estado de consciência com nosso esforço e merecimento aqui na Terra. Só então conseguiremos estender esse estado beatífico para o resto de nossa existência, inclusive do outro lado do véu, ou seja, quando deixarmos para trás a vestimenta do corpo material.

No Evangelho de Felipe esse conceito é expresso em relação aos sacramentos. É dito que se as pessoas *não receberem a ressurreição enquanto estiverem vivas, quando morrerem não receberão nada.*[136] E, com relação ao sacramento da câmara nupcial que promove a mais alta expansão de consciência, é dito: *Se alguém torna-se um filho da câmara nupcial, ele recebe a luz. Se alguém não a recebe enquanto estiver aqui, não será capaz de recebê-la no outro lugar.*[137]

No sentido mais profundo, a peregrinação da alma deve ser entendida como uma jornada da consciência. Essa jornada inicia-se quando a consciência divina, em estado imanifesto, no Interior dos Interiores, decide manifestar-se. A partir desse momento passa a emanar de sua essência veículos para manifestação em planos progressivamente mais densos, até completar o processo no corpo físico do homem. Com isso a consciência desses veículos vai sendo limitada ao que ocorre naquele plano e nos inferiores a ele.

A segunda etapa da jornada da consciência é conhecida em nossa tradição como o Retorno à Casa do Pai. Nessa etapa ocorre um gradual deslocamento

---

[136] *Evangelho de Felipe,* em *The Nag Hammadi Library,* p. 153.

[137] *Evangelho de Felipe,* p. 160.

da unidade de consciência para níveis cada vez mais elevados ou sutis. Para o homem no mundo, isso pode ser entendido como a progressiva expansão de consciência do nível material para o emocional, depois para o nível mental concreto, a seguir para o mental abstrato e assim sucessivamente. Essa expansão de consciência reflete, em grande parte, o interesse do ser humano, que deixa de procurar a gratificação dos sentidos, buscando sua felicidade em níveis de realização cada vez mais sutis. O ponto crucial desse processo é a expansão de consciência para o nível mental abstrato, a partir do qual a consciência pode, então, ascender ao nível intuicional da percepção direta da verdade. Os ensinamentos cosmológicos contidos em *Pistis Sophia* (anexo 3) nos ajudam a entender essa questão. Esses conceitos são exemplificados na figura 1.

Figura 1 - Níveis de consciência do homem.

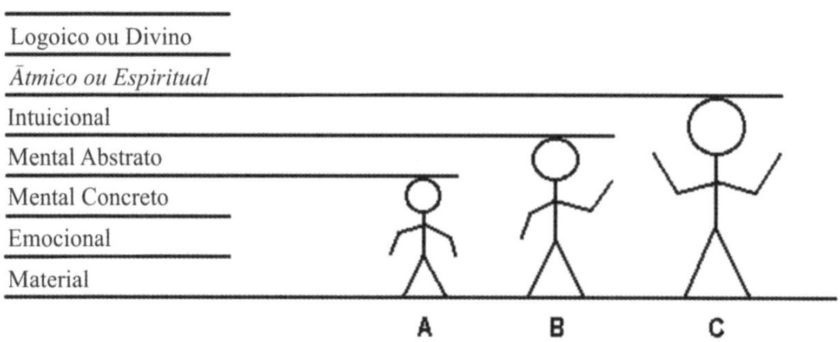

A - Homem comum voltado para as coisas do mundo
B - Buscador da Verdade, filósofo
C - Iniciado ou místico

Para o homem comum, é difícil entender que a consciência inclui tanto o aspecto inferior quanto o superior. Ocorre que, durante a maior parte de sua vida na Terra, o homem só percebe, ou alcança sua consciência inferior. O fator limitativo é o corpo material ou, mais especificamente, o cérebro. Como vimos anteriormente, a missão do homem é manifestar plenamente o Espírito através da matéria, com a intermediação da mente. Isso significa que o homem deve alcançar a plenitude de sua consciência superior enquanto estiver no corpo físico, sendo essa consciência percebida, ou registrada, pelo cérebro.

Essa manifestação do Espírito através da matéria, ou Deus através do homem, não deve ser confundida com aniquilamento da consciência do corpo, das emoções ou da mente concreta. No Todo não há dualidade, portanto o eu inferior deve ser integrado à consciência do Eu Superior. Esse processo de integração sempre esteve implícito na tradição do Cristianismo primitivo que exortava o homem a alcançar o *Pleroma*, a plenitude do ser, que não pode ser entendida como exclusão dos níveis inferiores, mas como expansão da consciência para abarcar níveis cada vez mais amplos. De forma semelhante, a prática budista da plena atenção implica na percepção integrada de tudo o que ocorre nos diferentes níveis de consciência do indivíduo.

Esse processo de expansão da consciência a planos mais elevados é exemplificado no mito de Sophia pela história contada por Maria, a mãe de Jesus:

> *Quando eras pequeno, antes do Espírito ter descido sobre ti, enquanto estavas na vinha com José, o Espírito desceu do alto e veio a mim em minha casa, parecendo contigo. Eu não o reconheci, mas pensei que ele era tu. E o Espírito me disse: 'Onde está Jesus, meu irmão, para que possa encontrá-lo?' E quando ele me disse isso, fiquei em dúvida e pensei que era uma aparição, tentando-me. Agarrei-o, amarrando-o ao pé da cama em minha casa, indo encontrar-me contigo e com José no campo. Encontrei a ti e a José na vinha. José estava fincando estacas para as videiras. Quando me ouviste dizer aquilo a José, tu compreendeste e te alegraste, dizendo: 'Onde está ele, para que possa vê-lo? Pois na verdade estou esperando-o neste lugar.' Quando José te ouviu dizer essas palavras, ele se assustou. Fomos juntos, entramos na casa e encontramos o Espírito preso à cama. E olhamos para ti e para ele e achamos que eras semelhante a ele. E aquele que estava preso à cama foi desatado. Ele te abraçou e beijou, e tu também o beijaste. E vos tornasteis um e o mesmo ser.*[138]

[138] *Pistis Sophia*, (Brasília: Ed. Teosófica, 1ª ed., 2009, p. 112).

O simbolismo é claro. Jesus quando menino ainda não havia desenvolvido inteiramente a consciência espiritual, mas estava ciente de que isso deveria ocorrer quando seus veículos estivessem suficientemente preparados (o que geralmente ocorre por volta dos sete anos de idade). O Espírito com a aparência de Jesus, que Maria confunde com uma aparição, simboliza a contraparte espiritual de sua consciência. Um espírito, logicamente, não pode ser amarrado numa cama, portanto essa cena deve ser entendida num sentido alegórico, ou seja, que ficou aprisionado às emoções e ao corpo. Nesse sentido, o espírito de todos nós está amarrado ao nosso corpo e só pode ser solto quando o reconhecemos e o libertamos dessa prisão milenar, dando asas à nossa consciência. Quando isso ocorre, a consciência inferior, Jesus menino, abraça e beija sua contraparte espiritual, tornando-se os dois um só ser, ou melhor, uma só consciência. O abraço e beijo oferecem um paralelo com os mistérios do despertar da *kundalini*, quando a energia telúrica sobe serpentinamente pela coluna dorsal, encontrando-se no centro da cabeça com a energia espiritual que entra pelo *chakra* coronário, beijando-se aí, ou simbolicamente unindo-se, provocando assim um estado de iluminação no indivíduo.

Mas se a consciência inferior e a superior são partes de um todo, o que ocorre com a consciência superior ao longo de todas as existências em que o homem está voltado para o mundo, mantendo-a, portanto, amarrada ao pé da cama? Durante essas longas eras, a consciência superior aguarda, com paciência divina, o momento oportuno para revelar-se, em obediência ao livre-arbítrio do homem, aproveitando, porém, todas as ocasiões possíveis para inspirar sua contraparte inferior. As intuições que temos ocasionalmente fazem parte dessa comunicação esporádica entre o superior e o inferior dentro de nós, que ocorrem sem que nos apercebamos em nossa consciência de vigília. A consciência superior aguarda que chegue o momento em que o homem no mundo busque o caminho da perfeição, o que implica na purificação da mente e sua consequente sintonia com o mundo superior. A passagem do Apocalipse: *Eu sou o Alfa e o Ômega, o Princípio e o Fim; e a quem tem sede eu darei gratuitamente da fonte de água viva* (Ap 21:6), retrata essa lei espiritual de que o Senhor do universo deve aguardar a solicitação do homem, nesse caso referida como a sede de espiritualidade, para só então saciá-lo.

A unidade da vida, da qual resulta a unidade da consciência, pode ser imaginada como um cordão espiritual que une todos os veículos emanados pelo Deus interior nos diferentes planos da manifestação. Assim, todos os veículos do homem, desde o mais elevado, ou espiritual, até o mais grosseiro, o corpo físico, fazem parte de um todo. Ao longo da peregrinação da alma, com sua lenta evolução e sutilização, a consciência vai como que subindo ao longo desse cordão, devendo para isso superar certas barreiras. A mais importante para o homem do mundo é a barreira entre o mental concreto e o mental abstrato. As tradições orientais chamam este cordão de *antakharana*, que é também, às vezes, referido como o cordão prateado, ou ponte, entre o superior e o inferior.

V

O MÉTODO DE TRANSFORMAÇÃO

CAPÍTULO 9

A PORTA ESTREITA E O CAMINHO APERTADO

O objetivo da vida do homem é, como já foi visto, entrar, ou melhor, retornar ao Reino dos Céus. Esse Reino não é deste mundo, como disse Jesus,[139] e se encontra em toda parte, mas os homens não o reconhecem. O Reino está dentro de cada ser humano; ele é a dimensão espiritual da manifestação e pode ser adentrado quando o homem expande a sua consciência além dos limites usuais do mundo de nomes e formas expresso pela mente concreta.

Jesus nos convida a trilhar esse caminho:[140] *Entrai pela porta estreita, porque largo e espaçoso é o caminho que conduz à perdição. E muitos são os que entram por ele. Estreita, porém, é a porta e apertado o caminho que conduz à Vida. E poucos são os que o encontram.* (Mt 7:13-14). A expressão usada por Jesus para descrever o caminho da perfeição, como sendo *A porta estreita e o caminho apertado*, é mais um exemplo da felicidade de sua terminologia. A Porta Estreita transmite a ideia de que só pode passar por ela quem não tiver carregando bagagens volumosas, ou seja, quem obedecer ao requisito básico de renunciar ao mundo, deixando para trás seus apegos à vida passada.

Passar pela Porta Estreita é iniciar o caminho da perfeição. Para alcançar a meta o postulante terá que percorrer o caminho apertado, o 'caminho do fio da navalha' como é descrito nas tradições orientais. Esse caminho está cheio de perigos, devendo o viajante permanecer constantemente atento para não cair nas armadilhas existentes nos dois lados da via. Por isso, os excessos em qualquer direção são prejudiciais para o postulante, como alertou o Buda, ao ensinar o Caminho do Meio, livre dos extremos da vida de licenciosidade, por

---

[139] Jo 18:36.

[140] No primeiro século de nossa era, a tradição cristã é referida em Atos (9:2) como o Caminho.

um lado, e das asceses rigorosas com punições e até mesmo macerações do corpo, por outro.

Nesse sentido Jesus disse ainda: *Em verdade, em verdade te digo, quem não nascer de novo não pode ver o Reino de Deus* (Jo 3:3). A expressão simbólica 'nascer de novo' (alterada na Bíblia de Jerusalém para 'nascer do alto') refere-se ao renascimento espiritual que ocorre quando o homem é iniciado nos mistérios divinos, tornando-se simbolicamente uma 'criancinha'. A criança é inocente e verdadeira, sem condicionamentos limitadores, não tendo, portanto, uma grande 'bagagem', facilitando, assim, sua passagem pela porta estreita.

Existe também uma interpretação de sentido ocultista na expressão do Mestre de que *estreita é a porta e apertado o caminho que conduz à Vida.* Para aqueles que postulam que Jesus teria sido iniciado nos Mistérios egípcios, a expressão pode se referir ao local dos ritos na Grande Pirâmide onde eram conferidas as iniciações. Como essas iniciações provocavam expansões de consciência, verdadeiras iluminações, que permitiam ao iniciado a experiência da unidade e da eternidade, elas eram referidas como a "Vida". Para chegar ao local da iniciação o discípulo tinha que atravessar uma estreita passagem: *A chamada Câmara do Rei ... se não era a 'câmara das perfeições' do túmulo de Cheops, era, provavelmente, o recinto onde tinha admissão o neófito depois de atravessar a estreita passagem do alto e a grande galeria com a extremidade pouco elevada, que gradualmente o preparavam para a fase final dos Mistérios.*[141]

O caminho largo e espaçoso, por sua vez, não deve ser interpretado como sendo exclusivamente o dos 'pecados capitais', que sem dúvida afundam o homem ainda mais nas trevas da ignorância e do sofrimento. Para o aspirante espiritual que, como o jovem rico referido nos evangelhos (Mt 19:16-22; Mc 10:17-22; Lc 18:18-23), já obedece os preceitos básicos da lei, o que falta é a renúncia ao mundo, simbolizada na parábola pela renúncia aos bens materiais e, por outro lado, dedicação ao trabalho de autotransformação (seguir Jesus). O

[141] Stanisland Wake, *The Origin and Significance of the Great Pyramid,* citado por H.P. Blavastky em *A Doutrina Secreta*, (São Paulo: Ed. Pensamento, vol. II, p. 23).

caminho largo e espaçoso, para o aspirante, representa o caminho da sabedoria convencional, sancionado em alguns casos pelas escrituras e santificado pela prática. Nele procura-se a segurança e a identificação com a cultura e a estratificação social prevalecentes, com suas quatro preocupações centrais: família, riqueza, honra e religião.[142]

A família era considerada o esteio da sociedade judaica, tradição essa que perdura em nossos dias. A maior parte das famílias conhecia e vangloriava-se de sua genealogia. Jesus, porém, conclamava seus seguidores a abandonar suas famílias e segui-lo. Ele deu o exemplo, pois, ao ser alertado de que sua mãe e seus irmãos o aguardavam, virou-se para aqueles que o ouviam e disse: *Eis a minha mãe e os meus irmãos. Quem fizer a vontade de Deus, esse é meu irmão, irmã e mãe* (Mc 3:34-35). Para Jesus, o discipulado envolvia uma clara escolha entre a dedicação estreita à família e o mais amplo amor à coletividade, ou seja, à família humana.

Para seus contemporâneos, deve ter sido chocante a afirmação de Jesus de que não veio trazer paz à Terra, mas sim divisão: *Pois doravante, numa casa com cinco pessoas, estarão divididas três contra duas, e duas contra três* (Lc 12:52). Essa passagem refere-se à própria natureza do homem. A casa é o ser humano. De um lado ficam dois: a alma e o Eu Superior, contrapondo-se a três: o corpo astral, o destino vinculado ao corpo etérico e o corpo físico. Como Jesus simboliza o Eu Superior, ou Cristo, esta passagem indica que quando o Cristo interior finalmente se manifesta no homem (a casa), o resultado é a divisão que leva à batalha entre a natureza superior e a inferior.[143] Trata-se da tradicional batalha entre a luz e as trevas, que é travada no interior do homem.

Nem mesmo a sagrada obrigação dos judeus ortodoxos de enterrar os pais escapou da crítica do Mestre. Quando um possível seguidor, desejoso de juntar-se aos seus discípulos, disse que iria primeiro enterrar seu pai, Jesus retrucou: *Deixa que os mortos enterrem os seus mortos* (Lc 9:60), fazendo um jogo de palavras cujo sentido era alertar aqueles meramente preocupados com o cumprimento da letra da lei para o fato de que eles estavam mortos no

---

[142] Marcus Bog, *Jesus. A New Vision* (Harper San Francisco, 1991, p. 115).
[143] Vide *Pistis Sophia*, (Brasília: Ed. Teosófica, 1ª ed., 2009, p. 48).

sentido espiritual, e são esses mortos espiritualmente que estão preocupados com a morte física.

As posses e as riquezas eram, para os judeus, símbolos de segurança e identidade, sendo consideradas, juntamente com a honra, indicações da recompensa divina para os justos. A riqueza, portanto, não só era o instrumento para o conforto dos ricos, mas um motivo para seu orgulho, pois os ricos se consideravam eleitos dentre os eleitos de Deus. Nesse contexto torna-se mais fácil entender porque Jesus disse: *Como é difícil a quem tem riquezas entrar no Reino de Deus!* (Mc 10:23). Esse comentário do Mestre não significava necessariamente que a riqueza em si fosse condenável, até mesmo porque alguns de seus discípulos eram abastados de acordo com os parâmetros da época (como Bartolomeu, também chamado Nicodemos, José de Arimateia, Mateus, Felipe, os irmãos Lázaro, Tiago, Madalena e Marta, e algumas mulheres que contribuíam financeiramente para o movimento[144]), mas simplesmente que os bens materiais eram mais uma amarra poderosa que prendia os homens à vida do mundo e dificultava a vida espiritual.[145] Existe um aspecto de nossas posses que geralmente não recebe a devida atenção, que são as nossas ideias. Muitas pessoas têm mais dificuldade para desapegar-se de suas ideias que de suas posses materiais. Por isso, cada um de nós pode ser o "homem rico" da parábola, apegado aos supostos tesouros de sua mente. É por isso que os padres da igreja primitiva e a tradição mística falam da necessidade de esvaziamento (*kenosis*) como a primeira etapa do caminho.

A honra também agia de forma semelhante, minando a alma com sentimentos de orgulho. Era, de certa forma, uma consequência do *status* da família, da situação do nascimento e da riqueza, e seu reconhecimento social podia aumentar ou diminuir em função da postura do indivíduo perante a sociedade. A honra era a consideração mais importante que o indivíduo acreditava merecer em função do seu *status*. Numa sociedade de relativamente poucas opções para o consumismo, boa parte das ações daqueles que tinham poder econômico, político ou social eram voltadas para a aquisição, preservação

---

[144] Vide Lc 8:1-3.

[145] Vide *Jesus, a New Vision*, pp. 104-105.

e demonstração da honra. Jesus, no entanto, ridicularizava aqueles que buscavam a honra em seu comportamento social, como por exemplo, ocupar o lugar de destaque num banquete[146] ou na sinagoga[147], esperar saudações nas ruas[148] e, pior ainda, realizar suas práticas religiosas para obter reconhecimento social.[149]

A religião era o ponto mais alto do reconhecimento da sabedoria convencional. A crença entre os judeus de que eles eram o povo eleito de Deus, em virtude da promessa divina feita a Abraão, levava à conclusão natural de que as práticas religiosas eram o elemento central para assegurar a herança no Reino dos Céus. João Batista, em sua linguagem contundente, chama a atenção para esse engano: *Não penseis que basta dizer: Temos por pai a Abraão* (Mt 3:9). Jesus levou mais adiante o argumento de que o Reino não é exclusivamente, nem mesmo primordialmente, dos judeus, ao atestar a fé do centurião romano: *Mas eu vos digo que virão muitos do oriente e do ocidente e se assentarão à mesa no Reino dos Céus, com Abraão, Isaac e Jacó, enquanto os filhos do Reino serão postos para fora, nas trevas, onde haverá choro e ranger de dentes* (Mt 8:11-12). É, assim, fácil de entender a ênfase dada às práticas religiosas entre os judeus que julgavam que suas realizações no mundo eram indicações de que Deus começava a prodigalizar na Terra o que seria consumado no céu. Jesus como sábio crítico social e arauto da verdade criticou, em diversas ocasiões, essa atitude de profunda miopia espiritual de seus conterrâneos.

A mensagem de Jesus subverte esses valores culturais. Suas parábolas e provérbios, revertendo as expectativas criadas pela sabedoria convencional, provocaram perplexidade e animosidade entre os judeus, despertando ressentimentos entre os guardiões da cultura religiosa, ou seja, entre os levitas e fariseus. Nas palavras de um erudito moderno, Jesus *atacou o 'caminho largo e espaçoso' da sabedoria convencional como um meio inadequado para realizar uma transformação interna. Na verdade, ele considerou-a não*

[146] Lc 14:8-11.

[147] Lc 11:43.

[148] Mc 12:38-39.

[149] Mt 6:1-2, Mt 6:5 e Mt 6:16.

só como uma cura inadequada, mas como parte do problema. A sabedoria convencional torna-se facilmente uma armadilha, prendendo o ego com suas promessas de segurança e identidade, levando-o a preocupar-se com assuntos externos, limitando sua visão e estreitando seus interesses e compaixão. Jesus subverteu a sabedoria convencional pela raiz, vendo-a, juntamente com a autopreocupação que ela promovia, como o mais sério obstáculo a ser vencido pelo devoto que busca centralizar sua vida e conduta nos caminhos de Deus.[150]

A expressão '*a porta estreita e o caminho apertado*' também transmite outro conceito profundamente oculto relacionado à possibilidade de experiências psíquicas em estados alterados de consciência. Isso ocorre quando, num determinado momento da prática espiritual, o devoto sente como se sua alma tivesse alçado voo no qual experimenta uma expansão de consciência, percebendo a realidade em outros planos, onde pode receber instruções, experimentar visões beatíficas, penetrar na Luz, ou mesmo, sentir-se uno com Deus. Essa experiência mística é descrita por muitos como iniciando-se com a sensação de que o ser está passando em alta velocidade por um túnel estreito e escuro.

Para trilhar-se o Caminho da Perfeição, deve-se, nas palavras de Paulo, deixar o homem velho morrer para que o homem novo possa nascer.[151] Essa é a ideia por trás das palavras de Jesus: *Se alguém quiser vir após mim, negue-se a si mesmo, tome a sua cruz e siga-me* (Mc 8:34). Isso significa uma transformação radical simbolizada pela expressão '*morrer para o mundo*',[152] o que só pode ser feito atacando as causas e não os efeitos de nossas perturbações mentais. Nossas ações são efeitos, as causas são nossas atitudes mentais, que desencadeiam pensamentos e emoções que determinam nosso comportamento. Portanto, são esses estados mentais que devem ser mudados.

O processo de transformação é longo e árduo, porque a personalidade autocentrada resiste por todos os meios a qualquer mudança, erguendo barreiras, apresentando dificuldades, racionalizando sempre com todo tipo de

---

150 *Jesus. A New Vision*, p. 116.

151 Cl 3:9-10.

152 Cl 3:5.

argumento o porquê não pode e não deve mudar. As dificuldades do caminho espiritual podem ser imaginadas como a subida de uma ladeira íngreme que se torna mais difícil quanto maior for o peso das tendências materiais que tivermos de carregar. Esse processo de transformação era conhecido no Cristianismo primitivo como *metanoia*, posteriormente traduzido como 'arrependimento.' Neste sentido, em quase todos livros da tradição cristã, quando encontramos a palavra arrependimento, o que está sendo transmitido é a ideia de mudança de atitude, valores e orientação de vida, devido à mudança mental.[153]

O caminho espiritual, portanto, é o processo de gradativa mudança do estado mental do homem, que deixa de ser autocentrado para tornar-se *theoscentrado* (centrado em Deus). Inicialmente a *metanoia* significa uma mudança nos pensamentos, do material para o espiritual. Chega um determinado momento em que a resistência inercial do mundo material é vencida e a alma, guiada pelo Cristo interior, alça voo, transcendendo os pensamentos ordinários e voltando-se cada vez mais para Deus. A partir desse momento o progresso da alma será acelerado, à medida que a luz interior vai desabrochando até alcançar a meta final, a plenitude do Cristo.

Parece que Paulo se referia a esse tipo de transformação radical da mente quando disse algo que lembra muito o *dharma* budista: *E não vos conformeis com este mundo, mas transformai-vos, renovando a vossa mente, a fim de poderdes discernir qual é a vontade de Deus* (Rm 12:2). Essa vontade parece ser a consecução da perfeição, uma perfeição tão sublime que transcende qualquer ideia que o homem possa dela ter em sua experiência de vida usual. Poderia ser imaginada como sendo a plena união de Espírito e matéria ou, vista sob outro ângulo, a plena manifestação do Espírito através da matéria. Essa meta foi alcançada pelos grandes Mestres, referidos como *homens justos que chegaram a perfeição* (Hb 12:23), que expressam o divino amor, poder e sabedoria num grau muito além do concebido pelo homem comum.

---

[153] Vide, *Pistis Sophia. Os Mistérios de Jesus,* (Brasília: Ed. Teosófica, 1ª ed., 2009, p. 40).

Capítulo 10

A TRANSFORMAÇÃO DA MENTE

As diferentes tradições espirituais oferecem alternativas para a transformação da mente que poderiam ser classificadas sob dois enfoques básicos.

O primeiro seria o da transformação de fora para dentro, típica do *Hatha-Yoga,* que, de forma simplificada, seria a utilização de um complexo método de posturas e exercícios físicos visando o controle da mente, por meio da disciplina do corpo físico.

Num outro extremo, o da transformação de dentro para fora, encontramos o *Raja-Yoga*, desenvolvido por intermédio de uma metodologia, exemplificada no 'Yoga de oito passos' (*Astanga-Yoga*) de Patañjali,[154] que busca controlar a mente pela mente. Esse método parece ser mais adequado para pessoas que já tenham alcançado certo nível de desenvolvimento mental.

Esses dois ramos clássicos do *Yoga*, no entanto, não podem ser descritos como puramente físico e exclusivamente mental, pois em ambos os casos algumas práticas valem-se do enfoque oposto. Por exemplo, no *Raja-Yoga*, duas das suas oito etapas envolvem práticas físicas, a respiração (*pranayama*) e as posturas (*asanas*). Vemos, portanto, que as diferentes escolas de transformação da mente da linha do *Yoga* caracterizam-se pela ênfase dada a certas práticas e não pela adoção exclusiva de um método em detrimento de outros.

Os métodos de transformação da mente também podem ser classificados pelas condições em que são praticados. Na tradição ocidental e, em menor escala, na oriental, a maior parte das práticas espirituais foram desenvolvidas para praticantes engajados na vida monástica. Na vida monástica, o monge abdica de sua vida familiar, entrando para um convento ou *ashram*, ou vivendo como eremita, numa rotina inteiramente voltada para o objetivo espiritual. Em alguns casos, a rotina monástica demanda 16 ou mais horas por dia de

---

[154] I. K. Taimni, *A Ciência do Yoga* (Brasília: Editora Teosófica, 1996).

dedicação às práticas espirituais de orações, meditações, liturgias, vigílias, trabalho e outras asceses, que são inadequadas para o homem comum, que deve trabalhar para sustentar sua família e dar atenção aos seus diferentes deveres sociais e familiares.

Outras práticas mais simplificadas estão sendo desenvolvidas, ou melhor, redescobertas, adequando-se à realidade da vida agitada e com pouca disponibilidade de tempo do buscador moderno que vive fora dos mosteiros. A tranquilidade tão estimada pelos monges hesicastas[155] deve dar lugar, agora, ao tumulto da vida em sociedade, com suas conhecidas pressões, profissionais e familiares. Na constante interação com diferentes grupos, o homem moderno, de orientação mental, tem oportunidade de desenvolver mais rapidamente certos aspectos da alma. Porém, essa nova realidade social demanda um esforço especial para o preenchimento das necessidades atuais. Isso não quer dizer que os requisitos para o discipulado tenham sido modificados, pois são imutáveis, independem do tempo e do espaço. O que muda é o ritmo e o enfoque. O aprendizado para aqueles que realmente se voltam para a busca interior pode ser acelerado, tendo em vista o nível mental mais avançado do homem moderno, que lhe faculta a possibilidade de passar, num período de poucos anos, por mais experiências do que normalmente seria possível durante toda uma vida na idade média, por exemplo.

Duas outras vias abrem-se aos buscadores espirituais dedicados, a via mística e a ocultista. Apesar de ambas buscarem exatamente a mesma experiência, a união com Deus, e utilizarem praticamente os mesmos fundamentos e instrumentos, o caráter distinto do místico é seu amor a Deus, que tudo consome e supera, enquanto o ocultista vale-se especificamente de aportes energéticos de fora, na forma de rituais, sacramentos, ou iniciações, para ajudar a superar suas limitações e expandir sua consciência. As diferenças entre essas duas vias devem ser devidamente compreendidas, pois, como o objetivo último da vida espiritual é a perfeição, para que essa seja alcançada

---

[155] Termo derivado da palavra grega *hesychia* (*hsucia*) que significa silêncio e tranquilidade, buscados inicialmente no isolamento do deserto e, mais tarde, quando o crescente número de buscadores solitários tomou consciência das imensas dificuldades para a sobrevivência no deserto, em grupos afins reunidos no que veio a ser chamado de mosteiros (monastiria).

é necessário que todos os diferentes aspectos da alma sejam desenvolvidos, o que por sua vez requer diferentes situações de vida e experiências ao longo da peregrinação da alma. Assim, o místico numa encarnação poderá ser um ocultista em outra e vice-versa.

O enfoque de Jesus

Nos documentos canônicos e apócrifos existentes, não se encontra nenhuma apresentação sistemática do método de Jesus para a transformação do homem. Cabe a nós, buscadores da verdade e discípulos do Mestre, organizar seus diferentes e esparsos ensinamentos de forma a obter um instrumental transformador coerente e sistemático. Nesse afã, não é difícil perceber nos ensinamentos de Jesus que ele preconizava uma abordagem semelhante a que hoje seria chamada de holística. Todos os aspectos do homem deveriam ser desenvolvidos, já que seu enfoque incluía tanto os métodos de desenvolvimento de fora para dentro como os de dentro para fora. Seus ensinamentos serviam de alimento à alma tanto das pessoas comuns, que buscavam consolo para as agruras de suas vidas diárias e esperança de dias melhores, como dos buscadores avançados que simbolicamente batiam às portas do Reino.

Para todo ser humano, o caminho começa exatamente no ponto em que ele se encontra quando decide trilhá-lo. Como o homem do mundo está necessariamente sob o jugo de sua natureza inferior, seus primeiros passos serão dados pelo seu eu adulto consciente, que começa a buscar em si a força para a mudança. Assim, numa primeira etapa, a mudança será efetuada de fora para dentro e, consequentemente, de forma lenta e penosa. Só mais tarde, quando a intuição for despertada, será possível a ajuda do Eu Superior, do Cristo interno, que começa a orientar a alma, inspirando-a a seguir o caminho do alto. Inicia-se, então, uma etapa de desenvolvimento acelerado, em que a transformação ocorre de dentro para fora, possibilitando a alma queimar etapas.

Jesus, como todo Mestre, conhecia a complexidade da natureza humana, que tende a resistir à mudança. Por isso, ele legou à humanidade ensinamentos concebidos para trabalhar a natureza do homem sob diferentes ângulos. Sua primeira preocupação parece ter sido quebrar os condicionamentos que limitavam a capacidade de transformação dos judeus naquela época, da mesma forma como ainda limitam o homem moderno.

O comportamento do homem é determinado por seus condicionamentos que refletem os valores recebidos da família e da sociedade, que são progressivamente adaptados para refletir seu temperamento, suas experiências e seu estágio evolutivo. Grande parte dos condicionamentos origina-se de experiências da infância, quando a criança busca amor e proteção dos pais e nem sempre os encontra na forma e intensidade desejadas e, em alguns casos, chega até mesmo a receber maus tratos e descaso, gerando, então, traumas que a criança procura superar, criando defesas para evitar o sofrimento. Essas defesas, envolvendo um 'raciocínio' emocional,[156] são mantidas no inconsciente e passam a governar importantes aspectos da vida do jovem e, mais tarde, do adulto, até serem trabalhadas e superadas, geralmente com bastante esforço.

A liberdade do ser humano, expressa por seu livre-arbítrio, deve ser entendida num sentido relativo, pois os condicionamentos agem de forma inconsciente, como um programa de computador que automaticamente processa todos os dados novos, apresentando respostas ou resultados de acordo com o programa inicial. Jesus procurou quebrar essa programação inconsciente do homem que o torna egoísta e distante de Deus. Nos ensinamentos públicos isso era feito de forma contundente por meio das parábolas, que criticavam a sabedoria convencional,[157] fonte de importantes condicionamentos, como por exemplo:

> *Ele faz nascer o seu sol igualmente sobre maus e bons e cair a chuva sobre justos e injustos.* (Mt 5:45)
>
> *Aquele que ama pai ou mãe mais do que a mim não é digno de mim. E aquele que ama filho ou filha mais do que a mim não é digno de mim.* (Mt 10:37)

---

[156] Daniel Goleman, *Inteligência Emocional* (R.J.: Editora Objetiva, 1995).

[157] Vide Marcus J. Borg, *Jesus, a New Vision* (Harper San Francisco, 1987, pp. 97 - 116).

Se alguém vem a mim e não odeia[158] *seu próprio pai e mãe, mulher, filhos, irmãos, irmã e até a própria vida, não pode ser meu discípulo.* (Lc 14:26)

A sabedoria convencional é a expressão da tradição, abarcando os valores da vida social, principalmente no que se refere à família, riqueza, honra e religião. As rígidas normas de obediência à Torá, com suas prescrições detalhadas de práticas religiosas, inevitavelmente criavam situações conflitivas na vida dos judeus. Um exemplo desse conflito foram as curas efetuadas por Jesus no sábado, que se prestaram a críticas por parte dos fariseus e escribas e deram ocasião aos inesquecíveis ensinamentos do Mestre a respeito da compaixão e das prioridades na vida do verdadeiro homem justo.[159]

Assim, tendo Jesus curado num sábado uma mulher que há dezoito anos era possuída por um espírito que a mantinha recurvada e doente, foi criticado pelo chefe da sinagoga. Jesus, então, replicou: *Hipócritas! Cada um de vós, no sábado, não solta seu boi ou seu asno do estábulo para levá-lo a beber? E esta filha de Abraão que Satanás prendeu há dezoito anos, não convinha soltá-la no dia de sábado?* (Lc 13:15-16). Diversas outras passagens dos evangelhos (Mt 12:6-7, Mt 12:10-12 e Lc 14:1-5) são igualmente ricas em ensinamentos espirituais do gênero.

A própria prática da oração, aparentemente de acordo com a lei, ou seja, de acordo com a sabedoria convencional, podia ser ocasião para expressão de orgulho e não de verdadeiro louvor a Deus, como no caso da parábola do publicano (coletor de impostos).

---

[158] As passagens em Lucas (14:26) e Mateus (10:37), mencionando que para ser seguidor de Jesus a pessoa precisava "odiar" pais, irmãos e demais parentes, é geralmente citada fora do contexto linguístico da época, pois em aramaico a expressão coloquial 'odiar', nesse caso, significava colocar em segundo plano ou amar menos.

[159] Quando os fariseus criticaram os discípulos de Jesus, que, ao passarem pelas plantações num sábado, arrancaram algumas espigas e comeram-nas, este lembrou-os de que Davi e seus companheiros haviam comido os pães da proposição na sinagoga, pois também estavam com fome. E acrescentou: *Digo-vos que aqui está algo maior do que o Templo. Se soubésseis o que significa: Misericórdia é que eu quero e não sacrifício, não condenaríeis os que não têm culpa.* (Mt 12:6-7)

Dois homens subiram ao Templo para orar; um era fariseu e o outro publicano. O fariseu, de pé, orava interiormente deste modo: 'Ó Deus, eu te dou graças porque não sou como o resto dos homens, ladrões, injustos, adúlteros, nem como este publicano; jejuo duas vezes por semana, pago o dízimo de todos os meus rendimentos'. O publicano, mantendo-se a distância, não ousava sequer levantar os olhos para o céu, mas batia no peito dizendo: 'Meu Deus, tem piedade de mim, pecador!' Eu vos digo que este último desceu para casa justificado, o outro não. (Lc 18:10-14)

Essa parábola é especialmente feliz em mostrar o contraste entre a pessoa que se identifica com a máscara de ser "boa e correta" e outra que reconhece o comportamento negativo de seu eu inferior, dando assim o passo necessário para trabalhá-lo e ser, então, purificada.

Todos esses exemplos do ministério de Jesus são reiteradas críticas à uma interpretação estreita da lei mosaica, principalmente de seus preceitos de pureza e observância do sábado, como interpretados pelos escribas e fariseus, porque não eram temperados pela compaixão. Aliás, outros profetas da tradição judaica já haviam feito essas mesmas críticas no passado, como os autores de Isaias, Eclesiastes e Jó. Portanto, o comportamento pautado pelos ditames da sabedoria convencional, ou seja, pelos padrões de excelência que guiam a maior parte da sociedade, não eram no tempo de Jesus, e não são nos dias de hoje, garantia de comportamento verdadeiramente espiritual. O homem deve usar o seu discernimento em cada caso, guiando-se pelo coração, tendo a compaixão como bússola para nortear sua rota no relacionamento com as pessoas e o mundo.

Talvez a expressão de Jesus: *é pelos seus frutos que os reconhecereis* (Mt 7:20) seja um resumo de sua crítica à posição farisaica. As aparências externas de práticas religiosas e obediência à lei não eram garantia de uma alma pura e elevada.[160] O comportamento naturalmente amoroso e um verdadeiro senso

[160] Essa mesma ideia é claramente expressa na tradição hindu: *Confundidos por numerosos pensamentos, enredados na teia da ilusão, dependentes da satisfação do desejo, eles caem em um inferno hediondo. Autovangloriando-se, teiomosos, cheios de orgulho e intoxicados de*

de dever comandado pelo coração e pela razão é uma indicação mais certa do homem verdadeiramente justo. O que importa é o que vem do coração e não a preocupação com crenças e comportamentos sancionados pela tradição. Na prática, crença e comportamento podem se tornar uma religião de segunda mão, herdada pela tradição, deixando, porém, o homem egoísta em seu interior, apesar dele acreditar estar fazendo as coisas corretas.

Em *Pistis Sophia* (Anexo 3), é dito que os condicionamentos agem como verdadeiros demônios interiores, procurando levar o ser humano ao erro, mesmo quando ele procura a vida espiritual. Esses demônios são formas de influência persistentes, as tendências, que se incorporam aos nossos conteúdos mentais. Assim, a transformação do homem permanecerá lenta enquanto a personalidade lutar sozinha contra seus condicionamentos. É por isso que deve ser solicitada ajuda ao grande aliado da alma, o Cristo interno, para superar a resistência às influências 'demoníacas' na forma de tendências arraigadas. Quando isso ocorre, o ser integral, o homem exterior e seu Eu Superior começam a agir em uníssono, promovendo a transformação de dentro para fora. E a mudança terá que ser radical, pois, enquanto as tendências persistirem, enquanto a negatividade não for reconhecida, o homem voltará a cair no erro. Essa transformação ocorre progressivamente durante o desenrolar das experiências da vida, em níveis cada vez mais elevados da espiral do progresso infinito, até que o homem alcance a *gnosis* suprema, a iluminação libertadora, tornando-se, então, um homem perfeito.

Um autor experiente chama esses dois enfoques de o caminho longo e o caminho curto. *Há o Caminho Longo do autoaperfeiçoamento, da autopurificação e do autoesforço; e há o Caminho Breve do completo esquecimento do eu e do direcionamento da mente para o Objetivo, para a Vida Una Real, pela lembrança constante dela e pela prática da identificação com ela.*[161] O caminho longo é ensinado aos principiantes, sendo praticado até

riqueza, cumprem sacrifícios por mera ostentação, contrários às prescrições das Escrituras. Entregues ao egoísmo, ao poder, e à insolência, à luxúria e à ira, esses maliciosos Me odeiam nos corpos dos outros e em seus próprios. Bhagavad-Gitā (Brasília: Ed. Teosófica, 2ª ed., 2014, pp. 253-4).

[161] Paul Brunton, *Ideias em Perspectiva* (S.P.: Pensamento, pp. 300-303).

um estágio bem avançado da busca. É extremamente penoso, demandando que as mesmas batalhas sejam travadas repetidamente, até que a semente do mal seja extirpada do coração do aspirante, daí ser chamado de caminho longo, pois leva muitas encarnações para que a iluminação seja alcançada por este método. O caminho breve geralmente é trilhado quando o aspirante já labutou por muito tempo da forma tradicional sem conseguir os vislumbres do mundo interior até que, finalmente, decide entregar-se ao Mestre interior, negando as demandas de sua natureza inferior e aquietando inteiramente sua mente em contemplação. Quando isso ocorre, quebram-se as duas últimas amarras que seguram o homem no mundo: o orgulho e a ambição espiritual. Assim, a Graça encontra um ambiente favorável para atuar.

Verificamos, portanto, que o método de Jesus visava, numa primeira etapa, desenvolver o discernimento do buscador, quebrando seus condicionamentos limitadores. Mas, isso não era suficiente para que seus discípulos alcançassem o estado de consciência do Reino. Esse estado transcende a consciência usual do homem e só pode ser adentrado quando a mente é iluminada pela intuição. A realidade última, sendo espiritual, só pode ser apreendida por aqueles que desenvolveram os sentidos espirituais. Pode também ser percebida de forma aproximada pelos que conhecem a linguagem do plano abstrato, qual seja, a dos símbolos. A linguagem simbólica usada por Jesus em suas parábolas e ensinamentos alegóricos visava promover o desenvolvimento da intuição em seus seguidores.

Os símbolos são para a mente o mesmo que as ferramentas são para as mãos, meios de estender a aplicação de seus poderes. Assim, a linguagem carregada de simbolismo usada por Jesus era, em última instância, um método para forçar a mente a transcender sua consciência usual e atingir os estados de consciência do Reino. O método de ensino de Jesus tem um paralelo com o da Cabala, que é um método profundamente esotérico de transmitir o conhecimento de verdades que transcendem o entendimento da mente. O uso de símbolos serve como uma escada pela qual a mente pode subir, degrau a degrau, até adquirir as asas da intuição que lhe permitirão voar para o alto.[162]

---

[162] Vide Dion Fortune, *The Mystical Qabalah* (N.Y.: Samuel Weiser, 1996, p. 29).

O efeito do simbolismo e da alegoria é sentido de forma dinâmica. Quando o discípulo medita sobre as parábolas e outras instruções veladas, os símbolos vão sendo como que incubados na mente até alcançarem o grau de amadurecimento em que naturalmente despontam como percepções iluminadas sobre uma realidade que transcende a mente. Nesse processo, as alegorias simbólicas, mesmo que não compreendidas, fixam-se no subconsciente de onde são evocadas sempre que a mente concreta trabalha com ideias relacionadas ao símbolo. Assim, gradualmente, uma percepção do conceito transcendental vai sendo desenvolvida por relances parciais até que num determinado momento a somatória dessas percepções alcança a necessária massa crítica para perfurar o véu da alegoria e perceber a realidade.

Quando sugerimos que o método de ensino de Jesus poderia ser considerado holístico, por abranger todos os aspectos da natureza humana, não podemos esquecer que um dos legados da tradição cristã foi a divulgação, ainda que velada, de verdades que anteriormente só eram reveladas aos iniciados nos Mistérios Maiores. A vida do Cristo, como relatada nos quatro evangelhos, é uma representação alegórica das cinco grandes etapas ou iniciações do caminho ocultista que levam o discípulo ao pináculo da perfeição humana. Essas etapas serão examinadas no último capítulo deste livro. Muitas outras passagens relatadas na Bíblia são instruções de natureza profundamente esotérica, visando preparar o aspirante para prosseguir na busca. Finalmente, um aspecto importante e pouco conhecido de seu método eram os rituais e sacramentos, examinados mais adiante, que tinham por objetivo proporcionar condições interiores particularmente favoráveis aos discípulos que estavam preparados para recebê-los.

Capítulo 11

OS PRIMEIROS PASSOS

O despertar

Jesus costumava referir-se aos homens comuns como se estivessem 'mortos'[163] ou 'dormindo'.[164] O que caracteriza esses estados é que neles a consciência está total ou parcialmente embotada e o indivíduo ainda não deu o primeiro passo na senda de retorno, agindo como semiautômato, levado por seus condicionamentos. Sendo a jornada espiritual um processo de constante expansão de consciência, o primeiro passo deve ser necessariamente o despertar espiritual, ou seja, o redirecionamento da vida para os objetivos espirituais. É interessante lembrar que Buda, após alcançar o estado de plena iluminação, se autodenominava 'o desperto,' pois havia despertado inteiramente sua natureza divina inata.

O que seria capaz de fazer o homem comum despertar espiritualmente e, assim, reverter a tendência para uma vida autocentrada e voltada a maior parte do tempo para a gratificação dos sentidos e as preocupações relacionadas com posição social, segurança e conforto? A providência divina, que tudo prevê e provê, sempre de forma natural, valendo-se de mecanismos inerentes ao processo da vida, proporciona os meios que capacitam esse despertar.

A regra geral do despertar espiritual implica num lento processo em que as frustrações resultantes do atrito entre as expectativas e as realidades da vida vão amadurecendo gradativamente o indivíduo. Ele reconhece a lei de causa e efeito e desenvolve o discernimento, o que lhe permite distinguir as coisas passageiras das permanentes, as ilusórias das reais. Esse processo geralmente leva muitas vidas e deve ser retomado em cada encarnação, até que a alma assuma um compromisso irreversível com a vida espiritual. A partir de então,

[163] Lc 9:60.

[164] Mc 13:36 e Lc 22:46.

é estabelecida uma tendência de anseio espiritual capaz de fazer com que, em outras vidas, o caminho seja retomado mais cedo e em circunstâncias mais favoráveis. Essa é, portanto, a aparente exceção à regra: o caso de indivíduos que, já na infância ou juventude, demonstram uma inclinação inabalável para a vida espiritual. Esse caso está estritamente dentro dos limites da lei de causa e efeito. As almas dessas pessoas estão colhendo o que plantaram em vidas anteriores e terão a ocasião e as condições para efetuar um rápido progresso rumo à perfeição em cada nova encarnação.

Chega um determinado momento da vida do homem em que, não importa quais as suas condições externas de vida, a divina insatisfação toma conta de seu coração. É como se a alma tivesse saudades de um outro mundo, de outra vibração, mais condizente com sua verdadeira natureza. A natureza está antecipando o despertar que em breve deverá ocorrer. Na Bíblia, esse processo é simbolizado pela pregação de João Batista (Jo 1:23-31), o precursor do Cristo, que anuncia a iminente chegada do Salvador.

O termo 'despertar' deve ser compreendido numa perspectiva mais abrangente, expressando a passagem da alma por diversos estágios na senda. O estágio do 'despertar' pode ser imaginado como um ponto de inflexão na curva evolutiva de cada ser humano, em que a tendência para a estagnação ou mesmo para queda na materialidade é revertida, resultando numa nova orientação no sentido da luz. A alma 'desperta' inúmeras vezes ao longo de sua peregrinação pelo mundo. Esse despertar é especialmente importante em duas ocasiões: a primeira, quando, em cada encarnação, o homem sente-se cansado da busca de prazeres materiais e decide reorientar sua vida; a segunda, quando já no caminho da busca espiritual, desperta seu ser de luz, o Cristo interior. Paulo referiu-se claramente a esse nascimento quando escreveu a seus discípulos: *meus filhos, por quem eu sofro de novo as dores do parto, até que Cristo seja formado em vós* (Gl 4:19). Esse estágio foi descrito por Jesus como o renascimento: um evento iniciático que confere simplicidade e inocência tais que o discípulo é comparado a uma criancinha, como vemos nesta memorável passagem: *Em verdade, em verdade te digo, que aquele que não nascer de novo, não pode ver o Reino de Deus.* (Jo 3:3)

O despertar também pode ser visto sob o prisma do atendimento ao chamado de Deus, que, desde o princípio da vida humana, procura se fazer ouvir em nossa consciência. A natureza superior do homem procura prevalecer sobre a natureza inferior, para trazer paz de espírito e verdadeira felicidade à alma. Isso porque, enquanto o homem se preocupar em atender os ditames de sua natureza inferior não encontrará harmonia nem felicidade. O processo do despertar também está representado na literatura esotérica como uma carta enviada pelo rei, como no Hino da Pérola (Anexo 2). Essa ideia também foi expressa por Paulo quando escreveu: *Nossa carta sois vós, carta escrita em nossos corações, reconhecida e lida por todos os homens. Evidentemente, pois, uma carta de Cristo, entregue ao nosso ministério, escrita não com tinta, mas com o Espírito de Deus vivo, não em tábuas de pedra, mas em tábuas de carne, nos corações*! (2 Cor 3, 2-3)

A busca da felicidade

Se a felicidade é o objetivo de nossa vida, por que colhemos tanta infelicidade e sofrimento ao longo de nossa existência? A razão para esse contraste entre nosso róseo ideal e nossa triste realidade é que, em nossa ignorância, buscamos a felicidade onde, quando e como, de forma não apropriada. Ademais, geralmente, não entendemos devidamente a operação dos mecanismos que nos impelem nessa busca. Esses mecanismos são o desejo e a insatisfação que, com o passar do tempo produzem crises na vida do homem.

Grande parte da humanidade imagina que seria feliz se conseguisse obter essa ou aquela satisfação ou se tivesse um determinado problema resolvido. Em suma, pensam que a felicidade pode ser alcançada com a satisfação dos desejos. Não é difícil de perceber, observando-se o comportamento e as reações das pessoas em suas vidas diárias, que a satisfação de um desejo traz apenas alegria momentânea. Depois de algum tempo as pessoas voltam a experimentar a insatisfação. A razão dessa insatisfação decorre da natureza do desejo.

O desejo é a expressão terrena da energia divina da Vontade. A Vontade, nos planos espirituais, é o meio para a realização dos objetivos do Plano de Deus. Já o desejo, sendo uma distorção da Vontade voltada para aquilo que é material e passageiro, tende geralmente a afastar o homem de sua meta divina. O desejo é, portanto, uma força extremamente poderosa que, geralmente, molda de forma negativa a vida do ser humano, causando sofrimento. O livro sagrado dos hindus falando sobre os homens ignorantes, diz:

> *Ao entregar-se a desejos insaciáveis, presas a vaidade, presunção e arrogância, ao sustentar más ideias através da ilusão empenham-se na ação com resoluções impuras. Ao abandonar-se a um pensamento desmesurado cujo fim é a morte, considerando a satisfação dos desejos como o mais elevado, sentindo-se seguros de que isso é tudo.*[165]

As mesmas ideias são encontradas na tradição cristã, que recomenda:

> *Filho, muitas vezes, procura o homem, ansiosamente, alguma coisa que deseja; quando, porém, a alcança, começa a pensar de outro modo; porque as afeições não são duráveis e passam, facilmente, de um a outro objeto. Não é, pois, pequena coisa, mesmo nas coisas mínimas, cada um renunciar-se a si mesmo.*[166]

Deus, com sua infinita sabedoria, utiliza o desejo e a insatisfação como instrumentos para conduzir o homem, ainda que por um longo e sinuoso caminho, à verdadeira felicidade. Sempre que o homem se afasta de seu objetivo último, um mecanismo retificador automático é acionado. Esse mecanismo é a insatisfação, que é reforçada pelo sofrimento. Ambos operam de forma a redirecionar as atividades do homem para que encontre sua meta. A semente da insatisfação foi lançada por Deus no âmago do ser humano como uma bússola interior que permite à alma reorientar-se quando se perde no marasmo das paixões ou é desviada da rota pelos redemoinhos dos apegos, para que possa chegar finalmente ao porto seguro da Casa do Pai.

---

[165] *Bhagavad-Gitā*, (Brasília: Ed. Teosófica, 2ª ed., 2014, p. 252).

[166] *Imitação de Cristo*, p. 313.

A insatisfação não é, como muitos pensam, necessariamente uma maldição, uma fraqueza ou um vício de caráter. É, na verdade, uma dádiva divina, uma espécie de alarme da alma sinalizando que alguma coisa importante está faltando. Ela atua, aliada a seu parceiro, o desejo, como o *primum mobile* da vida humana.

A realidade de nossa existência terrena é de eterna insatisfação. Perseguimos algo, seja uma conquista amorosa, um bem material, uma posição social ou uma realização profissional, com todo afinco, como se nossa vida e felicidade dependessem inteiramente da realização do objetivo imediato à nossa frente. No entanto, quando conseguimos o que buscávamos tão ardentemente, verificamos que, após um certo período de satisfação, geralmente curto, surgem irresistíveis anseios de novas conquistas e realizações, impelindo-nos à busca de algo mais. E essa ciranda da vida continuará indefinidamente enquanto estivermos procurando a felicidade nas coisas do mundo, porque o nosso verdadeiro ser não é desse mundo. Se, por um lado, essa triste realidade é uma fonte perene de frustração, ela é também a garantia de nossa eventual libertação da prisão da materialidade.

Como disse o divino Mestre, enquanto estivermos procurando saciar a sede com a água deste mundo voltaremos a ter sede; porém, quando conseguirmos beber a 'água viva' da plenitude, seremos saciados.[167] Portanto, a insatisfação é um aspecto da força dinâmica que impele o homem a buscar a felicidade. Se ela não estivesse sempre insuflando a natureza humana, a inércia governaria o homem, fazendo com que ele permanecesse acomodado, não se importando com a sua situação, fosse ela qual fosse.

Chega um momento em que o homem começa a questionar a razão de ser da vida. É nessa etapa de divina insatisfação que o homem é impelido a encontrar ideais mais elevados, a tentar a transcendência da vida meramente material. Essa busca é expressa em mitos de diferentes tradições, tais como a busca do velo de ouro na Grécia Antiga, ou da pérola preciosa de que nos fala o Hino da Pérola do Cristianismo primitivo ou do santo graal na Idade Média na Europa.

---

[167] Jo 4:1-15.

A insatisfação e o sofrimento podem levar a uma situação de crise. As crises são especialmente importantes no despertar e no redirecionamento da vida do homem. Todos nós passamos por inúmeras crises em nossa vida, algumas delas tão sérias que passam a ser marcos referenciais de nossa experiência evolutiva. Esse processo interativo entre desejo e insatisfação gerando crises está intimamente relacionado ao apego. O apego às posses gera terríveis sofrimentos quando as circunstâncias da vida levam à perda do que possuímos. Assim, crises podem ocorrer com a perda da juventude, da beleza, da fortuna, do poder, da posição social ou dos pais, do companheiro, dos filhos, etc. Na maior parte dos casos esse apego reflete a autoimagem idealizada do indivíduo que imagina essas posses como uma extensão de si mesmo.

Muitas pessoas estão apegadas às sensações e emoções fortes, tais como as dos vícios (álcool, drogas, fumo, gula, sexo, etc.). Os prisioneiros do vício, mais cedo ou mais tarde, colhem os resultados de sua fraqueza na forma de doenças graves, perda de emprego, perda do companheiro ou abandono pela família. Mas ainda existem outras fontes de apegos que também levam a crises, como o apego mental às ideias, fonte da ambição desmedida e do orgulho. Qualquer que seja a fonte do apego, o desapontamento será inevitável com a perseguição de objetivos ilusórios, quando não fúteis, que levam sempre ao sofrimento, porque a perda das coisas deste mundo é inevitável.

Mas por que ocorrem as crises? Porque o homem, condicionado por seus hábitos, vivendo como virtual prisioneiro deles, é geralmente incapaz de mudar seu comportamento, mesmo quando percebe que sua atitude é prejudicial à saúde do corpo e da alma. O pior é que, no mais das vezes, nem mesmo se dá conta de que está enredado em algo contrário a seus interesses maiores. Não consegue perceber que seu padrão de comportamento, ainda que voltado para a busca da felicidade, é, na verdade, fonte de grande sofrimento. A Sabedoria Antiga ensina que isso se deve à inércia da matéria. Quando um determinado comportamento é repetido várias vezes, estabelece-se uma tendência em nossos corpos inferiores (material, etérico, astral e mental concreto), que se perpetua até que a energia inicial seja identificada e redirecionada.

Porém, esses condicionamentos devem ser entendidos dentro de uma perspectiva mais ampla, pois tudo na vida do homem tem sua razão de ser durante certa fase de sua vida. Assim, o útero materno é imprescindível para a sobrevivência do feto, mas deve ser abandonado para que o bebê possa continuar seu progresso como ser humano. O recém-nascido encontra maior proteção e conforto no berço, porém, esse terá que ser abandonado depois de poucos anos, porque, num determinado momento, vai tornar-se fator limitativo ao crescimento subsequente da criança.

Da mesma forma, várias estruturas condicionantes do homem moderno, tais como a agressão, a competitividade e a ambição, que atualmente se configuram como limitativas do seu progresso, já tiveram sua importância numa fase anterior da evolução da alma. Por isso Jesus preconizava isenção e discernimento superiores nas avaliações a respeito do semelhante: *Não julgueis pela aparência, mas julgai conforme a justiça* (Jo 7:24). A verdadeira justiça requer que todos os fatos pertinentes sejam levados em consideração. Mas quem está disposto e capacitado a fazê-lo? Já não é pequeno o desafio de cada um de nós para reconhecer os próprios erros, julgando nossa própria vida, para mudá-la de acordo com os ditames do coração. Lembremos as palavras de Jesus: *Não julgueis para não serdes julgados. Pois com o julgamento com que julgais sereis julgados, e com a medida com que medirdes sereis medidos. Por que reparas no cisco que está no olho do teu irmão, quando não percebes a trave que está no teu?* (Mt 7:1-3)

Nessa perspectiva mais ampla da evolução, a maior oportunidade de mudança é a crise. As crises sérias na vida do homem podem ser vistas como dádivas divinas, porque, em meio à dor e ao transtorno do momento, o indivíduo é levado a questionar seus valores, modo de vida e condicionamentos mentais.[168] Quanto maior o sentimento de vazio, frustração e futilidade, maior a dor e, quanto mais insuportável a dor, maior a nossa predisposição para reavaliar e questionar a nossa vida. Desse questionamento pode surgir o despertar espiritual.

---

[168] *É de vantagem que passemos, de quando em quando, por algumas aflições e contrariedades; porque sempre fazem que o homem entre em si mesmo e reconheça que vive no exílio e não deve colocar sua esperança em coisa alguma deste mundo. Imitação de Cristo*, p. 43.

Uma crise só é bem-sucedida quando o homem aprende por meio dela a redirecionar a força do desejo para um objetivo mais alto. Como o desejo é o reflexo distorcido da imensa energia da Vontade Divina, o homem tem que aprender a lidar com o desejo de forma construtiva. Em vez de reprimir o desejo, o que é sempre contraproducente, deve reorientá-lo para fins mais nobres, até que, com o despertar espiritual, possa usá-lo como combustível da aspiração ardente pela união com Deus.

Tendo examinado o mecanismo de atuação do desejo e da insatisfação, torna-se mais fácil entender a razão pela qual o homem erra com frequência quanto ao lugar, ao tempo e à maneira como procura a felicidade. Em geral, ele procura a felicidade onde só pode encontrar fugidios momentos de prazer. Como diz a tradição budista: *Aquele que se dedica ao improfícuo e não se dedica ao que é útil e esquece o verdadeiro objetivo da vida à caça de prazeres transitórios, prepara o remorso de não ter seguido a melhor vida.*[169] Como a felicidade é um estado de espírito, esse estado só pode ser encontrado dentro do próprio ser humano. Assim, para encontrarmos a verdadeira felicidade teremos que mudar a nossa atitude interior. Esse é o cerne dos ensinamentos internos de Jesus, resumido na palavra grega *metanoia*, a mudança de estado mental, examinada anteriormente.

Também, geralmente não temos muito amadurecimento para reconhecer quando podemos encontrar a felicidade. Se prestarmos atenção aos nossos pensamentos, veremos que estamos voltados a maior parte do tempo para o passado ou para o futuro. A verdadeira felicidade não será encontrada nem no passado nem no futuro, mas somente no presente. Por mais que nos concentremos no passado nada poderemos mudar do que já passou. O passado só pode nos dar as lições da experiência de nossos erros. Mas, uma vez analisadas essas lições, devemos fechar as páginas do passado sem, no entanto, nos voltarmos para o outro extremo, que é o futuro, uma incógnita que deve aguardar a sua vez. A sabedoria consiste em viver no eterno agora, o único tempo e lugar onde podemos crescer, atentos para o fato de que cada minuto desperdiçado jamais poderá ser recuperado.

---

[169] *Dhammapada*, p. 39.

Outra fonte de frustração ocorre na forma como as pessoas buscam a felicidade. A maneira como os indivíduos buscam a felicidade muda em função da idade, das circunstâncias da vida e da maturidade. A felicidade está geralmente associada ao prazer, ao poder e ao saber. Como o homem é um ser complexo, pode desejar, em qualquer momento da vida, realizar-se por meio de mais de uma dessas categorias. Porém, terá sempre uma linha mestra de ação comportamental, dando ênfase a um desses objetivos.

Essas três categorias básicas de busca da felicidade (prazer, poder e saber) parecem coincidir, em linhas gerais, com a ênfase observada nas três grandes fases da vida do homem: infância, idade adulta e maturidade. Essas fases, com seus marcos cronológicos indicativos, são profundamente influenciadas pela idade da alma. Seguidamente encontramos crianças que nos surpreendem com a maturidade de seu comportamento, assim como somos chocados por certos adultos e mesmo velhos que agem com um grau de irresponsabilidade que normalmente só esperamos encontrar em crianças. Paulo aludiu a essa questão em suas pregações: *Quando eu era criança, falava como criança, pensava como criança, raciocinava como criança. Depois que me tornei homem, fiz desaparecer o que era próprio da criança.* (1 Cor 13:11)

A busca do prazer é típica da primeira fase da vida do ser humano. Desde cedo a criança procura constantemente a gratificação dos sentidos. Além do seu prazer e conforto físico, busca o aconchego da proteção e carinho materno. Essa é uma indicação de que, mesmo nessa tenra idade, formas mais sutis de satisfação já estão sendo perseguidas. Os anos passam e o prazer continua a dominar a vida da criança. É bem verdade que a curiosidade insaciável, indicativa do desejo de saber e a incansável tentativa de dominar novas habilidades, indicativa da ânsia pelo poder, fazem-se também cada vez mais presentes. Prazer, poder e saber alternam sua importância relativa ao longo dos anos de formação da criança, variando de acordo com cada momento particular da vida do jovem e da idade da alma. O prazer tende a ser, no entanto, o fator dominante e principal objetivo a ser perseguido na infância.

Durante a adolescência, e até mesmo na vida adulta, a busca do prazer continua de forma imperiosa e frenética para a maior parte da humanidade.

As formas mais primitivas de gratificação dos sentidos, principalmente do sexo e da gula, vão se refinando. O homem torna-se cada vez mais exigente à medida que se vai entediando com os prazeres naturais e passa, então, a exigir maior variação e sofisticação. Isso tem levado ao aparecimento de distorções e perversões como consequência da tentativa de explorar o que já alcançou o limiar da saturação. Com isso a busca do prazer toma outros rumos, descambando para sensações artificiais e emoções cada vez mais fortes, alimentadas pela adrenalina.

O álcool e outras drogas assumiram um papel importante na busca de emoções. Além das sensações inebriantes de prazer que produzem, oferecem alívio momentâneo às preocupações e ao estresse, tornando-se, por isso mesmo, cada vez mais procuradas em nossa sociedade alienada e perturbada. As consequências desse crescente consumo de álcool e drogas já estão se fazendo sentir na saúde social pelo número cada vez maior de viciados e dependentes, pagando a sociedade altíssimo preço pela irresponsabilidade de um número crescente de seus membros.

Por outro lado, a indústria do lazer, uma das mais dinâmicas em nossa sociedade moderna, vale-se cada vez mais das emoções fortes e do inesperado como forma de proporcionar prazer. Neste particular, até o medo torna-se um artigo comercializável. A sequela indesejável do prazer proporcionado pelas emoções fortes é que os indivíduos vão embotando cada vez mais a sua sensibilidade, até se tornarem praticamente insensíveis, especialmente devido ao fato de que a maior parte dessas atividades, espcecialmente os *videogames*, que também invadiram os computadores, são um culto alarmante à violência. Isso é reforçado pela mídia, que agora pode trazer para o seio de nosso lar e de nossa família as cenas mais horripilantes de desastres, assaltos, espancamentos e guerra, além das perversões sexuais tratadas como banalidades. Com a repetição exagerada da violência generalizada, passamos a aceitar a exceção como se fosse a regra, criando aos poucos uma imagem de que toda excrescência é algo normal, tornando-nos cada vez mais insensíveis à dor do próximo, contribuindo, assim, para o esgarçamento do tecido social, já tão combalido.

A segunda etapa na busca da felicidade caracteriza-se pela luta incessante pelo poder. O poder pode ser exercido sobre pessoas e coisas, sobre o nosso ambiente e sobre nós mesmos. Durante toda sua vida o ser humano está sempre desenvolvendo uma ampla gama de habilidades necessárias à sua participação efetiva na sociedade. Cada uma dessas habilidades significa poder sobre algum conjunto de músculos e emoções que se expressam como um sentimento de estética (na pintura e escultura), de harmonia (na música e na dança), de coordenação motora e senso de oportunidade (nos esportes), de funcionalidade (na indústria), etc. Assim, o desenvolvimento de todo ser humano requer necessariamente um considerável exercício de poder. Parece haver uma linha de demarcação entre o domínio de habilidades que requerem poder sobre o próprio indivíduo e o domínio de outras pessoas, tanto pela manipulação como pelo exercício da força, seja ela política, econômica ou física.

O exercício do poder sobre as outras pessoas tem um grande potencial de geração de sofrimento. Isso não quer dizer que todo exercício de poder sobre os outros seja necessariamente negativo para o bem estar social ou para a felicidade do indivíduo. Por exemplo, é essencial que os pais exerçam certo grau de controle sobre seus filhos, disciplinando-os. O mesmo aplica-se aos professores e a todo indivíduo em posição de comando. A diferença aqui, como em todas as questões da vida humana, está na motivação,[170] se altruísta ou egoísta. Toda ação egoísta causa sofrimento a seu perpetrador, seja imediatamente ou mais tarde – essa é a lei natural da retribuição. E como o exercício do poder pode potencialmente trazer consequências extremamente danosas para muitas pessoas, a retribuição *kármica* será proporcional à causa inicial.

A fase mais adiantada da vida do homem, a que chamamos de maturidade, é caracterizada, por um lado, pela busca do saber e, por outro, por

[170] A motivação, no entanto, deve ser temperada pelo respeito ao livre-arbítrio das outras pessoas. A história está cheia de exemplos de indivíduos e instituições que, movidos pelas melhores das intenções, procuraram forçar o comportamento de seus irmãos de acordo com padrões preestabelecidos que acreditavam ser construtivos para eles. Dessa forma surgiram a Inquisição e os grupos fundamentalistas de todas as religiões que fanaticamente procuram fazer com que os outros se conformem aos padrões que creem ser socialmente desejáveis ou divinamente determinados.

um crescente sentimento de dever. As pessoas não buscam exatamente o dever para ser feliz, ao contrário, é o senso de dever que as persegue quando estão suficientemente maduras. Se não obedecem ao chamado do dever sentem um vazio na alma, um peso na consciência que as impedem de ser felizes. O dever, na verdade, é um corolário do saber. O sábio tem consciência da interdependência de todos os seres e, por conseguinte, sabe que deve cumprir com suas obrigações porque isto é a coisa certa a fazer para o bem de todos. Várias passagens na Bíblia atestam a importância acordada ao dever e ao serviço humilde na tradição cristã.[171] O mesmo ocorre na tradição oriental:

> *Seja, pois, o motivo das tuas ações e dos teus pensamentos sempre o cumprimento do dever, e faze as tuas obras sem procurares recompensa, nem te preocupares com o teu sucesso ou insucesso, com o teu ganho ou o teu prejuízo pessoal.*[172]

Mesmo na infância, muitos jovens são perseguidos por esse senso de dever que os impele a ajudar os pais e a estudar com seriedade. A realidade, porém, é que boa parte dos jovens e mesmo dos adultos ainda não alcançou suficiente grau de maturidade para ser tocada pelo senso do dever. Por outro lado, as mães geralmente estão profundamente conscientes do dever para com seus filhos; suas vidas são pautadas por incansáveis atos de doação a seus rebentos, que as pessoas não imbuídas do amor maternal podem considerar como sacrifícios. A maternidade parece ser uma das mais abrangentes escolas do dever em nosso planeta.

Mas o ponto alto do dever é aquele que é realizado sem nenhuma consideração egoísta, indo além do cumprimento das obrigações para consigo próprio ou com os filhos, pais, parentes próximos e amigos. Essa marca de excelência é o senso de dever para com o grupo. O ápice desse compromisso com a comunidade é alcançado pelos Mestres de Compaixão e Sabedoria que, tendo alcançado a suprema libertação que os capacita a entrar no Nirvana (bem-aventurança celestial ininterrupta), são movidos pela compaixão a

---

[171] Lc 17:7-10; 1 Cor 7:3, 10-16; Rm 13:5, 14:1-12; Ti 3:1-2, 6:17-19; 1 Pd 3:1-7; Ef 5:21-33, 6:1-9;

[172] *Bhagavad-Gitā*, (Brasília: Ed. Teosófica, 2ª ed., 2014, p. 36).

permanecer na esfera terrena para ajudar a humanidade, sem fazer distinção de nacionalidade, raça ou religião.

A abertura para a felicidade real e permanente desponta com a busca do saber. Essa busca começa de forma generalizada na mais tenra idade, com a curiosidade incessante das crianças procurando respostas para suas incansáveis perguntas. Porém, com o passar do tempo, quando não encontram um ambiente favorável para satisfazer sua curiosidade em níveis crescentes de sofisticação, vão redirecionando sua energia e entusiasmo para os folguedos. A continuidade da curiosidade infantil é também função do nível evolutivo da alma, que reflete sua bagagem *kármica*, ou seja, as conquistas de vidas passadas. Assim, as 'almas velhas' são muito mais persistentes em sua curiosidade e, dadas as condições favoráveis para seu aprendizado propiciadas pelo *karma*, continuam o processo de busca do saber ao longo de toda a vida.

No atual estágio de evolução da humanidade, existe uma crença generalizada de que o conhecimento é resultado do intelecto. Essa crença é compreensível porque o conhecimento humano *começa* como uma busca intelectual. O buscador estuda a literatura disponível, ouve a opinião dos eruditos, estabelece modelos para testar suas hipóteses e, assim, desenvolve seu entendimento da matéria pela atividade mental. Porém, toda essa informação deve ser interiorizada para transformar-se em conhecimento, pois, como dizia Einstein: *Conhecimento é experiência. Qualquer outra coisa é apenas informação* Por isso os filósofos, os grandes cientistas e outros criadores, incluindo os poetas e artistas, sabem que a compreensão última sobre qualquer assunto depende da intuição. A percepção instantânea, que ilumina a mente e faz com que todas as peças do quebra-cabeça ajustem-se nos seus devidos lugares, é alcançada pela intuição.

Porém, a mais alta felicidade humana resulta não do conhecimento das coisas do mundo, mas da Sabedoria. Enquanto o homem comum geralmente contenta-se em saber *o que* e *como*, o sábio exige saber o *porquê*. Quando o homem busca a sabedoria divina, ou seja, a razão de sua existência, ele está no limiar da felicidade sublime daqueles que estão definitivamente libertos do sofrimento. É por isto que Jesus disse: *Conhecereis a verdade e a verdade vos libertará*. (Jo 8:32)

Essa sabedoria suprema, que é bem-aventurança, é alcançada quando se rasga o véu da ilusão da separatividade e o homem sabe, então, que ele é uno com o Todo e com todos. E a surpreendente conquista dessa sabedoria é o AMOR. O sábio agora sabe, no íntimo de seu ser, que o amor é o conhecimento mais importante a ser conquistado pela humanidade. É interessante notar, nesse particular, que, em casos de experiências próximas à morte, inúmeras pessoas relatam que, enquanto estiveram 'do outro lado,' entenderam finalmente que a coisa mais importante na vida do ser humano é o amor. Consequentemente, após retornarem à sua consciência comum, mudaram drasticamente suas vidas, tornando-se mais altruístas, bondosas e compreensivas com os outros.[173]

Amor e sabedoria são, na verdade, aspectos de uma mesma coisa. A bem-aventurança, portanto, pode ser conquistada tanto pela via do conhecimento como pela do amor, mas, uma vez conquistada, as duas dádivas são asseguradas ao "Adepto."[174] É por isso que o grande conquistador que trilha a Senda da Perfeição até seu coroamento final é chamado de Mestre de Compaixão e Sabedoria.

Vista sob outro prisma, a conquista da suprema felicidade é a descoberta de Deus. A expansão de consciência que leva à Unidade nada mais é do que o encontro e fusão com Deus. Esse retorno às origens, o anseio de todo ser humano, só pode ser satisfeito quando voltamos todo nosso instrumental de pesquisa para dentro, na clássica busca da pérola preciosa guardada pela serpente feroz de nosso eu inferior. É o conhecimento de si mesmo que abre gradualmente as portas para o buscador determinado e corajoso. Determinado porque tudo parecerá conspirar no sentido de retirar a sua atenção dessa busca. Corajoso porque terá que enfrentar os demônios de seu lado sombra. Esse conhecimento é a chave do poder: *A palavra [que é o símbolo do poder] só vem com o conhecimento. Alcança o conhecimento e alcançarás a palavra.*[175] Se a sabedoria suprema traz a felicidade, o seu oposto, a ignorância, é a raiz do sofrimento. Esse é o cerne do ensinamento dos grandes mestres da humanidade,

---

[173] Vide, Claire Sutherland, *Dentro da Luz* (Brasília: Editora Teosófica, 1998).

[174] Título conferido ao ser humano que recebe a Quinta Iniciação na senda ocultista, também chamado de Mestre de Compaixão e Sabedoria.

[175] *Luz no Caminho*, p. 35.

como Gautama, o Buda, e Jesus, o Cristo. [176] A ignorância existe porque o homem insiste em permanecer nas trevas do egoísmo e da separatividade, ou seja, na natureza de seu eu inferior. O caminho da libertação é o caminho da progressiva iluminação da mente, com a superação da ignorância e de seu aliado, o egoísmo. Uma passagem lapidar da literatura gnóstica sobre a ignorância é encontrada no Evangelho de Felipe: *A ignorância é a mãe de todos os males.*[177] O texto prossegue explicando que, enquanto a ignorância e o mal permanecerem escondidos, serão fortes, mas, quando expostos e conhecidos, secarão e morrerão. O texto continua ainda apresentando um paralelo entre os intestinos do homem e as raízes de uma árvore que, quando expostos levam à morte do organismo.

O homem sábio aprende que a felicidade não depende de circunstâncias exteriores ou da atitude de outras pessoas. Um corolário de seu amadurecimento é saber que ele é o único responsável por sua felicidade ou infelicidade. Primeiro deve ser criado um estado de felicidade em seu interior, para que, no seu devido tempo, esse estado possa ser expresso também em sua vida exterior.[178] Essa é uma consequência natural da lei de causa e efeito e do livre-arbítrio. As situações exteriores de nossa vida, o comportamento dos outros para conosco, a sorte ou azar que parecem nos perseguir refletem o poder do homem de criar a sua própria vida.

Como a maior parte das pessoas exerce seu poder criador de forma inconsciente, a identificação do processo de causa e efeito geralmente não ocorre e, portanto, essas pessoas têm dificuldade em aceitar a responsabilidade por suas vidas. Assim, esses três aspectos do processo criador humano estão diretamente relacionados: a capacidade criadora do homem, a inexorabilidade da lei do *karma* e o senso de responsabilidade por seus próprios atos.

Quando existe um verdadeiro entendimento da lei da justiça retributiva, o homem pode perceber sua capacidade criativa e a consequente responsabilidade por sua própria felicidade ou infelicidade. Talvez a maior

---

[176] Buda disse: *a ignorância é a maior de todas as máculas. Dhammapada*, p 42.

[177] *Evangelho de Felipe,* em *The Nag Hammadi Library*, p. 159.

[178] Veja-se, a propósito, Eva Pierrakos e Donovan Thesenga, no interessante livro *Não Temas o Mal*, (S.P.: Cultrix, p. 23).

dificuldade para esse entendimento seja o fato de que, em geral, as pessoas tendem a associar o *karma* exclusivamente aos atos físicos. Porém, nossos pensamentos, sentimentos e atitudes também geram *karma*, ou seja, também causam efeitos que retornam à sua fonte original. Assim, por exemplo, nossa atitude de indiferença para com as pessoas, por mais que possa estar camuflada por um comportamento externo de cortesia e polidez, fará com que as pessoas nos tratem com distanciamento e frieza, ainda que de forma cortês.

Isso pode ser explicado pelo fato de que tudo no mundo, inclusive pensamentos, sentimentos e atitudes, caracteriza-se por sua vibração particular. Cada sentimento gera uma vibração diferente. Mesmo que não sejamos capazes de perceber essas vibrações no plano material, nossos corpos sutis percebem as diferentes vibrações a que estamos expostos e respondem automaticamente com sentimentos e atitudes correspondentes. Todo estudante de música, por exemplo, aprende que um diapasão passa a vibrar quando sua nota é tocada noutro instrumento em sua proximidade. O mesmo ocorre com os seres humanos, que respondem de forma inconsciente às atitudes e aos sentimentos expressos pelas pessoas com quem estão interagindo. Esse mecanismo de resposta sutil também faz parte de nossa capacidade criadora inconsciente, responsável por grande parte de nossa infelicidade. Nossos sentimentos e atitudes influenciam de forma sutil o comportamento das pessoas ao nosso redor.[179]

A busca do caminho

O despertar para a realidade da vida é o primeiro passo na longa jornada da alma. Esse passo é muitas vezes desencontrado e sem direção certa, marcado somente pela determinação de sair do marasmo aprisionador em que a pessoa se encontrava anteriormente. Quando isso ocorre, o homem passa a ser um buscador da verdade.

---

[179] Esta ideia encontra-se no *Bhagavad-Gitā* de forma bastante direta: *Este é o objetivo que o discípulo deve propor a si mesmo. Ele deve aprender a não ser atraído pelo atrativo, nem repelido pelo repulsivo, mas deve ver ambos os fatos como manifestações do Senhor Uno, de modo que possam ser lições que o guiem, não algemas que o escravisem.* (Brasília: Ed. Teosófica, 2ª ed., 2014, pp. 19-20).

A busca só começa quando estamos em condições de perceber o 'chamado'. Uma vez ouvido em nossos corações, jamais conseguiremos esquecê-lo. Podemos negligenciá-lo por uns anos ou até mesmo por algumas vidas, mas, quando a alma desperta para a realidade espiritual, só descansará ao voltar à sua origem, ainda que isso possa levar muitas vidas de luta ingente com as paixões mundanas. O Pai, através de seus auxiliares nos mundos espirituais e materiais, coloca em nosso caminho oportunidades para a busca. São amizades apropriadas, palestras reveladoras, livros estimulantes, enfim, toda uma série de circunstâncias favoráveis para a reorientação de nossa vida, da materialidade para a espiritualidade.[180] Vale lembrar que as circunstâncias favoráveis incluem desapontamentos, crises e ajustes *kármicos*, pois o sofrimento é, geralmente, um instrutor mais eficaz do que a felicidade para o aprendizado da realidade última.

No início o aspirante busca, como as crianças brincando de 'cabra cega', tateando no escuro, procurando a verdade em grupos de apoio nem sempre idôneos, mudando de filiação sectária ou religiosa diversas vezes, demonstrando uma grande inconstância. Isso é natural e reflete a insatisfação que motiva a busca. A determinação do buscador e o uso do discernimento são suas garantias de que, no seu devido tempo, encontrará o Caminho, pois ele começa e termina no coração.

A necessidade da busca é mencionada explicitamente na Bíblia. Somos constantemente instados a buscar sem cessar e a bater à porta, porque ela se abrirá.[181] Em Atos é dito que *O Deus que fez o mundo e tudo o que nele existe, ... fez toda a raça humana para habitar sobre toda a face da terra, ... para que procurassem a divindade e, mesmo se às apalpadelas, se esforçassem por encontrá-la, embora não esteja longe de cada um de nós. Pois nele vivemos, nos movemos e existimos.* (At 17:24-28)

---

[180] A transição da materialidade para a espiritualidade não é tão simples. Numa primeira etapa, o ego orgulhoso tentará perseguir objetivos espirituais para obter reconhecimento e consideração, ou seja, poder e *status*. Só mais tarde é que o buscador se dará conta de que não basta fazer a coisa certa, mas é preciso, também, ter a motivação certa que, no caso da busca, deve ser alcançar a Verdade e superar todo egoísmo, orgulho e sentimento de separatividade. Essa etapa de transição foi chamada de materialismo espiritual pelo monge tibetano Chögyam Trungpa, no livro *Além do Materialismo Espiritual* (S.P.: Cultrix).

[181] Mt 7:7 e Lc 11:9-10.

Em meio a tantas demandas da vida familiar, social e profissional, o buscador sincero deve estabelecer suas reais prioridades. Por isso Jesus dizia: *Buscai, em primeiro lugar, o Reino de Deus e a sua justiça, e todas essas coisas vos serão acrescentadas* (Mt 6:33). Essa busca é uma regra fundamental da vida espiritual. A busca persistente é indispensável para o sucesso, porque o próprio esforço da busca já predispõe o coração a mudar. É essencial, também, porque o Caminho só pode ser trilhado quando descobrirmos onde ele começa.[182] O esforço da busca não deve cessar nem mesmo na última etapa do caminho ocultista, a mais crítica, em que o candidato deve descobrir uma escola do verdadeiro ocultismo, pedir admissão, ser aceito e receber instruções ou, como é dito em *Pistis Sophia*, descobrir e receber os mistérios. Os gnósticos eram particularmente insistentes na necessidade da busca. No *Ensinamento Autorizado* encontramos: *Busque e investigue a respeito dos caminhos que deves trilhar, pois não há nada que seja tão bom como isso.*[183] O místico, por sua vez, deve buscar o silêncio e a paz que envolve a essência de nosso ser, ainda que viva na agitação e bulício do mundo, pois só em profunda quietude será capaz de encontrar Deus.

Essa busca envolve todos os aspectos do ser, para que haja um desenvolvimento harmonioso e integrado do homem, como é sugerido e exemplificado no livro *Luz no Caminho*, numa passagem que parece sintetizar todo o caminho espiritual:

> *Busca o caminho recolhendo-te para o interior. Busca o caminho avançando audaciosamente para o exterior. Não busques por qualquer via especial. Para cada temperamento existe uma estrada que parece a mais desejável. O caminho, porém, não é encontrado só pela devoção, só pela contemplação religiosa, pelo progresso ardoroso, pelo trabalho com autossacrifício, pela atenta observação da vida. Nenhuma destas coisas isoladamente é capaz de levar o discípulo mais do que um passo adiante. Todos os degraus são necessários para formar a escada. Os vícios dos homens tornam-se degraus na escada, um a um, à medida*

[182] Vide, nesse particular, o interessante livro de Rohit Metha, *Procura o Caminho,* (Brasília, Editora Tosófica, 2012).

[183] Authoritative Teaching, em *The Nag Hammadi Library*, p. 310.

que vão sendo superados. As virtudes do homem são, na verdade, degraus necessários que não podem de forma alguma ser dispensados. No entanto, embora criem uma bela atmosfera e um futuro feliz, são inúteis se estiverem isolados. A natureza total do homem deve ser utilizada sabiamente por aquele que deseja entrar no caminho. Cada homem é para si próprio absolutamente o caminho, a verdade e a vida. Mas isso só se torna real quando ele domina firmemente sua individualidade e, pela força de sua vontade espiritual desperta, reconhece sua individualidade não como ele próprio, mas como algo que com sofrimento criou para seu próprio uso e por meio do qual se propõe, à medida que seu crescimento lentamente desenvolve sua inteligência, a alcançar a vida além da individualidade. Quando ele descobre que para isso existe a sua maravilhosa e complexa vida separada, então, na verdade, e somente então, ele estará no caminho. Busca-o mergulhando nas misteriosas e gloriosas profundezas de teu próprio ser interior. Busca-o testando toda experiência, utilizando os sentidos a fim de compreender o crescimento e o significado da individualidade; assim como a beleza e obscuridade daqueles outros fragmentos divinos que estão lutando lado a lado contigo e formam a raça a que pertences. Busca-o pelo estudo das leis do ser, as leis da Natureza, as leis do sobrenatural; e busca-o com uma profunda obediência da alma à tênue estrela que arde no interior. Continuamente, à medida que vigiares e adorares, sua luz se tornará mais intensa. Então poderás saber que encontraste o começo do caminho. E quando houveres chegado ao fim, sua luz se transformará, subitamente, na luz infinita.[184]

Se por um lado Deus nos incita a buscá-lo, por outro, Ele nos aguarda pacientemente por toda a eternidade. O Senhor Supremo mostra Sua disposição de estar conosco, esperando somente que tenhamos a iniciativa de abrir a porta do coração para que Ele possa entrar e comungar conosco, como é dito na Bíblia: *Eis que estou à porta e bato: se alguém ouvir minha voz e abrir a porta, entrarei em sua casa e cearei com ele, e ele comigo.* (Ap 3:20)

---

[184] Mabel Collins, *Luz no Caminho* (Brasília: Ed. Teosófica, pp. 49-55).

Aspiração ardente

A força do desejo, quando redirecionada para a satisfação dos anseios mais elevados da alma humana, torna-se o combustível da busca espiritual. Transforma-se, então, numa aspiração ardente, aludida nas palavras do Mestre: *Pedi e vos será dado; buscai e achareis; batei e vos será aberto; pois todo o que pede recebe; o que busca acha e ao que bate se lhe abrirá* (Mt 7:7-8). Uma aspiração ardente pelas coisas do alto é mencionada em todas as tradições como necessária para se alcançar a iluminação espiritual. Nos *Yoga-Sutras,* de *Patañjali*, é dito que essa aspiração é um fator necessário e pode mesmo ser suficiente, se tiver a força e a constância necessárias para vencer os mais difíceis obstáculos.

A atitude do buscador é determinada por seu entusiasmo.[185] Como em tudo na vida, quanto mais energia dedicarmos a um empreendimento, maior a probabilidade de conseguirmos nosso objetivo. É bem verdade que toda uma série de outros pré-requisitos e técnicas apropriadas deverá ser levada em consideração, porém, quando o indivíduo está engajado de todo coração, seu entusiasmo e dedicação o levarão a procurar e desenvolver os meios que porventura sejam necessários para alcançar sua meta. Paulo fala do anseio insopitável para alcançar o estado do Reino dos Céus quando escreve: *Gememos pelo desejo ardente de revestir por cima da nossa morada terrestre a nossa habitação celeste.* (2 Cor 5:2)

A dedicação entusiástica, (*virya*, em sânscrito) é uma das seis virtudes (*paramitas*) cultivadas no Budismo *Mahayana* como método para alcançar a Iluminação. Alguns autores referem-se a essa virtude como 'energia': *Os três tipos de energia superam três fraquezas: a primeira fraqueza é a da mente que não se volta para o Dharma (a doutrina budista); a segunda é a da fadiga que nós experienciamos quando a praticamos; a terceira é a da dúvida que temos em nossa capacidade de atingir o alvo do Dharma. A pessoa que deseja*

[185] *A Different Christianity,* p. 229.

atingir o topo de uma montanha deve, primeiro, voltar-se para a Senda; segundo, continuar a não se entregar à preguiça, e terceiro, não vacilar nem pensar: 'isto é possível para pessoas fortes, não para mim'.[186]

[186] Geshe Rabten, *A Senda Graduada para a Libertação* (Brasília: Ed. Teosófica, 1993, p. 74).

Capítulo 12

AS REGRAS DO CAMINHO

O Caminho da Perfeição é longo e sutil. Como está relacionado com a transformação do próprio indivíduo, de sua aparência externa para a realidade interior, o conhecimento das regras que vigoram no caminho facilitam sobremaneira o trabalho do discípulo. Pode-se fazer um paralelo com a situação de um homem que se propõe a atravessar um país de carro. Se ele não souber a estrada a tomar, não poderá empreender a viagem. Tampouco conseguirá se não souber dirigir nem puder obter um veículo. Mesmo que essas condições tenham sido atendidas, ele deve saber as regras do trânsito e de operação eficiente e segura de seu carro.

As regras que prevalecem no Caminho que leva ao Reino dos Céus são as leis que governam nosso universo, tanto no seu sentido macro como microcósmico. Sabemos que é absolutamente utópico, uma vã pretensão do ser humano, tentar conhecer todas as leis do universo e os detalhes do Plano de Deus. No entanto, sabemos também que algumas leis fundamentais da Natureza e o propósito geral da Graça Divina foram revelados pelos grandes mestres e mensageiros divinos de todas as tradições, inclusive por Jesus. São essas regras fundamentais que devemos conhecer para orientar devidamente nosso trabalho de autotransformação. As principais regras do Caminho, ou leis da manifestação, são: a Unidade da Vida, a natureza cíclica da manifestação, o objetivo do processo de manifestação, o livre-arbítrio, a lei da justiça retributiva, ou *karma*, e o conhecimento de si mesmo.

A Unidade da Vida

A Unidade é a realidade fundamental de tudo o que existe. É o ponto de partida e de retorno do universo manifestado. Para os seres humanos, acostumados a identificar-se com seu corpo, com sua consciência guiada pelo autocentrismo, governada pelo egoísmo da personalidade e limitada pela ilusão da separatividade, a Unidade parece, quanto muito, um ideal teórico.

Diferentes entidades ou princípios atuam nas várias regiões desses planos. O plano mais elevado é o da Divindade desconhecida, fonte de toda vida e base de sustentação do Universo. Lá, o Inefável com sua natureza inescrutável, imensurável e indescritível, reina absoluto, em silêncio, no interior dos interiores. Em seu plano imanifesto, o Inefável contém Seus 'Membros', também conhecidos como as 'Palavras do Inefável', que contêm diversos grupos de doze Hierarquias, sendo a Décima Segunda Hierarquia a 'Última Ordem dos Sem-pais', também conhecida no jargão teosófico como as Mônadas (*Anupādaka*).[187] Esse conceito está em sintonia com a primeira proposição fundamental de *A Doutrina Secreta* de que existe *um Princípio Onipresente, Sem Limites e Imutável, sobre o qual toda especulação é impossível, porque transcende o poder da concepção humana e porque toda expressão ou comparação da mente humana não poderia senão diminuí-lo.*[188] Quando, porém, decide manifestar-se, emana de si sua essência, que se apresenta como Espírito e Matéria, os polos opostos de uma mesma realidade primordial manifestada.

A emanação é diferente do que concebemos como criação na Terra, em que o criador utiliza materiais disponíveis e cria algo fora de si, ou seja, criador e criatura são totalmente distintos. Na emanação a entidade que deseja se manifestar num plano inferior 'projeta' a sua luz, ou essência, neste plano. Esta essência é, então, envolvida pela matéria desse plano, o que causa limitação de consciência da entidade emanante. Porém, ela adquire, com isso, uma individualidade, ou consciência nova, apesar de permanecer a mesma essência. Esse é o mistério da Unidade de todos os seres: somos emanações, projeções, ou raios da Luz Suprema e, por conseguinte, somos também parte de todas as entidades, ou forças, que se encontram nos diferentes planos na manifestação, pois fomos de certa forma, 'emanados' ou 'formados', com sua substância.[189]

---

[187] *Pistis Sophia*, (Brasília: Ed. Teosófica, 2009, p. 24).
[188] H.P. Blavatsky, *A Doutrina Secreta* (S.P.: Pensamento, 1973, vol. I, p. 81).
[189] *Pistis Sophia*, (Brasília: Ed. Teosófica, 2009, p. 21).

As grandes tradições insistem que o mundo da manifestação é uma ilusão (*Maya,* como dizem os budistas), em virtude da aparente separação de tudo que pode ser percebido pelos sentidos e pela natureza impermanente de sua existência. Um simples exemplo pode esclarecer esse ponto. A percepção que temos do mundo é afetada por diversas variáveis que fazem com que a "realidade" que vemos seja uma realidade relativa. Assim, por exemplo, quando olhamos para o céu à noite e percebemos a estrela Alfa Centauro, a mais perto do nosso sol, o que realmente estamos vendo é a sua imagem há mais de quatro anos, o tempo que levou para que sua luz chegasse até nós.[190] A verdadeira estrela Alfa Centauro estará a uns quatro e meio anos luz de distância da sua imagem visível. Portanto, as imagens que vemos no céu são uma ilusão, são *Maya*, como dizem os orientais. E as imagens que vemos na Terra?

A ciência vem apresentando, neste século, teses que se aproximam das posições defendidas pela tradição esotérica. Primeiro foi a descoberta de Einstein de que todo o universo não passa de energia em diferentes formas, dando um cunho científico para a proposição dos místicos de que Deus é energia, e que todo o mundo fenomênico não passa de manifestações energéticas de diferentes densidades da Fonte Única. Mais tarde, os físicos, estudando o comportamento das partículas subatômicas, concluíram que os resultados dos experimentos são afetados pelos observadores.[191] Os místicos certamente concordam que o universo é uma só coisa e que tudo está interligado.

Outro enfoque científico que nos permite entender a unidade essencial de todas as coisas é a noção de espaço. Nosso planeta quando visto dentro do contexto do sistema solar não passa de um pequenino ponto na imensidão do espaço. O mesmo se dá quando se compara nosso sistema solar à nossa galáxia, a Via Láctea, e esta ao universo conhecido, formado de centenas de

---

[190] Stephen W. Hawking, *Uma Breve História do Tempo* (R.J.:, Rocco, 1994, pp. 47-48).

[191] *Os físicos redescobriram outra percepção essencial da filosofia esotérica – de que sujeito e objeto não podem ser divorciados um do outro. Na física quântica, descobriram que os cientistas que fazem medições nunca conseguem separar-se completamente daquilo que está sendo medido.* Shirley Nicholson, *Sabedoria Antiga e Visão Moderna* (Brasília: Editora Teosófica, 1991, p. 130).

bilhões de galáxias. Assim, percebemos que o fator cósmico primordial é a imensidão do espaço universal.

O microcosmo parece guardar as mesmas proporções do macrocosmo. O núcleo de cada átomo está separado de seus elétrons por consideráveis distâncias. Por exemplo, se um átomo fosse ampliado para o tamanho de um estádio de futebol, seu núcleo, no centro do estádio, teria o tamanho de uma pequenina ervilha, e seus elétrons, equivalentes a minúsculos grãos de poeira, estariam circulando a incríveis velocidades na periferia do estádio. Assim, os átomos são na prática espaços vazios mantidos coesos por campos magnéticos. Visto sob outro ângulo, se fosse possível eliminar a distância que separa o núcleo de todos os átomos da matéria constituinte de nosso planeta, a Terra se tornaria um buraco negro de densidade inimaginável, porém, seu tamanho seria reduzido ao de uma caixa de fósforo.[192]

Porém, nem mesmo o núcleo dos átomos é constituído de 'matéria' densa, mas sim de partículas subatômicas, que são diferentes formas de energia com carga elétrica, que por sua vez podem ser decompostas no que os cientistas chamam de *quarks*, as últimas partículas de energia atualmente conhecidas. Assim, tudo o que vemos no mundo nada mais é do que o espaço pleno de energia mantida em formas perceptíveis aos nossos sentidos, pelo que os cientistas chamam de 'campo', *a entidade física fundamental, um meio contínuo que está presente em todo o espaço.*[193] O 'campo' da física parece ser o arquétipo das hierarquias construtoras, o 'modelo' abstrato do qual são construídos todos os corpos existentes no universo.

Um novo campo científico está se descortinando com importantes implicações para a reaproximação da ciência e da espiritualidade. David Bohm, eminente físico teórico, propôs um novo modelo para a física baseado nos princípios da holografia. Esse modelo postula que a realidade é um contínuo, em que cada fragmento, cada célula ou átomo contém a essência de todo o universo.[194] A ilusão do mundo manifestado pode agora ser entendida

---

[192] Vide *Sabedoria Antiga e Visão Moderna*, p. 87.

[193] *Sabedoria Antiga e Visão Moderna*, pp. 76-77.

[194] *Sabedoria Antiga e Visão Moderna*, p. 79.

com experiências científicas usando raios laser e produzindo imagens holográficas.[195]

O holograma é uma reprodução tridimensional que tem aparência de realidade, geralmente chamado de realidade virtual. Pode ser produzido com um raio laser dividido em dois feixes: o primeiro é projetado no objeto que desejamos fotografar, e o segundo é redirecionado para incidir na luz refletida do primeiro. Surge, então, um padrão de interferência, que é registrado num filme.[196] Quando outro feixe de raio laser incide através do filme holográfico, surge uma imagem tridimensional do objeto com uma aparência tão real que temos a impressão de estar diante do objeto original. A aparência de realidade é tal que a pessoa pode andar ao redor da projeção holográfica e observá-la de diferentes ângulos como se fosse um objeto real. Só quando o observador entusiasmado tenta tocá-la é que constata estar se confrontando com uma projeção, uma realidade virtual, e não com um objeto físico. A imagem virtual poderia ser entendida como a "ordem explícita" ou "ordem revelada", na linguagem de Bohm, a manifestação em nosso mundo de espaço e tempo de uma realidade de outra dimensão mais sutil.[197]

Porém, algo ainda mais surpreendente ocorre no universo holográfico que lembra o aspecto da imanência divina. *Se cortarmos ao meio um pedaço de filme holográfico contendo um determinado objeto, digamos, a imagem de uma maçã e projetarmos um feixe de laser, cada metade continuará a conter a imagem inteira da maçã. Se dividirmos essas metades progressivamente até obtermos pequenos fragmentos de filme, ainda assim em cada fragmento haverá uma maçã inteira, embora as imagens fiquem mais nebulosas à medida que os pedaços tornam-se menores. Isto significa que, ao contrário das fotografias normais, em cada pedaço de filme holográfico são registradas as informações completas do todo.*[198] Esse experimento científico oferece um

---

[195] Michael Talbot, *O Universo Holográfico* (S.P., Best Seller) e David Bohm, *A Totalidade e a Ordem Implicada* (S.P., Cultrix).

[196] *O Universo Holográfico*, p. 34.

[197] *O Universo que dobra e desdobra. Uma conversa com David Bohm.* Em *O Paradigma Holográfico*, pp. 45-104.

[198] *O Universo Holográfico*, p. 34.

singular paralelo com a doutrina esotérica de que o Todo está em cada parte, ou seja, que a Deidade Suprema é imanente em cada unidade da manifestação.[199] Essa conclusão científica moderna é idêntica à conclusão dos místicos de todos os tempos que dizem exatamente isso: o mundo é uma ilusão, é *Maya*. Esse mundo ilusório e impermanente, no entanto, é um reflexo de uma realidade maior, um mundo de energia pura e fluida, um mundo numênico, que contém os padrões ou arquétipos de toda manifestação. Esse mundo primário dos arquétipos é a origem do mundo fenomênico que percebemos, ou seja, é Deus.

Por outro lado, cada pequenina porção do nosso mundo, como nas fotografias holográficas subdivididas, contém em si a expressão da totalidade. Podemos entender, assim, como a manifestação de Deus, a Totalidade, pode ser plenamente percebida em cada ser humano, quando as condições de "Luz" são satisfatórias, ou seja, quando o homem alcança a iluminação.

Essa natureza imanente do Divino encontra-se também na tradição cristã e foi expressa assim no Evangelho de Tomé: *Eu sou a luz que está acima de todos. Eu sou o todo. De mim tudo surgiu, e tudo se estende até mim. Rache um pedaço de madeira, e eu estarei ali. Levante a pedra, e encontrar-me-ás ali.*[200]

No *Bhagavad-Gitā*, livro sagrado dos hindus, encontramos uma passagem de teor semelhante, em que Krishna, representando a Divindade Suprema, dirige-se a Arjuna, seu discípulo: *Oh Gudākesha, Eu sou SER, assentado no coração de todos os seres; Eu sou o princípio, o meio e também o fim de todos os seres.*[201]

Em que pese a aparente separatividade no mundo material, todo místico ou iogue que atingiu um certo grau de expansão de consciência descreve sua experiência como de união com o Todo, ou com Deus. Isso significa que, ao transcender a limitação da mente concreta, o homem começa a trilhar o caminho de retorno à Casa do Pai, que é a consciência da Unidade. Esses

---

[199] A Imanência é uma expressão da terceira proposição de *A Doutrina Secreta* que ensina *a identidade fundamental de todas as Almas com a Alma Suprema Universal, sendo essa última um aspecto da Raiz Desconhecida*. (*A Doutrina Secreta*, vol. I, p. 84).

[200] Evangelho de Tomé, *The Nag Hammadi Library*, versículo 77, p. 135.

[201] *Bhagavad-Gitā* (Brasília: Editora Teosófica, 2ª ed., 2014, p. 183).

conceitos foram incluídos entre os ensinamentos ocultos de nossa tradição, como podemos inferir pelas palavras de Paulo:

> *Há um só Corpo e um só Espírito, assim como é uma só a esperança da vocação a que fostes chamados; há um só Senhor, uma só fé, um só batismo; há um só Deus e Pai de todos, que é sobre todos, por meio de todos e em todos.* (Ef 4:4-6)

No estado de consciência da unidade, experimentamos todos os aspectos, ou atributos divinos de Bem-Aventurança, Serenidade, Paz, Amor e Sabedoria. Esses aspectos tornam-se mais presentes quanto mais elevado for o nível de expansão de consciência. Nesse estado o homem deixa para trás uma série de ilusões e preconceitos adquiridos ao longo de muitas existências condicionadas pela ilusão da separatividade. Quando isso ocorre podemos dizer: *nele vivemos, nos movemos e existimos* (At 17:28). Percebemos, também, que somos uma pequenina célula no grande organismo da humanidade, que por sua vez é uma pequenina parte dentro da imensidão física de nosso planeta, sistema solar, etc. Tudo o que existe é um componente de uma realidade maior, sendo todas essas unidades partes integrantes do Todo.

Verificamos, como é dito no Evangelho de Felipe, que todos os pares de opostos são aspectos da totalidade. As coisas do mundo, ao fim de cada existência, dissolvem-se e retornam à sua origem primordial, mas as coisas do mundo de luz são eternas e indissolúveis, e assim é a nossa alma.

> *Luz e trevas, vida e morte, direita e esquerda são irmãos entre si. São inseparáveis. Por isso nem o bem é bom, nem o mal é mau, nem a vida é vida, nem a morte é morte. Por essa razão cada um se dissolverá em sua origem primordial. Mas aqueles que são exaltados acima do mundo são indissolúveis, eternos.*[202]

O Evangelho de Felipe apresenta outro exemplo dessa mudança de perspectiva entre a consciência do mundo material e a do mundo do Pai, esclarecendo a diferença entre a visão dualista e a visão da unidade. O homem

[202] Evangelho de Felipe, aforismo 10, em *The Nag Hammadi Library*, p. 142.

comum vê as coisas que o cercam dissociando-se dessas coisas. Porém, quando alcança a visão da realidade, ou seja, a consciência da unidade no Pleroma (Plenitude), ao ver algo sente-se como sendo aquela coisa. Isso significa que existe uma fusão ou união na unidade, sem que haja um 'aniquilamento' da individualidade, pois o vidente se vê em total união com outros seres, tendo perfeita consciência disso.

> *Não é possível para ninguém ver as coisas que realmente existem a menos que ele se torne como elas. Não é assim que acontece com o homem no mundo: ele vê o sol sem ser o sol; e vê o céu e a terra e todas as coisas, sem ser essas coisas. Isso está de acordo com a verdade. Porém, ao veres algo daquele lugar (o Reino), tu te tornas aquela coisa. Ao veres o Espírito, tu te tornas Espírito. Ao veres o Cristo, te tornas Cristo. Ao veres (o Pai) te tornarás o Pai. Por isso, (neste lugar) vês tudo e não (vês) a ti próprio, mas (naquele lugar) vês a ti mesmo e te tornas o que vês.*[203]

A Unidade da Vida não é uma mera hipótese metafísica de religiões orientais. A própria Bíblia está repleta de citações em que a unidade do homem com Deus está implícita. As passagens mais claras são aquelas em que nos é dito que somos todos filhos de Deus, porque, na linguagem sagrada, a filiação é sinônimo de participação na natureza e na herança do Pai.

> *Compreendereis que estou em meu Pai e vós em mim e eu em vós.* (Jo 14:20)
> *Todos os que são conduzidos pelo Espírito de Deus são filhos de Deus.* (Rm 8:14)
> *O próprio Espírito se une ao nosso espírito para testemunhar que somos filhos de Deus. E se somos filhos, somos também herdeiros; herdeiros de Deus e co-herdeiros de Cristo.* (Rm 8:16-17)
> *Vós todos sois filhos de Deus pela fé em Cristo Jesus.* (Gl 3:26)

O conceito de unidade foi incorporado à doutrina cristã, como pode ser visto no livro que, por vários séculos, orientou grande número de buscadores

[203] Evangelho de Felipe, aforismo 44, pp. 146-147.

dentro do Cristianismo: *Aquele que tudo atribui à unidade, e a ela tudo refere e nela tudo vê, pode ter o coração sossegado e permanecer tranquilo em Deus.*[204]

Nesse sentido, sempre que o homem age de forma egoísta, buscando seus interesses em detrimento dos interesses dos outros, ele está ignorando e, portanto, infringindo a lei básica da manifestação que é a Unidade. Por outro lado, o comportamento altruísta está em sintonia com a Unidade e é um dos mecanismos de aproximação do homem da sua realidade divina última. O egoísmo, porém, deve ser entendido como uma triste sequela da ilusão da separatividade. Como a maior parte das pessoas se identifica com seu corpo físico, julga, portanto, que cada pessoa é uma entidade totalmente separada do mundo que a cerca e, consequentemente, usa um raciocínio linear de que se derem suas posses ficarão destituídas. Porém, a realidade é outra. Cada indivíduo, sendo uma expressão da consciência e da energia universal, pode ser visto como um canal para esta energia benigna. Quanto mais esse canal individual deixar fluir a energia benfazeja, mais energia será direcionada para ele pela fonte universal, pois ele se mostrou eficiente em sua função distributiva. É por isso que S. Francisco de Assis dizia que *é dando que se recebe.*

Natureza cíclica da manifestação

Outra grande lei universal é a natureza cíclica da manifestação. Em nossa vida quotidiana estamos acostumados com certos aspectos dessa natureza cíclica, como a alternância de dia e noite, maré alta e baixa, nascimento e morte, inverno e verão, sístole e diástole, inspiração e exalação. Essa alternância cíclica é observável no macro e no microcosmo.

Os universos surgem e desaparecem. O Inefável permanece por inumeráveis eras recolhido em Silêncio e imobilidade, no que é conhecido no oriente como *Pralaya*, ou seja, um período extremamente longo de

[204] *Imitação de Cristo*, obra atribuída a Thomas Kempis, cônego alemão que viveu nos países baixos durante o século XV. (S.P.: Editora Paulinas, 1987, Edição de bolso, p. 18).

recolhimento. Finalmente, quando Ele assim decide, surge o movimento e a manifestação chamado *Manvantara,* em sânscrito, por um período igualmente interminável pelos padrões humanos. Num sentido mais limitado, os astrônomos observam o aparecimento e o desaparecimento de estrelas e até mesmo de galáxias. Essa é conhecida como a segunda proposição fundamental de *A Doutrina Secreta*: *A Eternidade do Universo* in toto, *como plano sem limites; periodicamente 'cenário de Universos inumeráveis, manifestando-se e desaparecendo constantemente', chamados 'as Estrelas que se manifestam' e 'as Centelhas da Eternidade'.*
[205]

A natureza cíclica da manifestação deixa implícito que tudo que existe é impermanente, seja o seu ciclo de vida de vários bilhões de anos, como os corpos siderais, ou de frações de segundo como as partículas subatômicas. Esse conceito sempre foi conhecido dos sábios de todas as tradições desde a mais remota antiguidade, e também está expresso numa maravilhosa passagem bíblica:

> *Uma geração vai, uma geração vem, e a terra sempre permanece. O sol se levanta, o sol se deita, apressando-se a voltar ao seu lugar e é lá que ele se levanta. O vento sopra em direção ao sul, gira para o norte, e girando e girando vai o vento em suas voltas. Todos os rios correm para o mar e, contudo, o mar nunca se enche; embora chegando ao fim do seu percurso, os rios continuam a correr. O que foi será, o que se fez, se tornará a fazer; nada há de novo debaixo do sol*! (Ecl 1:5-9)

Na vida do homem os aspectos mais externos da natureza cíclica são o nascimento e a morte. Esse processo, quando visto no seu sentido esotérico, representa, na verdade, a passagem do homem do plano visível (encarnação) para o invisível (a alma desencarnada vivendo em seus corpos sutis). Essas alternâncias entre vida e morte, materialização e sutilização, integram-se no grande ciclo da vida humana, que é a descida da alma da fonte Una em sua longa peregrinação até seu retorno à origem. Como foi visto esse grande

---

[205] *A Doutrina Secreta*, vol. I, p. 84.

ciclo está retratado na Bíblia especialmente na Parábola do Filho Pródigo. O anel concedido pelo Pai ao Filho, naquela parábola (Lc 15:22), é o símbolo clássico da natureza cíclica. O círculo, sem começo nem fim, simboliza a eterna alternância entre repouso e atividade da vida una em sua progressão cíclica infindável, sem começo concebível nem fim imaginável.

Um aspecto maravilhoso, mas nem sempre bem compreendido, da natureza cíclica é que cada nova etapa da manifestação humana, ou seja, cada nova encarnação, parece repetir ou recapitular as etapas do grande processo em seu último estágio. Assim, a vida humana começa como um virtual protozoário nas células zigóticas; após a fertilização no útero, as células começam a se multiplicar e assumem sucessivamente formas animais cada vez mais avançadas até adquirir a forma de um mamífero e, finalmente, de um ser humano quando a alma individual começa a dirigir seu processo de vida. Esse processo é expresso de forma clara na seguinte passagem:

> *O corpo é um museu vivo de história natural, no qual todo o drama da evolução é recapitulado. Estudos sobre o desenvolvimento do feto mostram que, da concepção ao nascimento, uma criança passa por todos os estágios da evolução. A caminho de nossa forma humana, atravessamos a hierarquia evolucionária.*[206]

Uma vez transposto o limite da vida uterina, inicia-se uma nova etapa cíclica, o reaprendizado humano propriamente dito. Mesmo as almas avançadas, até mesmo os grandes Mestres, precisam aprender a engatinhar, a caminhar, a pronunciar os sons, a falar, a perceber e distinguir os objetos exteriores com seus nomes e formas. O processo continua com o reaprendizado de conceitos e ideias em diferentes níveis, tanto das coisas materiais como das espirituais. Dois fatos, no entanto, distinguem esse processo de reaprendizado das almas avançadas: primeiro, sua aparentemente incrível facilidade para o aprendizado e uma memória prodigiosa; segundo, as circunstâncias favoráveis relacionadas à sua família e ao ambiente exterior, possibilitando um progresso acelerado para que a alma possa atingir seu patamar de realização anterior em

[206] *O Paradigma Holográfico*, p. 115.

tempo hábil, para então começar a trabalhar no que poderíamos chamar de sua missão para a atual encarnação.

Vemos claramente esse processo de aprendizado na história conhecida dos grandes Mestres como Sidarta Gautama, Pitágoras, Jesus e Apolônio de Tiana. A tradição budista tibetana conhece profundamente esse processo em virtude de sua experiência com a identificação da reencarnação de seus mestres, que são treinados desde cedo para reassumir suas funções com a maior brevidade possível. Isso não significa, porém, que os pequenos lamas não tenham que fazer um grande esforço, dedicando-se longas horas, por muitos anos, para retomar mais uma vez o domínio das matérias que já haviam desenvolvido e ensinado em suas vidas anteriores. E ocorrem casos, verdade seja dita, em que as realizações espirituais numa nova encarnação parecem ficar aquém das realizações alcançadas na encarnação ou encarnações anteriores. Esse fato explica-se pela operação de outra lei, a do livre-arbítrio, que será examinada mais adiante.

Nesse sentido, poderíamos dizer que o propósito de cada encarnação é o nosso retorno à Escola da Vida, para reiniciarmos o processo de aprendizado rumo à meta suprema, a Perfeição. No entanto, o ser humano imaturo, que é a grande maioria da humanidade, frequenta essa Escola com a mesma atitude da maior parte das crianças que vai à escola. Seu principal interesse é o recreio e a merenda, divertir-se e encher a barriga. Acham muitas matérias chatas e em vez de prestar atenção à aula deixam a mente divagar por seu mundo de fantasia interior. Não é de estranhar que o rendimento escolar seja tão deficiente, necessitando, às vezes, a repetência de certas matérias.

Cada ser humano vem ao mundo com um determinado currículo para sua aprendizagem. Seu ambiente familiar, social, profissional, enfim, as circunstâncias de sua vida e, principalmente, de seus relacionamentos são seus instrutores. Todas as lições sobre negatividades e fraquezas que não foram resolvidas em vidas anteriores terão que ser reestudadas, ou seja, vivenciadas outra vez, só que de uma forma mais contundente para que tenha mais chance de aprender a lição desta vez.

Esse é um dos aspectos mais negligenciados do saber humano, o autoconhecimento. A personalidade tem medo de direcionar a atenção para si mesma, pois isso, inevitavelmente, vai desvelar suas falhas, seus podres, se assim podemos chamá-los, que ela procura por todos os meios encobrir e racionalizar como se fossem o resultado de circunstâncias desfavoráveis ou da falta de compreensão dos outros. Esses mecanismos de autodefesa do eu inferior[207] dificultam, quando não impedem, que as devidas lições da vida sejam aprendidas.

A natureza cíclica, dentro do processo evolutivo, também pode ser observada no que poderíamos chamar de períodos de grandes realizações e de retraimento, de entusiasmo e de melancolia. Todo aspirante percebe que durante alguns meses ou anos a aspiração espiritual e o idealismo estão em ponto máximo, facilitando e estimulando o trabalho de autotransformação. Esses períodos favoráveis parecem ser seguidos de fases difíceis em que até a meditação parece árida e estéril, em que o entusiasmo e a dedicação parecem abandoná-lo. Essa alternância ocorre até mesmo na vida dos grandes seres. Na história da vida de Cristo, como retratada na Bíblia, observam-se momentos de grande atividade e sucesso do seu ministério terreno,[208] sintetizados pela passagem em Mateus: *Jesus percorria todas as cidades e aldeias, ensinando nas sinagogas e pregando o evangelho do reino, enquanto curava toda sorte de doenças e enfermidades* (Mt 9:35). Mais tarde encontra seu martírio e morte violenta nas mãos daqueles que procurava ajudar.

O processo de transformação, com uso das forças criativas à disposição do homem, deve levar em conta essas alternâncias entre atividade e descanso típicas da vida comum. O aspirante deve fazer todo o possível para redirecionar sua vida, identificando prioridades e estabelecendo metas. Porém, devemos ter sempre em mente que não conhecemos todas as limitações que restringem nossa vida na Terra, como por exemplo, certos débitos *kármicos* que podem exigir mais tempo em algumas das situações negativas em que nos encontramos. Sabendo, no entanto, que a Lei é inexorável e que consequências positivas seguem-se a atos positivos, devemos confiar nossa vida a Deus que, com sua Misericórdia infinita, procura todas as oportunidades para facilitar

---

[207] Vide Glossário.

[208] *A Vida de Cristo do Nascimento à Ascensão* (Brasília: Ed. Teosófica, p. 218).

o nosso progresso, pois esse é, em última instância, o objetivo final do Plano Divino. Portanto, devemos desenvolver também a paciência e a confiança em Deus como parte do processo criativo, assim como o agricultor tem confiança que, uma vez plantada a semente em solo fértil, sendo ela regada e protegida das ervas daninhas, a Divina Providência, cuidará do resto, em seu devido tempo.

O objetivo do processo da manifestação

Qual é o objetivo da manifestação? Estamos agora procurando entrar no propósito da Mente de Deus, o que seria totalmente absurdo e mais uma demonstração da arrogância e soberba humana, se não fosse pelo grande acervo de revelações coincidentes em várias tradições. O propósito da manifestação, em seus infindáveis ciclos de expansão e recolhimento, parece ser a constante evolução. A busca da Perfeição é a grande meta universal, a evolução constante do Todo e de Suas partes ao longo da espiral do progresso infinito.[209]

Esse processo parece requerer que o Todo se manifeste em seus diferentes aspectos, como o Sol manifesta-se por meio da infinidade de seus raios. Seguindo esse paralelo, podemos imaginar que o ser humano, como um raio do Sol Central Espiritual, é um aspecto da Divindade, é Deus imanente que se manifesta em cada partícula do Universo. É pelo progresso dessas partes, ou seja, pelo processo evolutivo, que o Todo alcança seu objetivo. Assim, a humanidade deve evoluir como um grande organismo, o que é feito por meio da somatória de suas partes constituintes, em particular, de cada ser humano.

Num nível mais acessível à mente humana, poderíamos interpretar o objetivo divino como sendo a plena manifestação do Espírito por meio da

---

[209] O jovem Krishnamurti, refletindo os ensinamentos de seu Mestre escreveu: *...o que é realmente importante é o conhecimento – conhecimento do Plano de Deus para os homens. Pois Deus tem um plano e esse plano é a evolução; Quando o homem o tiver visto, e realmente o conhecer, não poderá deixar de cooperar com ele, tornando-se uno com ele, por ser tão glorioso e tão belo.* (Brasília: Ed. Teosófica, 8ª ed., 2010, p. 16).

matéria. Podemos conceber que o elevadíssimo estado de consciência do Espírito manifesta-se plenamente no plano espiritual. O grande desafio da manifestação e, portanto, sua meta final, é a manifestação da plenitude espiritual no plano físico, através da matéria. Alguns autores referem-se a esse processo como a redenção da matéria. Essa manifestação ocorre quando a consciência se expande, ou seja, quando abarca níveis de percepção cada vez mais sutis que são integrados aos níveis de consciência inferiores aos quais o homem estava acostumado anteriormente. A integração de consciência é a chave para se alcançar a plenitude do Cristo de que fala Paulo.[210]

Para o ser humano isso significa alcançar a suprema expansão de consciência que é referida como 'nirvânica' nas tradições orientais e que, na tradição cristã é dito ser alcançada quando o devoto funde-se em Deus. Isso deve ser feito enquanto o homem está encarnado, para que a mente suprema se manifeste através do cérebro, isto é, na matéria. Essa parece ser uma das razões para as reencarnações dos iniciados e mesmo dos mestres, para que, enquanto estão trabalhando para o bem da humanidade, tenham a oportunidade de dar mais um passo no processo evolutivo.

Essas considerações não são de cunho meramente filosófico, mas estão solidamente embasadas nos ensinamentos da tradição cristã. O objetivo dinâmico do progresso infinito foi indicado por Jesus quando nos instruiu: *Deveis ser perfeitos como o vosso Pai celeste é perfeito* (Mt 5:48), reiterando o ensinamento milenar também expresso na tradição judaica *Sede santos, porque eu, Iahweh vosso Deus, sou santo* (Lv 19:2). É inconcebível pensarmos que Jesus poderia zombar de seus discípulos apontando para um objetivo inatingível de perfeição. Essa perfeição, que já existe em estado germinal, só precisa ser efetivada com a união, em consciência, de nossa natureza inferior com a superior.

A meta da perfeição a ser alcançada por toda a família humana, e não meramente por uns poucos eleitos, é um dos argumentos mais sólidos para a necessidade da reencarnação. Muito poucos devotos, mesmo em se tratando de teólogos obedientes às doutrinas da igreja, teriam a ousadia de dizer em

---

[210] Ef 4:13.

sã consciência que seriam capazes de alcançar a perfeição, entendida como a estatura da plenitude do Cristo, em sua atual encarnação. A concepção de um Deus que cria todo um universo, ao longo de sucessivas etapas de muitos milhões de anos, com o objetivo último de alcançar a perfeição da manifestação, mas que é impaciente com a culminação de sua obra-prima, o homem, a ponto de condená-lo à danação eterna no inferno, após uma única e curta tentativa de encarnação da alma neste mundo, em meio a circunstâncias às vezes tão desfavoráveis, é realmente um monumento à insensatez e à ignorância de uma parte considerável da família humana.

A concepção teológica de que Deus só dá uma única oportunidade de vida ao ser humano para alcançar a perfeição é uma ofensa à sabedoria divina. E o que dizer da compaixão do eterno Pai, que Jesus se referia tão carinhosamente como *Abba*? Como um pai justo poderia esperar o mesmo resultado de todos seus filhos colocados em situações de vida tão diferentes, alguns nascendo cegos, com deficiências mentais, em ambientes de guerra, ódio e miséria, e outros em situações obviamente muito mais favoráveis para a vida espiritual? Mas, a realidade é que Deus é justo e compassivo! Sua justiça e compaixão se expressam em nosso mundo por meio da lei de causa e efeito. As circunstâncias favoráveis ou desfavoráveis em que nos encontramos não são o resultado de um Deus caprichoso e inconstante, mas sim o resultado cumulativo de nossas próprias ações ao longo de muitas vidas. A compaixão e a sabedoria divina estão sempre à nossa disposição, ainda que respeitando nosso livre-arbítrio. Assim, a Lei molda o resultado de nosso *karma*, ainda que doloroso, de forma tal que se apresente sempre o estímulo para aprendermos a lição devida e sairmos do atoleiro de nossa ignorância rumo à senda da perfeição.

A igreja postula que Deus cria uma alma nova para cada ser humano no ato de sua concepção. Dentro dessa lógica, o ser humano seria o corpo físico, que apesar de mortal, condiciona a criação da alma imortal. Daí a doutrina da ressurreição da carne tão querida da igreja, quando seria presumivelmente alcançada a perfeição. Por isso, os ensinamentos de Orígenes sobre a preexistência da alma foram declarados heréticos, no segundo concílio de

Constantinopla em 553 de nossa era. As autoridades eclesiásticas ignoraram toda a tradição oral sobre a matéria, inclusive diversas passagens bíblicas aludindo à reencarnação. Talvez a mais pertinente nesse contexto seja a passagem no Livro da Sabedoria, excluído da Bíblia pelos protestantes, mas mantido pelos católicos, em que é dito: *Eu era um jovem de boas qualidades, coubera-me, por sorte, uma boa alma; ou antes, sendo bom, entrara num corpo sem mancha* (Sb 8:19-20). Outras passagens bíblicas relacionadas com a reencarnação serão apresentadas quando examinarmos a lei de causa e efeito, a justiça divina.

O objetivo do Plano de Deus da manifestação plena do Espírito *através* da matéria, parece ter sido registrado na Bíblia, em linguagem simbólica, na passagem em que Jesus entra em Jerusalém montado num jumento (Mt 21:1-11; Mc 11:1-11; Lc 19:30-36; Jo 12:14), reiterando, ensinamento já consagrado no Antigo Testamento (Zc 9:9). Nessa passagem, como na maior parte dos relatos dos evangelhos, Jesus, simboliza o Eu Superior, o Cristo no coração de cada homem; Jerusalém é a cidade sagrada, o símbolo do Reino dos Céus, que deve ser adentrado pela natureza superior do homem montada num quadrúpede, o jumento, que retrata o quaternário inferior do homem (seus corpos físico, energético, emocional e mental concreto). Para que isso possa ocorrer, esse quadrúpede deve ser domesticado, ou seja, disciplinado para servir como veículo satisfatório do Deus interior. Portanto, o Reino dos Céus, que é a perfeição, só é conquistado quando o Cristo interior consegue servir-se com total desenvoltura de seu veículo humano, então, totalmente treinado e subserviente ao seu Senhor.

A Física postula que, quanto mais longínquo o passado, maior ordem deve ter existido e, quanto mais distante o futuro, maior a desordem. A ação do homem no mundo parece apontar nessa direção: ao comer todos os dias, ele transforma energia ordenada (alimentos) em energia desordenada (calorias) e, no processo de produzir seus alimentos e outras necessidades, degrada o meio ambiente com uma virulência tal que já preocupa os ambientalistas. Percebemos isso numa casa ou em qualquer outra coisa feita pelo homem. Se ela não tiver a devida manutenção, tenderá a se deteriorar com o passar do tempo. O mesmo acontece com o corpo do ser humano que, com a idade, vai se deteriorando e perdendo o vigor lentamente até o momento da morte, quando então o processo de deterioração dá um salto e acelera-se rapidamente. Essa tendência ao caos chama-se entropia.

Por outro lado, o esoterismo e todas as grandes religiões apontam como objetivo o aperfeiçoamento progressivo do ser humano. Muitas tradições, como o Cristianismo, falam de um caminho da perfeição, em que o ser humano pode galgar vários marcos, também conhecidos como iniciações, até alcançar um estágio supra-humano, tornando-se Mestre de Compaixão e Sabedoria. Esses marcos, ou iniciações, foram retratados de forma simbólica no relato bíblico da vida do Cristo, como sendo o nascimento, o batismo, a eucaristia, a morte seguida da ressurreição e, finalmente, a ascensão aos Céus. Muitos desses Mestres, ou Adeptos, escolhem permanecer na esfera da Terra para ajudar a humanidade sofredora.

Assim, como conciliar a premissa básica da Tradição-Sabedoria, compartilhada pelo Cristianismo esotérico, de progresso infinito, com a premissa da Física, de um universo em expansão regido pela lei da entropia? A aparente incompatibilidade da física com o esoterismo é que a entropia, como é conhecida a segunda lei da termodinâmica, postula que, num sistema fechado, a desordem sempre aumenta com o tempo.[211] O progresso espiritual da humanidade, face à entropia do mundo material, só pode ser entendido se tivermos em mente que o ser humano é, na verdade, a alma, ou seja, a unidade de consciência, aquela parte da mente que é imortal e que utiliza periodicamente vestimentas corpóreas em suas descidas ao mundo terreno, à escola da vida, para dar mais alguns passos na longa estrada que leva à perfeição.

Na verdade, a entropia rege o mundo material, enquanto a alma, no mundo espiritual, está sujeita a outras leis, tão inexoráveis como a da entropia e a da gravidade. Nota-se, no entanto, que nos dois planos sutis imediatamente acima do plano material, ou seja, no plano astral e no plano mental concreto, a entropia parece prevalecer. As emoções e as 'formas-pensamento' (vide

---

[211] Stephen W. Hawking, *Uma Breve História do Tempo* (R.J.: Rocco, 1994, p. 201).

Glossário) tendem a desagregar-se e dissipar-se com o passar do tempo. É bem verdade que esses dois planos regem aspectos da personalidade sendo, assim, partes do mundo material fenomênico, enquanto a alma atua em planos mais sutis, imune à entropia e, ao contrário, progredindo sempre.

A infinita sabedoria de Deus pode ser vista na interação entre entropia e progresso infinito. A entropia rege o mundo das formas, que são adentradas periodicamente pela alma em busca de experiência para seu progresso. A alma tem, então, um período determinado para aprender suas lições no mundo terreno até que a entropia inevitavelmente cause a deterioração de seus veículos, possibilitando que, numa próxima descida à Terra, novos veículos mais adaptados às suas conquistas sejam-lhe oferecidos. Portanto, a deterioração das formas e sua eventual destruição são essenciais para o progresso da consciência.

O livre-arbítrio

O ser humano, como vimos, é uma pequenina expressão da Divindade que, em seu devido tempo, será manifestada em toda sua plenitude, tornando-se *perfeito como o Pai que está nos Céus é perfeito*. Mas, para que o processo evolutivo possa ter sentido, é necessário que o homem disponha de livre-arbítrio. Se ele estiver programado para fazer invariavelmente coisas predeterminadas, sem ter a opção de escolher entre o certo e o errado, então não passará de um robô agindo automaticamente, sem colher nenhum fruto do aprendizado terreno. O aprendizado implica na capacidade de optar, de descobrir o que é certo, ainda que com isto o processo torne-se longo e tumultuado.

Assim, todo mérito do progresso existe somente porque podemos optar entre fazer o bem ou o mal. Muitos acham que já superaram o mal porque não cometem atos perversos, porém, como diz a sabedoria popular, 'a ocasião faz o ladrão'. O verdadeiro teste de nossas virtudes são as ocasiões, ou as tentações, como diz a Bíblia. E esses testes surgirão sempre no momento apropriado, porque até o último instante de nossa peregrinação por essa terra distante de nosso lar celestial, deveremos escolher entre várias opções. Para fazer-se uma escolha é necessário o uso da razão, daí porque um dos instrumentos do processo de transformação do homem, que faz parte da tradição cristã, é exatamente a qualidade do discernimento.

Se Deus ou os membros da hierarquia celestial nos forçassem a adotar um determinado comportamento ou atitude, mesmo que fosse para livrar-nos do sofrimento, então não seríamos verdadeiramente livres. A liberdade inerente ao livre-arbítrio significa que nenhuma força ou coação pode ser usada ainda que para produzir o bem. As leis de Deus continuam operando, no entanto, e, assim, quando nossas ações são negativas colhemos como fruto o sofrimento. Quanto mais nos afastamos das leis de Deus, maior o sofrimento e, consequentemente, maior o incentivo para usarmos o discernimento e, pelo livre-arbítrio, escolhermos o caminho do retorno que nos liberta do sofrimento.

A lógica indica que o dom divino do livre-arbítrio, como parte inerente do processo de aprendizado humano, é incompatível com restrições dogmáticas nas esferas mais essenciais do pensamento e da vida religiosa do homem. É por isto que Jesus disse: *Conhecereis a verdade, e a verdade vos libertará* (Jo 8:32). A importância fundamental do livre-arbítrio é reconhecida também em outras tradições. Buda declarou expressamente que os buscadores da verdade não deveriam aceitar as palavras encontradas nas escrituras sagradas, nem mesmo seus próprios ensinamentos sem antes passá-los pelo crivo da razão.

O livre-arbítrio é tão fundamental ao Plano Divino que até mesmo para receber a Graça Divina é imprescindível o nosso consentimento. A Graça está constantemente disponível a todos os homens, como a luz do Sol que brilha num céu límpido. Porém, a maior parte dos homens opta por manter as janelas fechadas, impedindo o acesso da luz ao interior de sua casa. Para que a Graça possa dissipar a escuridão interior, temos que exercer o nosso livre-arbítrio, abrindo as janelas de nossa alma. E quanto mais ardente a nossa aspiração pela luz mais abertas estarão as janelas.

Na vida cotidiana, governada por condicionamentos e ideias preconcebidas, o exercício do livre-arbítrio restringe-se, na prática, ao mero consentimento em fazer isso ou aquilo. Porém, até mesmo o exercício desse consentimento, consciente ou inconsciente, é, na verdade, expressão do livre-arbítrio. Esse processo de consentimento parece implícito numa passagem da Bíblia em que Jesus indica a necessidade do indivíduo alinhar a sua vontade com a Vontade de Deus: *Nem todo aquele que me diz 'Senhor, Senhor' entrará no Reino dos Céus, mas sim aquele que pratica a vontade de meu Pai que está nos céus*. (Mt 7:21)

Alguns autores distinguem dois aspectos do consentimento, o filosófico e o psicológico. *Consentimento filosófico é a necessidade de consentir à Palavra de Deus. É o consentimento da fé como o compreendemos hoje. Está ligado ao que os antigos padres reconheciam como o primeiro estágio da fé. O consentimento psicológico é o assentimento de momento a momento que fazemos a respeito das possibilidades de nossa vida. Ou consentimos ao que compreendemos como vindo de Deus ou consentimos ao que escolhemos por motivos pessoais*.[212] Essa distinção é importante, pois nossa vida é determinada pelas coisas que consentimos em fazer ou mesmo não fazer. É, nesse sentido, que a estrutura filosófica de nossas crenças torna-se importante, pois passa a orientar a direção de nossos assentimentos. Se não tivermos um arcabouço filosófico, nossos assentimentos interiores serão efetuados de forma aleatória, ao sabor de nossa disposição momentânea.

A justiça divina

Como o homem dispõe de livre-arbítrio, segue-se naturalmente que suas ações devem gerar consequências correspondentes à natureza de seus atos. A justiça retributiva divina, conhecida no Oriente como *karma*, é a Lei da Causação Universal, a Lei de Causa e Efeito que governa todas as ações em todos os níveis, ou planos, da natureza. Em sânscrito, a palavra *karma* significa ação, portanto, a lei deixa implícito que cada ação gera uma reação

---

[212] *A Different Christianity*, p. 172.

de natureza e intensidade equivalente. Visto sob outro ângulo, o *karma* é o inter-relacionamento de tudo o que existe. Esse inter-relacionamento sempre existiu, não tendo começo nem fim. Portanto, nada existe isoladamente, ou fora de um relacionamento determinado pelo *karma* numa sequência de causa e efeito.[213] Embora no plano abstrato da consciência divina causa e efeito sejam simultâneos, no mundo físico geralmente ocorre um hiato temporal entre a causa e a materialização de seu efeito.

Poderíamos imaginar o Universo como uma imensa caverna em que o som de qualquer ruído reverbera nas paredes e volta até sua fonte de origem. Esse eco universal, que é o *karma*, funciona como vibrações, em todos os planos, que fazem retornar a nós, mais cedo ou mais tarde, as consequências de nossos atos. O *karma* pode ser imaginado também como o reencontro com todos nossos pensamentos, palavras e atos, porém, agora, na qualidade de experimentador dos efeitos que anteriormente causamos. A lei de causa e efeito no plano material é bem conhecida dos cientistas. Temos assim a formulação dada pela terceira lei de Newton: *A toda ação corresponde uma reação igual em sentido contrário*.

A justiça divina, ou *karma*, é apropriada à intensidade e à natureza de todos nossos atos físicos, palavras e pensamentos. A consequência de um ato físico será sentida principalmente no corpo físico, más palavras trarão também más palavras dirigidas a nós e pensamentos ruins repercutirão em nosso corpo mental. Se alguém achar estranho que possa haver *karma* relacionado aos pensamentos, basta recordar quantas vezes se sentiu perturbado, triste, desanimado, deprimido, com medo e, outras vezes, também o oposto destes estados mentais. Esses sentimentos são invariavelmente resultados do *karma* mental. O papel da mente na geração do *karma* é o primeiro ensinamento apresentado no livro sagrado dos budistas, o *Dhammapada*.

> *Todas as coisas são precedidas pela mente, guiadas pela mente e criadas pela mente. Tudo o que somos hoje é o resultado do que temos pensado. O que pensamos hoje é o que seremos amanhã; nossa vida é uma criação da nossa mente. Se um homem fala ou age com uma mente*

[213] Annie Besant, *Um Estudo Sobre o Karma* (S.P., Pensamento, p. 21).

impura, o sofrimento o acompanha tão de perto como a roda segue a pata do boi que puxa o carro. Se um homem fala ou age com a mente pura, a felicidade o acompanha como sua sombra inseparável.[214]

Vistos sob outro ângulo, os pensamentos e sentimentos são agentes poderosos de energia criadora; criam de acordo com a natureza deles. Pensamentos criam sentimentos, estes criam atitudes, comportamentos e vibrações que, por sua vez, criam as circunstâncias da vida.[215] Essa capacidade criadora do homem nem sempre é devidamente levada em consideração por aqueles que se aventuram pelo caminho espiritual. Assim, em nosso estado de ignorância criamos no passado o sofrimento que ora estamos colhendo em nossas vidas. Da mesma forma, agora que estamos começando a abrir a nossa mente para a operação das leis divinas, podemos criar as circunstâncias favoráveis para nosso progresso espiritual. Por isso, um comportamento e, principalmente, pensamentos apropriados são indispensáveis, como sugerem os versos de Tennyson:

Semeias um pensamento, colherás uma ação.
Semeias uma ação, colherás um hábito.
Semeias um hábito, colherás um caráter.
Semeias um caráter, colherás teu destino.

O entendimento da lei do *karma* marca uma importante etapa na vida do homem. Deve ser lembrado, no entanto, que enquanto o homem estiver usando o seu conhecimento da lei para criar seu próprio bem, estará apenas deixando de praticar o mal egoísta para praticar o bem egoísta. O verdadeiro discípulo de Jesus, sabendo que seu reino não é deste mundo e que é uno com todos os seres, vai além e procura fazer o bem verdadeiro, que é o bem para os outros e não para o seu próprio benefício. *Se agirmos corretamente, o* karma, *a providência ou a justiça divina – como preferimos dizer – cuidarão do resto.*

---

[214] *Dhammapada, caminho da lei* (S.P.: Pensamento, 1993, p. 19).

[215] Para maior aprofundamento ler: *O Caminho da Autotransformação*, p. 32.

Se buscarmos o tesouro que está no reino dos céus, o resto nos será dado por acréscimo.[216]

A atuação do *karma* na vida do homem apresentada numa linguagem inspirada, na obra de Sir Edwin Arnold:

> *Não conhece ira nem perdão; a mais pura verdade é o limite de sua medida, seu equilíbrio pesa; Os tempos nada são, amanhã ele irá julgar, ou depois de muitos dias. Desta maneira o punhal do assassino apunhalou a ele mesmo; O juiz injusto perdeu seu próprio defensor; A língua falsa condena sua mentira; o ladrão furtivo e o saqueador roubam, para restituir. Tal é a lei que se move rumo à rentidão, que ninguém por fim pode desviar ou parar; seu coração é Amor; seu fim, é paz e doce Consumação. Obedecei!* [217]

O *karma*, no entanto, não é meramente um conceito exótico oriental, mas uma lei universal que figura claramente na tradição cristã, geralmente referida como justiça divina e, às vezes, como a vingança de Deus, seguindo a tendência antropomórfica da Bíblia. São copiosas as passagens a esse respeito no Antigo Testamento; eis aqui alguns exemplos:

> *Iahweh fará justiça ao seu povo, e terá piedade dos seus servos.* (Dt 32:36)
>
> *Iahweh é justo, ele ama a justiça, e os corações retos contemplarão sua face.* (Sl 11:7)
>
> *O homem misericordioso faz bem a si mesmo, o homem cruel destroi sua própria carne.* (Pr 11:17)
>
> *Quem estabelece a justiça viverá, quem procura o mal morrerá.* (Pr 11:19)
>
> *Se o justo aqui na terra recebe o seu salário, quanto mais o ímpio e o pecador.* (Pr 11:31)
>
> *Do fruto de sua boca o homem sacia-se com o que é bom, e cada qual receberá a recompensa por suas obras.* (Pr 12:14)
>
> *(Iahweh) não julgará segundo a aparência. Ele não dará sentença apenas por ouvir dizer. Antes, julgará os fracos com justiça, com*

---

216 *O Poder da Sabedoria*, (Brasília: Ed. Teosófica, 3ª ed., 2001, p. 44).

217 E. Arnold, *A Luz da Ásia* (Brasília: Ed. Teosófica, 1ª ed., 2011, p. 140).

equidade pronunciará uma sentença em favor dos pobres da terra. Ele ferirá a terra com o bastão da sua boca, e com o sopro dos seus lábios matará o ímpio. A justiça será o cinto dos seus lombos e a fidelidade, o cinto dos seus rins. (Is 11:3-5)

Porei o direito como regra e a justiça como nível. (Is 28:17)

Iahweh, ó Deus das vinganças, aparece, ó Deus das vinganças! Levanta-te, ó juiz da terra, devolve o merecido aos soberbos! (Sl 94:1-2)

As referências no Novo Testamento têm uma linguagem própria, e algumas vezes o sentido da justiça retributiva está implícito na passagem, precisando ser devidamente interpretado: eis algumas:

O machado já está posto à raiz das árvores e toda árvore que não produzir bom fruto será cortada e lançada ao fogo. (Mt 3:10)

Porque em verdade vos digo que, até que passem o céu e a terra, não será omitido nem um só i, uma só vírgula da Lei, sem que tudo seja realizado. (Mt 5:18)

Todo aquele que se encolerizar contra seu irmão, terá de responder no tribunal; aquele que chamar ao seu irmão 'Cretino!' estará sujeito ao julgamento do Sinédrio; aquele que lhe chamar 'Louco' terá de responder na geena de fogo. (Mt 5:22)

Guardai-vos de praticar a vossa justiça diante dos homens para serdes vistos por eles. Do contrário, não recebereis recompensa junto ao vosso Pai que está nos céus. (Mt 6:1)

Não julgueis para não serdes julgados. Pois com o julgamento com que julgais sereis julgados, e com a medida com que medis sereis medidos. (Mt 7:1-2)

Tudo aquilo, portanto, que quereis que os homens vos façam, fazei-o vós a eles, pois esta é a Lei e os Profetas. (Mt 7:12)

Eu vos digo que de toda palavra inútil, que os homens disserem, darão contas no dia do Julgamento. (Mt 12:36)

E Deus não faria justiça a seus eleitos que clamam a ele dia e noite, mesmo que os faça esperar? Digo-vos que lhes fará justiça muito em breve. (Lc 18:7-8)

Viu um homem, cego de nascença. Seus discípulos lhe perguntaram: 'Rabi, quem pecou, ele ou seus pais, para que nascesse cego?' Jesus respondeu: 'Nem ele nem seus pais pecaram mas é para que nele sejam manifestadas as obras de Deus'. (Jo 9:1-3)

Nessas passagens a lei do retorno é descrita como inexorável, ainda que lenta na concepção dos homens que geralmente esperam uma retribuição quase que instantânea. O efeito deve seguir a causa, assim como o dia segue a noite, porque a lei transcende o tempo e o espaço. A justiça virá no seu devido tempo. E esse tempo pode ser alguns anos ou, muito depois, noutra encarnação, como indica a última passagem sobre o cego de nascença. Jesus explica que não foram seus pais nem aquele homem que pecou, ou seja, a personalidade naquela encarnação, pois já era cego ao nascer. A afirmação de que a cegueira era a manifestação das obras de Deus, deve ser entendida como a inexorável lei do *karma*, por pecados cometidos noutra encarnação.

Paulo exorta os romanos (Rm 12:19) a não fazerem justiça com suas próprias mãos, para não incorrerem em *karma*, mas deixá-la a cargo de Deus, como pregava a tradição judaica (Lv 19:18 e Dt 32:35). Em Hebreus essa orientação é reiterada: *A mim pertence a vingança, eu é que retribuirei*! (Hb 10:30). Uma das mais claras e diretas indicações da justiça retributiva é enunciada em Gálatas:

> *Não vos iludais: de Deus não se zomba. O que o homem semear, isso colherá: quem semear na sua carne, na carne colherá corrupção; quem semear no espírito, do espírito colherá a vida eterna. Não desanimemos na prática do bem, pois, se não desfalecermos, a seu tempo, colheremos.* (Gl 6:7-9)

A lei do *karma* deve ser entendida não só no seu sentido de instrumento da justiça divina, mas também como a expressão da compaixão do Pai que procura instruir o homem rumo a uma vida de retidão. Como as consequências de atos negativos implicam necessariamente em sofrimento, os homens, aos poucos, aprendem a associar causa e efeito e, assim, a afastar-se do mal.[218]

[218] Um corolário da lei do *karma* é a responsabilidade de cada homem por sua própria vida. *Cada homem é seu próprio absoluto legislador, produzindo para si glória ou trevas; é o decretador de sua vida, da sua recompensa e da sua punição.* M. Collins, *O Idílio do Lótus Branco* (Brasília: Ed. Teosófica, 1ª ed., 2000, p. 111).

Esse aprendizado, no entanto, é bastante lento, pois, na maior parte das vezes, as pessoas não conseguem entender que as violências que sofrem, as doenças que de repente as acometem, os entes queridos que perdem, enfim, toda uma série de eventos dolorosos que acontecem sem nenhuma razão aparente são consequências de atos cometidos muitos anos atrás ou mesmo em vidas anteriores. Como os ajustes *kármicos* são efetuados sempre de forma natural, ou seja, por meios decorrentes de circunstâncias perfeitamente normais, podem, às vezes, demandar um tempo considerável para ocorrer.

Deve ficar claro, no entanto, que *karma* não é fatalidade. Não é algo como destino que não admite interferência. Ao contrário, cada um de nós tem a obrigação de interferir em seu *karma*, ou seja, de criar as condições mais favoráveis possíveis para a sua vida futura. Como diariamente efetuamos dezenas de ações, dizemos centenas de palavras e produzimos milhares de pensamentos, a cada instante o nosso *karma* está sendo modificado. Ele pode ser imaginado como a resultante da atuação de uma infinidade de vetores de força atuando de forma dinâmica e contínua. Portanto, o *karma* de cada indivíduo está constantemente sendo ajustado e reajustado; nossas pendências *kármicas* podem ser modificadas por nossas ações no presente. Assim, podemos amenizar ou até mesmo cancelar certos débitos *kármicos* com boas ações na vida atual.

É por isso que Jesus nos advertiu: *Assume logo uma atitude conciliadora com o teu adversário, enquanto estás com ele no caminho, para não acontecer que o adversário te entregue ao juiz e o juiz ao oficial de justiça e, assim, sejas lançado na prisão. Em verdade te digo: dali não sairás, enquanto não pagares o último centavo.* (Mt 5:25-26). O juiz e o oficial de justiça representam a Lei da retribuição divina. A prisão é o corpo físico, onde seremos confinados, vida após vida, enquanto não pagarmos até o último centavo figurativo de nossos débitos *kármicos*.

A reencarnação é outro aspecto da realidade Divina que opera juntamente com a lei do *karma*. Esse era um dos ensinamentos reservados que Jesus ministrava a seus discípulos, como era feito tradicionalmente nas Escolas de Mistérios. A lógica nos leva a entender que a reencarnação é uma necessidade para que se cumpra o propósito de Deus. Como poderia haver evolução, como o homem poderia alcançar a perfeição para a qual Jesus nos conclama (*Deveis ser perfeitos como o vosso Pai celeste é perfeito.* Mt 5:48), se só houvesse uma única oportunidade de vida no mundo para alcançarmos esse objetivo? Como o Pai celestial, que ama todos seus filhos, sejam eles pobres ou ricos, santos ou pecadores, poderia esperar a perfeição, numa única vida, da grande legião de almas que nasce com deficiências mentais e em ambientes de ódio, ignorância e miséria? As condições difíceis em que muitas pessoas se encontram ao nascer refletem seu *karma* de vidas anteriores. Todas nossas boas ações, palavras e pensamentos são inexoravelmente contabilizados pela justiça divina, fazendo com que, vida após vida, nossas condições e oportunidades sejam cada vez mais propícias para nos aproximarmos paulatinamente da meta de união com o Pai, a suprema perfeição e bem-aventurança.

A realidade da reencarnação era conhecida dos iniciados judeus ao tempo de Jesus, em especial da comunidade dos essênios e dos cabalistas. Algumas passagens da Bíblia indicam essa realidade, como a já citada do cego de nascença. A passagem citada do Livro da Sabedoria de Salomão, no AT, não deixa dúvida de que os judeus esclarecidos sabiam da preexistência da alma: *Eu era um jovem de boas qualidades, coubera-me, por sorte, uma boa alma; ou antes, sendo bom, entrara num corpo sem mancha* (Sb 8:19-20).

Em Êxodo, temos uma passagem em que Iahweh diz: *Sou um Deu ciumento, que puno a iniquidade dos pais sobre os filhos até a terceira e quarta geração dos que me odeiam, mas que também ajo com amor até a milésima geração para aqueles que me amam e guardam meus mandamentos* (Ex 20:5-6). Tomada literalmente, essa passagem estaria descrevendo a atitude de um monstro sanguinário, que persegue seus inimigos até a quarta geração, o que não pode ser o caso com o Pai celestial. O sentido alegórico é que os filhos das gerações futuras são, na verdade, as futuras reencarnações do indivíduo, que recebe a consequência de seus atos, a justiça de Iahweh. Essa retribuição *kármica* tanto pode ser desagradável como benéfica e não é limitada pelo tempo, podendo ocorrer na mesma vida da pessoa ou numa encarnação futura.

Os Salmos apresentam o contraste entre a imutabilidade do Senhor e a constante mudança no comportamento dos homens: *Eles perecem, mas tu permaneces, eles todos ficam gastos como roupas, tu os mudarás como veste, eles ficarão mudados, mas tu existes, e teus anos jamais findarão!* (Sl 102:27-28) Os corpos físicos do homem são simbolizados pelas vestes. Ambos são descartados quando não têm mais uso. Nos salmos encontramos também o *karma* apresentado em seu aspecto positivo: *O Senhor é compaixão e piedade, lento para a cólera e cheio de amor; ele não vai disputar perpetuamente e seu rancor não dura para sempre.* (Sl 103:8-9)

No Novo Testamento uma passagem bastante explícita sobre a reencarnação refere-se à vinda de Elias: *Os discípulos perguntaram-lhe: 'Por que razão os escribas dizem que é preciso que Elias venha primeiro?' Respondeu-lhes Jesus: 'Certamente Elias terá de vir para restaurar tudo. Eu vos digo, porém, que Elias já veio, mas não o reconheceram. Ao contrário, fizeram com ele tudo quanto quiseram. Assim também o Filho do Homem irá sofrer da parte deles.' Então os discípulos entenderam que se referia a João Batista.* (Mt 17:10-13).

Noutra ocasião Jesus perguntou a seus discípulos: *Quem dizem os homens ser o Filho do Homem? Disseram: 'Uns afirmam que é João Batista, outros que é Elias, outros, ainda, que é Jeremias ou um dos profetas'* (Mt 16:13-14). Nessa passagem fica claro que o povo da época acreditava na reencarnação e que para muitos Jesus era tido como a reencarnação de um dos grandes profetas judeus.

A vida do ser humano tem um paralelo com a das plantas sazonais: nasce, cresce e, ao fim da estação morre, para renascer no ciclo seguinte da semente que deixou para trás. A vida continua e nada é jamais perdido na vida do ser humano. Por isso Paulo disse: *Não desanimemos na prática do bem, pois, se não desfalecremos, a seu tempo colheremos.* (Gl 6:9)

Muitas das referências sobre o *karma* no Novo Testamento foram extirpadas ao longo dos séculos por ordem dos bispos para conformar o texto sagrado com as mudanças decididas nos Sínodos. Vários autores pesquisaram essa questão e podem ser consultados.[219]

---

[219] Vide: "*A Reencarnação na Bíblia*", de Hermínio C. Miranda (S.P.: Pensamento); "*Investigando a Reencarnação*", de John Algeo (Brasília: Editora Teosófica); "*Reencarnação e Imortalidade*", de Patrick Drouot (R.J.: Nova Era).

Com,o Deus é amor, a operação de todas as leis divinas é, em sua essência última, uma expressão do amor. Isso também se dá com o *karma*. Podemos interpretá-lo de forma mais abrangente como a maneira compassiva da ação de Deus como Supremo Instrutor. Todas as situações de nossa vida, que são consequências de ações anteriores, são exatamente o que mais precisamos no momento para prosseguirmos em nosso processo de aprendizado. Todas as pessoas com quem temos relacionamentos difíceis ou mesmo tumultuados são, na verdade, agentes do *karma*, os instrutores divinos que estão inconscientemente nos ajudando a aprender alguma lição que se tornou indispensável para o nosso progresso.

Conhecimento de si mesmo

Desde a mais remota antiguidade, os grandes mestres sempre instaram o homem a buscar o conhecimento de si mesmo. Essa instrução foi tornada particularmente famosa na Grécia antiga com a inscrição no portal de entrada do Templo de Delfos, que dizia: *Homem, conhece-te a ti mesmo*. Dizem alguns iniciados que entraram no Templo que, do lado interno do portal, a inscrição continuava: *E conhecerás o universo*.

A tradição cristã, continuadora da eterna tradição de sabedoria, não poderia adotar uma postura diferente. Na extensa literatura do Cristianismo primitivo, constatamos a ênfase especial dada aos mitos da peregrinação da alma em que os ensinamentos sobre os princípios do homem figuram como parte central do relato. No Evangelho de Tomé, documento apócrifo de grande importância, redescoberto entre os textos da Biblioteca de Nag Hammadi, encontramos três aforismos que se reportam a essa questão:

> *(3) Quando conhecerdes a vós mesmos, então sereis conhecidos e sabereis que sois filhos do Pai Vivo. Mas se não conhecerdes a vós mesmos, então estareis na pobreza e sereis essa pobreza.*
>
> *(67) Jesus disse: 'Quem conhece o Todo com sua mente, mas priva-se (do conhecimento) de seu verdadeiro Eu, está privado do Todo.'*
>
> *(84) Jesus disse: 'Nos dias em que vedes vossa semelhança, vós vos rejubilais. Mas, quando virdes vossas imagens, que no princípio*

estavam convosco, que não morrem nem se manifestam, o quanto tereis de suportar!'[220]

Esses aforismos têm profundas implicações. No primeiro é dito que o conhecimento de si mesmo implica num reconhecimento da filiação com o Pai Supremo. O reconhecimento de nossa filiação divina deixa implícito que nossa herança é divina e enquanto não a reivindicarmos, viveremos na pobreza. No segundo, é indicado que, apenas com o conhecimento intelectivo das coisas do Universo, sem um conhecimento da natureza interior de si mesmo, o indivíduo está se condenando a alienar-se do Todo. É o conhecimento da natureza divina do homem que oferece a chave para o verdadeiro conhecimento do Todo, como nos assegura a Lei Hermética das correspondências ("*assim em baixo como em cima*"), já que o homem foi criado à imagem e semelhança de Deus (o Todo).

No aforismo 84, nossas imagens podem ser de três tipos: a imagem física refletida num espelho ou, nos tempos modernos, nas nossas fotografias; a nossa imagem social através de pessoas muito semelhantes a nós ou de descrições, orais ou escritas, a nosso respeito; e, finalmente, a imagem psíquica e a aura, que começam a ser vistas quando o indivíduo conquista as primeiras etapas da clarividência. Essas semelhanças geralmente trazem júbilo, principalmente as da última categoria, pois o indivíduo tende a associar essas visões com uma conquista espiritual. Porém, quando virmos nossas imagens primordiais, nossos arquétipos, enfim, Deus em nosso interior, o enorme contraste entre o que deveríamos ser, de acordo com nosso modelo divino, e a maculada realidade de nossa atual realização espiritual, teremos então um imenso pesar pela nossa fraqueza e nosso apego às futilidades e às ilusões da vida do mundo. Nessa ocasião teremos realmente de suportar um imenso peso em nossa consciência.

---

[220] *Evangelho de Tomé*, em J. Robinson, ed., *The Nag Hammadi Library* (Harper San Francisco, 1980, pp. 126-138).

Diz-se que, ao final de cada vida, o indivíduo passa em revista, de forma extremamente rápida, todos os eventos, palavras e pensamentos de sua presente existência, tendo então noção de seus erros e das oportunidades perdidas. É dito também que grande parte da dor sentida nos estados após a morte referem-se ao pesar e arrependimento pelos erros cometidos. Quanto maior será, então, nosso pesar quando tivermos não só o pleno conhecimento de nossos erros e fraquezas, mas também pelo que deixamos de fazer frente ao modelo de perfeição pelo qual seremos medidos.

Em outro documento apócrifo, Jesus deixa claro que tipo de conhecimento devemos procurar, quando diz: *Pois aquele que não conhece a si mesmo não sabe nada, mas aquele que conheceu a si próprio alcançou simultaneamente o conhecimento sobre a Profundidade do Todo.*[221] Esse ensinamento do Mestre, que também foi registrado em outros textos não canônicos,[222] reflete inteiramente a mensagem do Oráculo de Delfos, ligando a natureza do conhecimento interior com o conhecimento do Universo pela extensão das correspondências.

Mas, por que o conhecimento de si mesmo é fundamental no caminho espiritual? A resposta pode parecer desconcertante: o conhecimento de si mesmo é o próprio caminho espiritual. É por essa razão que esse conhecimento é incluído como uma das regras do caminho: a meta, como foi visto, é a união em consciência com Deus, simbolizada pelo retorno à Casa do Pai. Como Deus é nossa essência última, o conhecimento de nossa natureza divina facilita essa expansão de consciência, que por sua vez possibilita um conhecimento mais profundo de nossa natureza última. O método, por sua vez, é a *metanoia,* a transformação de nossos conteúdos mentais, das ilusões e negatividades do homem comum para o estado de consciência de nossa natureza superior. Isso só pode ser feito quando conhecemos nossa natureza inferior e os mecanismos que mantêm nossa consciência aprisionada às coisas deste mundo. Os doze mecanismos transformadores que serão examinados na seção AS CHAVES DO REINO DOS CÉUS visam facilitar o conhecimento de nossa verdadeira natureza.

---

221 *O Livro de Tomé, o Contendor*, em *The Nag Hammadi Library*, p. 201.

222 Vide, por exemplo *O Diálogo do Salvador*, em *The Nag Hammadi Library,* p. 249.

Quando conhecemos nossos princípios inferiores e superiores podemos mapear uma estratégia para superar ou reorientar os primeiros e ativar os últimos. Assim, o caminho da autotransformação demanda o conhecimento de nosso inconsciente, seja subconsciente ou supraconsciente. Nesse ponto parece haver um impasse: o pleno conhecimento e contato com o Eu Superior depende de conhecermos o eu inferior e transformá-lo num aliado na busca do seu irmão de Luz. Porém, para conhecermos o eu inferior precisamos da ajuda do Eu Superior. Esse aparente paradoxo pode ser superado, como será visto posteriormente.

No inconsciente encontram-se as raízes de nossas limitações, de cada defeito e de cada falha de caráter. Para trilharmos o Caminho da Perfeição que leva à União com Deus, precisamos superar todas as fraquezas que nos tolhem os passos. Naturalmente só podemos trabalhar aqueles defeitos que conhecemos, daí a importância do autoconhecimento.

O autoconhecimento é especialmente necessário para que possamos desvelar nosso inconsciente, onde estão armazenadas as informações sobre o passado, tanto da infância como de outras vidas. Essas informações oferecem a chave para o entendimento e, portanto, a superação dos condicionamentos limitadores. A psicologia moderna, principalmente depois das reflexões de Jung sobre a 'sombra' e o 'inconsciente', permite-nos entender que todos os traumas e frustrações da infância, resultantes de situações não resolvidas ou não compreendidas, são armazenados pelo indivíduo em seu inconsciente sob a forma de mecanismos de defesa, os condicionamentos, que passarão a comandar nossas reações aos estímulos do mundo exterior. Como disse Jung:

> *A sombra constitui um problema de ordem moral que desafia a personalidade do eu como um todo, pois ninguém é capaz de tomar consciência desta realidade sem despender energias morais. Mas nesta tomada de consciência da sombra trata-se de reconhecer os aspectos obscuros da personalidade, tais como existem na realidade. Este ato é a base indispensável para qualquer tipo de autoconhecimento e, por isso, via de regra, ele se defronta com considerável resistência.*[223]

[223] C.G. Jung, *Aion: Estudos sobre o Simbolismo do Si-mesmo* (Petrópolis: Editora Vozes, p. 6).

O trabalho pioneiro de Jung teve como uma de suas fontes de inspiração os escritos gnósticos e os de seus sucessores, os alquimistas.[224] A partir dessas elucidações, outros autores apresentaram de forma mais acessível ao grande público o conceito da sombra, chamado por alguns de "eu inferior", juntamente com os conceitos de imagem e máscara que geram os mecanismos de defesa das pessoas.

Imaginemos a verdade como uma luz intensa que brilha no âmago de nosso ser. Antes de ser percebida pela consciência, isto é, antes de deixar uma imagem em nosso cérebro, essa luz deve passar através de todos nossos veículos, do mais sutil ao mais denso. Cada veículo funciona como um conjunto de filtros que obscurece e distorce progressivamente a luz original, fazendo com que a imagem última a ser refletida no cérebro seja, na maioria das vezes, um mero arremedo quase irreconhecível da imagem inicial projetada pela fonte de luz.

O processo de autoconhecimento implica na identificação de todos os filtros de nossos veículos (material, astral e mental) para que possam ser trabalhados e purificados, a fim de que possa diminuir e, por fim, terminar o obscurecimento e a distorção da realidade. Para que esse processo de purificação seja efetivo, e seus resultados possam ser sentidos onde são mais necessários, é preciso que, após a etapa inicial de purificação generalizada dos aspectos mais grosseiros e gritantes da personalidade, o esforço seja então especialmente direcionado para os pontos de distorção, que nem sempre são conhecidos pelo homem.

O processo de identificação e aceitação de nossas fraquezas pode ser entendido como um desnudamento. Quando aceitamos retirar a capa protetora de nossas falsas defesas, procedemos a um desvelar de nossa verdadeira natureza. Essa nudez pode causar uma vergonha inicial, mas será o marco

---

[224] Jung declara em sua autobiografia: *Apesar da supressão da heresia gnóstica, ela continuou a florescer ao longo da Idade Média sob a aparência da alquimia* (p. 97). *As experiências dos alquimistas eram, em certo sentido, minhas experiências, e seu mundo era meu mundo. A possibilidade de uma comparação com a alquimia e a cadeia intelectual ininterrupta até o gnosticismo deu substância à minha psicologia* (p. 205). Em C.G. Jung, *Memories, Dreams, Reflections* (N.Y.: Vintage Books, 1963).

de uma nova era em nossa vida. Temos na história de Adão e Eva um exemplo alegórico desse fato. Quando foram expulsos do paraíso tornaram-se conscientes de que estavam despidos. Ora, se enquanto eles viviam no paraíso não eram conscientes de sua nudez, isso significa que a nudez frente à realidade é o próprio paraíso.

Esse conceito ajuda-nos a entender duas passagens aparentemente paradoxais do Evangelho de Tomé. Na primeira, ao ser perguntado como eram seus discípulos, Jesus disse: *Eles são como crianças que se estabeleceram num campo que não é seu. Quando os donos do campo chegam, dizem: 'Devolvam-nos nosso campo.' As crianças se despirão perante os donos para que eles possam receber de volta o campo, entregando-o a eles.* Na segunda, ao ser perguntado por seus discípulos quando se revelaria a eles para que pudessem vê-lo, Jesus respondeu: *Quando vocês se despirem sem sentir vergonha e tomarem suas vestes, colocando-as sob seus pés, como criancinhas, e pisarem sobre elas, então vocês verão o filho daquele que vive, e não terão medo.*[225]

O desnudamento é indicado por Jesus, em primeiro lugar, como a característica que define seus discípulos e, em seguida, como o fato que lhes permitirá ver o Mestre em sua natureza real. As vestes que as criancinhas retiram quando chegam os donos do campo são os envoltórios da natureza inferior, as máscaras e as negatividades que as crianças, como os iniciados, em sua inocência, descartam sem o menor sentimento de vergonha, pois é algo que não lhes pertence. Assim, o requisito indicado por Jesus para que os discípulos possam ter a revelação de sua natureza real é despirem as máscaras e as negatividades e pisarem sobre elas, simbolizando a renúncia a essas vestes inferiores, para que, sem esses impedimentos, a natureza do Cristo possa ser revelada.

A identificação dessas distorções é difícil e muitas vezes dolorosa. Significa encarar algumas características pouco lisonjeiras do nosso caráter. Exige um questionamento constante do porquê de nosso comportamento, ou seja, de nossas motivações. Significa buscar a razão pela qual nossas

---

[225] Evangelho de Tomé, *The Nag Hammadi Library,* versículos 21 e 37, pp. 129-130.

reações são diferentes de nossos atos premeditados. É preciso entender por que algumas de nossas ações não estão respaldadas por nossos verdadeiros sentimentos.[226]

Torna-se necessário, portanto, identificar as distorções provocadas pelos nossos condicionamentos inconscientes. A literatura gnóstica dos primeiros séculos de nossa era, especialmente a obra *Pistis Sophia,* muito contribuiu para o entendimento dos condicionamentos. No mito de Sophia eles são apresentados como sendo emanações da personalidade egoísta que se manifestam como nossos desejos e paixões materiais. Cada vez que repetimos um movimento para a gratificação dos sentidos estamos reforçando uma tendência que, aos poucos, transforma-se numa virtual segunda natureza, agindo com vontade própria independente de nossa razão.

As piores distorções, no entanto, são aquelas advindas dos mecanismos de defesa. Esses são as imagens idealizadas e as máscaras que criamos na tentativa de proteger-nos dos embates dolorosos do mundo exterior. Essas idealizações são aqueles aspectos de nosso eu inferior que provocam as reações negativas que procuramos evitar.

Para compreender melhor esse mecanismo, podemos usar um paralelo com o mundo material. Assim como o nosso sistema solar pode ser imaginado como uma imensa esfera com o sol em seu centro e o átomo como uma esfera infinitesimal com o núcleo em seu centro, o ser humano pode ser concebido como uma esfera, que tem seu Eu Superior, a natureza divina, em seu centro, cercado por uma extensa camada que seria o seu eu inferior e, finalmente, recoberto por uma casca protetora que chamaremos de máscara. Os primeiros sinais de consciência dão-se no nível daquilo que interpretamos como sendo "eu", que é a camada externa, as imagens idealizadas, que no seu conjunto compõem a máscara.

A "imagem" advém de uma falsa conclusão ou generalização sobre a vida. A somatória das imagens estabelecidas por cada pessoa ao longo da infância e da juventude constitui a "máscara" que o indivíduo constrói. Essa máscara é uma autoimagem idealizada, com a qual o indivíduo tenta

---

[226] Vide *Não Temas o Mal,* pp. 24-25.

apresentar um quadro ideal ou perfeito do que imagina que ele deveria ser para conseguir a aprovação ou o amor dos pais inicialmente e, mais tarde, de todos aqueles com quem interage no mundo. A máscara é, portanto, a defesa que estabelecemos em busca de proteção para assim nos tornarmos invulneráveis aos embates da vida.[227]

Infelizmente, porém, as imagens incorporadas em nossa máscara em vez de servirem de proteção real contra nossas frustrações são, na verdade, mecanismos retroalimentadores de nosso sofrimento existencial. A máscara é como um cobertor curto para nos proteger do frio: se cobrimos os pés deixamos os ombros de fora e vice-versa. Quanto mais estamos na defensiva, procurando escapar de possíveis críticas, mágoas ou sentimentos de rejeição, mais limitamos o alcance de nossos sentimentos e, portanto, de nossa capacidade de dar e receber amor, de nos comunicarmos com os outros, de darmos expressão à criatividade e de nos aventurarmos na vida. Existem três máscaras básicas, ou três atitudes fundamentais face à vida: a máscara do amor, a do poder e a da serenidade, que refletem de forma distorcida os três temperamentos básicos (amor, vontade e sabedoria) do ser humano.

Algumas pessoas acham que se forem amadas todos os problemas serão resolvidos. A pessoa com essa máscara tenta, por meio de seu comportamento amoroso e subserviente, conquistar a atenção e a demonstração de amor dos outros. Na tentativa de obter aprovação, simpatia, proteção e segurança, que seriam demonstrações de amor, essas pessoas procuram atender a todas as demandas dos outros, sejam elas razoáveis ou não. Como não podem conviver com nenhuma demonstração de rejeição ou mesmo de insatisfação dos outros, não ousam defender positivamente seus desejos ou necessidades.[228] A fraqueza e o desamparo demonstrados pelas pessoas que vestem a máscara do amor não são genuínos, daí se caracterizarem como mecanismos de defesa, ou máscaras.

---

[227] Vide interessantes considerações sobre este tema em Susan Thesenga, *O Eu Sem Defesas* (S.P.: Cultrix, 1997, p. 126) e seg., e em Eva Pierrakos, *O Caminho da autotransformação,* p. 37 e seg.

[228] Eva Pierrakos, *Não Temas o Mal*, p. 94.

O indivíduo com uma atitude primordialmente intelectiva frente à vida, geralmente adota a máscara da serenidade, aparentando que tudo vai bem. Nas palavras de uma estudiosa: *A máscara da serenidade é uma tentativa de fugir das dificuldades e vulnerabilidades da vida humana parecendo ser sempre totalmente sereno e distanciado. De fato, o que a pessoa realmente persegue é a distorção da serenidade, que significa retraimento, indiferença, fuga à vida, não envolvimento, distanciamento mundano e cético ou falso distanciamento espiritual. A falsa concepção da máscara da serenidade é que os problemas desaparecem desde que sejam negados.*[229] O resultado dessa máscara, como de todas as máscaras, é uma dupla frustração: o indivíduo não consegue captar as demonstrações de amor que no fundo está buscando e aumenta seus problemas de relacionamento, fazendo com que as pessoas se afastem cada vez mais dele.

A máscara do poder é a mais agressiva das três. Ainda que todos os mecanismos de defesa busquem exercer o controle e, portanto, o poder sobre o mundo exterior, a máscara do poder é especialmente propícia à criação de rixas e animosidades com as outras pessoas. O indivíduo com essa máscara é excessivamente crítico e *procura exercer controle sobre a vida e sobre os outros, parecendo sempre totalmente independente, agressivo, competente e dominador. Através da falsa redução da vida a uma luta pelo domínio, a máscara do poder é uma tentativa de fugir da vulnerabilidade da impotência sentida na infância.*[230] A máscara do poder geralmente leva a pessoa a ser voluntariosa e agressiva.

Mas como criamos nossas máscaras? Todo indivíduo traz em sua bagagem *kármica* uma gama de tendências ou predisposições que geralmente são ativadas na infância. Nos primeiros anos de vida, a criança necessita do aconchego e da proteção dos pais e espera uma constante demonstração de afeto e carinho. Todas as frustrações decorrentes de sua busca por amor e afeto paternos são processadas em sua mente de forma emotiva, não racional, e arquivadas inicialmente no consciente, refluindo depois para o inconsciente.

---

[229] *O Eu Sem Defesas*, pp. 132-33.

[230] *O Eu Sem Defesas*, pp. 131-2.

Como o bebê e a criança ainda não têm capacidade para interpretar de forma madura esses acontecimentos e colocá-los em sua devida perspectiva, suas reações são necessariamente imaturas, mas nem por isso deixam de criar imagens e estabelecer mecanismos de defesa.

A criança parece ser insaciável, sempre quer mais, achando que o mundo foi feito para ela, e que a mãe e o pai devem estar sempre à sua disposição para gratificar seus desejos e sua necessidade de aconchego e amor. Essa é a sôfrega busca da felicidade pelo pequenino ser que está sendo introduzido à realidade da vida. Porém, apesar do seu amor aos filhos, os pais são, como todos os demais seres humanos, imperfeitos em seu entendimento da natureza humana e, principalmente, em sua capacidade de demonstrar amor e atenção. Dessa forma, a reação dos pais em certas circunstâncias pode fazer com que a criança interprete uma negativa ou uma censura como indicação de que seu pai ou sua mãe não gostam mais dela.

Sendo um escudo protetor fabricado pelo homem para camuflar e proteger seu eu inferior, a máscara geralmente costuma ser negada pelas pessoas que não a conhecem ou não querem reconhecê-la, pois julgam-na cômoda. Como o objetivo da máscara é justamente esconder as negatividades da natureza inferior, sem que haja a identificação e a retirada consciente dessa barreira, o trabalho de autotransformação não pode atingir a raiz do problema.

Jesus sempre condenou a falsidade e a hipocrisia, exemplificada no comportamento dos fariseus e levitas. Porém, os ensinamentos do Mestre não eram voltados exclusivamente para situações momentâneas de sua época, mas eram dirigidos a seus seguidores de todos os tempos. Por isso, devemos buscar no âmago de nosso ser toda falsidade que por ventura possamos abrigar. Sabemos, no entanto, que a falsidade da máscara não é uma decisão consciente do indivíduo. A máscara é um condicionamento arquivado nas profundezas do inconsciente, que vem à tona como uma reação a certas situações do cotidiano. Antes que o indivíduo se dê conta já falou ou agiu de acordo com a sua programação inconsciente. Essa é uma das principais razões porque o indivíduo precisa de muita coragem, humildade e trabalho ingente para identificar a máscara, compreender que a proteção que oferece é efêmera e implica em altos custos para a saúde emocional. Finalmente deve concluir que ela deve ser retirada para que ele possa participar da vida de forma saudável e responsável.

Os mecanismos de defesa não só dificultam o reconhecimento das falhas do eu inferior como, em alguns casos, obstruem a manifestação de certos aspectos do Eu Superior. Isso será mais facilmente compreendido se examinarmos a concepção que temos de Deus. A imagem do Pai Celestial feita pelo adulto é geralmente uma decorrência da característica mais marcante que guarda de seus genitores. Se essa imagem for de pai e mãe amorosos, compreensivos e protetores, a tendência será estender essa impressão para o Supremo Pai-Mãe da humanidade. Nesse caso, a imagem de Deus será a de uma autoridade condescendente propensa a atender todas suas vontades.

No caso de crianças com pais autoritários e severos, essa percepção será transferida para Deus, a autoridade suprema, a quem passarão a temer, procurando ilogicamente se esconder do Pai Celestial, por medo de serem castigadas por suas faltas. Como todos nós estamos cientes de termos cometido muitos erros, a insegurança sobre o seu perdão leva-nos a temer mais do que amar a Deus. Essa atitude de medo de Deus e de insegurança sobre o outro mundo faz com que o indivíduo erga barreiras protetoras para mantê-lo afastado daquela Deidade que teme. Como o Eu Superior é a expressão de Deus no íntimo de nosso ser, a consequência, nesse caso, é o impedimento do livre fluxo de todas as energias superiores. A personalidade acaba controlando tanto ou mais a expressão do Eu Superior do que a do eu inferior.

A identificação e subsequente demolição dessas barreiras à livre expressão da energia espiritual espontânea requerem um esforço consciente e muita coragem e determinação por parte do indivíduo, porque ele se sentirá inicialmente desnudo, desprotegido e desamparado. A tendência da personalidade é resistir a essa abertura, porque ela nos torna vulneráveis às imagens que guardamos da autoridade paterna e de Deus quando éramos jovens, imaturos e indefesos. Quando esse despojamento do ego ocorre, o homem torna-se aberto e sensível como uma criança, o que lembra as palavras de Jesus: *Se não vos converterdes e não vos tornardes como as crianças, de modo algum entrareis no Reino dos Céus* (Mt 18:3). Uma vez decidida e permitida a abertura, ainda que cautelosamente a princípio, o indivíduo passará a experimentar uma vida muito mais rica, dando expressão a seus verdadeiros sentimentos e facilitando uma interação mais saudável com as pessoas em sua vida.

Um importante corolário do autoconhecimento é a possibilidade de utilização consciente de nosso imenso potencial criativo. Sabemos que o ser humano é altamente criativo. Porém, geralmente, associamos a capacidade criadora a coisas materiais, artísticas ou intelectuais. No entanto, a maior obra do homem é a sua própria vida. Vimos anteriormente que, pela inexorável operação da Lei de Causa e Efeito, todos nossos pensamentos, ações, palavras, sentimentos, intenções e desejos, conscientes e inconscientes, geram consequências diretamente associadas à causa inicial. Por isso, nossa vida atual nada mais é do que a consequência de nosso poder criativo no passado, ainda que em grande parte ativado de forma inconsciente. Nossa vida é uma resultante matemática precisa de todos os vetores de força que atuaram no passado e ainda estão atuando no presente.

A grande oportunidade para todo aquele que procura trilhar a Senda da Perfeição é a certeza de que pode mudar, passando a atuar de forma consciente na criação de sua realidade.[231] Porém, a imensa maioria dos seres humanos são criadores inconscientes, deixando que seu eu inferior, movido pelo egoísmo e o orgulho, seja o agente criador. Para por um fim a esse processo de criação negativa inconsciente, o buscador deve identificar todos os conteúdos negativos de seu inconsciente, fazendo-os aflorar ao consciente, onde podem ser compreendidos e, então, trabalhados. Com isso a energia quc anteriormente permanecia reprimida ou manifestava-se de forma distorcida pode ser liberada e direcionada para seus propósitos originais construtivos.

Além da identificação das negatividades e distorções inconscientes o processo de criação na Senda inclui a ativação do Eu Superior como agente criador

[231] Nossa capacidade de criação consciente é descrita por H.P. Blavatsky: *Assim como Deus cria, também o homem pode criar. Dando-se uma certa intensidade de vontade, as formas criadas pela mente tornam-se subjetivas. Alucinações, elas são chamadas, embora para o seu criador elas sejam tão reais como qualquer outro objeto visível o é para os demais. Dando-se uma concentração mais intensa e mais inteligente dessa vontade, a forma se torna concreta, visível, objetiva; o homem aprendeu o segredo dos segredos; ele é um mago. Ísis Sem Véu* (S.P.: Pensamento, vol. I, p. 150).

consciente. Como nossa essência última é divina, temos em nosso interior tudo o que precisamos para alcançar nossas metas no Caminho da Perfeição. Quando devidamente invocado, o Eu Superior pode fazer fluir a energia divina do Amor, da Sabedoria e do Poder que passam a trabalhar nossos veículos de manifestação, até que alcancemos, nas palavras de Paulo, *o estado de Homem Perfeito, a medida da estatura da plenitude de Cristo* (Ef 4:13). Portanto, nossos desejos, aspirações e pensamentos podem ser usados de forma criativa para modelar o novo homem, que será, a partir de então, um agente consciente das forças do amor e da paz no mundo.

A referência no Credo dos Apóstolos, de que Jesus, após a morte, desceu aos infernos, ressuscitou dos mortos e ascendeu ao céu, deve ser entendida como o caminho de todos os filhos de Deus rumo à libertação final. Primeiro devemos morrer para o mundo das falsidades da máscara, a seguir, descer aos infernos onde estão armazenados os arquivos de nossa natureza inferior, ressuscitando do mundo dos mortos, isso é, dos condicionamentos aprisionadores, para só então ascendermos ao céu de nossa natureza superior. Por isso Jesus disse: *Conhecereis a verdade e a verdade vos libertará* (Jo 8:32).

O papel e a importância relativa dos três "eus", ou níveis de consciência (o eu adulto, o eu inferior e o Eu Superior), podem ser visualizados de forma alegórica na Figura 2 como sendo os três andares de uma casa de forma piramidal que simboliza o ser humano integral. O eu adulto paramentado com suas máscaras vive no andar térreo, o andar de nossa interface com o mundo exterior, onde são recebidas as pessoas com quem interagimos na vida diária, sejam elas nossos familiares, amigos ou desconhecidos. Esse pavimento, composto de vários aposentos, que são as imagens idealizadas para as diferentes situações de nossa vida cotidiana, é, geralmente, o único a que o eu tem acesso consciente. Os outros dois andares, o porão subterrâneo, onde se encontra escondida a nossa criança imatura, e o andar de cima, onde vive o Eu Superior, são invisíveis, tanto para nós mesmos como para as outras pessoas.

A maioria das pessoas passa a maior parte de sua vida circunscrita ao andar térreo. Elas vivem presas à máscara, governadas pelos condicionamentos inconscientes oriundos do eu inferior, simbolizados na Figura 2 pelos cabos que conectam as caixas armazenadas no subsolo. Essas caixas simbolizam as energias distorcidas e estagnadas das negatividades. As inspirações do Eu Superior passam geralmente despercebidas em virtude das paredes espessas que isolam a consciência do homem comum vivendo no mundo de ilusão da máscara.

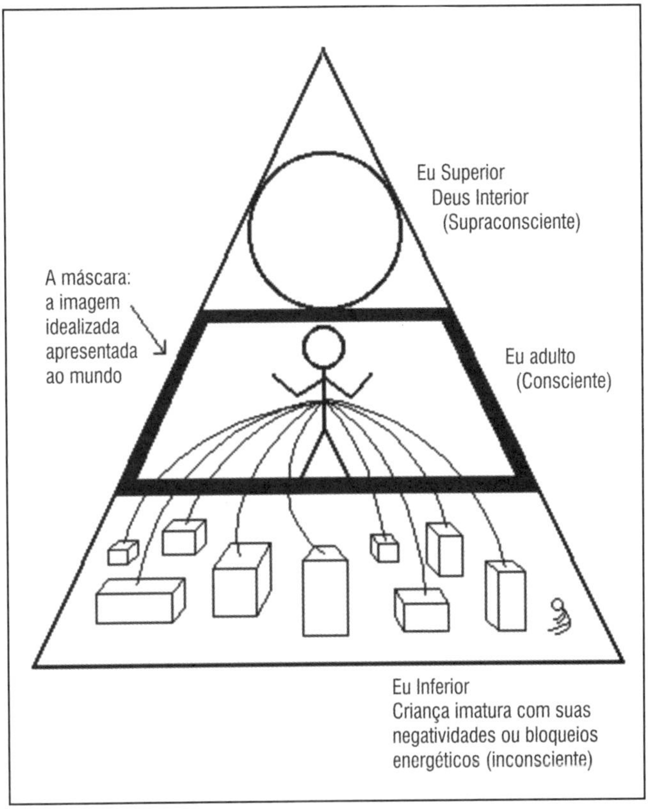

Figura 2 - O Eu Superior, o adulto consciente e o eu inferior do ser humano.

Nota: As negatividades do ser humano são energias bloqueadas, simpolizadas pelas caixas fechadas, guardadas no porão de nossa morada, porém, todas elas ligadas simbolicamente ao coração, influenciando nossas reações aos estímulos do mundo exterior (condicionamentos).

Para que a pessoa possa crescer espiritualmente, ela precisa abrir canais de comunicação com sua natureza divina que vive no andar superior. Porém, a vida espiritual está cheia de paradoxos: para subir é preciso antes descer, para alcançar a luz é preciso antes passar pela escuridão, para alcançar o superior é preciso antes conhecer o inferior.[232] Assim, o homem deve aprender que, para poder se banhar na luz do andar superior de sua 'casa', ele deve antes passar pelos corredores sombrios e labirínticos do porão de sua natureza inferior. O pior é que além de sombrios e tortuosos, estes caminhos subterrâneos estão atulhados de todo tipo de velharia empoeirada, que bloqueia a passagem. Esses objetos velhos são nossas memórias carregadas de energia emocional, que foram guardadas no inconsciente, mas não totalmente esquecidas, pois são elas que ativam nossos mecanismos de defesa e de negatividades. Esse mecanismo de resposta é simbolizado pelos cabos ligando as caixas do porão ao coração (centro de consciência) do eu adulto no andar térreo.

Isso significa que para alcançar a plenitude da luz da natureza superior, o buscador terá que retirar tudo aquilo que atravanca seu caminho pelos subterrâneos do inconsciente da natureza inferior. Todo o material arquivado no inconsciente terá que ser levado para o andar térreo e submetido, com muita compreensão e compaixão, ao crivo da razão do eu adulto. Por isso, o processo é longo e laborioso, mas, à medida que o material for sendo trabalhado, os corredores da natureza inferior serão desbloqueados e, para nossa surpresa, irão adquirindo uma certa luminosidade que nos facilitará encontrar a próxima

---

[232] Alguns místicos relatam a experiência de que quando encontram uma barreira para chegar à Presença Divina ascendendo a planos superiores, devem então reverter o processo procurando descer e mergulhar em sua própria natureza inferior. Vide: John Pordage, *Sophia: The Graceful Eternal Virgin of Holy Wisdom* (Londres, 1675), citado em *Theosophic Correspondence of Louis Claude de Saint-Martin* (Exeter, 1863), pp. 92-93. Outro místico descrevendo os caminhos misteriosos da alma diz: *Mas a maneira como a alma ascende do mundo interno para o eterno é notável e maravilhosa. Ela não pode mover-se por si só nem mesmo um grau: a mesma Mão do Poder que a levou para baixo para ver as maravilhas de Deus nas profundidades [da natureza humana] deve agora carregá-la para o alto para ver Suas maravilhas nas alturas acima.* Thomas Bromley, *The Way to the Sabbath of Rest, or the Soul's Progress in the Work of the New Birth,* citado por Arthur Versluis, em *TheoSophia: Hidden Dimensions of Christianity* (NY: Lindsfarne Press, 1994, p. 205).

etapa do caminho até a porta estreita e escondida de comunicação com o andar superior. A outra surpresa é que a limpeza dos corredores subterrâneos do inconsciente promoverá, simultaneamente, uma transformação saudável do andar térreo.

Com a continuação desse trabalho de verdadeira purificação, chegará o dia em que conseguiremos abrir a porta do andar superior, de onde promana a luz divina. Ainda no limiar da luz, perceberemos extasiados a beleza e a grandiosidade da natureza divina, que, em nossa consciência dual, atribuiremos a Ele, ao Cristo interior que nos aguarda pacientemente. Com o tempo, seremos convidados a entrar nesse recinto de luz e a comungar com o Cristo e, mais tarde, a nos unirmos a Ele, quando então nos será revelado o segredo supremo de que *Eu e o Pai somos Um*, terminando então a ilusão da separatividade para todo o sempre.

Assim como o andar subterrâneo de nossa casa está ligado ao térreo por uma imensa rede de cabos que transmitem os comandos da natureza inferior, pela lei das correspondências, podemos criar uma rede de comunicação de nossa natureza divina com nosso eu adulto. Esse trabalho é feito pela meditação sistemática e profunda.[233] Essa comunicação vai progressivamente neutralizando a ligação com as trevas que, pela ignorância, criamos ao longo de nossas vidas. O objetivo final do trabalho duplo de contato com a luz superior e de regeneração de nossa natureza inferior é a integração dos três "eus" num todo harmônico, agora sob o comando da natureza superior. Quando isso ocorre, a interação com o mundo é feita sem máscaras nem reações negativas, pois a criança imatura foi reeducada e integrada no adulto, possibilitando que nossos atos, palavras e sentimentos sejam expressões da verdade e do amor divinos.

Apesar da linguagem dessas considerações e elaborações psicológicas ser moderna, seus fundamentos podem ser encontrados em linguagem simbólica em alguns documentos apócrifos dentre os quais *Pistis Sophia*. A

---

[233] O escopo da meditação será examinado em maior profundidade no capítulo 21. Uma meditação especial é sugerida no Anexo 1 para o conhecimento de si mesmo que, se feita com paciência e determinação, por algum tempo, poderá abrir novas perspectivas para a vida de cada um.

atribuição da autoria do *Evangelho de Tomé* e do *Livro de Tomé, o Contendor*, ao "irmão gêmeo" de Jesus, oferece uma chave para o entendimento desses processos. No primeiro versículo do *Evangelho de Tomé,* encontramos: *Todo aquele que entender estas palavras não experimentará a morte.* Isso significa que quem alcançar a *gnosis* reveladora obterá, consequentemente, o conhecimento da imortalidade da alma, com a qual associará o seu verdadeiro ser. Porém, alcançar a *gnosis* suprema significa fundir-se na Luz do Alto, ou seja, unir-se ao Cristo interior. Portanto, quando isso ocorre, a pessoa pode ser legitimamente considerada como "irmão gêmeo" de Jesus. Podemos chegar a essa conclusão examinando atentamente a passagem no *Livro de Tomé, o Contendor*: *Como foi dito que você é meu gêmeo e meu verdadeiro companheiro, examine-se a si mesmo para compreender quem você é ... Eu sou o conhecimento da verdade. Se você me acompanhar, ainda que não compreenda (isso), já passou a conhecer, e será chamado 'aquele que conhece a si mesmo.' Pois, quem não se conheceu, nada conheceu; mas quem se conheceu alcançou ao mesmo tempo conhecimento sobre as profundezas de todas as coisas.*[234]

[234] *Livro de Tomé, o Contendor*, em *The Nag Hammadi Library*, p. 189.

VI

AS CHAVES DO REINO DOS CÉUS

Capítulo 13

O INSTRUMENTAL TRANSFORMADOR NA TRADIÇÃO CRISTÃ

O cristão devoto, desejoso de seguir os passos do Mestre, defronta-se com uma barreira quase intransponível de desinformação a respeito do instrumental transformador disponível em nossa tradição. Os ensinamentos da igreja, ao longo dos séculos, não foram de muito ajuda para seus fiéis. Ao contrário, as instruções e normas eclesiásticas dificultaram o trabalho dos buscadores leigos que não tinham o amparo da literatura e da tradição das ordens religiosas, principalmente das monásticas.

A orientação tradicional normalmente dada aos leigos era ter fé nos dogmas da igreja, ir à missa todos os domingos e dias santos, confessar, comungar, rezar, não pecar e, uma vez feito tudo isso, ter mais fé ainda na Graça de Deus para que pudessem receber a devida recompensa na outra vida, no paraíso. A necessidade de autotransformação não era enfatizada. O estudo não era incentivado. Na verdade, por muitos séculos a igreja romana proibiu aos leigos a leitura da Bíblia e preconizou que o estudo de outros livros, que não aqueles poucos publicados com sua permissão, era extremamente perigoso e podia desencaminhar a alma, levando-a para o inferno.[235]

As práticas espirituais complementares abertas aos leigos tendiam a promover a devoção e não a razão e o entendimento, como as ladainhas, procissões e romarias. Os protestantes, pela natureza mesma de sua origem

---

[235] Um exemplo claro desta atitude pode ser visto em *Imitação de Cristo*, o manual de vida espiritual mais importante da igreja romana nos últimos cinco séculos: *Melhor, sem dúvida, é o camponês humilde que serve a Deus que o filósofo orgulhoso, o qual, de si mesmo esquecido, considera o curso dos astros. Abstém-te do desejo desordenado de saber, pela muita distração e ilusão que dele advêm. Muitas coisas há cujo conhecimento pouco ou nada aproveita à alma.* p. 14-15.

como movimento de protesto contra os abusos e as distorções da igreja romana, sempre deram mais atenção à vida espiritual do que seus irmãos católicos. Contrastando com a proibição de leitura da Bíblia imposta por Roma, os protestantes consideravam a leitura das escrituras sagradas um dever de todo cristão. Uma consequência dessa orientação é que os povos protestantes sempre mostraram índices de alfabetização e de instrução mais altos do que os católicos.

Talvez uma das razões por que a orientação do clero aos fiéis seja tão tímida e limitada no Caminho da Perfeição deva-se à ênfase dada em sua doutrina ao aspecto transcendente da Divindade. Visto sob esse prisma, Deus estaria no alto dos céus, além do alcance dos homens, e para chegar até Ele precisaríamos da intermediação da santa madre igreja com todos os seus santos. Daí o caráter extremamente devocional e passivo da tradição eclesiástica: o homem deve entregar a sua sorte a Deus, colocando-se neste mundo aos cuidados da igreja.

Contrastando com a posição ortodoxa, o buscador da verdade deve estar cada vez mais consciente do aspecto imanente de Deus, pois Ele está sempre em nosso coração *pois é Deus quem opera em vós o querer e o operar, segundo a sua vontade* (Fl 2:13). Na verdade, somos uma emanação Dele, e não estamos separados do Pai em nenhum momento. A impressão de separação, a grande ilusão, é inteiramente devida a nossa consciência ainda imperfeita e dualista. O processo de *metanoia* visa transformar os nossos conteúdos mentais para que nossa percepção possa se estender até aqueles planos interiores onde podemos alcançar a consciência da Unidade, sabendo, então, por experiência pessoal, e não por elucubrações intelectivas, que somos unos com Deus.

Em que pese a pouca eficácia transformadora do instrumental ortodoxo, da forma como é geralmente apresentado pelo clero, deve ficar claro que, em sua origem, este instrumental era embasado nos ensinamentos do Mestre e na prática de seus seguidores. Com o tempo e diante da nova orientação dada pela hierarquia clerical à vida religiosa dos cristãos, esses métodos foram sendo deturpados e tirados do contexto em que deveriam ser praticados. O resultado é conhecido: as verdadeiras práticas foram sendo esquecidas, e as utilizadas tornaram-se de pouca ajuda para a transformação interior.

Procuraremos, a seguir, oferecer algumas considerações visando resgatar as práticas da igreja primitiva, colocando-as numa linguagem mais acessível ao leitor moderno. Essas práticas, porém, deveriam ser adotadas dentro do contexto em que foram originalmente concebidas e ser utilizadas como um todo, pois formam um conjunto orgânico em que cada elemento serve de suporte e reforço aos outros, levando, assim, o praticante aos objetivos desejados.

Antes de examinarmos as práticas transformadoras da tradição interna, é indispensável ter bem claro que a premissa fundamental dessas práticas é derivada de um ponto central de nossa fé cristã, que o homem foi criado à imagem e semelhança de Deus. Dessa premissa, surge o corolário bastante negligenciado, apesar de óbvio, de que o homem também é um criador. Ao longo de nossas existências criamos o mundo exterior, o ambiente em que vivemos, pela força de nossas ações e pensamentos, conscientes e inconscientes. Infelizmente, em nossa ignorância e movidos pelo egoísmo, criamos principalmente de forma negativa, haja vista a desarmonia, os problemas e sofrimentos que nos perseguem como consequência de nossa atividade criadora insensata.

As chaves do Reino legadas por Jesus permitem reverter esse processo de criação negativa e estabelecer uma rotina consciente e inteligente de criação positiva. O processo positivo inicia-se com a decisão e a determinação da personalidade de buscar a Deus. Esse processo é acelerado quando o Cristo interior é devidamente invocado para canalizar seu infinito poder criador para a realização da meta final do homem, a perfeição.

Após extenso estudo da literatura disponível, da vida dos místicos e de ingente busca interior em meditação, concluímos que são doze as chaves do Reino. Essa conclusão parece ser corroborada por alguns indícios internos. O número doze tem o significado esotérico de completude, de totalidade. Os doze meses do ano, os doze signos do zodíaco, as doze horas do dia e da noite, por exemplo, apresentam a ideia de completude. No Cristianismo primitivo esse número ocorre em diferentes contextos. Assim, simbolicamente, Jesus teria tido doze apóstolos, uma extensão do simbolismo judaico das doze tribos de Israel. Em *Pistis Sophia*, encontramos doze pares de emanações em quase todos os planos, assim como doze pares de Mistérios. Não seria de estranhar, portanto, que o método transformador de nossa tradição seja baseado em doze instrumentos.

OS INSTRUMENTOS TRANSFORMADORES	
Facilitadores	**Operativos**
Fé	Estudo
Amor a Deus	Oração e Meditação
Vontade	Lembrança de Deus
Purificação	Atenção
Renúncia	Rituais e Sacramentos
Discernimento	Prática das Virtudes

Os instrumentos transformadores da tradição cristã podem ser agregados em dois conjuntos de seis. Chamamos os seis primeiros instrumentos de facilitadores e os outros seis de operativos. Verificamos também que os dois grupos expressam as duas etapas que os místicos da idade média chamavam de via negativa e via positiva já mencionadas anteriormente. Os instrumentos facilitadores abrem o caminho, promovendo a purificação dos veículos do homem e o estabelecimento de uma vibração conducente à vida espiritual. Os instrumentos operativos, como o nome indica, estão voltados para a promoção da transformação propriamente dita.

Vistos sob esse prisma, o primeiro grupo de instrumentos facilitaria a promoção daquilo que os antigos gregos chamavam de *kenosis*, o esvaziamento da personalidade das coisas do mundo, para que o segundo grupo pudesse favorecer o preenchimento da alma com a luz divina. Os dois grupos de instrumentos parecem trabalhar em uníssono para efetuar a mudança do homem velho no homem novo que Paulo preconizava:

Como é a verdade em Jesus, nele fostes ensinados a remover o vosso modo de vida anterior – o homem velho, que se corrompe ao sabor das concupiscências enganosas – e a renovar-vos pela transformação espiritual da vossa mente, e revestir-vos do Homem Novo, criado segundo Deus, na justiça e santidade da verdade. (Ef 4:21-24)

Posto que o ser humano é um conjunto de princípios integrados, os instrumentos transformadores devem ser operados de forma orgânica, pois estão intimamente relacionados. Todo progresso na prática de qualquer dos instrumentos se fará sentir na prática dos outros, porém, um mínimo de proficiência em cada um é necessário para que não ocorram distorções ou estrangulamentos no processo de transformação do buscador.

Parece haver um ritmo na utilização dos instrumentos dos dois grupos. O uso do primeiro estabelece a tônica, que é desenvolvida no do segundo, consolidada na utilização dos dois seguintes, aprofundada pelo quinto e, finalmente, temperada ou harmonizada pelo uso do último. Buscando um paralelo em nossa vida quotidiana, verificamos que eles se parecem com os principais sistemas de um carro. O primeiro é o motor de partida, o segundo o acelerador, o terceiro a direção, o quarto os sistemas estabilizadores, o quinto o sistema de injeção turbo ou a tração nas quatro rodas e, finalmente, o sexto, o freio.

Quanto aos instrumentos facilitadores: o fundamento da vida espiritual é a fé, comparável ao motor de partida do nosso veículo hipotético; o amor a Deus acelera nossa viagem espiritual; a vontade nos mantém firmes na direção certa; a purificação é o sistema que refrigera o motor da alma e estabiliza a marcha de nosso veículo, suavizando os percalços da estrada; a renúncia das coisas do mundo alivia o peso do carro, equivalendo a uma nova injeção de combustível no motor, o que permite maior progresso; finalmente, o discernimento é o freio necessário para que o buscador não derrape nas curvas de uma ascese excessiva nem de uma aceleração do fanatismo, que pode comprometer a segurança do motorista (a alma) e dos transeuntes que compartilham a estrada da vida conosco.

O buscador está pronto agora para enfrentar uma nova etapa do caminho para subir pela estrada íngreme e acidentada que leva ao topo da montanha. Usando mais uma vez o paralelo sugerido do carro, desta vez com os instrumentos operativos, verificamos que o estudo constitui o motor de partida. Com a oração e a meditação começa a lenta aceleração da expansão de consciência. Como a estrada é estreita e tortuosa, conhecida por muitos como o 'caminho do fio da navalha,' a lembrança de Deus é a direção que permite manobrar pelos percalços do caminho mantendo sempre rumo ao alto. Nessa estrada o veículo não pode falhar, portanto os sistemas auxiliares devem ser confiáveis, o que demanda a constante auto-observação. Como a estrada vai se tornando cada vez mais íngreme, a ascensão nas últimas etapas só pode ser feita com tração auxiliar nas quatro rodas, propiciada pelos rituais e sacramentos. O sistema de frenagem é especialmente crítico nesse trajeto; a euforia do progresso nas alturas desenvolve seguidamente o orgulho e a ambição, que só podem ser neutralizados pela prática constante das virtudes.

Essa interdependência ficará mais clara quando examinarmos cada instrumento em particular. Ela já era conhecida dos antigos padres da Igreja. Máximo, o Confessor, escreveu:

> *O prêmio do autocontrole é o desapego e o da fé, o conhecimento. O desapego dá origem ao discernimento e o conhecimento dá origem ao amor a Deus. A mente que teve sucesso na vida ativa avança na prudência, a que teve na vida contemplativa, em conhecimento.*[236]

Existe uma correlação entre os seis instrumentos facilitadores e os seis operadores. Sem exaurir o assunto, poderíamos dizer que o estudo confirma a fé; a oração leva ao conhecimento de Deus que alimenta o amor a Deus; a determinação facilita a lembrança de Deus; o exercício da auto-observação facilita a purificação; a morte para o mundo, que é a renúncia, possibilita o renascimento através dos mistérios (rituais e sacramentos); e a identificação do real, que é o discernimento, leva à manifestação do divino no homem, que é a prática das virtudes.

---

[236] *Philokalia*, vol. I, pp. 25-6.

Apesar da lógica sequencial dos instrumentos nos dois grupos, eles podem e devem ser utilizados todos ao mesmo tempo. Em cada etapa da vida espiritual do buscador, um ou mais desses instrumentos terá maior importância. No início da busca espiritual, os instrumentos facilitadores devem ser enfatizados, com vista a adequar a personalidade, pela purificação, à nova vibração mais elevada da alma. Essa é a **via negativa** dos místicos, em que é efetuada a purgação de tudo o que é grosseiro e mundano e que impede a sintonização da alma com o Divino. O equilíbrio é a meta que só pode ser alcançada quando as distorções são superadas, já que essas criam obstáculos ao progresso, daí o desenvolvimento do discernimento ser tão importante na primeira etapa, e a prática das virtudes, na etapa mais avançada.

A necessidade de interação operacional dos instrumentos será inevitavelmente sentida com o tempo. No início, é especialmente importante o esforço da personalidade no sentido de trabalhar os defeitos ou as falhas de caráter. Com o passar do tempo, o indivíduo se dá conta que atingiu um patamar de realização. Para progredir além desse ponto precisará de auxílio. E essa ajuda só poderá ser obtida da fonte de sua força, que é o Deus interior, o Cristo que aguarda por milênios, no âmago de nosso ser, que o invoquemos para que possa vir em auxílio da alma sofredora. Invocamos o Cristo interior por meio dos instrumentos operadores. Esses, quando ativados harmonicamente, proporcionarão vislumbres de consciência por intermédio dos quais a alma perceberá a Luz que transforma e salva a todos que a alcançam.

A utilização apropriada do instrumental transformador visa levar o buscador à última etapa do caminho, a via mística ou ocultista. Com o tempo e a prática, o buscador se sentirá cada vez mais próximo da Presença Divina, até o momento em que tiver seus primeiros contatos interiores. Quando isso ocorre o progresso passa a ser consideravelmente mais rápido, pois o indivíduo não estará mais sozinho em sua batalha diária, mas será assistido pelo Mestre interior, na medida em que pedir essa graça fervorosamente em suas orações.

Capítulo 14

A FÉ

A fé é o fundamento de toda prática espiritual. Portanto, é o primeiro instrumento que deve ser desenvolvido. Isso está de acordo com o ensinamento central de Jesus, exposto na obra *Pistis Sophia*, de que a fé (*pistis*) é o fator que assegura a vitória da alma em sua longa peregrinação pela terra distante.[237] Estamos falando da verdadeira fé e não da crença, conceito que frequentemente a mascara. A diferença entre fé e crença é a mesma que existe entre o eterno e o passageiro. A fé baseia-se no eterno, nas verdades imutáveis que independem do tempo e do espaço. Um artigo de fé, portanto, tem que ser comum para católico e protestante, maometano e judeu, hindu e budista, etc. A crença varia com o tempo e o espaço, depende da cultura e da religião de cada povo, daí ser geralmente chamada de crença religiosa.

Mas, se a fé é um fator tão importante na vida espiritual, poder-se-ia perguntar por que os cristãos comuns não fizeram progresso considerável no caminho da perfeição, já que a religião cristã vem preconizando a fé como virtude fundamental há dois mil anos? Várias razões conspiram para que isso ocorra. A principal é que a fé preconizada pela ortodoxia é uma fé passiva, na verdade uma crença e não a verdadeira fé. O fiel é instado a crer no nome de Jesus e que ele é o filho unigênito de Deus, que morreu na cruz para nos salvar.[238] Essa crença, embora seja reconfortante para o coração do devoto, tem como consequência a geração de um mecanismo vicioso de projeção psicológica. O fiel acha que o Filho de Deus, com seu sacrifício, já fez tudo o que é necessário para salvá-lo e que basta agora crer e não mais pecar, mas, se pecar, poderá sempre se arrepender até o último instante antes de morrer, evitando, assim, o fogo eterno. Essa crença não leva necessariamente o fiel a buscar sua transformação interior, a trilhar o árduo "Caminho da Perfeição."[239]

---

[237] *Pistis Sophia*, p. 30.

[238] Jo 3:14-18.

[239] *Pistis Sophia*, pp. 30-31.

Só a verdadeira fé é transformadora, pois é ativa. É aquela certeza sentida no fundo do coração, que expressa um sentimento intuitivo das verdades eternas. A fé do místico é inquebrantável, pois advém de suas experiências interiores, visões ou revelações obtidas em contemplação. Nesse caso, o indivíduo tem fé porque **sabe**, seu sentimento é baseado numa profunda convicção interior que independe de seus conceitos religiosos ou filosóficos. O místico aprende que o importante não é ter fé **em** Jesus, mas sim ter fé **como** Jesus. Nesse caso há o compromisso de imitar o Mestre e buscar o Reino dos Céus, até se tornar perfeito como o Pai que está nos Céus é perfeito.

Inicialmente a fé se apresenta como a apreciação intuitiva de algo que não pode ser imediatamente conhecido. É por isso que está escrito que *A fé é uma posse antecipada do que se espera, um meio de demonstrar as realidade que não se veem* (Hb 11:1). Geralmente associamos o conhecimento com a memória mental. A fé, porém, seria como uma memória de coisas que transcendem a mente, um conhecimento que está gravado no coração e que aflora sem que a mente possa explicá-lo. Podemos conceber a fé como sendo o resultado de uma experiência da consciência do Eu Superior que não foi traduzida em termos da consciência do cérebro. Nesse caso, a experiência apesar de estar fora da esfera de percepção mental da personalidade, ainda assim é sentida, muitas vezes com grande intensidade, de uma forma alheia à lógica, por reações emocionais que refletem as intuições de um plano superior.[240]

Mais tarde, quando o indivíduo entra no caminho místico e passa por expansões de consciência, poderá, então, focalizar sua consciência nas verdades eternas e saber com total convicção. Por isso, foi dito em *Pistis Sophia*, que a fé (*pistis*) é a pedra fundamental para se alcançar a sabedoria (*sophia*).

A verdadeira fé não é um privilégio dos místicos. Dentre as pessoas que também sentem uma intensa fé poderíamos mencionar aquelas que tiveram uma experiência de quase morte. Indivíduos que por alguma razão passam pela morte clínica aparente, decorrente de um acidente, cirurgia, afogamento

[240] Vide *The Mystical Qabalah*, p. 146.

ou qualquer outra situação apresentam frequentemente um mesmo padrão de experiência: uma revisão instantânea de sua vida, a passagem rápida por algo que parece ser um túnel escuro e a aproximação de uma forte Luz, que associam com Deus. Ao retornarem ao seu estado de consciência normal, praticamente todas essas pessoas expressam uma convicção inabalável na existência de Deus. Dizem que Ele está bem próximo de nós ou mesmo no nosso interior, o tempo todo, e que a vida continua depois da morte. Afirmam que a morte não é para ser temida, e que Deus nos ama e compreende qualquer que tenha sido nosso comportamento nessa vida (experiência relatada até mesmo por aqueles que tentaram suicídio – um pecado capital em todas as religiões). Compreendem que o amor é a coisa mais importante na vida do homem, e que todos nós temos uma missão na vida apesar de não estarmos certos da natureza dela.[241]

Essas experiências de quase morte têm um impacto na vida das pessoas equivalente às visões dos místicos e iogues avançados, favorecendo o surgimento de uma fé inabalável em verdades universais, independente de crenças religiosas, cultura, espaço ou tempo. Essa é a verdadeira fé, que é baseada na experiência direta. É a fé em nossa natureza divina, no amor e na compaixão de Deus para conosco. É a convicção de que Deus nunca abandona seus filhos, mas, ao contrário, permanece em nossos corações o tempo todo e está sempre pronto a nos ajudar a nos libertarmos da servidão em que nos encontramos. É a fé na justiça divina, na lei de causa e efeito, pela qual criamos a nossa vida futura, assim como criamos no passado as circunstâncias de nossa vida presente.

A fé na lei de causa e efeito é o fator central no processo de auto-transformação do indivíduo. Somente quando nos conscientizamos de que somos o criador de nossa própria vida e que, sem esforço e mudanças em nossas atitudes interiores e, por conseguinte, no comportamento exterior, nada poderemos alcançar, é que passamos a reorientar a nossa vida de maneira adequada. Essa implica numa atitude ativa para com a vida, recusando a

[241] Vide R.A. Moody Jr, *The Light Beyond* (N.Y.: Bantan Books, 1988) e Cherie Sutherland, *Dentro da Luz* (Brasília: Editora Teosófica, 1998).

passividade espiritual que parece caracterizar a maior parte dos fiéis comuns. Jesus ensinou-nos que se tivéssemos a verdadeira fé, ainda que pequenina como a semente de mostarda, seríamos capazes de remover montanhas,[242] certamente as montanhas de lixo de nossa natureza inferior. Se, por um lado, a pequena semente da fé pode crescer e tornar-se uma grande árvore,[243] que é o conhecimento direto das verdades eternas, a mera crença, ou fé cega, por outro lado, não pode germinar e produzir os frutos da verdade. A crença em dogmas e outras doutrinas impositivas não tem a força transformadora que a verdadeira fé proporciona.

A essência da fé, que é o conhecimento intuitivo da verdade, parece estar gravada em nossos corações. Ela é uma sementinha que aguarda as condições propícias para germinar e dar seus frutos. Essas condições são o gradual exercício do *Yoga*, o trabalho ingente de purificação dos místicos, o árduo caminho da autotransformação trilhado pelas pessoas determinadas, além de eventuais fatos marcantes que transformam a vida das pessoas, tais como as experiências de quase morte.

Essa ideia de que a essência da fé está gravada em nosso coração desde o princípio foi muito bem explorado no Hino da Pérola[244] e em P*istis Sophia*,[245] como indicado anteriormente. Na Epístola aos Hebreus é dito que:

> *A fé é uma posse antecipada do que se espera, um meio de demonstrar as realidades que não se veem. Foi por ela que os antigos deram o seu testemunho. Foi pela fé que compreendemos que os mundos foram organizados por uma palavra de Deus. Por isso é que o mundo visível não tem a sua origem em coisas manifestas.* (Hb 11:1-3)

A epístola continua mencionando os exemplos de Abel, Henoc, Noé e Abraão;

> *Na fé, todos estes morreram, sem ter obtido a realização da promessa, depois de tê-la visto e saudado de longe, e depois de se reconhecerem estrangeiros e peregrinos nesta Terra. Pois aqueles que assim falam*

---

[242] Mt 17:20 e Lc 17:6.
[243] Mt 13:31; Mc 4:31; e Lc 13:19.
[244] Anexo 2.
[245] Anexo 3.

demonstram claramente que estão à procura de uma pátria. E se lembrassem a que deixaram, teriam tempo de voltar para lá. Eles aspiram, com efeito, a uma pátria melhor, isto é, a uma pátria celestial. (Hb 11:13-16)

Essa convicção profunda deve guiar todo buscador, expressando a certeza de que a Luz divina está em seu interior e que, se devidamente invocada, a Luz virá em seu auxílio. A Luz é o Cristo interior, e Nele devemos colocar toda nossa fé.

Mas como podemos alcançar essa fé? Buscando-a na fonte da Verdade! Como o Cristo habita no âmago de nosso coração, é lá que devemos procurar a fé, assim como a verdade, a paz e o amor. Buscar no coração significa agir sem os condicionamentos da mente, procurar orientação daquilo que chamamos de intuição, que nada mais é do que a voz do Cristo interior. Na prática, significa perguntar sempre ao coração o que é a coisa certa a fazer, em cada situação, de acordo com as leis da verdade e do amor, em vez de agirmos de acordo com o que fomos ensinados pelo nosso ambiente, nossa tradição e nossos condicionamentos. A prática meditativa ajuda-nos a abrir o canal de comunicação com nossa natureza interior.

Capítulo 15

AMOR A DEUS

O amor é a energia cósmica mais atuante na vida do ser humano. Os grandes feitos heroicos decantados pela história são sempre casos de amor, seja à pátria, à esposa, ao filho em perigo, a ideias, ideologias ou causas. Existem, também, muitos casos de heroísmo anônimo, como por exemplo, de mães e pais que se sacrificam por seus filhos ao longo de meses ou anos de dedicação e sofrimento. É sabido que muitas pessoas mudam inteiramente sua vida devido a uma paixão que tudo consome.

É essa força do amor (que também se manifesta como eros, ou atração, como dizia Freud) que transforma radicalmente a vida dos místicos. Os místicos, tendo renunciado ao mundo e voltado de forma unidirecionada toda a força de seu ser para o alto, consomem nas chamas do amor todas as barreiras e impedimentos para a união com o Bem-Amado. Suas vidas exemplares comprovam que o amor a Deus é um dos instrumentos mais cruciais no Caminho da Perfeição.

Ainda que no Cristianismo e em outras tradições religiosas e místicas o amor seja apontado como a maior virtude divina, nem sempre nos damos conta de que é também a lei fundamental do universo e do ser. O amor é a energia que garante o sucesso da manifestação em seu curso de retorno da diversidade para a unidade. Apesar da inércia da matéria, dos pares de opostos e dos diferentes níveis da manifestação parecerem conspirar a favor da manutenção da separatividade, o amor supera todas as barreiras e trabalha inexoravelmente para a união da essência por trás de todas as formas e em todos os níveis. O amor é, então, a força que promove a atração de todas as partes que se encontram aparentemente separadas.[246]

---

[246] Para alguns autores, o amor é a síntese de todas as virtudes: *O amor é diligente, sincero, pio, alegre e suave; é forte, sofredor, fiel, prudente, constante, varonil, sem jamais cuidar de si mesmo; pois que, desde que alguém a si mesmo se busca, cessa de amar. O amor é circunspecto, humilde e reto; não é inconstante nem leviano; não se aplica a coisas vãs; é sóbrio, casto, firme, tranquilo e recatado em todos os sentidos. Imitação de Cristo*, p. 182.

Num sentido mais abstrato e abrangente, a lei do amor poderia ser vista como a lei universal da atração.[247] Essa lei se manifesta em diferentes níveis e contextos abrangendo até mesmo a coesão atômica, a afinidade química, o magnetismo, o sexo, a radiação, a gravidade e a gravitação cósmica. Vários desses aspectos de atração atuam nos seres humanos. Por exemplo, o fototropismo típico das plantas ocorre também com os homens, numa volta mais alta da espiral evolutiva, no sentido da orientação do homem em direção à luz espiritual.

Todo ser humano que passa por uma experiência mística, por um profundo *samadhi* [248] meditativo ou por uma experiência próxima à morte (EPM) sabe, por sua própria vivência, que o amor de Deus pelos homens é incondicional e total, e que todos aqueles que o experimentam, ao sentirem-se unos com o Todo, passam a expressar em suas vidas esse profundo sentimento. Nas palavras de uma pessoa que passou por uma EPM:

Enquanto eu estava lá em cima era como se eu estivesse num mundo dourado, num incrível mundo dourado, pleno da luz de Cristo. Senti que eu fazia parte daquilo tudo, que era uma parte do todo, que aquele era o meu lugar, que aquilo era a verdade. E havia todos esses seres, anjos, seres angélicos, luminosos, e esse sentimento de amor total.[249]

Não é de se estranhar que, ao ser perguntado qual era o maior mandamento, Jesus tenha respondido:

> *Amarás ao Senhor teu Deus de todo o teu coração, de toda a tua alma e de todo o teu entendimento. Esse é o maior e o primeiro mandamento. O segundo é semelhante a esse: Amarás o teu próximo como a ti mesmo. Desses dois mandamentos dependem toda a Lei e os profetas.* (Mt 22:37-40)

O amor é o mais abrangente de todos os mandamentos, pois como Deus é o Todo, devemos amar todas as coisas visíveis e invisíveis, já que tudo o que existe é uma expressão de Deus. A menção de um segundo mandamento,

[247] Vide A.A. Bailey, *A Treatise on Cosmic Fire* (N.Y.: Lucis Publishing Co, 1962, pp. 1166-1175).
[248] Vide Glossário – Anexo 4.
[249] *Dentro da Luz,* p. 210.

o de amar ao próximo, é, de certa forma, redundante, pois Deus se manifesta também em cada ser humano, estando essa recomendação implícita no primeiro mandamento e vice-versa. Como esse mandamento nem sempre é devidamente compreendido, acaba tendo pouco impacto na vida do cristão comum.

Amar o próximo não significa necessariamente gostar dele. A expressão sentimental do amor tende a obscurecer o verdadeiro amor, porque o que gostamos hoje podemos odiar amanhã. O amor ao próximo é o eixo central de toda a ética espiritual, pois significa a identificação com o outro, significa a compaixão pela dor do próximo que nos leva a uma atitude de boa vontade e cooperação, mesmo para com aqueles que não gostamos. Lembramos, nesse sentido, as palavras de Leonardo Boff: *O amor incondicional possui características maternas, tem compaixão por quem fracassou. Recolhe o que se perdeu. E tem misericórdia por quem pecou. Nem o inimigo é deixado de fora. Tudo é inserido, abraçado e amado desinteressadamente.*[250] O sentimentalismo pode até ser prejudicial à compaixão, pois pode tornar nossa identificação com o sofrimento alheio intolerável e, portanto, impossível de ser transformada em ação de ajuda. O sentimentalismo advém da identificação do ego como sendo o outro. O verdadeiro amor identifica o Eu Superior como sendo o próximo. Portanto, enquanto não nos libertarmos em boa medida da prisão de nosso próprio ego, teremos dificuldade para identificar-nos com a natureza superior de nosso próximo. É por isso que Jesus acrescenta sabiamente ao final da declaração a condição de amar "*como a ti mesmo.*"[251]

Podemos concluir que para desenvolver a verdadeira compaixão devemos, em primeiro lugar, aprender a nos identificar com nosso verdadeiro ser, o Eu Superior, para então nos identificarmos com o verdadeiro ser de nosso próximo, em vez de cairmos na armadilha do sentimentalismo inoperante e muitas vezes contraproducente. É por isso que a motivação central do budismo filosófico é a grande compaixão, conhecida na terminologia budista como *bhodichitta*, ou seja, o compromisso de buscar a iluminação o mais rapidamente possível para capacitar-nos a ajudar verdadeiramente a todos os seres.

---

[250] Leonardo Boff, *A águia e a galinha* (Petrópolis: Vozes, 1998, p. 132).
[251] Vide também, Paul Brunton, *Ideias em Perspectiva*, pp. 82-85.

Em muitas outras passagens da Bíblia, somos instados a amar-nos uns aos outros (Jo 15:17), a amar-nos como Jesus nos amou (Jo 13:34 e 15:12) e, até mesmo a amarmos nossos inimigos (Mt 5:44). O amor é, assim, um dos fatores fundamentais do ensinamento de Jesus, o que era reforçado pelo exemplo do Mestre, que aparece nos relatos canônicos e apócrifos como um ser profundamente amoroso que nos convida a seguir seus passos.

Amar realmente nossos inimigos é sem dúvida um dos mais duros testes de nosso compromisso espiritual. Essa prática é especialmente difícil porque geralmente nos volvemos para o ego de nosso desafeto e não para sua natureza divina. Para amarmos nossos inimigos devemos manter fora de nossa esfera emocional todas as negatividades da natureza inferior, como o ressentimento, a amargura, a tendência à discussão, o ciúme, o rancor e a vingança.[252] Nesse sentido, Buda ensinou: *O ódio jamais é vencido pelo ódio. O ódio só se extingue com o amor; esta é uma verdade eterna.*[253]

Jesus nos ensina que a expressão de amor que Deus mais quer dos homens nem sempre é aquela que os homens procuram demonstrar. Por isso ele disse: *Quem tem meus mandamentos e os observa é que me ama; e quem me ama será amado por meu Pai* (Jo 14:21). Se interpretarmos a palavra "mandamentos" como "ensinamentos" teremos aqui a essência da tradição interna: seguir os ensinamentos de Jesus como a mais perfeita expressão de amor a Deus.

No sentido mais amplo, o amor é a energia que está constantemente atuando para unir o que se apresenta aparentemente separado na manifestação. Sabemos que os polos masculino e feminino estão sujeitos à força de eros, a força da atração entre os sexos. Mas existe uma polaridade ainda mais fundamental de atração, que antecede o aparecimento da diferença sexual no mundo, a polaridade entre Espírito e matéria.

O amor do superior pelo inferior é o amor de Deus pelo homem e por toda a manifestação. Se por um instante sequer o amor divino fosse retirado ou suspenso, todo o universo entraria em colapso e deixaria de existir. Porém,

---

[252] Para maior aprofundamento ver: *Ideias em Perspectiva*, p. 87-88.

[253] *Dhammapada,* (S.P.: Pensamento, 1993), p. 19.

o amor do inferior pelo superior é seguidamente suspenso ou, o que é pior, é renegado consciente ou inconscientemente. Mas nem por isso Deus deixa de amar seus filhos. Para que o ser humano possa alcançar o Reino dos Céus, que é a consciência da Unidade com o Todo e com todos, a força do amor tem que ser ativada ao máximo. Ela pode chegar a ser uma aspiração ardente a tal ponto que se torna um fator não só necessário como suficiente para se alcançar o Reino, como foi visto anteriormente.

Para alguns temperamentos é mais fácil expressar o amor a Deus e aos outros seres. As pessoas amorosas ou devotas têm mais facilidade para crescer espiritualmente pelo amor a Deus. Esse é o elemento facilitador dos grandes místicos, os insaciáveis devotos que colocam toda sua vida à disposição do Bem-Amado. Para outros temperamentos, o amor a Deus pode ser cultivado pela busca incessante do conhecimento de Deus, através do estudo, da meditação e da lembrança de Deus.[254] Como nem todos podem sentir em seu coração o amor ao Todo, a alternativa é começar com o amor a certos aspectos desse Todo. Por exemplo, o verdadeiro amor altruísta para com os seres humanos ou mesmo para com os animais e a natureza é também um caminho seguro para expressarmos o amor a Deus.

Outras formas de expressão de amor também oferecem caminhos válidos e seguros, como o amor ao belo, à verdade e à justiça. Assim, os artistas que se dedicam sinceramente à expressão do belo, sem outra motivação a não ser a satisfação do anseio por expressá-lo, estarão também manifestando seu amor a Deus, que é a suprema beleza e harmonia. O amor à verdade e à justiça pode ser tanto um instrumento do processo de transformação do homem como uma consequência da operação desse processo. Como Deus é Verdade, quem não ama a verdade não pode amar a Deus; o mesmo acontece quanto à justiça. Portanto, todo aquele que tem como meta a sua eventual união com Deus deve assumir um compromisso inabalável com a verdade e a justiça, agindo em todas as circunstâncias como arauto e defensor dessas virtudes capitais. É por isso que Jesus fustigava aqueles que adotavam posturas falsas ou mesmo dúbias, como na célebre passagem em que o Mestre deplorava a atitude de hipocrisia dos guardiões da Lei, válida em sua época como no presente:

---

[254] Geoffrey Hodson, *Os Sete Temperamentos Humanos* (Brasília: Ed. Teosófica, 1ª ed., 2012).

Ai de vós, escribas e fariseus, hipócritas, porque bloqueais o Reino dos Céus diante dos homens! Pois vós mesmos não entrais, nem deixais entrar os que querem fazê-lo! [255] (Mt 23:13)

O compromisso com a verdade em todas as circunstâncias seria suficiente para revolucionar a vida do homem comum tão envolvido com a mentira e a falsidade. A crença de que os fins justificam os meios, não tem lugar na verdadeira vida espiritual. Os fins só justificam os meios para as pessoas mundanas, cujo compromisso é com o sucesso nas coisas do mundo material. Na vida espiritual, pela operação inexorável da lei de causa e efeito, os meios determinam os fins. Esse truísmo foi negligenciado pela Igreja Católica ao longo de sua história, com suas campanhas de perseguição aos que taxava de hereges, culminando com as atrocidades sistemáticas da inquisição, que chegava ao cúmulo de torturar e matar em nome de Deus. Assim, quem procura ser verdadeiro nas ações, palavras e pensamentos entra em sintonia com a Verdade, que é Deus. Por outro lado, quem se utiliza de meios errados jamais atingirá objetivos verdadeiros.

Ser verdadeiro na ação significa agir sem o fingimento e a falsidade que caracterizam a vida do homem moderno, que sobrevaloriza as aparências. Ser verdadeiro significa também simplicidade e equanimidade, é dispensar o mesmo tratamento gentil e cordato a todas as pessoas, sejam importantes ou humildes. Ser verdadeiro no falar significa não mentir, mas também ser exato e não exagerar. Como não podemos estar certos da veracidade da maioria das histórias que se falam sobre as outras pessoas, é preferível não falar da vida alheia, para evitar a possibilidade de disseminarmos uma possível inverdade. Além disso, é mais compassivo não expormos as fraquezas dos outros, da mesma forma como não gostaríamos que falassem das nossas imperfeições. Na realidade, a nossa fala reflete o estado do nosso coração, como disse Jesus: *A boca fala daquilo de que o coração está cheio.* (Mt 12:34)

---

[255] Vide também: Mt 23:15-30; 6:2,5 e 16; 7:5; 15:7; 22:18; 23:13; Mc 7:6; 12:15; Lc 12:1,56; 13:15.

Ser verdadeiro no pensamento é ainda mais difícil, em virtude das correntes de pensamentos falsos e superstições que estão disseminadas na atmosfera mental. O indivíduo precisa valer-se de sua capacidade de discernimento para ser verdadeiro no pensamento, pois a diferenciação entre o falso e o verdadeiro na esfera mental é ainda mais difícil do que no plano das ações e das palavras.[256]

Para aqueles mais avançados na Senda abre-se outra forma de expressão do amor que poderíamos chamar simplesmente de 'não ferir'. É o que os vedantinos e os budistas chamam de *ahimsa*, ou inofensividade. Sabendo que todos os seres sensientes são expressões de Deus, aquele que ama a Deus entende que não pode provocar sofrimento a nenhuma expressão material de Deus. Portanto, são evitados todos os atos que prejudicam as outras criaturas, como matar, roubar, mentir, etc. A prática da inofensividade é um grande passo no caminho espiritual, mormente em nossa sociedade competitiva, em que as pessoas não hesitam em prejudicar os outros para alcançar seus interesses egoístas. O buscador da verdade, movido pelo verdadeiro amor, será levado a estabelecer naturalmente seu código de ética pautado na norma de não ferir.

O vegetarianismo ético origina-se desse preceito de não ferir. Os verdadeiros buscadores, movidos pela compaixão para com os animais, como demonstrada por alguns grandes santos, como S. Francisco de Assis, não matam animais e não comem carne para não compactuar com outros que venham a abater os nossos irmãos menores para suprir a demanda por carne. É interessante notar que o vegetarianismo já era previsto desde o princípio da criação como indicado no livro de Gênese: *Deus disse: 'Eu vos dou todas as ervas que dão semente, que estão sobre toda a superfície da terra, e todas as árvores que dão frutos que dão semente: isso será vosso alimento'.* (Gn 1:29)

Muitas pessoas podem experimentar angústia e até desespero ao constatar que seu amor a Deus é algo formal, que existe mais da boca para fora do que no âmago de seu coração. O que podemos fazer a este respeito? Logicamente não podemos fingir, porque Deus conhece as nossas intenções,

[256] *Aquele que julga as coisas pelo que elas são e não segundo o dizer ou pensar alheio, é verdadeiramente sábio, instruído mais por Deus que pelos homens. Imitação de Cristo*, p. 101.

nem podemos forçar nossos sentimentos. O amor é algo que não pode ser forçado, pois é a expressão mais nobre de nossa natureza superior. As pessoas que sentem que seu amor a Deus não se conforma com a nobreza de sentimentos e a intensidade preconizada pela verdadeira tradição cristã estão mais perto do caminho do que imaginam. Para começar, por sua honestidade interior nessa questão tão delicada estão demonstrando um considerável grau de despertar espiritual. O ponto central da questão, no entanto, é que a ilusão da separatividade distorce todas nossas percepções no mundo e nos leva, com frequência, a imaginar Deus como fora de nós. Na verdade, Deus está no âmago de nosso ser e, portanto, toda expressão de amor que tivermos, seja por nossos pais, filhos ou esposa/o, será sempre uma expressão de amor a Deus, ainda que momentaneamente restrita a apenas algumas expressões de Deus. Com o tempo alcançaremos o amadurecimento espiritual que nos levará a perceber Deus em todas as pessoas e em todas as coisas e, assim, passaremos a expressar de forma mais consciente o amor a Deus que antes era demonstrado de forma inconsciente.

Capítulo 16

VONTADE

A Vontade é um dos três aspectos básicos da Trindade divina. É a energia fundamental pela qual Deus criou todo o Universo através da Palavra e que cada ser humano usa para criar o seu universo particular. Da mesma forma como o amor e a sabedoria, os outros dois atributos básicos do Divino, a vontade vai se expressando progressivamente à medida que as pessoas vão evoluindo. A vontade também pode ser cultivada, como o amor e a sabedoria, tornando-se um instrumento cada vez mais eficaz para o crescimento da alma.

É uma força tão poderosa, capaz de vencer todas as barreiras, que na Bíblia é dito: *A Lei e os Profetas até João! Daí em diante, é anunciada a Boa Nova do Reino de Deus, e todos se esforçam para entrar nele, com violência* (Lc 16:16). A violência referida certamente não é física, pois o material não pode penetrar e subjugar o espiritual. O que está sendo transmitido é a ideia de que o poder da vontade consegue derrubar as barreiras existentes entre o visível e o invisível, permitindo ao buscador rasgar o véu que o mantém preso na escuridão.[257]

Muitas pessoas não se dão conta de que o desejo é a expressão distorcida da Vontade Divina. O desejo é a energia da vontade direcionada para a gratificação dos sentidos e as demandas autocentradas da personalidade. É com a expressão dos desejos materiais e egoístas que a maior parte dos homens constrói a sua vida. Não é de estranhar que esses desejos, pela operação da lei de causa e efeito, sejam a fonte de tanto sofrimento no mundo, pois a força do desejo pode se tornar avassaladora.

Mas como atua o poder criador da vontade? A vontade é a capacidade criadora de Deus. Como somos criados à imagem e semelhança de Deus, temos a mesma capacidade criadora da Divindade. A diferença é, em primeiro lugar,

[257] Mc 15:38 e Lc 23:45.

que não nos damos conta dessa verdade e, em segundo, que geralmente usamos nossa capacidade criadora de forma inconsciente e destrutiva, gerando assim a desarmonia e infelicidade que nos perseguem. O pensamento é o instrumento básico do processo criador, independente dele ser consciente ou inconsciente. No homem comum, a maior parte dos pensamentos é de natureza inconsciente. Os pensamentos conscientes são geralmente sem força, pois passam de forma fugidia pela mente. Assim, a força do poder criador é dispersada em milhares de breves pensamentos sem muita definição e intensidade. O discípulo que conhece o processo criador da vida procura se tornar mais consciente de seus pensamentos para assim focalizar seu poder mental, tornando dessa forma seu ambiente interior cada vez mais harmônico e construtivo. Essa harmonia interior se fará sentir em nosso ambiente exterior, que é sempre um reflexo de nossos pensamentos e sentimentos.

A vontade manifesta-se no homem de diferentes maneiras: como determinação, concentração, unidirecionamento e assentimento. Força de vontade talvez seja a expressão mais usada para definir a determinação de um indivíduo para continuar trabalhando por um ideal previamente escolhido, apesar das dificuldades que invariavelmente irão aparecer. No Caminho da Perfeição, a determinação é imprescindível, em virtude dos obstáculos diários de toda ordem que afligem o buscador. Esses obstáculos só podem ser enfrentados e superados com determinação férrea, pois o poder aprisionador de nossas tendências materiais naturalmente provocará inúmeros fracassos, que tendem a desanimar os mais débeis. Como é dito em *Imitação de Cristo, Consoante o nosso propósito será o nosso progresso; de muita diligência precisa quem deseja sério aproveitamento.*[258]

Toda tentativa de disciplinar a personalidade esbarra numa muralha de objeções que só pode ser superada pela vontade. A personalidade usa inúmeras artimanhas para evitar o enfrentamento da verdade que ela procura esconder. Uma razão para isso é que o reconhecimento de nossas imperfeições é doloroso. Outra razão é que nossa natureza inferior é preguiçosa e está sempre procurando evitar qualquer esforço que não seja diretamente associado à

---

[258] *Imitação de Cristo*, p. 65.

gratificação de seus próprios desejos. A primeira dessas práticas é o cultivo do hábito da constante recordação de nossa verdadeira natureza e nosso verdadeiro propósito na vida..[259]

A determinação deve ser mantida ao longo do percurso porque para cada dificuldade superada uma nova aparecerá, provavelmente de natureza mais sutil, requerendo mais esforço, habilidade e dedicação de nossa parte. Deus, em sua infinita sabedoria fez com que a força de vontade atuasse de forma mais débil nas almas jovens, justamente para protegê-las das consequências de seus desejos insensatos. Feliz o homem que aumenta sua determinação na mesma medida em que desenvolve o discernimento, pois isso permite que sua crescente capacidade realizadora possa ser direcionada para o alvo certo. Uma das razões para a pouca força de vontade do homem comum é a dispersão dessa vontade na tentativa de satisfazer o grande número de desejos fugidios que ele expressa em sua vida cotidiana.

Como o objetivo da vida espiritual é a união com Deus, o buscador precisa direcionar todas suas energias para o alto. Para que isso ocorra, sua natureza inferior deve estar irmanada com o propósito superior, porque na vontade espiritual não há a coerção de um eu teimoso, mas sim a harmonização do todo. Nas palavras de um místico oriental: *A verdadeira vontade nunca se tensiona, ela nasce no silêncio. Ela inclui tanto o pensamento como o sentimento. Ela é imovível por qualquer coisa externa a si própria. Quando eu não tenho vontade pessoal, posso atuar com a vontade mais forte do mundo. Quando sei que a Vontade una está em tudo, todo conflito é abolido.*[260]

No indivíduo totalmente comprometido com a vida espiritual o unidirecionamento de sua vida para Deus ocorre naturalmente, e ele pode então afirmar como o salmista: *o zelo por tua casa me devora.* (Sl 69:10)

Todo buscador sabe que o ritmo de progresso na Senda não é constante. Muitas vezes a aparente falta de progresso na vida espiritual pode provocar desânimo e frustração naqueles que não estão fortalecidos pela fé nas verdades

---

259 Vide I.K. Taimni, *Autocultura à Luz do Ocultismo* (Brasília: Ed. Teosófica, 3ª ed., 2007, p. 166).

260 Sri Ram, *Pensamentos para aspirantes ao caminho espiritual* (Brasília: Ed. Teosófica, 1989, p. 22).

eternas. Se um obstáculo parece irremovível ou a meditação permanece árida por semanas, meses ou mesmo anos, esta pode ser uma indicação de que precisamos direcionar ainda mais energia para vencer os obstáculos. Quando isso é feito e temos a consciência de que fizemos absolutamente tudo o que estava ao nosso alcance, devemos então exercitar a paciência dando tempo para que os resultados apareçam, pois os fatores causais, que provavelmente já foram acionados nos planos sutis, levam tempo para manifestar-se nos planos mais densos.

É importante, nesse particular, o alinhamento de nossa vontade com a Vontade de Deus. Enquanto nossa vida estiver dirigida para a satisfação dos desejos ou vontades da personalidade, o homem estará amarrado ao mundo. Daí a importância das palavras do apóstolo Paulo: *Não sejais insensatos, mas procurai conhecer a vontade do Senhor* (Ef 5:17); e também: *E não vos conformeis com este mundo, mas transformai-vos, renovando a vossa mente, a fim de poderdes discernir qual é a vontade de Deus, o que é bom, agradável e perfeito* (Rm 12:2). A vontade divina deve ser obedecida até mesmo nos momentos de angústia, como Jesus demonstrou pouco antes de sua morte violenta, quando no Monte das Oliveiras, sabendo o que lhe esperava, disse: *Pai, se queres, afasta de mim este cálice! Contudo, não a minha vontade, mas a tua seja feita*! (Lc 22:42)

Todo aquele que ama procura fazer a vontade da pessoa amada. Portanto, devemos procurar saber qual a vontade de Deus para então atendê-la. Considerando que Deus é o Supremo Amor, quc sempre age com a Divina Bondade, Ele só pode desejar que nós sejamos realmente felizes. E o que significa sermos realmente felizes? Significa libertarmo-nos de todos os grilhões que nos mantêm prisioneiros e infelizes nas trevas da ignorância. Portanto, a Vontade de Deus não é algo inescrutável, não é nenhum mistério além de nosso alcance, mas sim o nosso destino último, o retorno à Casa do Pai, onde viveremos em eterna bem-aventurança. Considerando o lado prático de nossa vida cotidiana, devemos procurar alinhar a nossa vontade com a Vontade de Deus seguindo os ditames do coração, ou seja, ouvindo a voz da alma e vivendo de acordo com o mais elevado código de ética que nossa consciência ditar. O estudo e a meditação serão fontes constantes de instrução sobre a Vontade de Deus.[261]

Algumas pessoas pensam que fazer a vontade de Deus é algo difícil, que demanda imensos sacrifícios de nossa parte. Ao contrário, é alegre e fácil seguir à divina Vontade, pois como nos disse Jesus: *O meu jugo é suave e o meu fardo é leve* (Mt 11:30). Imaginamos, em nossa ignorância aprisionadora, que as mudanças necessárias para seguir o chamado do Alto e realizar a vontade de Deus são extremamente penosas. Na verdade, o grande peso, a causa real de nosso sofrimento, é a falsidade de nossa vida, que nos aliena da realidade, são as nossas negatividades que nos tornam destrutivos. Quando conseguimos, depois de algum esforço e certa dor inicial, deixar para trás as falsidades e as negatividades, verificamos que nos sentimos mais leves, livres e contentes, confirmando por experiência própria a promessa de Jesus de que o fardo da verdade é mais leve.

[261] Vide *The Mystical Christ*, pp. 146-47.

Capítulo 17

PURIFICAÇÃO

A purificação parece ser o ponto alto de toda a ascese da "via negativa", o processo de purgação pelo qual os místicos procuram evitar as vibrações negativas e mudar radicalmente de vida para merecerem ser admitidos na Presença de Deus. A necessidade de purificação é enfatizada em todas as tradições. No entanto, todos os mestres advertem que, na prática, os devotos tendem a cometer exageros na ascese, desperdiçando seus esforços no objetivo errado.

Todas as práticas de ascese devem ser voltadas para reforçar a vontade de fazer a coisa certa, ou seja, promover a ausência de desejo por objetivos inferiores, ao mesmo tempo em que procuram reverter as tendências estabelecidas pelos comportamentos errôneos adotados durante muitas vidas. O poder escravizador das tendências mundanas foi aludido na passagem lapidar de Paulo:

> *Realmente não consigo entender o que faço; pois não pratico o que quero, mas faço o que detesto. Na realidade, não sou mais eu que pratico a ação, mas o pecado que habita em mim. Eu sei que o bem não mora em mim, isto é, na minha carne. Pois o querer o bem está ao meu alcance, não, porém o praticá-lo. Com efeito, não faço o bem que eu quero, mas pratico o mal que não quero.* (Rm 7:15,17-19)

Todo ser humano compartilha com o apóstolo Paulo a perplexidade de insistir em manter padrões de comportamento e atitude negativos, mesmo depois de saber que são destrutivos e trazem infelicidade para nós e para os outros. Paulo explica essa compulsão como advindo do *pecado que habita em nós*. O pecado nada mais é do que a natureza inferior com suas imagens entrincheiradas por trás das defesas da obstinação, do orgulho e do medo que nos aprisionam num círculo vicioso. Por isso o processo de purificação deve procurar atingir a raiz do problema, o *pecado que habita em nós*.

O homem, porém, sempre achou mais fácil fazer coisas externas do que efetuar as necessárias mudanças em seu interior. Desde a mais remota antiguidade preferia as asceses, o uso de cilícios, sacrifícios e jejuns à prática das virtudes. Uma tocante passagem do profeta Isaías demonstra que os verdadeiros ensinamentos espirituais, com suas devidas prioridades, sempre estiveram ao alcance da humanidade:

> *Não continueis a jejuar como agora, se quereis que a vossa voz seja ouvida nas alturas!*
> *Por acaso não consiste nisto o jejum que escolhi: em romper os grilhões da iniquidade, em soltar as ataduras do jugo e pôr em liberdade os oprimidos e despedaçar todo o jugo? Não consiste em repartires o teu pão com o faminto, em recolheres em tua casa os pobres desabrigados, em vestires aquele que vês nu e em não te esconderes daquele que é tua carne*? (Is 58:4, 6-7)

Conhecendo essa tendência milenar de excessos na ascese, Jesus declarou:

> *Um burro, girando uma pedra de moinho, caminhou cem milhas. Quando ele foi solto, percebeu que ainda estava no mesmo lugar. Existem homens que fazem muitas jornadas, mas sem fazer nenhum progresso em qualquer direção. Quando o crepúsculo os surpreende, não encontram nenhuma cidade nem vilarejo, nenhum produto humano nem fenômeno natural, poder nem anjo. Labutaram em vão, os coitados*![262]

As tradições orientais são ainda mais específicas ao tratar do assunto. Vemos assim, nos *Yoga-Sutras* de Patañjali, que o *Krya-Yoga*, ou *Yoga* preliminar, conhecida como *yamas* e *nyamas*, ou proibições e prescrições, tem um papel fundamental. O iogue não conseguirá fazer muito progresso enquanto não preparar suficientemente seus veículos para a jornada interior.

Alguns iogues e certas tradições monásticas, em seu zelo de purificar as tendências materiais, buscam na mortificação do corpo um meio rápido para

[262] *Evangelho de Felipe*, em *The Nag Hammadi Library*, pp. 147-48.

alcançar esse fim.[263] Todos os mestres são contra exageros nesse particular. O Senhor Buda, depois de verificar por experiência própria que a excessiva mortificação do corpo com longos jejuns o havia debilitado a ponto de não poder se concentrar na meditação, preconizou o Caminho do Meio, em que o buscador deve evitar os extremos de licenciosidade e de maceração do corpo, mas viver com disciplina e controle da mente, pois é a mente que controla o corpo. Procurando retificar os conceitos errôneos existentes em sua época sobre a purificação, Buda ensinou:

> *O costume de andar nu, os cabelos trançados à maneira dos ascetas, os jejuns, o dormir no chão ao relento, o cobrir-se com cinzas ou poeira, o sentar-se imóvel nos calcanhares (em penitência), as prosternações, nada disso purifica o mortal que não se livrar do desejo e da dúvida.*[264]

Essa mesma ideia já era propalada pelo *Bhagavad-Gitā*:

> *Os homens que realizam severas austeridades, não prescritas pelas Escrituras, unidos à vaidade e ao egoísmo, impelidos pela força de seus desejos e paixões; Ignorantes, atormentando os elementos agregados que formam o corpo, e a Mim também, assentados no corpo interno; a eles deves conhecer como demoníacos em suas relações.*[265]

Como os homens tendem a imaginar a Deidade como uma extensão de seus pequeninos "eus", susceptível à lisonja, procuram acrescentar às suas asceses toda sorte de oferendas propiciatórias, que vão desde presentes para a igreja, acender velas para os santos, rezar o terço, até "pagar promessas" de todos os tipos. Jesus, repetindo a sabedoria milenar já expressa no Antigo Testamento, disse: *Misericórdia é que eu quero e não sacrifício* (Mt 12:7).

A maior parte dos excessos das disciplinas físicas utilizadas para promover a purificação poderia ser evitada se o processo de condicionamento da personalidade fosse levado em consideração. Existe hierarquia em todos

---

[263] *Se não fazes violência a ti mesmo, jamais vencerás as tuas paixões. Enquanto arrastarmos este corpo frágil, não poderemos estar sem pecado, nem viver sem tédio e sem dor. Imitação de Cristo*, p. 83.
[264] *Dhammapada*, p. 33.
[265] *Bhagavad-Gitā*, (Brasília: Ed. Teosófica, 2ª ed., 2014, p. 259).

os sistemas do universo, inclusive em nossa personalidade: o corpo físico é governado pelas emoções, e esses dois pelos pensamentos conscientes e os condicionamentos inconscientes. Portanto, a verdadeira ascese tem que visar primordialmente a mente e não o corpo físico. Quando nos conscientizamos de que certas atitudes, tais como a busca do poder, da riqueza, do *status*, da sensualidade, enfim, de que todas as atitudes egoístas são prejudiciais ao progresso espiritual, damos o primeiro grande passo para a purificação.

O grau de pureza expresso em nossas ações, palavras e pensamentos refletem nossas intenções e motivações ulteriores. É por isso que Jesus disse no Sermão da Montanha, *Bem-aventurados os puros de coração, porque verão a Deus* (Mt 5:8). Os puros de coração são aqueles seres simples e sinceros que agem espontaneamente sem segundas intenções. Como diz um místico: *Quando não há egoísmo, ambição e medo no coração humano, todas as atividades externas do homem serão boas. Às vezes, as impurezas em nossos motivos são tão sutis e intangíveis que passam despercebidas.*[266]

Os processos de purificação e de renúncia, assim como tudo mais no verdadeiro caminho espiritual, devem andar de mãos dadas com o amor. O devoto não pode, em nenhum momento, sentir ódio ou aversão a seu corpo físico, acreditando que o corpo é a fonte de seus problemas. Ao contrário, o corpo físico deve ser encarado com simpatia, pois é um instrumento maravilhoso, um verdadeiro milagre de harmonia e beleza oferecido pela natureza e sem o qual não teríamos a possibilidade de progredir no Caminho.

Assim como seria imaturo e pouco inteligente de nossa parte sentir vergonha de nosso comportamento quando éramos bebês, quando fazíamos nossas necessidades fisiológicas na fralda, assim também não é lógico uma atitude de condenação de nosso corpo, das nossas emoções e pensamentos enquanto personalidades imaturas. Nossa atitude, ao contrário, deve ser de grande compaixão, encarando nosso eu inferior como o ser primitivo que é, adotando para com ele a mesma postura de compreensão e firmeza amorosa que temos ou que deveríamos ter para com nossos filhos. É a mente, mais do que o corpo, que deve ser disciplinada. A disciplina exige profunda

---

[266] *The Mystical Christ*, p. 172.

compreensão dos processos de condicionamento que nos levam a fazer o mal que não desejamos ao invés do bem que queremos.

A purificação do corpo, no entanto, deve ser promovida levando em conta as devidas prioridades relacionadas com a purificação das emoções e dos pensamentos. A tarefa mais importante, nesse particular é dissociar-nos da identidade com o corpo. Devemos pensar em nós como a alma que usa um corpo físico. Para tanto, será útil lembrarmos que não somos nós que temos sede, fome, sono, etc., mas sim o corpo físico. A alimentação apropriada impede a contaminação do corpo. Por alimentação apropriada devemos entender alimentos saudáveis, leves e, principalmente, em quantidade moderada, para assim mantermos a saúde em vez de satisfazermos a gula. Uma alimentação pesada e excessiva dificulta a digestão, a saúde e a meditação.[267]

Como a verdadeira purificação é interior, isso significa que toda ascese exterior é desnecessária? As disciplinas exteriores podem ser úteis, como instrumentos complementares, para as práticas interiores, desde que usadas com o devido equilíbrio. Por exemplo, é conhecido na tradição monástica que os jejuns e as vigílias são instrumentos importantes na ascese. Os jejuns e as vigílias, afetando aspectos ainda pouco conhecidos da fisiologia humana, podem facilitar ou mesmo provocar estados alterados de consciência quando o corpo e a psique parecem estar perto de seus limites. Esse parece ser também o princípio que levam os dervixes[268] a efetuar seus rodopios na tentativa de induzir estados exaltados de consciência.

Dentre as práticas monásticas da Igreja Oriental, como as realizadas em Monte Athos na Grécia, encontramos as vigílias, conhecidas entre eles como *agrypnia* (sem dormir), que são os serviços litúrgicos e preces durante toda a noite. Nessas ocasiões, a constância da lembrança de Deus, em meio a preces, auxiliada pela vibração de devoção de toda a congregação do mosteiro e facilitada pela alteração psicofisiológica do cansaço, tende a criar uma atmosfera psíquica

267 *Devemos também jejuar e abster-nos dos vícios e pecados bem como do excesso no comer e no beber. São Francisco*, p. 85.

268 Membros de uma fraternidade religiosa islâmica do oriente médio, derivada do Sufismo, que apresenta certa semelhança com as ordens monásticas cristãs.

propícia para os contatos interiores. O mesmo parece ocorrer após jejuns mais prolongados, que servem para quebrar o domínio das demandas do corpo sobre a mente. Ainda que esses processos sejam difíceis de explicar, a prática dentro de certos limites mostra sua utilidade.[269]

O objetivo de todas as práticas de purificação envolvendo o corpo e a mente é criar condições favoráveis para o despertar do Cristo interior. Quando isso ocorre, o sucesso está garantido, pois o homem passará a contar com a ajuda divina para proceder às transformações necessárias de dentro para fora. A purificação promovida pela ação da natureza superior é o tema, geralmente pouco compreendido, da comensalidade de Jesus, indicada na seguinte passagem: *Aconteceu que, estando Jesus à mesa em casa, vieram muitos publicanos e pecadores e se sentaram com ele e seus discípulos* (Mt 9:10).

Os judeus ortodoxos insistiam em regras rígidas de segregação e purificação em seus hábitos alimentares. A aceitação por parte de Jesus da participação de publicanos (coletores de impostos) e de notórios pecadores à mesa, e sua negligência às regras de ablução exigidas antes das refeições, devem ser entendidas no sentido alegórico. Jesus representa o princípio divino no homem, e seus discípulos são os atributos e as qualidades mais elevadas da mente. Os publicanos e pecadores representam os aspectos da natureza inferior, como o egoísmo, a ganância, o orgulho e a sensualidade. A casa representa o corpo físico, onde todos se encontram. A interação do princípio divino e dos atributos superiores da mente com os aspectos da natureza inferior, simbolizada pela refeição compartilhada, promove a regeneração e a transformação do homem exterior. Essa integração do superior com o inferior, ainda que anátema para o homem do mundo guiado pelo preconceito e pela sabedoria convencional, é o processo pelo qual ocorre a mudança de orientação do material para o espiritual.

Em que pese os exercícios de ascese, a prática da verdade é o agente purificador mais seguro. Em nossa tradição, a frase de Jesus: *Conhecereis a verdade e a verdade vos libertará* (Jo 8:32), resume o processo de purificação. Esse ensinamento é reiterado na epístola de Pedro: *Pela obediência à verdade purificastes as vossas almas para praticardes um amor fraternal*

[269] *A Different Christianity*, pp. 217-25.

sem hipocrisia (1 Pd 1:22). Esse processo nada mais é do que a remoção de todas as falsidades e negatividades que obscurecem e abafam o Cristo interior. Portanto, a primeira etapa da purificação deve ser o autoconhecimento, como foi visto anteriormente.

Esta mesma ideia é apresentada numa interessante passagem do *Bhagavad-Gitā:*

> *Liberados da paixão, do medo e da ira, Comigo preenchidos, refugiando-se em Mim, purificados no fogo da sabedoria, muitos ingressaram em meu Ser. De qualquer modo que os homens venham a Mim, Eu lhes dou as boas-vindas, pois são Meus todos e quaisquer caminhos que os homens possam tomar, Oh Pārtha.*[270]

O processo de identificação de nossas negatividades é bem mais complexo e delicado do que as pessoas geralmente imaginam. Tanto a repressão como o sentimento de culpa são contraproducentes. O processo requer, numa primeira etapa, a identificação, sem julgamento, das negatividades que condicionam nossas reações ao mundo exterior. Significa trazer o material inconsciente para o consciente, para então ser trabalhado. Essa é a tarefa mais delicada e difícil da verdadeira purificação que leva à autotransformação. Não podemos transformar aquelas negatividades que desconhecemos e que, em geral, negamos.

Quando as negatividades são identificadas com o auxílio do Eu Superior, é possível reorientar as forças distorcidas, transformando-as em energias construtivas. O amor e a sabedoria do Cristo interior são essenciais nessa tarefa. Na medida em que tivermos êxito nesse processo de desbloquear as energias dos condicionamentos inconscientes, seremos capazes de manifestar cada vez mais plenamente o Cristo interior. Por isso foi dito que: *Se confessarmos nossos pecados, ele, que é fiel e justo, perdoará nossos pecados e nos purificará de toda injustiça.* (1 Jo 1:9)

O poder purificador da verdade também é aludido de forma contundente na passagem do Evangelho de Felipe sobre a raiz do mal:

---

[270] *Bhagavad-Gitā,* (Brasília: Ed. Teosófica, 2ª ed., 2014, p. 63).

(A maior parte das coisas) no mundo, enquanto suas (partes internas) estão ocultas, ficam de pé e vivem. (Se são reveladas), morrem... Enquanto a raiz está escondida ela brota e cresce. Se suas raízes são expostas, a árvore seca. Assim ocorre com todo nascimento no mundo, não só com o revelado, mas (também) com o oculto. Porque, enquanto a raiz da maldade está escondida, esta permanece forte. Mas quando é reconhecida ela se dissolve. Quando é revelada ela morre. É por isso que a palavra disse: 'O machado já está posto à raiz da árvore'. Ele não só cortará – o que é cortado brota outra vez – mas o machado penetra profundamente até trazer a raiz para fora. Jesus arrancou inteiramente a raiz de todas as coisas, enquanto outros só o fizeram parcialmente. Quanto a nós, que cada um cave em busca da raiz do mal que está dentro de si, e que ele seja arrancado do coração de cada um pela raiz. O mal será arrancado se nós o reconhecermos. Mas se o ignorarmos, ele se enraizará em nós e produzirá seus frutos em nossos corações.[271]

[271] *Evangelho de Felipe*, p. 158.

Capítulo 18

RENÚNCIA

A renúncia é parte integral do processo de *kenosis* dos antigos místicos, o esvaziamento da personalidade que abre espaço para que a mente possa ser preenchida com o Espírito, dando nascimento, então, ao Cristo interior. A essência da renúncia é um estado de espírito que coloca as coisas do mundo em segundo plano e dá prioridade aos interesses da alma. Por isso Jesus disse:

> *Não ajunteis para vós tesouros na Terra, onde a traça e o caruncho os corroem e onde os ladrões arrombam e roubam, mas ajuntai para vós tesouros nos Céus, onde nem a traça nem o caruncho corroem e onde os ladrões não arrombam e roubam; pois onde está o teu tesouro aí estará também teu coração* (Mt 6:19-21).

O objetivo do renunciante é morrer para o mundo, abstendo-se das práticas mundanas da busca do prazer e do poder. Isso está muito bem sintetizado na brilhante imagem de Paulo: *Vós vos desvestistes do homem velho com as suas práticas e vos revestistes do novo, que se renova para o conhecimento segundo a imagem do seu Criador* (Cl 3:9-10).

O símbolo cristão da morte é a cruz. No símbolo do madeiro estão representados dois polos, o da dor e o da alegria, pois a dor da morte, como renúncia ao mundo, é o pré-requisito para a ressurreição, ou a alegria do renascimento. Por isso foi dito que *Se o grão de trigo que cai na terra não morrer, permanecerá só; mas se morrer produzirá muito fruto* (Jo 12:24). O mesmo ensinamento é apresentado noutra imagem diretamente relacionada com a vida e a morte: *Quem ama sua vida a perde e quem odeia a sua vida neste mundo guarda-la-á para a vida eterna* (Jo 12:25). O apego egoísta é morte, e o altruísmo é vida para o discípulo.

Jesus deixa claro que a renúncia a este mundo é fundamental para se atingir o outro mundo, o Reino de Deus. Nas parábolas do tesouro escondido e da pérola preciosa, o homem deve vender tudo o que tem, ou seja, renunciar a tudo, para adquirir a bem-aventurança celestial, representada pelo tesouro e pela pérola:

> *O Reino dos Céus é semelhante a um tesouro escondido no campo; um homem o acha e torna a esconder e, na sua alegria, vai, vende tudo o que possui e compra aquele campo.*
> *O Reino dos Céus é ainda semelhante a um negociante que anda em busca de pérolas finas. Ao achar uma pérola de grande valor, vai, vende tudo o que possui e a compra* (Mt 13:44-46).

Padres da Igreja Primitiva, como Cassian e Evagrius de Pontus, falam de três tipos de renúncia e insinuam uma quarta, que deve ocorrer quando a pessoa está próxima de atingir a *Theosis*, ou União com Deus.[272]

A primeira renúncia é aos bens materiais e às coisas exteriores. Esse é um grande passo no Caminho, sendo recomendado em quase todas as tradições espirituais. Os padres e monges lidam com essa renúncia por meio do voto de pobreza. As pessoas com obrigações de família não precisam literalmente vender ou doar seus bens para seguir o Mestre, o importante é que haja um real desapego das coisas materiais. Por isso Jesus disse: *Qualquer de vós, que não renunciar a tudo o que possui, não pode ser meu discípulo* (Lc 14:33). Essa renúncia está relacionada com o tempo presente.

A segunda renúncia é o abandono das paixões, dos vícios e das fraquezas. É a renúncia ao desejo das sensações e emoções prazerosas que, com o passar dos anos, condicionam nossa mente à busca da gratificação dos sentidos. Para os monges, o voto de castidade é tido como fundamental nesse particular. Devemos renunciar, também, às nossas rejeições ou aversões, pois elas são sentimentos negativos que perturbam a alma. Essa modalidade de renúncia está relacionada ao passado, pois a busca do prazer é movida pelo apego às lembranças passadas.

A terceira renúncia é ainda mais difícil, pois é o último passo na renúncia ao mundo de que fala Paulo. Implica em abandonar toda expectativa de prazer,

---

[272] *The Philokakia,* Vol. I, p. 29-93.

proteção e conforto das coisas do mundo visível, para que o renunciante possa ser gratificado e preenchido com as coisas do mundo invisível. Requer total fé na providência divina, como indicado na parábola dos lírios do campo (Mt 6:30-34). Essa renúncia está relacionada ao futuro.

Poderíamos perguntar: tendo renunciado ao presente, ao passado e ao futuro, ao que mais o homem poderia renunciar? Falta ainda aquilo que ele mais preza e que considera como parte inalienável de seu ser, o sentimento de ser um eu separado. Quando ocorre essa renúncia final, normalmente associada à experiência mística conhecida como a 'noite escura da alma', segundo os escritos de João da Cruz,[273] o homem está pronto para a união com Deus. Quando ocorre, então, a tão ansiada união, o místico verifica que sacrificou seu pequenino eu para alcançar a consciência de seu verdadeiro Eu Divino. A extensão e as implicações dessa renúncia final são tão profundas que somente alguém que passou por ela pode transmitir alguma ideia dessa experiência. Nas palavras de Meister Eckhart, um dos maiores místicos da tradição cristã:

> *A renúncia em grau mais elevado ocorre quando, por amor a Deus, o homem se despede de deus. São Paulo separou-se de deus, por amor a Deus e deixou tudo o que poderia ter recebido de deus, assim como tudo o que poderia dar – juntamente com qualquer ideia sobre deus, e Deus permaneceu nele como Deus em sua própria natureza – não como é concebido por alguém ou 'representado' – nem tampouco como algo a ser ainda atingido, mas antes como 'Seidade' como Deus é realmente. Então, o homem e Deus se tornam um todo que é pura unidade. Assim, o homem se transforma na pessoa real para quem não pode haver nenhum sofrimento, como de modo algum o pode haver na essência divina.*[274]

Para o devoto que ainda não alcançou esse estado supremo de união com Deus, a renúncia é um estado de consciência caracterizado pelo desapego, que só ocorre quando termina o desejo pelas coisas do mundo. O desapego consiste

---

[273] João da Cruz, *Obras Completas, op.cit.*.

[274] R.B. Blakney, *Meister Eckhart, a Modern Translation.* Sermão 'Bem-aventurados os pobres' (N.Y.: 1941), p. 231, citado por Thomas Merton em *Zen e as Aves de Rapina* (S.P.: Cultrix, p. 39).

em redirecionar o desejo para as coisas do Alto e evitar a prisão da busca do prazer e do poder.[275] É esse estado de desapego que liberta a alma, mesmo que permaneça a posse do objeto. Quando Jesus recomendou ao jovem rico vender todos seus bens para segui-lo, certamente sabia que o apego era a fraqueza que ainda amarrava aquela alma ao mundo, como fica confirmado pela reação do jovem: *Uma coisa ainda te falta. Vende tudo o que tens, distribui aos pobres e terás um tesouro nos céus; depois vem e segue-me. Ele, porém, ouvindo isso, ficou cheio de tristeza, pois era muito rico.* (Lc 18:22-23)

O comentário de Jesus a respeito da atitude do homem rico tem levado muitas pessoas à conclusão apressada de que a pobreza é indispensável ao discipulado: *Vendo-o assim, Jesus disse: Como é difícil aos que têm riquezas entrar no Reino de Deus! Com efeito, é mais fácil um camelo entrar pelo buraco de uma agulha do que um rico entrar no Reino de Deus*! (Lc 18:24-25).

É importante lembrar que Jesus pregava por meio de parábolas para "os muitos." Esses identificam-se com a sua personalidade no mundo e com as suas particularidades, como por exemplo, ser rico. O discípulo avançado sabe que a personalidade é um mero veículo da alma, considerando todas as características e atributos da personalidade como instrumentos passageiros para sua missão no mundo. Por isso não é necessário ser pobre no sentido material para entrar no Reino dos Céus, até porque os pobres não são necessariamente menos desapegados do que os ricos. Ao que parece, o importante é termos consciência de que todas as coisas que consideramos como nossas, na verdade, pertencem a Deus, tendo sido colocadas à nossa disposição pela generosidade do Pai.[276]

---

[275] *O motivo dos teus descontentamentos e frequentes atribulações é que não morreste ainda, perfeitamente, para ti mesmo, nem te desapegaste das coisas terrenas. Imitação de Cristo,* p. 112.

[276] Renúncia, equilíbrio e discernimento são interdependentes: *O corpo deve ser alimentado, vestido e abrigado. A menos que dotado de poderes sobrenaturais, o discípulo deve antes de tudo garantir essas necessidades para a continuação da vida, mesmo se reduzidas ao mais simples mínimo. A lei oculta tem sido sempre que a renúncia, nascida da compreensão da realidade espiritual, deve achar expressão em todos os hábitos e nos aspectos visíveis da vida diária do discípulo. Então, as posses pessoais, as roupas e as finanças serão mantidas num mínimo sensato, sendo o discernimento empregado sempre em obediência a essa regra.* Geoffrey Hodson, *A Vida do Cristo do Nascimento a Ascensão*, p. 184.

O dinheiro e os bens materiais são energia em forma concreta. A energia financeira, assim como a energia do poder podem ser usadas tanto de forma egoísta como altruísta. Como a maior parte dos homens do mundo é fraca e apegada às coisas materiais, Jesus, reiterando a sabedoria milenar, disse que é difícil o rico entrar no Reino dos Céus. É por isso, também, que o desenvolvimento do poder, seja ele secular ou oculto, é tido como extremamente perigoso para quem procura trilhar o caminho espiritual. Nas etapas iniciais do caminho, enquanto o devoto ainda não desenvolveu suficientemente seu caráter, o melhor será evitar esses tipos de tentação. Porém, chegará o dia em que o devoto, agora um discípulo avançado, terá a missão de atuar no mundo como um canal da Providência Divina, devendo administrar de forma altruísta e sábia tanto a riqueza como o poder.

Nesse particular, vale lembrar que alguns dos discípulos de Jesus eram homens de posses, como seu irmão José de Arimateia, Mateus, Nicodemos (também conhecido como Bartolomeu) e os irmãos: Lázaro (outro nome para João, o discípulo que Jesus amava), Tiago, Marta e Maria Madalena.

Assim, não são as coisas do mundo material, *per se*, que prejudicam a alma, mas sim o desejo e o apego que condicionam o indivíduo a buscá-las para seu benefício próprio. Vencido o desejo e alcançado o estado de desapego, o indivíduo passa a considerar tudo como passageiro, inclusive seu próprio corpo, colocado à sua disposição para servir aos objetivos maiores da vida. Esse é o estado último da renúncia, o estado de desapego expresso na passagem: *Quem ama a sua vida a perde e quem odeia a sua vida neste mundo guardá-la-á para a vida eterna* (Jo 12:25). Com isso, Jesus queria dizer que o homem que está centrado na personalidade, apegando-se a ela, está fadado a perdê-la com a morte do corpo. Porém, o homem que está centrado em sua alma, desdenhando a vida mundana, continuará consciente de estar vivo mesmo após a morte do corpo físico.

A renúncia aos prazeres normais da vida diária de interação com as coisas e as pessoas do mundo não expressa, contudo, a verdadeira espiritualidade. Na maioria dos casos é simplesmente uma fuga, um pequeno sacrifício que essas pessoas fazem para evitar o que mais temem, que é encarar e lidar com seus aspectos sombrios. A culpa por esses últimos é incessantemente expiada por autoprivações que supostamente se constituem portas para o céu. Nenhuma renúncia, por mais penosa que seja, extinguirá a culpa sentida por quem evita a verdadeira purificação da alma.[277]

Algumas práticas religiosas tradicionais podem ser úteis na batalha contra o apego. Num sentido prático, retiros e peregrinações ajudam a quebrar, ainda que temporariamente, nossas rotinas. Quando isso ocorre, temos a possibilidade de conscientizar-nos de que as rotinas interrompidas são apenas condicionamentos, apegos que não fazem parte da essência do nosso ser. E, com isso, podemos entender que nossos apegos rotineiros não são necessários para a nossa felicidade, ao contrário, são um óbice à nossa elevação espiritual. Por isso, os retiros e as peregrinações são especialmente importantes na promoção do desapego, porque oferecem a oportunidade de afastar-nos de toda a parafernália que nos envolve na vida diária, como a mídia e as diversões. O principal propósito dessas coisas parece ser de distrair-nos, mantendo-nos ocupados com as ilusões do mundo exterior e alheios à realidade interior. Nos retiros, a realidade interior tem uma chance de ser resgatada, facilitando nossa reorientação para o real, ao deixarmos para trás as rotinas ilusórias que nos aprisionam à vida mundana.

Para o buscador da Verdade, a meta da peregrinação não é Roma, Jerusalém nem Meca, mas o santuário interior escondido no coração, objeto também dos retiros. Nas peregrinações e nos retiros, vivendo uma vida simples e frugal, livre das distrações do mundo e com o coração sintonizado com o alto (*pois onde está o teu tesouro aí estará também o teu coração* - Mt 6:21), teremos oportunidade de despojar-nos dos apegos e condicionamentos e voltarmos a atenção inteiramente para Deus. Para o homem moderno, assediado por mil demandas familiares, profissionais e de entretenimentos, o maior sacrifício ou renúncia nessas ocasiões é o tempo dedicado ao retiro ou peregrinação.[278]

---

[277] *O Caminho da Autotransformação*, p. 31.

[278] *A peregrinação pode ser considerada como um misticismo extrovertido, assim como o misticismo é uma peregrinação introvertida. O peregrino atravessa fisicamente um caminho místico; o místico parte numa peregrinação interior.* Victor e Edith Turner, *Image and Pilgrimage in Christian Culture* (N.Y.: Columbia University Press, 1978, pp. 33-34).

Jesus legou esse ensinamento aos buscadores de todos os tempos, de forma velada, na passagem sobre o óbolo da viuva (Lc 21:1-4). Ao ver uma viuva pobre oferecer duas moedinhas para o Tesouro do Templo, Jesus observou a seus discípulos que ela havia contribuído muito mais do que os outros, inclusive os ricos que ofertavam grandes quantias, porque estes davam do que lhes sobrava, enquanto ela havia oferecido tudo o que possuía para viver. A viuva representa o verdadeiro devoto e as duas moedinhas a totalidade da natureza humana, ou seja, o corpo e a alma. Aquele que realmente ama a Deus sente que deve ofertar ao Pai celestial todo o seu tesouro – não as coisas terrenas que são supérfluas, mas sim o que temos de mais precioso nessa vida, o nosso corpo e nossa alma.[279] Essa é a renúncia que abre as portas do Reino de Deus.

Enquanto o homem está orientado para as coisas do mundo, toda renúncia é tida como penosa, representando um sacrifício. Etimologicamente, a palavra 'sacrifício' vem do latim *sacrum facere* e significa tornar sagrado, oferecer algo à divindade. Assim, podemos tornar nossa vida sagrada, sacrificando todas as nossas ações. Como as nossas intenções são mais importantes ainda que nossos atos, podemos tornar sagrada a nossa vida diária, sem efetuar grandes mudanças em nossas rotinas, simplesmente oferecendo ou dedicando cada ação a Deus.[280] Devemos estar sempre atentos às nossas intenções, porque Deus está no âmago de nosso ser e *julga as disposições e as intenções do coração. E não há criatura oculta à sua presença. Tudo está nu e descoberto aos olhos daquele a quem devemos prestar contas* (Hb 4:12-13).

O sacrifício que contribui para o crescimento da alma é aquele que envolve a escolha deliberada entre um bem menor e um bem maior, sendo o menor sacrificado pelo maior. Assim, sacrificamos o prazer de vários alimentos e iguarias que engordam pelo bem maior da silhueta e da saúde; o atleta sacrifica o descanso preguiçoso pelo cansaço estimulante dos exercícios que o manterão em forma; o estudante sacrifica inúmeras horas de lazer para estudar com afinco para poder vencer na vida. Todos esses exemplos indicam

---

[279] Vide, Thomas Keating, *Crisis of Faith, Crisis of Love* (N.Y.: Continuum, 1998, pp. 77-78).
[280] Vide, Annie Besant, *O Cristianismo Esotérico* (S.P.: Pensamento, pp. 129-30).

que o sacrifício é, em última análise, uma transmutação da força. O prazer do paladar é transmutado em prazer da estética e da saúde, o prazer do descanso em prazer do condicionamento físico, o prazer do lazer em satisfação pelo crescimento profissional. Essa transmutação era o segredo dos alquimistas, que buscavam transmutar o chumbo da personalidade em ouro da natureza espiritual.

Nesse sentido vale lembrar que a questão dos méritos relativos da ação e da não ação foi examinada extensamente na obra *Bhagavad-Gitā*: *A renúncia e o Yoga pela ação ambos conduzem à bem-aventurança suprema; de ambos, o Yoga pela ação é verdadeiramente melhor do que a renúncia da ação.*[281]

O verdadeiro devoto deveria meditar no silêncio de seu coração sobre as implicações das palavras de Jesus sobre a renúncia:

> *Então disse Jesus aos seus discípulos: Se alguém quer vir após mim, negue-se a si mesmo, tome a sua cruz e siga-me. Pois aquele que quiser salvar a sua vida, vai perdê-la, mas o que perder a sua vida por causa de mim, vai encontrá-la. De fato, que aproveitará ao homem se ganhar o mundo inteiro mas arruinar a sua vida? Ou que poderá o homem dar em troca de sua vida?* (Mt 16:24-26)

[281] *Bhagavad-Gitā*, (Brasília: Ed. Teosófica, 2ª ed., 2014. p. 109).

Capítulo 19

DISCERNIMENTO

O desenvolvimento do discernimento é considerado como fundamental por todas as tradições. Na tradição cristã, como mantida nos mosteiros orientais, considera-se de suma importância o desenvolvimento do discernimento, para que o praticante possa distinguir entre as coisas certas e erradas ou, em termos mais esotéricos, as coisas do mundo real, que são eternas e muitas vezes invisíveis, das coisas deste mundo, que são passageiras e ilusórias. Como dizia Paulo: *Não olhamos para as coisas que se veem, mas para as que não se veem, pois o que se vê é transitório, mas o que não se vê é eterno* (2 Co 4:18). Jesus, usando linguagem parabólica, fustigou seus ouvintes pela falta de discernimento nas coisas importantes da vida interior, em contraste com a percepção acertada que tinham dos fatos externos: *Hipócritas, sabeis discernir o aspecto da Terra e do Céu; e por que não discernis o tempo presente?* (Lc 12:56)

É dito em *Aos Pés do Mestre*[282] que o discernimento é a primeira, das qualificações que deve ser desenvolvida no Caminho, pois será necessária a cada passo até a última etapa da iluminação. Ainda que na teoria pareça fácil efetuar a escolha entre o certo e o errado, na prática ela não é tão fácil, porque a mente do homem do mundo está condicionada por toda uma vida, ou melhor, muitas vidas, voltadas para a gratificação dos sentidos e a busca do prazer, poder e posição social. Como a escolha é efetuada pela mente, os conteúdos mentais, principalmente as imagens e condicionamentos do inconsciente, passam a colorir a mente como se fossem lentes através das quais o mundo é percebido pela pessoa. Portanto, o discernimento tem que se tornar um processo consciente comandado pela razão, para que as escolhas não sejam automáticas, comandadas pela memória do passado, que refletem os velhos condicionamentos, geralmente de natureza material.[283]

---

[282] Krishnamurti, *Aos Pés do Mestre* (Brasília: Ed. Teosófica, 8ª ed., 2010, p. 14).

[283] Talvez por isso encontramos em *Imitação de Cristo*: *Não se deve dar crédito a qualquer palavra ou impressão; antes, com prudência e vagar, pondere-se cada coisa, diante de Deus.* p. 23.

A vontade própria do corpo físico, que prefere o descanso ao trabalho, a vontade do corpo astral, que prefere as emoções fortes das paixões em vez das vibrações mais sutis do coração, a vontade do corpo mental concreto, que medra no orgulho e no egoísmo, são as vozes da natureza inferior que devem ser dominadas pela vontade da natureza superior que discerne entre o certo e o errado e escolhe sempre o que ajuda na evolução da alma. Por isso foi dito: *Discerni tudo e ficai com o que é bom.* (1 Ts 5:21)

A escolha entre o real e o ilusório, ainda que inicialmente difícil, é somente a primeira etapa do exercício do discernimento. Tão logo haja o despertar espiritual, esses dois polos tornam-se cada vez mais claros para o aspirante. A nova meta do discernimento passa a ser, então, o estabelecimento de prioridades: escolher dentre duas coisas boas a que for mais importante. Vale mencionar a passagem bíblica em que Marta, ocupada com os afazeres da casa, reclama com Jesus que sua irmã Maria Madalena, em vez de ajudá-la, ficava aos pés do Mestre ouvindo atentamente suas palavras. Jesus, então, disse: *Marta, Marta, tu te inquietas e te agitas por muitas coisas; no entanto, pouca coisa é necessária, até mesmo uma só. Maria, com efeito, escolheu a melhor parte, que não lhe será tirada.* (Lc 10:41-42). Essa questão é abordada em *Aos Pés do Mestre* com a linguagem singela e direta que lhe é peculiar: *Precisas distinguir não somente o útil do inútil, mais ainda o mais útil do menos útil. Alimentar os pobres é uma obra boa, nobre e útil.*[284]

O discernimento deve ser exercitado nas questões mais fundamentais da vida. Para o buscador leigo, ao contrário dos monges protegidos no claustro, as práticas espirituais oferecem algumas dificuldades iniciais. Confrontado com as justas demandas familiares, a pressão da vida profissional no mundo moderno e os atrativos da vida de lazer após um dia cansativo, o buscador pode ter dificuldade em encontrar tempo e energia suficiente para as práticas espirituais em sua rotina diária. São nessas ocasiões que devemos nos lembrar das palavras de Jesus: *Onde está o teu tesouro aí estará também teu coração* (Mt 6:21). Para o verdadeiro buscador não deve haver dúvida quanto à sua

[284] *Aos Pés do Mestre*, (Brasília: Ed. Teosófica, 8ª ed., 2010, p. 28).

prioridade máxima. Se ele for sincero em seus objetivos será sempre possível dedicar uma ou duas horas por dia, ainda que distribuídas em dois ou mais períodos ao longo do dia, para fazer aquilo que mais alegra seu coração, ou seja, aproximar-se cada vez mais do Pai.

Por outro lado, a verdadeira vida espiritual requer a devida atenção a nossos deveres, sejam eles profissionais ou familiares, bem como ao cuidado de nosso corpo e mente. Os compromissos assumidos devem ser devidamente cumpridos como parte da vida espiritual. Porém, sempre haverá tempo para as práticas espirituais quando houver interesse, não importa quão ocupados estejamos. Isso pode ser facilmente verificado no caso de pessoas extremamente ocupadas que, por exemplo, quando sofrem um ataque de coração, mudam sua rotina por recomendação médica e passam a dedicar uma ou duas horas por dia ao cuidado da saúde. Devemos encarar os exercícios espirituais como essenciais para a saúde de nossa alma. Ademais, a parte mais importante dos exercícios espirituais é a **intenção**. Podemos manter praticamente a mesma rotina de vida, tornando-a espiritual, quando dedicamos tudo o que fazemos a Deus.

O objetivo último do discernimento é colocar a natureza superior do homem no comando de seu ser, revertendo o hábito estabelecido ao longo de centenas de encarnações de permitir que a natureza inferior decida em função de seus interesses próprios e venha a colher, como sói acontecer, os frutos amargos que resultam de suas escolhas insensatas. Por isso foi dito: *Que cada um examine a si mesmo antes de comer desse pão e beber desse cálice, pois aquele que come e bebe sem discernir o Corpo, come e bebe a própria condenação* (1 Cor 11:28-29). Na etapa atual do desenvolvimento da maior parte das pessoas que têm suas vidas ainda governadas pela personalidade, mas que já estão desejosas de seguir o caminho espiritual, as difíceis escolhas que se apresentam a cada passo podem levar os indivíduos a achar que o melhor é não agir.

A indefinição causada pela dúvida entre ação e inação só pode ser resolvida pelo discernimento, que é recomendado desde tempos imemoriais. No capítulo quinto do *Bhagavad-Gitā* encontramos algumas passagens sobre o Yoga da renúncia que podem ser úteis ao buscador interessado em desenvolver seu discernimento.

> *Aquele que está harmonizado pelo Yoga, o autopurificado, o AUTOGOVERNADO, com os sentimentos subjugados, cujo SER é o SER de todos os seres, ainda que aja, não é afetado pela ação.*
> *Aquele que age, pondo todas as ações no ETERNO, abandonando o apego, não é afetado pelo pecado, assim como as águas não afetam a folha de lótus.*
> *Em verdade, em quem a ignorância é destruída pela sabedoria do SER, naqueles que a sabedoria, brilhando como o Sol, revela o Supremo.*[285]

As condições de vida dos buscadores leigos oferecem mais incentivos para o desenvolvimento do discernimento do que as dos monges. Os leigos no mundo moderno estão acostumados a questionar tudo, sendo essa uma atitude favorável para desenvolver o discernimento. As ordens monásticas, principalmente no Ocidente, exigem tradicionalmente um voto de obediência de seus membros que deve ser cumprido à risca.[286] O indivíduo que se acostuma a obedecer, a seguir regras tradicionais, a não questionar, a esperar a orientação dos superiores tem naturalmente dificuldade para pensar por conta própria e, portanto, para desenvolver o discernimento. O hábito da obediência inquestionável pode levar a sérias implicações, tanto para o indivíduo que se submete ao domínio de outros, como para a sociedade, que acaba arcando com as consequências do comportamento de robôs humanos. O discernimento é a grande válvula de segurança da sociedade moderna no processo de busca da verdade, pois impede o domínio de uma mente sobre outra, evitando assim a tirania.

Se por um lado a obediência cega às ordens dos superiores hierárquicos é extremamente perigosa para a vida espiritual, a obediência também pode ser entendida de uma forma mais abrangente, como o atendimento à vontade de Deus percebida pelo coração do buscador. É nesse sentido que místicos

---

[285] *Bhagavad-Gitā*, (Brasília, Ed. Teosófica, 2ª ed, 2014, pp. 111-112-114).

[286] *Grande coisa é viver na obediência, às ordens de um superior e não ser senhor de si. Imitação de Cristo*, p. 33.

entendem a obediência como importante, pois, tendo vislumbrado o Reino dos Céus, percebido a vontade do Pai, só podem desejar de todo coração obedecer às mínimas insinuações que lhes sejam feitas em suas visões, como ordens do sábio e compassivo Salvador.

O discernimento é imprescindível até mesmo nas atitudes compassivas de tolerância. Quando somos tolerantes com os outros, não precisamos deixar que eles se imponham a nós. Devemos avaliar as circunstâncias e prováveis consequências de nossos atos para, então, decidirmos com prudência até que ponto podemos ceder sem causar prejuízos a nós e ao próximo. Essa avaliação requer muito discernimento. Clemente de Alexandria, o grande sábio da Igreja Primitiva disse: *A consciência é o melhor guia para determinar precisamente se deve ser dito 'sim' ou 'não'. A fundação sólida da consciência é uma vida reta juntamente com o aprendizado apropriado,*[287] ou seja o discernimento.

O perfeito discernimento só pode ocorrer quando o indivíduo renuncia o egoísmo e age movido pelo dever e orientado pela Sabedoria do Eu superior, buscando sempre fazer a coisa certa sem apegar-se aos resultados da ação

[287] Clemente de Alexandria, *Stromateis* (Washington, D.C.: The Catholic University of America Press, 1991, p. 26).

Capítulo 20

ESTUDO

Apesar da verdadeira *gnosis* ser obtida em meditação profunda, pois é a percepção direta da verdade, a dedicação ao estudo é enfatizada em todas as tradições religiosas, inclusive no Cristianismo. Para algumas ordens monásticas, por quase quinze séculos, até o final da Idade Média, o estudo era a primeira etapa de uma prática espiritual conhecida como *lectio divina*, leitura divina, que podia levar à contemplação. Os monges liam ou, mais frequentemente, ouviam a leitura de passagens da escritura, procurando envolver a mente e o corpo no exercício, por meio da repetição labial das palavras. A seguir meditavam sobre o significado mais profundo do texto e, quando seu coração fosse tocado por algum aspecto da Graça Divina, passavam para a etapa da 'oração afetiva'. Com a aquietação dessas reflexões e movimentos de devoção, o monge era levado ao que era chamado de estado de 'descanso na presença de Deus,' sendo esse estado conhecido também como contemplação.[288]

A busca do conhecimento é uma das práticas do Yoga oriental, conhecido como *Jnana-Yoga.* O termo sânscrito *jnana* abarca tanto o conceito de conhecimento como de sabedoria, equivalendo ao termo grego *gnosis* tão utilizado em nossa tradição. Nas palavras de um estudioso da matéria: *O que é conhecido como 'Jnana-Yoga' trata do saber científico e intelectual relativo às grandes questões concernentes à Vida e àquilo que com a Vida se correlaciona – os Enigmas do Universo.*[289]

O estudo de assuntos espirituais tem quatro objetivos principais: facilitar o aprendizado do conhecimento acumulado por outros buscadores, criar uma vibração favorável para a busca interior, desenvolver a mente e favorecer o desenvolvimento da intuição.

---

[288] Vide Thomas Keating, *Open Mind Open Heart* (N.Y.: The Continuum Publishing Co., 1997, p. 20).

[289] Yogue Ramacharaca, *Jnana-Yoga. Yoga da Sabedoria* (S.P.: Editora Pensamento, 1974, p. 9).

Ao longo dos séculos, milhares de pesquisadores avançaram as fronteiras do conhecimento humano. Boa parte desse conhecimento ficou registrada em livros, sendo que verdadeiros tesouros de sabedoria contidos em manuscritos antigos foram queimados pela ignorância fanática de certas pessoas ou instituições. A Igreja Romana tem um pesado débito para com a humanidade nesse particular, com quase dois milênios de sistemática destruição ou sequestro de livros e manuscritos que reputava heréticos. Atualmente, porém, a Igreja Romana vem procurando redimir-se nesse particular, tanto por iniciativa de alguns prelados e certas congregações como pela própria hierarquia superior, haja vista as iniciativas ecumênicas dos Concílios Vaticano I e II. No Brasil, por exemplo, foram publicados inúmeros clássicos que por muitos anos permaneceram segregados do público, como por exemplo, as obras não expurgadas de místicos como Teresa de Ávila e João da Cruz, *Prática da Presença de Deus* do Irmão Lourenço, as obras anônimas: *Relatos de um Peregrino Russo*, *A Nuvem do Não Saber*, e tantos outros tesouros escondidos de nossa tradição.

O estudo do acervo acumulado pelos pesquisadores de todos os tempos permite ao buscador inteirar-se, de forma relativamente rápida, do estado atual do conhecimento sobre o Cristianismo esotérico. No caso dos que estão procurando trilhar o Caminho da Perfeição, a literatura existente possibilita razoavelmente bem ao aspirante o conhecimento da experiência e das práticas de outros buscadores que conseguiram superar as barreiras e entrar não só na **via iluminativa**, mas em particular na **via unitiva**. O estudo sério dos livros dos grandes místicos de nossa tradição, como Teresa de Ávila, João da Cruz, Meister Ekhart, Tauler, Suso, Jean de Ruysbroeck, Jacob Boehme, e tantos outros, permite que o verdadeiro buscador se transporte pela imaginação ao ambiente desses místicos e, assim, procure sintonizar-se com a metodologia utilizada e as conquistas obtidas por esses grandes representantes da tradição cristã.

Numa alegoria sobre a importância do estudo na tradição cabalista, um erudito escreve: *Casca, clara e gema formam um ovo perfeito. A casca protege a clara e a gema alimenta mais do que a clara; e, quando a clara tiver sumido, a gema, na forma de pássaro emplumado, irrompe através da casca, e em breve se eleva sobre o ar. Então, o estático torna-se dinâmico; o material, o espiritual. Se a casca é o princípio exotérico e a gema o esotérico, o que então é a clara? A clara é o alimento da segunda, a sabedoria acumulada do mundo que se centra ao redor do mistério do crescimento, e que cada indivíduo deve absorver antes que possa quebrar a casca. A transmutação da clara, por intermédio da gema, na ave é o segredo dos segredos de toda a filosofia cabalística.*[290]

Mas a leitura não é unicamente uma fonte de conhecimento. Todo indivíduo que se debruça sobre uma obra séria a respeito de assuntos espirituais sabe, por experiência própria, que, durante o período de estudo, cria-se uma vibração sutil que tende a elevar os pensamentos para o alto. Como a vida espiritual é uma questão de mudança vibratória, em que a atenção do aspirante é redirecionada das vibrações grosseiras para as vibrações elevadas, o estudo presta-se maravilhosamente bem a esse propósito.

Isso explica por que Clemente de Alexandria dizia que o conhecimento revelado não é para todos, devendo ser adquirido com esforço pelo buscador: *As maiores dádivas são acumuladas para aqueles que pela providência de Deus estão prontos para elas – a fundação da fé, entusiasmo pela reta conduta, um anseio pela verdade, um impulso para a investigação, são os indícios do conhecimento revelado. Numa palavra, ele (o estudo) concede o ponto de partida da salvação. Aqueles que são genuinamente nutridos pelas palavras da verdade tomam o viático da vida eterna e acham seu caminho para o céu.*[291]

Várias ordens religiosas e monásticas recomendam que seus membros reservem algum tempo, todos os dias, para o estudo. Essa prática parece criar novos condicionamentos, proporcionando uma profunda satisfação aos que se dedicam regularmente à leitura. Muitos instrutores sugerem que os buscadores espirituais leiam antes de dormir pelo menos uma ou duas páginas de um livro

---

[290] J.F.C. Fuller, *The Secret Wisdom of the Qabalah*, citado por G. Hodson em *Sabedoria Oculta na Bíblia Sagrada* (Brasília: Ed. Teosófica, 1ª ed., 2007, p. 10).

[291] *Stromateis*, p. 25.

de cabeceira, para criar uma vibração apropriada. Essa vibração é capaz de estabelecer a tônica das experiências da alma durante o sono, quando esta deixa para trás sua pesada vestimenta de carne e pode voar mais alto em seu envoltório astromental.

Está implícito que no "Caminho da Perfeição" o homem deve desenvolver ao máximo todo o seu potencial. É sabido que o potencial da mente humana é bastante subtilizado. Os cientistas estimam que o homem comum usa menos de 10% da capacidade de seu cérebro, a contraparte material da mente. Portanto, o exercício intelectual inerente ao estudo contribui para o progressivo desenvolvimento da mente, tanto concreta como abstrata. Esse desenvolvimento será extremamente útil, mais tarde, quando o contato interior for estabelecido, capacitando o indivíduo a interpretar as instruções simbólicas que vier a receber.

O estudo também pode favorecer o desenvolvimento da intuição. Muitos estudiosos já tiveram a experiência de *insights* durante o estudo dos assuntos em que estavam profundamente empenhados. Essas percepções são bastante comuns a cientistas, pesquisadores, filósofos e mesmos poetas e artistas, sendo o resultado do mergulho profundo nas questões a que se dedicam, pois quando a mente está totalmente concentrada, num determinado momento consegue ser transcendida alcançando-se, assim, o plano intuitivo da verdade pura.

O estudo é especialmente útil para o desenvolvimento da mente quando é efetuado com espírito crítico. O estudioso deve procurar pensar com o autor, submetendo os argumentos à lógica. Mais importante ainda é analisar as premissas sobre as quais a tese está fundamentada. Quando esses critérios de análise crítica são seguidos, o estudante estará invariavelmente desenvolvendo sua capacidade cerebral e mental com o estudo. Ademais, estará passando o material estudado pelo crivo da razão, podendo, assim, encampar e assumir como seu aquilo que passar no teste. Nas recomendações de Paulo encontramos: *Discerni tudo e ficai com o que é bom* (1 Ts 5:21). Esse era, também, o procedimento recomendado pelo Senhor Buda para todos os que lessem as escrituras sagradas e ouvissem seus ensinamentos.

O discípulo que almeja entrar no círculo interno de Jesus deve procurar estudar também o esoterismo, porque dessa forma estará abrindo novas perspectivas para o entendimento de sua natureza interior e do processo evolutivo.

O estudo do esoterismo, ou ocultismo como é conhecido por muitos, tem como escopo o estudo das energias e das forças, das suas fontes e dos seus efeitos, à medida que elas agem através de diferentes canais ou agentes dispensadores, produzindo mudanças em consciência e, portanto, na forma.[292] O homem é o criador. Forças e energias agem através do mecanismo humano, quer ele saiba ou não, quer faça um esforço para dirigi-las ou não. Efeitos são produzidos, alguns bons e outros maus, em sua vida, nos seus veículos e no seu ambiente. O estudo dessas forças e da forma de orientá-las para propósitos construtivos terá que ser empreendido pelo discípulo quando ele estiver devidamente preparado.

Uma das fontes do esoterismo cristão é o Apocalipse atribuído a João. Uma passagem a respeito do livro da vida parece convidar-nos a partilhar da experiência nele relatada:

> *A voz do céu que eu tinha ouvido tornou então a falar-me: 'Vai, toma o livrinho aberto da mão do Anjo que está em pé sobre o mar e sobre a terra'. Fui, pois, ao Anjo e lhe pedi que me entregasse o livrinho. Ele então me disse: 'Toma-o e devora-o; ele te amargará o estômago, mas em tua boca será doce como mel'. Tomei o livrinho da mão do Anjo e o devorei: na boca era doce como mel; quando o engoli, porém, meu estômago se tornou amargo.* (Ap 10:8-10)

[292] Outra definição de ocultismo é sugerida por Annie Besant em *Ocultismo, semiocultismo e pseudo-ocultismo* (Brasília: Editora Teosófica, 1996, p. 15); para ela ocultismo é *o estudo de todas as energias que, advindas do centro espiritual, atuam nos mundos ao nosso redor.*

Capítulo 21

ORAÇÃO E MEDITAÇÃO

A oração sempre foi a base de toda a prática religiosa e a meditação a fundação da vida espiritual. O homem como ser reflexivo pode voltar sua mente para explorar sua própria natureza e para comunicar-se com o que transcende a si mesmo. Daí as práticas da oração e da meditação, sobre as quais a literatura de nossa tradição está repleta de referências.

Alguns autores parecem não distinguir entre oração e meditação, usando um só termo para abranger os dois conceitos, como Teresa de Ávila. Poderíamos dizer, de forma simplificada, que oração é uma prática para falar com Deus, enquanto a meditação é a prática em que procuramos ouvir a Deus. Se adotarmos esses parâmetros, a oração é de longe a prática mais usual das pessoas religiosas. Deve ficar claro para todo devoto que Deus não precisa de adoração, de louvor e de ação de graças. Ao contrário, é o homem que precisa dos benefícios associados a essas práticas. Esse entendimento deve orientar sua vida interior e seu relacionamento com Deus.

Teresa de Ávila, mística de grande realização espiritual, escreveu sobre os tipos de oração em seu clássico livro *Castelo Interior ou Moradas*.[293] Ela sugere que a mais elementar é a oração mecânica repetitiva, como habitualmente se reza o terço entre os católicos. Geralmente, os devotos que rezam o terço ou os Pai-Nossos e Ave-Marias impostos como penitências por seus confessores repetem as palavras destas orações apenas com os lábios, enquanto a mente está distante, entretida em outros assuntos mais prosaicos. Obviamente, o efeito espiritual de tal prática é bastante reduzido. Nesse sentido Jesus nos instruiu: *Nas vossas orações não useis de vãs repetições, como os gentios, porque imaginam que é pelo palavreado excessivo que serão ouvidos. Não sejais como eles, porque o vosso Pai sabe do que tendes necessidade antes de lho pedirdes.* (Mt 6:7-8)

---

[293] Teresa de Ávila, *Castelo Interior ou Moradas* (R.J.: Paulus, 1981).

Por outro lado, uma oração como o Pai Nosso, quando proferida lentamente pelo devoto, procurando vivenciar em seu coração o significado de cada palavra e de cada ideia, torna-se um poderoso instrumento de elevação espiritual.[294] O Pai Nosso, por exemplo, pode levar-nos às alturas espirituais quando recitado em atitude meditativa.[295] No entanto, não basta a enunciação oral ou mental das palavras da oração. O mais importante é nossa intenção e prática de vida relacionada com as ideias contidas na oração. A paráfrase anônima a seguir exemplifica esse conceito:

> ***Se*** *em minha vida não ajo como filho de Deus, fechando meu coração ao amor.*
> *Será inútil dizer:* ***PAI NOSSO.***
> ***Se*** *os meus valores são representados pelos bens da Terra.*
> *Será inútil dizer:* ***QUE ESTAIS NO CÉU.***
> ***Se*** *penso apenas em ser cristão por medo, superstição e comodismo.*
> *Será inútil dizer:* ***SANTIFICADO SEJA O VOSSO NOME.***
> ***Se*** *acho tão sedutora a vida aqui, cheia de supérfluos e futilidades.*
> *Será inútil dizer:* ***VENHA A NÓS O VOSSO REINO.***
> ***Se*** *no fundo o que eu quero mesmo é que todos os meus desejos se realizem.*
> *Será inútil dizer:* ***SEJA FEITA A VOSSA VONTADE.***
> ***Se*** *prefiro acumular riquezas, desprezando meus irmãos que passam fome.*
> *Será inútil dizer:* ***O PÃO NOSSO DE CADA DIA NOS DAI HOJE.***
> ***Se*** *não me importo em ferir, injustiçar, oprimir e magoar aos que atravessam o meu caminho.*
> *Será inútil dizer:* ***PERDOAI AS NOSSAS OFENSAS, ASSIM COMO NÓS PERDOAMOS A QUEM NOS TEM OFENDIDO.***
> ***Se*** *escolho sempre o caminho mais fácil, que nem sempre é o caminho do Cristo.*

---

[294] O tesouro espiritual que é a Oração do Senhor parece ter sua origem na tradição judaica. Os judeus tinham uma oração antiga, conhecida como *Kadish*, que guarda considerável semelhança com o Pai Nosso. De acordo com Webster, a Oração do Senhor pode ser construída quase *verbatim* do Talmud. Vide *The Mystical Christ*, p. 135.

[295] Vide, por exemplo, a 'Paráfrase à Oração do Senhor', em *São Francisco de Assis. Escritos e biografias de São Francisco de Assis* (Petrópolis: Vozes, 1988, pp. 100-102) e E. Norman Pearson, *O Pai Nosso à Luz da Teosofia* (S.P.: Palas Athena).

Será inútil dizer: ***E NÃO NOS DEIXEIS CAIR EM TENTAÇÃO.***
Se *por minha vontade procuro os prazeres materiais e tudo o que é proibido me seduz.*
Será inútil dizer: ***LIVRAI-NOS DO MAL...***
Se *sabendo que sou assim, continuo me omitindo e nada faço para me modificar.*
Será inútil dizer: ***AMÉM.***

Outra oração muito útil é aquela atribuída a São Francisco, que invoca os mais altos ideais da vida espiritual:

Senhor, fazei-me instrumento de vossa paz.
Onde houver ódio, que eu leve o amor;
Onde houver ofensa, que eu leve o perdão;
Onde houver discórdia, que eu leve a união;
Onde houver dúvida, que eu leve a fé;
Onde houver erro, que eu leve a verdade;
Onde houver desespero, que eu leve a esperança;
Onde houver tristeza, que eu leve a alegria;
Onde houver trevas, que eu leve a luz.

Ó Mestre, Fazei que eu procure mais
Consolar, que ser consolado;
compreender, que ser compreendido;
amar, que ser amado.
Pois é dando que se recebe,
é perdoando que se é perdoado,
e é morrendo que se vive para a vida eterna!

De acordo com Teresa de Ávila, o próximo passo na escala espiritual é a oração mental, o grande sustentáculo dos devotos e buscadores da verdade por boa parte do Caminho. Nessa modalidade de oração a pessoa conversa com Deus, abrindo seu coração para suas necessidades e anseios. É através da oração mental que buscamos a ajuda de Deus, confiantes nas palavras de Jesus: *Pedi e vos será dado; buscai e achareis; batei e vos será aberto; pois todo o que pede recebe; o que busca acha e ao que bate se lhe abrirá* (Mt 7:7-

8). Apesar de Deus estar no âmago de nosso ser e conhecer todas as nossas necessidades antes mesmo que possamos enunciá-las, existe uma lei espiritual pela qual devemos nos engajar em tudo aquilo que aspiramos, inclusive por meio da invocação do auxílio de Deus.

O devoto ainda centrado em sua personalidade e apegado às coisas do mundo tende a voltar-se para Deus como a instância última de suprimento de suas necessidades e anseios materiais e sentimentais. Quando as necessidades e aspirações são legítimas ou altruístas e o pedido é suficientemente fervoroso, elas poderão ser atendidas de forma tal que venhamos a reconhecer a dádiva Divina. Muitas vezes, porém, os pedidos são direcionados para coisas mundanas, que Deus, em sua onisciência, sabe que não atendem aos nossos verdadeiros interesses. Nesses casos, se os pedidos forem insistentes, poderemos conseguir o que pedimos, mas não da forma como queríamos ou no momento que esperávamos, mas da forma e na hora que for mais útil para o nosso aprendizado espiritual. Com frequência, queremos coisas que vão contra o nosso verdadeiro interesse, por isso adverte-nos um monge católico espiritualmente maduro: *A oração não é um meio para fazermos de Deus o escravo de nossas ambições, mas para fazer de nós os servos de Seu amor.*[296]

Quando, porém, pedimos aquilo que está em conformidade com a vontade de Deus, nossos pedidos adquirem uma força inusitada, pois entramos em sintonia com o Plano Divino. *A oração fervorosa do justo tem grande poder* (Tg 5:16). Por isso, devemos pedir ajuda a Deus para conhecermos nossos defeitos e negatividades, que são as correntes que nos aprisionam neste mundo. O passo seguinte será pedirmos Sua ajuda para superarmos esses entraves ao nosso progresso espiritual. Se pedimos com fervor, teremos, com certeza, a Sua ajuda, que poderá se manifestar de muitas maneiras ou formas inusitadas, até mesmo por meio de livros ou conferências ou de pessoas que, de forma amigável ou não, apontam nossos defeitos, ou através de sonhos simbólicos ou inspirações durante a meditação, etc.

As palavras de um conhecido instrutor espiritual sobre a oração são especialmente pertinentes neste particular: *A prece não deve ser, como é para tantos religiosos não esclarecidos, nada mais do que um pedido para que seja*

[296] Pierre-Ives Emery, *A Meditação na Escritura*, em *Mergulho no Absoluto*, p. 230.

concedido algo em troca de nada, um pedido de benefícios pessoais imerecidos e pelos quais não se trabalhou. Ela deve ser, primeiro, uma confissão da dificuldade ou mesmo do malogro do ego em encontrar corretamente o seu próprio caminho através da sombria floresta da vida; segundo, uma confissão da fraqueza ou mesmo da incapacidade do ego em enfrentar os obstáculos morais e mentais em seu caminho; terceiro, um pedido de ajuda para o esforço do próprio ego em busca da autoiluminação e autoaperfeiçoamento; quarto, uma resolução de lutar até o fim para abandonar os desejos inferiores e superar as emoções grosseiras que erguem tempestades de areia entre o aspirante e seu eu mais elevado; e, quinto, uma deliberada autossubmissão do ego, ao admitir a necessidade imperiosa de um poder mais alto.[297]

A verdadeira oração, quando expressa os anseios do coração do devoto, tende a criar um estado místico, uma atmosfera de quietude e paz, que traz conforto e alento à vida interior. Esse estado interior deve ser considerado como uma bênção. Poderíamos dizer que o teste da eficácia da oração do coração é a paz interior que ela confere. No período de oração desligamo-nos de nossas preocupações e interesses mundanos e voltamos nosso coração para o Alto, recebendo nutrição para a alma, o pão espiritual de cada dia que o Supremo Consolador está sempre pronto a nos conceder.[298] Esse estado de paz interior deve ser compartilhado com os outros, mesmo com aqueles que procuram nos fazer mal, como nos ensinou Jesus: *Amai os vossos inimigos e orai pelos que vos perseguem.* (Mt 5:44)

O buscador dá um passo considerável no Caminho quando introduz a meditação em sua prática espiritual. A meditação é um processo que visa promover a aquietação da mente, possibilitando uma progressiva penetração nas camadas mais profundas da consciência. A prática da meditação é bem mais simples do que as pessoas pensam. Ao invés das práticas usuais dos iogues orientais, que podem passar horas imóveis na posição de lótus (sentados no chão com as pernas cruzadas), nós ocidentais podemos conseguir os mesmos

---

[297] Paul Brunton, *Ideias em Perspectiva*, p. 219.

[298] Ver: *The Mystical Christ*, pp. 139-41.

estados de consciência sentados numa cadeira, com os pés no chão e com a espinha ereta. Existem vários manuais de meditação que podem orientar os primeiros passos daqueles que desejam iniciar essa prática imprescindível da vida espiritual.[299]

Dentre os diferentes tipos de meditação, algumas podem ser consideradas como práticas de aquietação da mente, em que o meditador procura concentrar-se na sua respiração (em especial a meditação *vipassana*) ou observar de forma desapegada a passagem dos pensamentos. A prática mais comum é a meditação analítica, também chamada de meditação 'com semente', em que o meditador procura concentrar seus pensamentos analíticos exclusivamente no tema escolhido (a semente). Finalmente, a prática mais elevada é a meditação 'sem semente', ou meditação do 'vazio,' como dizem os budistas, ou contemplação como é chamada na tradição cristã, em que o meditador procura manter sua mente absolutamente serena, para que, livre de pensamentos, ela se torne transparente e capaz de receber a pura luz da percepção direta.

A prática contemplativa é uma das etapas mais avançadas do relacionamento com Deus. A experiência de alguns anos de meditação discursiva é altamente desejável antes do indivíduo tentar a "meditação sem semente." A prática meditativa requer um progressivo controle do corpo, das emoções e, finalmente, dos pensamentos. Essa autodisciplina deve ser desenvolvida gradualmente, sendo a meditação "com semente," focalizada num tema determinado, o caminho natural para a etapa final, a concentração sobre o silêncio ou sobre o vazio, que é a contemplação.

O aspirante espiritual, durante boa parte do caminho, faria grande proveito da meditação analítica, usando-a para descobrir as fraquezas e os

[299] Como livros introdutórios sobre meditação sugerimos: Clara M. Codd, *Meditação, sua prática e resultados* (Brasília, Editora Teosófica, 1992); Michael J. Eastcott, *O Caminho Silencioso* (S.P.: Pensamento) e Adelaide Garner, *Meditação, um estudo prático* (Brasília, Editora Teosófica, 1995). O principal e mais completo livro de meditação continua sendo os *Yoga-Sutras de Patañjali*, que teria sido escrito entre dois mil e quatrocentos a quatro mil anos atrás, segundo alguns autores. Existem versões modernas, com comentários explicativos como a de I.K. Taimni, *A Ciência do Yoga* (Brasília, Editora Teosófica, 1996) e a de Rohit Mehta, *Yoga. A arte da integração* (Brasília: Editora Teosófica, 1995).

apegos da natureza inferior, que se constituem nos principais obstáculos ao seu progresso. Só podemos progredir na medida em que identificamos nossas fantasias e negatividades. Quando as reconhecemos, podemos, então, reeducar nossa criança interior, levando-a a crescer. Essa prática é apresentada no Anexo 1.

Os budistas, ao iniciarem suas práticas espirituais, costumam invocar três refúgios, que servem como fontes de força e inspiração. Eles se refugiam no *Buda*, no *dharma* e na *sangha*. O *Buda* simboliza o exemplo de que a iluminação é possível; o *dharma*, o conjunto de ensinamentos que leva a iluminação; e a *sangha*, a comunidade de praticantes que assegura ajuda mútua a todos que estão buscando seguir o *dharma*. O devoto cristão poderia adotar uma prática semelhante, tomando refúgio em Cristo, na *Gnosis* e nos Filhos da Luz. Cristo é a fonte da luz interior, a *Gnosis* é o conhecimento obtido pela iluminação interior e os Filhos da Luz são os verdadeiros discípulos que se tornam portadores e disseminadores da Luz no tempo e no espaço.

De acordo com Teresa de Ávila, a oração mais elevada é a do silêncio. É um processo que visa desenvolver a contemplação. É nesse estado que o místico entra em contanto com outros planos espirituais, chegando a ter visões que muitos interpretam como visões de Deus e, mais tarde, alcança o coroamento de todo seu esforço, a união com Deus. A contemplação equivale ao que os orientais chamam de *samadhi*, a comunhão consciencial do meditador com o objeto da meditação, que ocorre como um transe em que a dualidade é superada, possibilitando a percepção da Unidade.[300]

É esse último tipo de oração que Jesus nos ensinou ao dizer: *Quando orares entra no teu quarto e, fechando tua porta, ora ao teu Pai que está lá, no segredo; e o teu Pai, que vê no segredo, te recompensará* (Mt 6:6). A interpretação desse ensinamento é que Jesus recomenda que retiremos nossa consciência para a caverna de nosso coração, para a essência de nosso ser, fechemos as portas dos sentidos e da mente, um óbvio paralelo ao recolhimento da quinta etapa do processo de *Yoga* de *Patañjali* (*pratyahara*), e permaneçamos em silêncio, sem palavras e pensamentos, criando as condições

---

[300] Vide J. Hermógenes Andrade, *A Meditação no Hinduísmo*, em *Mergulho no Absoluto*, p. 52.

para que a pura luz de *buddhi*, a intuição, possa filtrar dos planos mais elevados, de onde tudo vê em segredo, atravessando nossa mente totalmente aquietada, para finalmente deixar sua impressão em nosso cérebro, registrando assim o conhecimento superior, a recompensa do Pai, em nossa consciência.

A contemplação

Segundo alguns autores, o retorno à pratica da contemplação no Cristianismo pode ser imputado ao Abade Saudreau, que em 1896 editou sua obra *Os Graus da Vida Espiritual*, baseada principalmente nos livros não expurgados de João da Cruz. Em suas obras, João da Cruz ensinava que a contemplação começa com 'a noite do sentido', que é o período de transição entre as atividades e percepções mentais do indivíduo e a inspiração espiritual direta, durante a qual se torna quase impossível os pensamentos comuns da vida devocional. A 'noite da percepção' é um processo espiritual de amadurecimento, em que a emotividade e sentimentalidade da vida devocional começam a ser colocados de lado, em favor de um relacionamento mais maduro com Deus. Tudo o que tem que ser feito nesse estado é permanecer em repouso, procurando não pensar, entregando-se à Graça de Deus.[301]

Na obra *A Chama Viva do Amor,*[302] João da Cruz descreve detalhadamente a transição da devoção sentimental para a intimidade com Deus. Quando a alma começa a ter dificuldade para proceder a análises discursivas e a atos de volição devocional, essa pode ser a indicação de que um novo relacionamento pode ser encetado com o Pai. Para isso devemos abandonar as antigas práticas e nos entregarmos a Deus sem demandas e em silêncio. Começa então um período de descanso em Deus, em que nada parece acontecer. A alma se entrega a Deus, sentindo uma profunda paz. Esse período, que alguns consideram de uma certa aridez espiritual, pode durar algumas semanas ou vários meses, mas se a verdadeira renúncia for feita, com total entrega e fé na graça divina, mais cedo ou mais tarde o buscador encontrará o Bem Amado, não como imaginava que Ele fosse, mas como Ele é na realidade.

---

[301] Vide *Open Mind Open Heart*, pp. 26-27.

[302] João da Cruz, *Obras Completas* (Petrópolis: Vozes, 1996, pp. 823-930).

O estudo das obras dos grandes místicos será de grande utilidade para todo aquele que estiver buscando o aprofundamento da vida espiritual. Esses autores, tendo penetrado na Luz, deleitando-se na bem-aventurança da união com Deus, experimentado o inexpressável, prestaram um grande serviço à humanidade ao tentar divulgar o que nos espera nos caminhos rarefeitos das alturas espirituais. A linguagem deles é eminentemente mística e poética, fadada a tocar o coração de todo buscador. Nas palavras de Richard Rolle, grande místico cristão:

> *A contemplação é um maravilhoso deleite do amor de Deus, e essa alegria é uma forma de venerar a Deus que não pode ser descrita. E essa incrível veneração ocorre dentro da alma, e em virtude da transbordante alegria e doçura, ela sobe à boca e, então, o coração e a voz combinam-se em uníssono, e corpo e alma comprazem-se no Deus Vivo.*[303]

Outra obra de grande impacto no misticismo dos últimos seis séculos, conhecida de Teresa de Ávila e João da Cruz, tem o título provocador de *A Nuvem do Não Saber*. É obra anônima de autor inglês, provavelmente um monge, escrita no século XIV. O autor procura transmitir sua experiência prática de que o conhecimento de Deus não pode ser obtido por intermédio de ideias e da reflexão intelectual. Sabendo que os leitores da época estavam mais interessados justamente nas práticas intelectuais, o autor faz um ingente esforço para esclarecer que este não é o caminho indicado para se chegar ao verdadeiro conhecimento divino. Esse conceito é transmitido de forma bastante clara na apresentação da obra:

> *O conhecimento de Deus é um saber que nunca sai de certa escuridão: sempre fica na nuvem, não sai nunca das nuvens. Tudo permanece de certo modo confuso e indefinido, embora se tenha a certeza de estar mesmo em comunicação com o Deus verdadeiro. Os que querem aprender o caminho da oração mais profunda não devem ficar desnorteados por não conseguirem sair da nuvem. Se ficarem preocupados pelas ideias e pelas reflexões, nunca chegarão ao verdadeiro conhecimento, não alcançarão os níveis mais altos da oração.*[304]

---

303 Richard Rolle, *The Forms of Living* (N.Y.: Paulist Press, 1988, p. 182).

304 Anônimo, *A Nuvem do Não Saber* (S.P., Editora Paulinas, p. 7).

Consciente da prática tradicional da piedade cristã de sua época e da suspeita com que os místicos sempre foram tratados, aquele autor procura alertar logo de início que sua obra era dirigida para uma minoria de buscadores que não se satisfaziam mais com as práticas de oração tradicionais. Sua obra é um tratado sobre a contemplação, descrevendo as práticas preliminares e a perplexidade inicial do meditador que, ao buscar Deus com a mente repleta de conceitos teológicos sobre o Ser Divino, ao penetrar fundo em seu coração, através de aparentes nuvens, encontra o Nada, ou o Vazio, que aos poucos reconhece como sendo o Todo, a Plenitude de todo saber e de todo amor, que é a Vida.

A Nuvem do Não Saber foi de importância capital para um grupo de monges americanos que, a partir da década de 70, procurou resgatar a antiga tradição contemplativa, apresentando suas técnicas preparatórias em linguagem e abordagem modernas. Esses monges trapistas, no mosteiro de St. Joseph, em Spencer, Massachusetts, sob a coordenação dos frades William Menninger e Basil Pennington, passaram a realizar uma série de programas de treinamento sobre o que chamaram de "oração de centralização." Dada sua grande aceitação por clérigos e leigos, o método passou a ser difundido, e vários centros foram criados para ensiná-lo, dentre os quais se destaca, nos Estados Unidos, o Mosteiro de St. Benedict, no Colorado, sob a direção de Thomas Keating. Vários livros foram escritos divulgando o método.[305] Esse método, que tem por objetivo aprofundar o relacionamento com Deus, foi desenvolvido a partir dos antigos métodos contemplativos da tradição cristã, sendo apresentado numa forma mais sistemática, que procura colocar ordem e regularidade nas práticas que levam ao silêncio interior. Durante a prática, nossa única intenção deve ser consentir a presença e a ação de Deus em nosso interior. Essa prática é apresentada de forma resumida no Anexo 1.

[305] Livros de Thomas Keating: *Crisis of Faith, Crisis of Love*; *Invitation to Love; The Mystery of Christ;* livros de William Meninger: *The Loving Search for God; The Process of Forgiveness*, todos da Editora Continuum, de Nova Iorque.

Capítulo 22

LEMBRANÇA DE DEUS

A alta vibração obtida durante o período de meditação diário tende geralmente a diminuir quando a pessoa retorna às exigências da vida cotidiana. O objetivo do devoto é manter essa vibração elevada ao longo do dia, como é sugerido no Evangelho de João: *Permanecei em mim como eu em vós* (Jo 15:4). A instrução evangélica continua, indicando o que ocorre quando o homem consegue manter essa sintonia com Deus: *Se permanecerdes em mim e minhas palavras permanecerem em vós, pedi o que quiserdes e vós o tereis* (Jo 15:7). Para alcançar esse propósito, Paulo recomenda a prática da oração permanente, instando: *Orai sem cessar.* (1 Ts 5:17)

No livro anônimo *Relatos de um Peregrino Russo*, o autor narra como entende a oração interior, a oração do coração que transforma o homem. Dentre as várias passagens interessantes destaca-se uma sobre a importância da oração permanente e como ela pode ser alcançada:

> *É preciso lembrar-se de Deus em todo tempo, em todo lugar e em todas as coisas. Se fabricas alguma coisa, deves pensar no Criador de tudo o que existe; se vês a luz do dia, lembra-te Daquele que criou a luz para ti; se olhas o céu, a terra e o mar e tudo o que eles contêm, admira, glorifica Aquele que tudo criou; se te vestes com uma roupa, pensa Naquele de quem a recebeste e lhe agradece, a Ele que provê a tua existência. Em resumo, que todo movimento seja para ti um motivo para celebrar o Senhor: assim rezarás sem cessar e tua alma estará sempre alegre.*[306]

Se permanecêssemos conscientes de nossa natureza divina última, estaríamos mergulhados permanentemente na lembrança de Deus, pois Deus é imanente. Para que esse processo tenha um poder transformador em nossa vida

[306] *Relatos de um Peregrino Russo* (S.P.: Edições Paulinas, 1985, p. 106).

ele deve ser vivencial e não meramente intelectivo. Quando essa lembrança passa a ser uma realidade em nossa vida, somos submetidos, a cada momento, ao esmeril divino que desbasta as arestas de nossas imperfeições. A realidade, porém, é que a maior parte dos aspirantes mantém a atenção, o dia todo, na sua natureza inferior, esquecido do seu Eu Superior. Para que haja progresso no Caminho são necessários exercícios de recordação de nossa verdadeira natureza divina, ou seja, a lembrança de Deus. Esses exercícios são muito mais valiosos do que sua aparente simplicidade sugere.[307]

A 'Lembrança de Deus' é uma prática recomendada por algumas ordens monásticas, como a carmelita. No monaquismo da igreja cristã oriental, esse exercício é conhecido como *Mneme Theou* (lembrança de Deus). Para essas ordens, *Mneme Theou* é um componente essencial na vida de transformação da mente *(metanoia)*. A mente inteiramente voltada para Deus não deseja pensar a respeito de nada mais. A todo momento e em qualquer situação, quando ela precisa de ajuda para resolver seus problemas, volve-se não para as pessoas ou as coisas do mundo, mas para Deus.[308]

O processo de centralização em Deus foi chamado de "orientação magnética para Deus" por um bispo russo conhecido como Theophanis, o recluso, que no final do século dezenove traduziu o original grego de *Philokalia*[309] para o russo, acrescentando vários textos adicionais. Theophanis escreveu como essa orientação magnética para Deus pode ser desenvolvida:

> *O objetivo é nos esforçarmos em direção a Deus; inicialmente isso é feito só na intenção. Deve ser feito em nossa vida real – uma gravitação natural que é doce, voluntária e permanente. Esse é o tipo de atitude que nos mostra quando estamos no caminho certo. Só se torna claro que Deus está nos tocando quando experimentamos essa aspiração viva; quando nosso espírito vira as costas para tudo o mais e fixa-se Nele deixando-se levar.*

[307] Vide *Ideias em Perspectiva*, p. 305.

[308] *A Different Christianity*, pp. 189-90.

[309] *Philokalia* é um compêndio clássico, em cinco volumes, de textos de vários autores dos primeiros séculos, a maior parte dos quais escritos em grego, versando sobre a piedade cristã e a vida mística.

No início isso não vai acontecer; a pessoa fervorosa ainda está inteiramente voltada para si mesma. Apesar de ter-se 'decidido' por Deus, isso só ocorre em sua mente. Então, quando seu coração começa a se purificar e assumir a atitude correta, ele passa a trilhar o Seu caminho com amor e contentamento. A alma começa, então, a retirar-se de tudo mais como que do frio e a gravitar em direção a Deus, que a aquece.

Esse princípio de gravitação é implantado na alma fervorosa pela Graça divina. Por sua inspiração e orientação a atração cresce em progressão natural, nutrida internamente mesmo sem o conhecimento da própria pessoa. Passa a ser, então, uma profunda felicidade estar sozinha com Deus, longe dos outros e esquecida das coisas externas. Ela adquire o reino de Deus dentro de si mesma, que é paz e alegria no Espírito Santo.[310]

Dada a realidade da vida moderna, com a constante premência de tempo para realizar inúmeras atividades, pode parecer que o método de lembrança de Deus foi mais apropriado para época em que a vida era mais tranquila, e quando os homens podiam voltar-se para a introspeção, mesmo que estivessem cuidando de seus afazeres mais simples e menos estressantes. Porém, quanto maior a demanda do mundo, maior a necessidade de estarmos constantemente sintonizados com Deus para mantermos o alto nível vibratório que conduz à transformação (*metanoia*), que por sua vez leva à união ou *Yoga*. Por isso Jesus dizia: *Vigiai e orai, para que não entreis em tentação, pois o espírito está pronto, mas a carne é fraca.* (Mt 26:41)

Para nos lembrarmos de Deus, temos que nos esquecer de nós mesmos, de nossos pensamentos, de nossos interesses, de nossos insistentes medos e anseios. Esse processo está relacionado com a renúncia das lembranças passadas e das esperanças futuras, a fim de que possamos nos lembrar de Deus, agora no presente, como o centro de nossa vida. É também uma consequência do primeiro e maior mandamento, amar a Deus de todo coração, com toda a alma e de todo nosso entendimento (Mt 22:38). Se Deus é realmente o nosso

[310] St. Theophan, o recluso, *The Heart of Salvation,* citado em *A Different Christianity*, p. 293.

maior tesouro, nele deverá estar sempre nosso coração,[311] como ocorre com as pessoas verdadeiramente apaixonadas. Esse é o espírito da lembrança de Deus.

Quando o praticante engaja-se no processo de lembrança de Deus, ainda que inicialmente de forma imperfeita e com lapsos frequentes durante o dia, ele inicia uma nova etapa no Caminho. Antes ele lutava contra seus demônios interiores sozinho. Agora ele terá um aliado permanente a seu lado, o próprio Senhor do Universo, a Luz infinita que automaticamente repele a escuridão, a Onisciência divina que vence toda ignorância. A partir de então o progresso será muito mais rápido, porque a Verdade é incompatível com a falsidade do mundo, o Amor com o egoísmo da personalidade. Como Deus é Verdade e Amor, enquanto estivermos sintonizados com Ele, as vibrações distorcidas do mundo material não terão lugar em nosso coração. Estaremos vivendo, então, numa vibração elevada, praticando naturalmente as virtudes divinas e avançando no Caminho da Perfeição.

A lembrança de Deus pode dar-se de diferentes maneiras de acordo com o temperamento de cada homem. Ela pode aparecer como uma constante sintonia com Deus, em que a pessoa percebe a presença de Deus no íntimo de seu coração. Para o indivíduo que ama a natureza ou que tem um pendor poético, a lembrança pode ser a percepção de Deus na beleza de toda manifestação da natureza e em todos os seres.

Para o devoto, pode ser mais natural viver com o Cristo a seu lado, em permanente comunhão, como se Ele fosse seu companheiro inseparável. Ele está sempre a nossa disposição; somos nós que temos que optar por nos mantermos a Seu lado, sem perder-nos em considerações mundanas e fúteis. Poderemos, também, observar nosso comportamento e nossas tendências, contrastando o Cristo interior que procura nos levar para o alto, com a personalidade, que nos puxa para baixo. E, quando alguma atividade demandar toda a nossa atenção, podemos oferecer ou dedicar a Deus aquela tarefa, pedindo que Ele guie o nosso coração para podermos realizá-la da melhor maneira possível.

---

[311] Mt 6:21.

Deve ficar claro, no entanto, que a prática da presença de Deus não é uma mera técnica que possa ser adotada por qualquer um a qualquer momento. Ela é uma consequência do profundo amor a Deus sentido pelo devoto que, na alegria de seu anseio por comungar com o Supremo, procura estender o seu contentamento a todo momento e a toda ocasião.

Muitos aspirantes, convencidos da importância da prática da lembrança de Deus, tentam incorporá-la à sua rotina diária, mas verificam que, por razões que não conseguem entender, não fazem muito progresso. Sentem como se seu coração não estivesse realmente engajado, como se lá dentro do coração algo estivesse dizendo que isso não é mesmo para ele. Esses casos, que infelizmente não são raros, geralmente são um reflexo da imagem que temos de Deus. Esse é um assunto de importância transcendental. Geralmente não nos damos conta de que a maior parte das práticas espirituais depende do que **sentimos** a respeito de Deus e não do que **pensamos** a seu respeito.

Nossos sentimentos a respeito de Deus dependem da imagem que fazemos a seu respeito. Esta imagem não é o resultado do conceito que temos de Deus, que é nossa visão intelectiva, mas sim da imagem que formamos inconscientemente durante nossa infância, como uma extensão natural da imagem de nossos pais, a autoridade que conhecemos. Dependendo de como a criança é tratada pelos pais, se com disciplina rigorosa e castigos, com indulgência e permissividade ou com frieza e descaso, a criança, aos poucos, vai formando uma imagem sobre a autoridade que conhece, os pais. Essa imagem tende a ser transferida para a autoridade suprema, Deus. Assim, pais rigorosos e punitivos tendem a criar uma imagem de um Deus justiceiro, ao qual devemos temer e procurar manter distância, porque sua proximidade pode trazer castigos se ele observar nossas falhas, e como estamos conscientes de termos muitos defeitos, inconscientemente procuramos manter a autoridade suprema distante de nós.

É importante, portanto, que descubramos qual a imagem que fazemos de Deus, para que a prática da lembrança de Deus possa ser realmente incorporada à nossa rotina diária como a expressão natural do anseio da alma pelo Supremo Bem. Se verificarmos que a imagem que temos de Deus, o que realmente sentimos a respeito do Pai Celestial, é muito diferente do conceito ou da ideia que temos, será necessário, antes de mais nada, confrontarmos a imagem distorcida com nosso conceito intelectivo, que provavelmente é mais próximo da realidade.[312]

O objetivo último da prática da presença de Deus é levar-nos a agir no mundo como instrumentos do Alto. Não importa como Deus seja concebido: como o Ser Supremo que tudo abrange, ou como o Cristo interior, que comanda a personalidade, ou como o Mestre, instrumento do Divino, cuja missão é promover a salvação da humanidade sofredora. Quando nosso senso de responsabilidade nos impele a agir com motivação altruísta e total desapego pelo resultado de nossas ações, conscientes de que somos um instrumento da Vontade Divina, estaremos vivendo com Deus no coração e expressando o amor Divino por meio de nossas ações.

Existe na tradição cristã algo que é às vezes confundido com a lembrança de Deus, que é a prática da presença de Deus. Enquanto a lembrança de Deus é um instrumento usado na senda mística, que tem por objetivo alcançar a união com Deus, a prática da presença de Deus é, na verdade, um corolário da consecução do objetivo último da união. Quando o místico alcança a união com Deus, o resultado natural será sentir a presença do Supremo Bem a todo momento, não importa se orando ou trabalhando.

O exemplo clássico dessa prática é a experiência do Irmão Lourenço, místico humilde que entrou para um convento carmelita em Paris, no século XVII com a idade de 55 anos. Encarregado do serviço da cozinha, em breve tornou-se o confidente e orientador espiritual de seus companheiros mais instruídos no mosteiro. Seu segredo era simples: sua oração era simplesmente um sentido da presença de Deus, quando sua alma tornava-se insensível a tudo que não fosse o amor divino. O interessante, porém, é que ao término das sessões rotineiras de oração ele continuava sentindo-se na presença de Deus, louvando-o e dando graças a Ele com todo seu coração, vivendo em profunda alegria a todo o momento. Até mesmo na cozinha, em meio ao

---

312 Para maior aprofundamento dessa questão recomendamos o livro *O Caminho da Autotransformação*, capítulo 4: "O Deus real e a imagem de Deus".

buliço das panelas e da louça, do burburinho das conversas e solicitações, o Irmão Lourenço sentia a presença de Deus. Dizia que muitos monges não progrediam espiritualmente porque davam mais atenção a penitências e exercícios especiais do que ao amor a Deus, que era o fim de toda a vida espiritual.[313]

[313] *Conversations & Letters of Brother Lawrence, The Practice of the Presence of God* (Oxford: One World, 1993, pp. 17, 20-21).

Capítulo 23

ATENÇÃO

A falta de atenção do ocidental é notória. Quantas vezes não entendemos o que alguém está nos dizendo porque estamos pensando em outra coisa enquanto o outro está falando. O desenvolvimento da atenção em todas as atividades de nossa vida cotidiana não só servirá para tornar-nos mais eficientes no que tivermos que realizar, mas também facilitará o desempenho de nossa meditação. A inabilidade em manter a plena atenção é uma das principais razões porque os ocidentais têm mais dificuldade para meditar do que os orientais.

Mas a atenção também é necessária para evitar que cometamos deslizes na vida. Jesus já dizia: *Vigiai e orai, para que não entreis em tentação, pois o espírito está pronto, mas a carne é fraca* (Mt. 26:41). Se não estivermos atentos às circunstâncias de nossa vida, analisando as implicações de diferentes cursos alternativos de comportamento, podemos nos deixar levar pelos nossos condicionamentos, geralmente expressando tendências materiais e egoístas. O cuidado e a atenção são especialmente importantes no que se refere às instruções espirituais. No Antigo Testamento encontramos diversas passagens a este respeito:

> *Se aceitares, meu filho, minhas palavras e conservares os meus preceitos, dando ouvidos à sabedoria, e inclinando o teu coração ao entendimento; se invocares a inteligência e chamares o entendimento; se o procurares como o dinheiro e o buscares como um tesouro; então entenderás o temor de Iahweh e encontrarás o conhecimento de Deus.* (Prov 2:1-5)
>
> *Meu filho, sê atento às minhas palavras; dá ouvidos às minhas sentenças: não se afastem dos teus olhos, guarda-as dentro do coração. Pois são vida para quem as encontra, e saúde para a sua carne. Guarda o teu coração acima de tudo, porque dele provém a vida.* (Prov 4:20-23)

Deus fala de um modo e depois de outro, e não prestamos atenção. Em sonhos ou visões noturnas, quando a letargia desce sobre os homens adormecidos em seu leito: então lhes abre os ouvidos, e os aterroriza com aparições, para afastar o homem de suas obras e pôr-lhe fim ao orgulho, para impedir sua alma de cair na sepultura e sua vida de cruzar o Canal. (Jó 33:14-18)

Alguns autores da tradição cristã sugerem que a atenção é um elemento fundamental da prática espiritual. Theophanis, o recluso, escreveu: *A vida de atenção, levada a fruição em Cristo Jesus, é o pai da contemplação e do conhecimento espiritual* (gnosis). *Ligada à humildade, ela gera a exaltação divina e pensamentos do tipo mais sábio.*[314]

Entre os padres da igreja primitiva falava-se da interdependência da atenção e da prece, que se unem na luta contra o orgulho, levando à humildade, que por sua vez abre o coração aos poderes do alto. S. Hesychios, o Padre, escreveu: *Se nosso intelecto é inexperiente na arte da atenção, ele começa imediatamente a entreter todas as fantasias intensas que nele aparecem, importunando-o com perguntas ilícitas e respondendo-as de forma ilícita. Então, nossos próprios pensamentos juntam-se à fantasia demoníaca, que cresce e se expande até que parece ser maravilhosa e desejável para o intelecto acolhedor e despojado.*[315]

A atenção pode ser enfocada sob dois aspectos: o que os budistas chamam de 'plena atenção' e a técnica da 'auto-observação.' Esses dois aspectos são de capital importância no caminho espiritual.

O importante em ambos aspectos é o direcionamento de nossa atenção. Na maior parte dos exercícios o que é preciso é o unidirecionamento da atenção, no que poderíamos chamar de concentração. As atividades do mundo e a meditação analítica demandam essa concentração. No entanto, em certas situações, em vez de concentrar o foco da atenção, é preciso justamente o contrário, expandir ao máximo o foco da atenção para que ela abarque tudo

[314] St. Theophanis, o recluso, *Four Sermons on Prayer,* citado por R. Amin, *A Different Christianity*, p. 276.
[315] St. Hesychios the Priest, em *The Philokalia* (London: Faber and Faber, 1979), vol. I, p. 187.

o que possa estar ocorrendo ao nosso redor. Em certos tipos de meditação, o meditador deve permanecer atento a todos os pensamentos que passam por sua tela mental sem, porém seguir ou apegar-se a nenhum deles. Numa volta mais elevada da técnica meditativa, o objetivo é a contemplação que requer perfeita aquietação da mente. Para que isso ocorra, a mente deve ser pacientemente treinada.

A plena atenção voltada para o aqui e agora de cada atividade que está sendo realizada é a melhor disciplina da mente, para que durante o período meditativo ela possa ser naturalmente direcionada a um determinado objeto, e firmemente mantida durante o tempo necessário para analisar tudo o que for possível pela lógica. Se o meditador continuar a manter a atenção no objeto, poderão surgir inspirações reveladoras vindas da pura luz da intuição.

O exercício da plena atenção é tão fundamental para a prática budista que eles costumam dizer, com sua alegria costumeira, que a diferença entre eles e os não praticantes é que quando eles caminham eles caminham, quando comem eles comem, quando meditam eles meditam, etc. A explicação dessa aparente tautologia é que um praticante budista procura voltar toda a sua atenção para o que está sendo realizado, evitando que a mente divague enquanto está fazendo alguma coisa.[316] Como parte do treinamento da mente, os iniciantes são instados a praticar a concentração sobre a respiração como uma técnica meditativa básica. Alguns praticam a meditação ao caminhar lentamente, procurando concentrar-se em todos os movimentos; o mesmo é feito ao comer, com a concentração em cada movimento da mão, do maxilar, etc.

Dois autores budistas contemporâneos escreveram a esse respeito:

> *Quando de pé, andando, sentados ou deitados, durante todo o tempo em que estivermos acordados, deveremos desenvolver a plena atenção mental e o amor universal. Isso, dizem, é a mais elevada conduta aqui.*[317]

---

316 Uma passagem do *Dhammapada* ilustra a importância da vigilância, ou plena atenção, para os budistas: *A vigilância é o caminho da imortalidade, o Nirvana. A negligência é o caminho da morte. Os vigilantes não perecem; os negligentes já estão como mortos*. p. 21.

317 Georges da Silva e Rita Homenko, *Budismo: Psicologia do Autoconhecimento* (S.P.: Pensamento, p. 147).

A atenção está relacionada aos sentidos e à mente. O grau mais elevado de atenção é aquele em que a mente está engajada, pois é a mente que sintetiza os sentidos. Mas existe um nível ainda mais elevado de atenção, que é a atenção relacionada aos sentidos espirituais. É para esse nível de atenção que Paulo parecia estar se reportando quando escreveu: *Não olhamos para as coisas que se veem, mas para as que não se veem; pois o que se vê é transitório, mas o que não se vê é eterno.* (2 Cor 4:18)

A atenção é geralmente relacionada na Bíblia como vigilância, daí as várias passagens em que os fiéis são instados a vigiar. Uma passagem merece ser citada em virtude de suas implicações esotéricas:

> *Felizes os servos que o senhor, à sua chegada, encontrar vigilantes. Em verdade vos digo, ele se cingirá e os colocará à mesa e, passando de um a outro, os servirá.* (Lc 12:37)

Usando as chaves para a interpretação dos textos sagrados, podemos assumir que o sentido esotérico da passagem é interior. O senhor é o Eu Superior. Os servos são os veículos inferiores. Felizes, pois, as almas cujos veículos inferiores estiverem vigilantes quando a Graça da chegada consciente do Cristo interior ocorrer. Nesse caso o senhor colocará estas almas à mesa e as servirá com o banquete celestial da sagrada Comunhão.

Capítulo 24

RITUAIS E SACRAMENTOS

Rituais internos e externos

Todas as tradições religiosas e esotéricas valem-se de rituais para estabelecer uma vibração elevada e direcionar energias para facilitar a expansão de consciência dos participantes. A milenar tradição dos mistérios sempre se valeu de rituais, ou teurgia, para a realização de seus propósitos.[318] Com o passar do tempo, algumas dessas tradições julgaram por bem instituir não só Mistérios Menores, de caráter preparatório para os Mistérios Maiores, mas também cerimônias abertas para o grande público. Nessas, obviamente, não havia exigência de segredo.

Pouco se sabe a respeito dos rituais e dos mistérios das verdadeiras tradições ocultas, pois seus praticantes sempre mantiveram em respeitoso segredo suas práticas, em obediência ao juramento de total sigilo que devia ser feito como condição de acesso aos mistérios. Por isso, sabemos simplesmente que existiam e ainda existem mistérios, e naquelas sociedades em que algumas práticas exotéricas, ou populares, foram instituídas, algo mais é conhecido do público, mas nunca os detalhes dos rituais, principalmente as palavras e os sinais de poder que são transmitidos de boca a ouvido pelos oficiantes.

Durante seu ministério, Jesus instituiu rituais e mistérios, ou sacramentos. Seguindo a antiga tradição oculta, ele também exigia de seus discípulos estrito segredo sobre esses mistérios, como atesta a seguinte passagem:

> *Jesus disse: 'Eu digo meus mistérios aos que são dignos de meus mistérios. Que a tua mão esquerda não saiba o que faz a tua mão direita!'*[319] *(Evangelho de Tomé, vers. 62)*

---

[318] Vide Samuel Angus, *The Mystery-Religions and Christianity* (N.Y.: Carol Publishing, 1996, cap. II).

[319] *O Evangelho de Tomé,* em *The Nag Hammadi Library,* p. 133.

Com isto Jesus indica que os mistérios só eram concedidos aos discípulos mais avançados, que estavam suficientemente purificados e comprometidos com a vida espiritual. O Mestre pedia discrição, a fim de que os irmãos da mão esquerda não pudessem se valer dos conhecimentos que conferem poder para seus fins nefastos.

Mais tarde a Igreja romana, herdeira da tradição externa dos ensinamentos populares, resolveu adaptar alguns dos rituais e sacramentos internos ao uso público, resultando, com o passar do tempo, na missa e nos sete sacramentos conhecidos atualmente. Esses rituais apresentavam várias características regionais. Ainda hoje os rituais da Igreja Ortodoxa Oriental são consideravelmente diferentes dos rituais da Igreja Católica Romana, particularmente depois das reformas recentes. É sabido que uma das razões da Reforma protestante instituída por Lutero e Calvino dizia respeito à natureza do ritual da Igreja romana. Com a Reforma, as diferentes seitas protestantes passaram a oferecer a seus fiéis um 'serviço religioso' e não o ritual da missa.

Os rituais internos da tradição cristã

Jesus, como todo hierofante, instituiu alguns rituais secretos, visando facilitar a expansão de consciência de seus discípulos. Além da menção da instituição do batismo e da eucaristia (Mt 26:26-28; Mc 14:22-25; Lc 22:14-20; Jo 6:52-59), um importante registro que temos desses rituais na Bíblia é a curta e enigmática menção do hino cantado por Jesus e seus discípulos: *Depois de terem cantado o hino, saíram para o monte das Oliveiras.* (Mt 26:30 e Mc 14:26)

Esse ritual foi parcialmente preservado num documento apócrifo conhecido como *Atos de João* e, mais tarde, publicado como *O Hino de Jesus.*[320] No rito do *Hino*, os discípulos aparecem num círculo, segurando as mãos uns dos outros. Jesus entoava invocações no centro da roda e seus discípulos respondiam 'Amém', movendo-se em círculo.

[320] Ver G.R.S. Mead, *O Hino de Jesus* (Brasília: Editora Teosófica, 1994).

O poder do Hino pode ser aquilatado por algumas estrofes:

Glória a Ti, Pai!
(E nós, enquanto circulávamos em anel, respondíamos a Ele:)
Amém!
Glória a Ti, Verbo (Logos)!
Amém!
Glória a Ti, Graça (Charis)
Amém!
Glória a Ti, Espírito!
Glória a Ti, Sagrado Um!
Glória a Tua Glória!
Amém![321]

e o rito continuava com seu ritmo envolvente, conduzindo os participantes a elevados níveis de consciência. No Hino encontram-se declarações de caráter esotérico tal como: *E agora responde ao Meu dançar! Veja a ti mesmo em Mim que falo; e vendo o que faço, guarda silêncio sobre os Meus Mistérios.*[322] E uma afirmação que antecipa descobertas psicológicas de Jung nesse século: *Se tivesses sabido como sofrer, terias o poder de não sofrer. Conhece (pois) o sofrimento, e terás o poder de não sofrer.*[323]

Outro importante ritual oficiado por Jesus é descrito nos evangelhos canônicos de forma tão velada que é geralmente interpretado como um "milagre". Trata-se da assim chamada ressurreição de Lázaro. Se tomarmos a passagem em João (Jo 11:1-43) veremos que todo o relato assume um caráter curioso devido ao comportamento aparentemente bizarro de Jesus face às notícias sobre Lázaro.[324]

É dito que Lázaro estava 'doente' e que suas irmãs, Maria e Marta, mandaram avisar Jesus sobre o fato. De forma surpreendente, Jesus demonstra um aparente desinteresse pelo estado de saúde de seu discípulo amado e disse:

---

[321] *O Hino de Jesus*, (Brasília: Ed. Teosófica, 1ª ed., 1994, p. 34).

[322] Os poetas seguidamente entram em sintonia com a verdade maior, expressando-a em suas poesias. Um caso em pauta com o *Hino de Jesus* são os poemas de T.S. Elliot: *O ponto imóvel do mundo que gira, que não é carne nem deixa de ser carne, que não é pausa nem movimento. E não o chame de fixidez, onde passado e futuro estão unidos. Exceto pelo ponto, o ponto imóvel, não haveria dança, e há somente a dança.* Citado em *O Paradigma Holográfico*, p. 28.

[323] *O Hino de Jesus*, pp. 38-39.

[324] O nome de Lázaro parece ser uma abreviatura de um antigo nome hebreu *Eleazar*, que significa *'ajuda de Deus'*.

Essa doença não é mortal, mas para a glória de Deus, para que, por ela, seja glorificado o Filho de Deus. Depois disso Jesus permaneceu mais dois dias no local onde se encontrava e só depois decidiu ir para o povoado de Lázaro, na Judeia. Disse então a seus discípulos: *Nosso amigo Lázaro dorme, mas vou despertá-lo*. E os discípulos ficaram confusos, pois entenderam que Jesus falara da morte de Lázaro como se fora apenas um sono. Então Jesus falou claramente: *Lázaro morreu. Vamos para junto dele!* Tomé, surpreendentemente, diz aos outros discípulos: *Vamos também nós, para morrermos com ele!* Como explicar o anseio dos discípulos por morrer com Lázaro, a não ser que essa 'morte' fosse algo extremamente desejável?

> *Ao chegar, Jesus encontrou Lázaro já sepultado havia quatro dias. Então, disse Marta a Jesus: 'Senhor, se estivesses aqui, meu irmão não teria morrido'. Jesus respondeu: 'Teu irmão ressuscitará'. Jesus mandou então que retirassem a pedra do sepulcro e gritou em voz alta: 'Lázaro, vem para fora!' O morto saiu, com os pés e mãos enfaixados e com o rosto recoberto com um sudário.*

Para aqueles familiarizados com os rituais esotéricos, esse aparente milagre é a forma alegórica de descrever o ofício de um elevado rito de mistério no qual o iniciado entra em transe por três dias, aparentando estar morto. Ao fim do terceiro dia, o hierofante, nesse caso Jesus, usando palavras de poder, desperta-o de seu transe. Em outra passagem, Jesus refere-se a esse profundo mistério quando diz: *Destruí este templo, e em três dias eu o levantarei* (Jo 2:19). Compreende-se, portanto, porque Tomé queria também passar por aquela 'morte'.

O fato da maior parte das referências aos mistérios de Jesus encontrar-se nos evangelhos gnósticos não significa que os padres da igreja dos primeiros séculos desconhecessem os mistérios. Alguns eram até mesmo iniciados neles. Existem inúmeras referências veladas nas epístolas de Paulo, o grande iniciado, usando a linguagem técnica dos mistérios, como por exemplo: *Como bom arquiteto, lancei o fundamento, outro constrói por cima* (1 Co 3:10); *É realmente de sabedoria que falamos entre os perfeitos, sabedoria que não é deste mundo nem dos príncipes deste mundo, votados à destruição. Ensinamos a sabedoria de Deus, misteriosa e oculta, que Deus, antes dos séculos, de antemão destinou para a nossa glória* (1 Co 2:6-7).[325]

---

[325] Para outras referências aos mistérios em Paulo vide: Gl 2:20; 1 Co 2:12; 1 Co 3:1-2; 1 Co 3:16-17; Ef 3:3-4; Cl 1:27.

Alguns discípulos de Valentino, na segunda metade do século II, diziam ter recebido dele os ensinamentos secretos de Paulo, os 'mistérios profundos' que o apóstolo ministrava somente a uns poucos discípulos escolhidos, em segredo.[326] Vale mencionar que, dentre os tópicos da '*sabedoria de Deus, misteriosa e oculta*,' de que fala Paulo, encontram-se ensinamentos sobre a reencarnação. Esse era um conceito corrente, aceito por boa parte dos povos da época de Jesus, em especial pelos essênios, grupo a que Jesus pertencia. A Cabala, o ensinamento esotérico dos judeus, que Jesus dominava, pressupõe o conceito de mudança ou movimento da alma de um veículo para outro. É interessante notar que os fariseus aceitavam a reencarnação de uma forma curiosa, ou seja, que os justos voltavam à Terra assumindo outros corpos, para se aproximarem cada vez mais da perfeição, enquanto os iníquos não tinham a mesma oportunidade. O conceito de reencarnação era aceito entre os primeiros cristãos, até ser decretado em concílio como um conceito herético. O bispo Leadbeater da Igreja Católica Liberal escreveu a esse respeito que:

> *Jerônimo fala da crença na passagem da alma de um corpo a outro como presente no início do Cristianismo. Orígenes, o maior de todos os padres da Igreja, sustentava-a forte e claramente, e é significativo que afirmasse não tê-la tomado de Platão, mas que ela lhe fora ensinada por São Clemente de Alexandria que, por sua vez, aprendeu-a de Panteno, um discípulo de homens apostólicos. Assim, temos uma afirmação clara de que a doutrina da reencarnação veio dos próprios apóstolos. Era um dos Mistérios da Igreja primitiva ensinado somente àqueles que eram dignos, que tinham ingressado no círculo interno de sua organização e haviam comprovado ser membros bons e confiáveis, aptos a receber em confiança os ensinamentos internos.*[327]

Com relação aos sacramentos é dito no Evangelho de Felipe que Jesus instituiu cinco e não sete sacramentos: *O Senhor fez tudo num mistério, um batismo, uma crisma, uma eucaristia, uma redenção e uma câmara nupcial.*[328] A Igreja romana manteve a mesma conotação iniciática para os três primeiros sacramentos em seus rituais. Assim, os sacramentos ministrados pela Igreja:

---

[326] Vide Clemente de Alexandria, *Stromata*, 7,7.

[327] C.W. Leadbeater, *A Gnose Cristã* (Brasília: Editora Teosófica, 1994, p. 162).

[328] *Evangelho de Felipe*, p. 150.

batismo, crisma e eucaristia, ainda hoje, conferem certo grau de expansão de consciência a todos aqueles que os recebem no estado de espírito apropriado.

Os dois últimos sacramentos, no entanto, foram totalmente desvirtuados. O sacramento da redenção, conhecido na igreja primitiva como *apolytrosis*, a última etapa preparatória para o sacramento supremo da câmara nupcial, foi transformado na penitência, mais conhecida dos católicos como confissão. O significado original desse sacramento era a redenção da alma, quando o iniciado morria para o mundo e ressurgia liberto de todas as correntes de apego, inclusive da noção de um eu separado. A 'ressurreição de Lázaro', mencionada anteriormente, parece ser uma alegoria desse sacramento. A Igreja romana, numa gritante contradição com os ensinamentos de Jesus a respeito da lei de causa e efeito, conferiu a seus prelados o suposto poder de perdoar os pecados por meio da 'confissão'.

No sacramento da câmara nupcial, os discípulos avançados alcançavam a iluminação quando a alma devidamente purificada, referida como virgem, unia-se ao supremo esposo, o Cristo interior. Esse sacramento, mencionado claramente na literatura gnóstica, especialmente no Evangelho de Felipe, também é referido na Bíblia, de forma mais velada, na parábola do banquete nupcial (Mt 22:1-14) e na parábola das dez virgens (Mt 25:1-13). Esse sacramento também pode ser conferido internamente, como parece ocorrer com os místicos que alcançam as alturas espirituais. Jan van Ruysbroeck, um dos maiores místicos católicos, escreveu, no século XIV, em *Adornos do Casamento Espiritual*, que Cristo é nosso noivo e Ele nos convida a vir a Ele.[329]

A Igreja transformou esse elevado sacramento de caráter esotérico na cerimônia externa do matrimônio. Assim, as palavras de Jesus: *o que ligares na Terra será ligado nos Céus* (Mt 16:19), que se referia ao ritual esotérico de união em consciência da alma com o Espírito, foram usadas de forma indevida para o ritual exotérico da união matrimonial, criando um sofrimento desnecessário a milhões de casais, ao longo dos séculos, pois, quando se separavam, eram perseguidos pelo sentimento de culpa de estarem infringindo uma lei divina.

---

[329] John of Ruysbroeck, *The Adornment of the Spiritual Marriage, The Sparkling Stone , The Book of Supreme Truth* (reprint) (Kila, Montana: Kessinger Publishing, p. 10).

A Igreja Católica também instituiu dois outros sacramentos: a unção e a ordem, com isso estendendo suas atribuições e controle às atividades mais importantes da vida do ser humano, do nascimento à morte. A unção, ou melhor dito, a extrema unção, tem um paralelo com rituais semelhantes em outras tradições. Com o sacramento da ordem ficava instituída a sucessão apostólica na ordenação dos prelados.

Os cinco sacramentos internos de Jesus apresentam um estreito paralelo com os cinco estágios da vida mística e com as cinco grandes iniciações, como será visto no capítulo 27. Os discípulos só recebiam os sacramentos depois de um extenso trabalho preparatório, pois um sacramento equivale a um aporte energético de alta voltagem, que só podia ser recebido com segurança quando os veículos do postulante estivessem devidamente purificados.

Símbolos e Teurgia

O poder dos rituais e sacramentos reside em sua capacidade de servir de instrumento para canalização da energia superior para certos fins desejados, geralmente a expansão de consciência dos postulantes. São atos de teurgia, isso é, de utilização de energia espiritual por pessoas altamente qualificadas, capazes de transmutar essa energia em força direcionada aos planos inferiores, geralmente certos *chakras* do corpo humano, para fins específicos. Nas palavras de um ocultista, *Um Sacramento assemelha-se a um cadinho, no qual se elabora a alquimia espiritual. Uma energia, colocada neste cadinho e submetida a certas operações, sai transformada.*[330]

Os rituais sacramentais atuam em dois níveis. Primeiro agem no exterior, por intermédio de cerimônias alegóricas em que se executam certas ações e utilizam-se certas substâncias. No segundo nível, o interior, o nível esotérico, as energias atuam da forma como são direcionadas pelo hierofante. As pessoas geralmente se fixam na cerimônia alegórica exterior, que é planejada para transmitir um ensinamento importante de forma a ser lembrado vivamente pelo participante. Dentre as substâncias utilizadas nesses rituais, os quatro

[330] Annie Besant, *O Cristianismo Esotérico* (S.P.: Pensamento, p. 178).

elementos conhecidos das antigas tradições (terra, água, ar e fogo) estão invariavelmente presentes, simbolizando verdades profundas. Certos objetos, como cálice, vaso, espada ou lança, flor, pedra, quase sempre, fazem parte da cerimônia. As ações cerimoniais são variadas. Em alguns casos envolvem movimentos rítmicos e até danças, gestos de poder (*mudras*) e sons ou palavras de poder (*mantras*). O que poucos sabem é que nos sacramentos, os gestos e sons de poder são usados para atrair e orientar a ação de seres angélicos na captação e no direcionamento de energias para os fins desejados.[331]

Em alguns casos certos objetos usados nos rituais são especialmente magnetizados no plano oculto, com energia sutil que lhes confere a vibração apropriada para facilitar o ato teúrgico. Os locais das cerimônias também costumam ser magnetizados, como os antigos Templos dos Mistérios e certas criptas de antigas igrejas ou mosteiros, que têm uma vibração especial facilmente detectável por sensitivos. Os símbolos usados nas cerimônias servem para transmitir aos participantes certos conceitos conhecidos da linguagem sagrada. Na tradição cristã dois símbolos são particularmente importantes: a cruz e o cálice.

Ao contrário do que muitos cristãos imaginam, a cruz não é um símbolo exclusivo do Cristianismo nem se originou da crucificação de Jesus. A cruz já era um símbolo esotérico muito antes de nossa era. Ela simboliza a crucificação do espírito na matéria, a descida da energia do alto (simbolizada pela haste vertical) e sua distribuição a todos os seres (braços horizontais). Atualmente, esse símbolo está carregado das conotações estabelecidas pela ortodoxia relacionadas à morte violenta de Jesus.

---

[331] G. Hodson, *O Lado Interno do Culto na Igreja* (S.P.: Pensamento, p. 19).

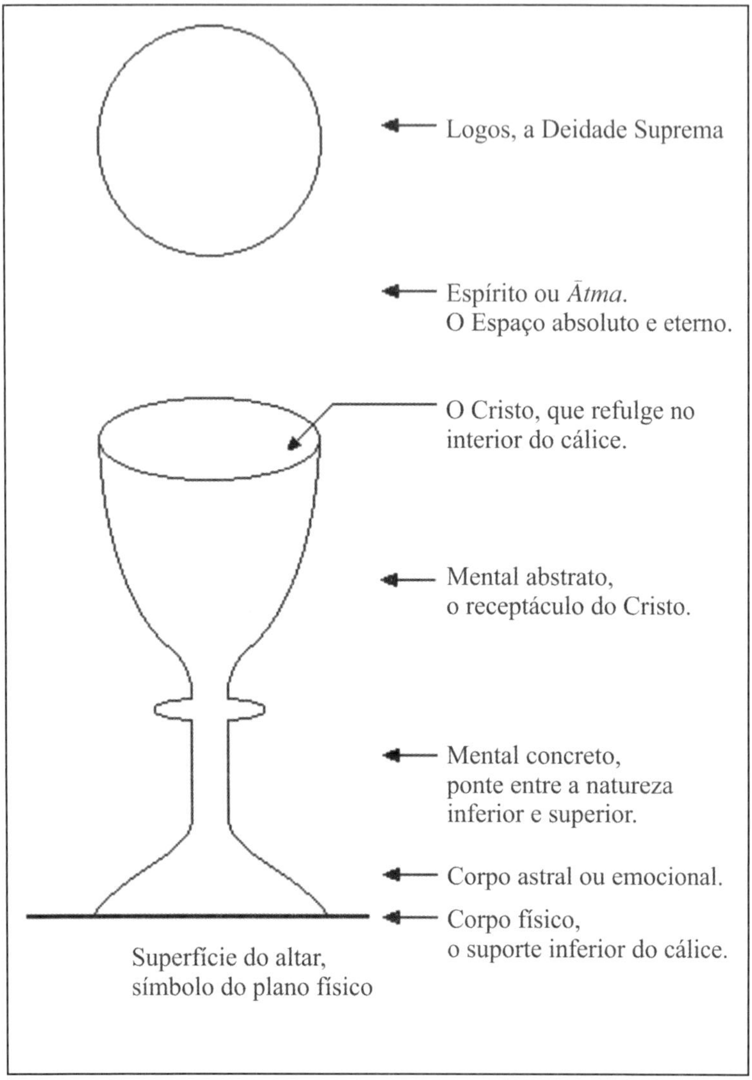

Figura 3 - O CÁLICE: Símbolo da natureza integral do homem.

O outro símbolo de grande importância nos rituais esotéricos em geral e nos rituais cristãos, em particular, é o cálice. Esse objeto é um símbolo da natureza dual do homem, material e espiritual. A superfície inferior da base representa o corpo físico, pois é nessa superfície que se apoia o cálice, assim como o corpo físico é o veículo que possibilita a interface com o mundo exterior. A base representa o corpo emocional (astral) e a haste o corpo mental concreto, que serve de ponte entre a natureza inferior e a superior. O bojo do cálice representa o corpo mental abstrato, ou o corpo causal, e forma o receptáculo interior. É no interior do cálice que reside seu valor funcional, tanto no sentido material, para receber água ou vinho, como no esotérico, para receber a substância espiritual, o sangue de Cristo, ou a pura luz da intuição. E essa vem do Alto, símbolo do Sol Espiritual, ou Logos, depois de atravessar o grande espaço, o Espírito Universal, ou *Ātma*, representado pelo espaço entre o Logos e o cálice.

Assim, o cálice representa todos os princípios do ser humano. O cálice, no entanto, só está aberto para o alto. Esse direcionamento simboliza a disposição dos participantes do ritual de renunciar ao mundo material e abrir seu coração para o alto, para a luz do Cristo interior. Portanto, na missa ou em outros rituais em que o cálice for usado, quando o cálice for elevado ao alto, devemos visualizá-lo como símbolo de nossa própria natureza humana, que está sendo oferecida a Deus para ser preenchida com a luz crística, que traz a iluminação.

A lenda do Santo Graal, que por tantos séculos inspirou milhares de devotos, simboliza a busca do cálice sagrado, ou seja, da centelha divina escondida na alma do próprio buscador. Quando o cálice é encontrado (quando o homem se torna consciente de que Deus habita em seu coração), ele pode, então, ser preenchido com o vinho, simbolizando o sangue de Cristo, que confere a vida eterna, a iluminação. A busca do Santo Graal pode ser considerada como uma representação da busca dos mistérios revelados na Iniciação. Toda a história ocorre no interior, sendo os personagens símbolos de aspectos da natureza do homem: Merlin seria o hierofante, o rei Artur a natureza superior e os cavaleiros da távola redonda as qualidades e fraquezas de cada peregrino.

Capítulo 25

PRÁTICA DAS VIRTUDES

A prática das virtudes é um instrumento de importância vital para o discípulo, pois serve como mecanismo de controle, um freio para distorções que podem aparecer no caminho. Trilhar a Senda é como andar de bicicleta: o indivíduo tem que aprender a equilibrar-se, para não cair nem para a direita nem para a esquerda. Esse equilíbrio é alcançado com o ritmo apropriado das pedaladas de um e outro lado. As virtudes servem como fatores estabilizadores sempre que um desequilíbrio surge e ameaça fazer o peregrino cair simbolicamente de sua bicicleta. No início da jornada os desequilíbrios mais óbvios são: preguiça, falta de entusiasmo, apego ao mundo e impureza, que devem ser compensados com as virtudes da aspiração ardente, do desapego e da pureza. Após certa medida de progresso, os principais óbices do discípulo tendem a ser o orgulho, a impaciência e a ambição, quando se torna então necessário cultivar as virtudes opostas a estes vícios.

As virtudes são tanto causa como efeito do progresso espiritual. Quando o buscador alcança o contato consciente com a realidade interior, essa experiência inevitavelmente se traduz numa vida mais virtuosa e amorosa. Essa sempre foi uma preocupação nos meios religiosos: *A vida do bom religioso deve ser adornada de todas as virtudes, a fim de que seja, interiormente, tal qual parece aos homens no exterior.*[332] O buscador passa a ser, então, um canal cada vez mais amplo para a manifestação do divino no mundo e, assim, todas as qualidades que associamos ao que existe de mais elevado no homem passam a expressar-se por meio dele. Nesse caso as virtudes são uma consequência da elevação espiritual. As recomendações de Tiago podem ser vistas neste contexto:

> *Quem dentre vós é sábio e entendido? Mostre pelo seu bom comportamento as suas obras repassadas de docilidade e sabedoria.*

---

[332] *Imitação de Cristo*, p. 64.

Mas, se tendes inveja, amargura e preocupações egoísticas no vosso coração, não vos orgulheis nem mintais contra a verdade, porque esta sabedoria não vem do alto; antes, é terrena, animal e demoníaca. Com efeito, onde há inveja e preocupação egoística, aí estão as desordens e toda sorte de más ações. Por outra parte, a sabedoria que vem do alto é, antes de tudo, pura, depois pacífica, indulgente, conciliadora, cheia de misericórdia e de bons frutos, isenta de parcialidade e de hipocrisia. Um fruto de justiça é semeado pacificamente para aqueles que promovem a paz. (Tg 3:13-18)

Mas as virtudes também podem ser instrumentos de nossa transformação, servindo, nesse caso, para recondicionar a personalidade. Mas, por que isso é necessário? Porque as virtudes são atributos da natureza superior e demoram a expressar-se no homem do mundo por causa das distorções e condicionamentos causados por muitas encarnações regidas pelo egoísmo e pela ignorância. Portanto, como os condicionamentos usuais impedem a manifestação plena das virtudes, o que temos de fazer é reeducar a personalidade, estabelecendo novos hábitos que, com o tempo, se transformarão em condicionamentos positivos nesta encarnação e em tendências para as encarnações futuras. Por isso, Paulo recomendava:

Finalmente, irmãos, ocupai-vos com tudo o que é verdadeiro, nobre, justo, puro, amável, honroso, virtuoso ou que de qualquer modo mereça louvor. O que aprendestes e herdastes, o que ouvistes e observastes em mim, isso praticai. Então o Deus da paz estará convosco. (Fl 4:8-9)

Consciente, portanto, de que as virtudes devem ser desenvolvidas, o aspirante deve dedicar-se com afinco a cultivá-las. Uma razão adicional para esse propósito é que as virtudes são antídotos naturais contra os vícios de caráter, as fraquezas da personalidade. São Francisco enfatiza esse fato em suas admoestações sobre as virtudes que afugentam os vícios:

Onde há caridade e sabedoria, não há medo nem ignorância. Onde há paciência e humildade, não há ira nem perturbação. Onde à pobreza se une a alegria, não há cobiça nem avareza. Onde há paz e meditação, não há nervosismo nem dissipação. Onde o temor de Deus está guardando a casa, o inimigo não encontra porta para entrar. Onde há misericórdia e prudência, não há prodigalidade nem dureza de coração.[333]

A tradição enfatiza que as principais virtudes a serem desenvolvidas são a caridade, a humildade, a paciência, o contentamento e o equilíbrio, pois seus opostos são os mais sérios entraves ao progresso da alma.

A prática das virtudes vem sendo apregoada desde os primórdios de nossa tradição cristã. Pedro já nos advertia a esse respeito:

> *Por isto mesmo, aplicai toda a diligência em juntar a vossa fé a virtude, à virtude o conhecimento, ao conhecimento o autodomínio, ao autodomínio a perseverança, à perseverança a piedade, à piedade o amor fraternal e ao amor fraternal a caridade. Com efeito, se possuirdes essas virtudes em abundância, elas não permitirão que sejais inúteis nem infrutíferos no conhecimento de nosso Senhor Jesus Cristo.* (2 Pd 1:5-8)

Por sua vez, Paulo pregava:

> *Sede diligentes, sem preguiça, fervorosos de espírito, servindo ao Senhor, alegrando-vos na esperança, perseverando na tribulação, assíduos na oração, tomando parte nas necessidades dos santos, buscando proporcionar a hospitalidade.* (Rm 12:11-13)

Caridade

A sabedoria antiga já pregava que *Quem faz caridade ao pobre empresta a Deus* (Pr 19:17). No entanto, a caridade é muito mais do que a prática comum de doar roupas velhas e sobras de comida aos pobres. A verdadeira caridade envolve tanto o ato da doação como a intenção. A doação pode abranger vários níveis. É mais fácil, para a maior parte das pessoas, dar coisas materiais. Porém, subindo na escala de valores, ainda mais importante no sentido espiritual são a consideração, a atenção e a compreensão que todos

---

[333] *São Francisco*, pp. 69-70.

os indivíduos desejam ardentemente, sejam pobres ou ricos. A caridade mais elevada, no entanto, é a doação do conhecimento espiritual, que possibilita às pessoas engajarem-se no processo de salvação, ou de libertação do sofrimento, como dizem os orientais.

Do ponto de vista espiritual, mais importante do que o objeto da doação é o estado de espírito e a motivação com que a fazemos.[334] Os budistas investigaram profundamente essa questão e dizem: *O objeto que damos não é a doação real – ele é apenas o meio da doação. A atividade real de doar é a forte decisão de dar livremente sem avareza. Desta maneira, mesmo se nada possuímos, podemos praticar a doação, porque esta atividade depende de nosso estado mental, não do objeto que é doado.*[335] Devemos, portanto, desenvolver a atitude interior de generosidade e de amor fraternal para com todos os seres, para que, com o tempo, essa atitude interior se manifeste naturalmente no exterior, em nossa vida diária. Assim, mesmo que tenhamos sérias limitações materiais podemos ser grandes doadores, por meio da consideração demonstrada e da dedicação de nosso tempo e atenção aos problemas dos outros.

A doação do conhecimento espiritual pode ter um enorme impacto na vida das pessoas. Não nos referimos aqui às pregações e atividades missionárias de algumas ordens religiosas. Não é possível enfiar a Verdade goela abaixo nas pessoas. A pregação mais efetiva dos ensinamentos do Mestre deve ser a vida exemplar do próprio pregador, o que naturalmente leva as pessoas que convivem com ele a querer saber mais sobre suas práticas espirituais. Dois exemplos recentes de indivíduos que exerceram enorme influência sobre um grande número de pessoas de religiões diferentes da sua são a Madre Teresa de Calcutá e o Dalai Lama.

Existe, no entanto, uma tendência nas pessoas recém-engajadas no caminho espiritual, decorrente do deslumbramento proporcionado pelos novos horizontes que começam a descortinar, de tentar convencer as demais a

---

[334] *Sem caridade, de nada vale a obra exterior; tudo, porém, que dela procede, por insignificante e desprezível que seja, torna-se proveitoso; porque Deus não olha tanto para as ações, como para a intenção com que as fazemos. Imitação de Cristo*, p. 53.

[335] *A Senda Graduada para a Libertação*, pp. 65-66.

aderir às suas ideias. Pior ainda são os religiosos que, incapazes de praticar as virtudes e efetuar as transformações que são seus deveres primordiais, exigem dos outros o que eles mesmos não conseguem cumprir.

O livre-arbítrio deve ser sempre respeitado. Podemos colocar a verdade à disposição dos outros, mas não podemos forçá-los a adotá-la. O exemplo dos mestres budistas pode ser útil. Suas regras exigem que só façam a exposição de qualquer ensinamento do *Dharma* (conjunto de ensinamentos do Buda) quando solicitados. Eles estão sempre à disposição, mas o postulante deve mostrar o seu interesse, solicitando a instrução.

A caridade é uma expressão prática do amor divino. A pessoa caridosa deve ser como o Sol, que não discrimina entre justos e pecadores, derramando seus raios sobre todos, doando luz e calor a todos os seres. Assim, nossa caridade deve ser abrangente e nunca restritiva, como fazem alguns que não contribuem para certas obras de caridade porque são conduzidos por essa ou aquela seita diferente da sua.

Na tradição cristã, em que pese a tentativa posterior dos teólogos de dar primazia à fé, ou melhor, à crença, a caridade era considerada como a maior virtude. Isso foi dito claramente por Paulo em seu memorável hino à caridade, contido na Primeira Epístola aos Coríntios. Vale a pena lembrar que no original grego, a palavra usada por Paulo era *agape (agaph),* que significa amor, mais tarde traduzida para o latim como *caritas*. A caridade, portanto, deve ser entendida como amor em ação:

> *Ainda que eu falasse línguas, as dos homens e as dos anjos, se eu não tivesse caridade, seria como um bronze que soa ou como um címbalo que tine. Ainda que tivesse o dom da profecia, o conhecimento de todos os mistérios e de toda a ciência, ainda que tivesse toda a fé, a ponto de transportar montanhas; se não tivesse caridade, eu nada seria. Ainda que eu distribuísse todos os meus bens aos famintos, ainda que entregasse o meu corpo às chamas, se não tivesse caridade, isso nada me adiantaria. A caridade é paciente, a caridade é prestativa, não é invejosa, não se ostenta, não se incha de orgulho. Nada faz de inconveniente, não procura o seu próprio interesse, não se irrita, não guarda rancor. Não se alegra com a injustiça, mas se regozija com a*

verdade. Tudo desculpa, tudo crê, tudo espera, tudo suporta... Agora, portanto, permanecem fé, esperança e caridade, estas três coisas. A maior delas, porém, é a caridade. (1 Co 13:1-7, 13)

A caridade, portanto, é a disposição de espírito de fazer tudo com amor. Essa intenção de doação, normalmente dirigida para o exterior, para o benefício das pessoas que nos cercam, deve traduzir a verdadeira expressão de nosso amor a Deus. Essa é a caridade que o Mestre e seu grande Apóstolo nos ensinaram com o exemplo de suas vidas, e que devemos procurar seguir. Se formos honestos com nós mesmos, constataremos que não possuímos o verdadeiro amor, ou caridade, de que fala Paulo. Essa constatação, em lugar de nos desencorajar, deve ser motivo de inspiração para que alcancemos a meta do verdadeiro altruísmo.

A prática da compaixão suscita níveis mais elevados de realização espiritual quando o praticante doa-se de todo coração ao objeto de sua ação, passando a compartilhar os sentimentos e a dor daqueles a quem ajuda. Esse é um dos estados mais refinados da prática do amor. No Sermão da Montanha encontramos: *Bem-aventurados os misericordiosos, porque alcançarão misericórdia.* Nessa, como nas outras Beatitudes, Jesus nos alerta para o significado mais profundo de uma ética baseada no amor e regida pela lei do retorno. Esse ensinamento já havia sido enunciado no Antigo Testamento: *Quem faz caridade ao pobre empresta a Iahweh, e ele dará a sua recompensa* (Pr 19:17). Misericórdia é, por um lado, a disposição para perdoar e, também, a manifestação de compaixão que surge da compreensão da fragilidade e da ignorância humana que nos permite relevar os insultos e injustiças recebidos. Uma atitude crítica e intolerante é incompatível com a compaixão. Quando permitimos a suspeita e a dúvida se assenhorarem de nossos processos mentais, alimentamos nossas tendências negativas. Com isso deixamos de ser caridosos, pois estamos imputando más intenções ao nosso próximo.[336]

[336] Vide *The Mystical Christ,* pp. 169-171.

Humildade

O desenvolvimento da humildade é especialmente importante para os discípulos que começam a fazer progresso no Caminho. Essas pessoas, tendo passado por purificações rigorosas, efetuado renúncias penosas, estudado longas horas e praticado regularmente a meditação, sentem, com razão, que já fizeram algum progresso ao deixar para trás suas fraquezas mais grosseiras. Além disso, seus estudos e meditações possibilitam um maior entendimento das verdades eternas. Essas são, no entanto, as circunstâncias favoráveis, o solo fértil, para o crescimento do orgulho, a pior erva daninha no jardim de virtudes do discípulo.[337]

O orgulho exacerba o sentimento de separatividade. O orgulhoso julga-se melhor do que os outros, por isso sente-se superior aos demais. Quando está acometido desse desequilíbrio de percepção da realidade, o orgulhoso torna-se vítima da vaidade, procurando todas as oportunidades para mostrar o conhecimento adquirido e as suas supostas virtudes. É dito que o orgulho já fez tropeçar muitos discípulos avançados, que não só caíram, mas que se juntaram aos Irmãos da Mão Esquerda, tendo condenado suas almas a um infortúnio indescritível. Por isso é dito que: *Deus resiste aos soberbos, mas dá graça aos humildes.* (Tg 4:6)

O buscador intelectual que, com o tempo, passa a ser conhecido como erudito ou especialista, sendo cortejado e constantemente solicitado a dar orientação espiritual, proferir palestras e escrever sobre assuntos de natureza espiritual, é vítima fácil do orgulho. São esses e todos aqueles que recebem dons especiais, tais como vidência, clariaudiência ou cura, os que devem ficar especialmente atentos às palavras do Mestre: *Àquele a quem muito se deu, muito será pedido, e a quem muito se houver confiado, mais será reclamado* (Lc 12:48). Portanto, os que já fizeram algum avanço num determinado aspecto da busca, em vez de sentirem-se orgulhosos, deveriam humildemente verificar se estão fazendo jus aos dons que receberam da Providência Divina.[338]

---

[337] Vide *A Different Christianity*, p. 189.

[338] *Sê humilde se queres adquirir sabedoria; sê mais humilde ainda quando a tiveres adquirido. Sê como o oceano que recebe todos os rios e riachos. A calma imensa do oceano não se perturba, recebe-os e não os sente. A Voz do Silêncio*, p. 91.

Segundo um velho adágio, *os loucos se precipitam onde os anjos temem entrar*, por isso pode-se ver o quanto o desenvolvimento da verdadeira humildade é ajudado pelo discernimento. Enquanto o orgulhoso tende a olhar para baixo e se comparar com os que estão em situação inferior em termos de realização, o humilde prefere olhar para cima, procurando perceber como ainda está distante dos irmãos mais velhos da humanidade que alcançaram a perfeição. Se fizermos isso com honestidade, veremos que a distância que nos separa dos Mestres é muitíssimo maior do que a que nos separa dos nossos desafortunados irmãos menos preparados, prisioneiros da sensualidade e da maldade, que servem como referência para nossos sentimentos de grandeza.

Se estudarmos a vida dos grandes seres, veremos que eles nunca demonstram orgulho, empáfia ou intolerância. A verdadeira grandeza de seu caráter vem acompanhada de uma humildade e mansidão naturais, pois o Mestre sabe que toda virtude vem de Deus, do Pai que habita em nosso interior e para o qual servimos de instrumento para a manifestação divina. Lao Tsê já dizia a esse respeito: *A virtude suprema é como a água. A água e a virtude são benfazejas a milhares de criaturas. Elas ocupam os lugares mais baixos, que os homens detestam. Ocupam-se onde ninguém quer permanecer.*[339]

Estamos falando, porém, da verdadeira humildade, que implica na habilidade de discernir aquelas áreas em que estamos mais preparados para ajudar nossos irmãos e aquelas em que não temos esta capacitação. Muitos aspirantes, inclusive certos religiosos, entregam-se à falsa humildade quando, com suas fanáticas e desequilibradas asceses castigam o corpo e humilham a personalidade, demonstrando com isso orgulho de ser mais humildes de que seus outros irmãos mais comedidos na virtude.

A humildade é uma das virtudes favoritas da tradição cristã em geral e das ordens religiosas em particular.[340] Numa das ordens monásticas mais antigas e mais influentes no mundo católico, a beneditina, fundada por S. Bento no final do século V e inspirada na experiência de S. Pacômio, o

---

[339] Lao Tsê, *O Livro do Caminho Perfeito (Tao Tê Ching)*, (S.P.: Pensamento).

[340] Em *Imitação de Cristo* é dito: *Deus protege e livra ao humilde; ama-o e consola-o; inclina-se para ele; dá-lhe abundantes graças e, depois do abatimento, eleva-o à glória, descobre-lhe seus segredos e, com doçura, a si o atrai e convida.* p. 114.

organizador das comunidades cenobitas do século IV, das quais se originaram várias ordens monásticas posteriores, as regras de conduta eram bem rigorosas no que tange à humildade. Os graus de humildade preconizados pela ordem são apresentados a seguir, de forma resumida, usando na medida do possível as palavras de seu manual.

> *(1) Pondo sempre o monge diante dos olhos o temor a Deus, evite, absolutamente, qualquer esquecimento e esteja, ao contrário, sempre lembrando de tudo o que Deus ordenou. (2) Não amando a própria vontade, não se deleite o monge em realizar os seus desejos, mas imite nas ações aquela palavra do Senhor: 'Não vim fazer a minha vontade, mas a daquele que me enviou' (Jo 6:38). (3) Por amor de Deus, submeta-se o monge, com inteira obediência, ao superior. (4) No exercício dessa mesma obediência, abrace o monge a paciência de ânimo sereno nas coisas duras e adversas mesmo que se lhe tenham dirigido injúrias. (5) Não esconda o monge ao seu abade os maus pensamentos que lhe vêm ao coração ou o que de mal tenha cometido ocultamente. (6) Esteja o monge contente com o que há de mais vil e com a situação mais extrema, e em tudo que lhe seja ordenado fazer se considere mau e indigno operário. (7) O monge se diga inferior e mais vil que todos, não só com a boca, mas também o creia no íntimo pulsar do coração. (8) Só faça o monge o que lhe exortam a regra comum do mosteiro e os exemplos de seus maiores. (9) Negue o falar à sua língua, entregando-se ao silêncio, nada diga, até que seja interrogado. (10) Não seja o monge fácil e pronto ao riso. (11) Quando falar, faça-o suavemente e sem riso, humildemente e com gravidade, com poucas e razoáveis palavras e não em alta voz. (12) Não só no coração tenha o monge a humildade, mas a deixe transparecer sempre, no próprio corpo; quer esteja sentado, andando ou em pé, tenha sempre a cabeça inclinada, os olhos fixos no chão, considerando-se a cada momento culpado de seus pecados.*[341]

[341] Claude Jean-Nesmy, *São Bento e a vida monástica* (RJ: Livraria Agir Editora, 1962, pp. 132-37).

Na literatura dos padres da igreja primitiva, preservada no compêndio conhecido como *Philokalia,*[342] há inúmeras referências à humildade, destacando-se uma passagem de St. Hesychios, o Padre.

> *Como a humildade é por natureza algo que enobrece, algo que é amado por Deus, que destrói em nós quase tudo que é mal e odioso a Ele, por essa razão ela é difícil de ser atingida. Ainda que seja possível encontrarmos alguém que de alguma forma pratique muitas virtudes, dificilmente descobriremos o odor de humildade nele, não importa o quanto procuremos. A humildade é algo que só pode ser adquirido com muita diligência. Na verdade, as Escrituras referem-se ao diabo como 'imundo' porque desde o princípio ele rejeitou a humildade e assumiu a arrogância.*
>
> *Se estamos preocupados com a nossa salvação, há muitas coisas que o intelecto pode fazer para nos assegurar essa dádiva abençoada da humildade. Por exemplo, podemos lembrar-nos dos pecados que cometemos por palavra, ação e pensamento. A verdadeira humildade também é realizada pela nossa meditação diária sobre as realizações de nossos irmãos, pela exaltação de suas superioridades naturais e pela comparação de nossos dons com os deles. Quando o intelecto percebe dessa forma como somos destituídos de mérito e como estamos longe da perfeição de nossos irmãos, passaremos a nos considerar como pó e cinza, e não como homens, mas como um tipo de cão vadio, com mais defeitos sob todos os aspectos e inferior a todos os homens na Terra.*[343]

Para ser verdadeiramente humilde, o homem deve renunciar ao que considera mais valioso, ou seja, às suas conquistas interiores. Assim fazendo, ele renuncia os louros das vitórias passadas e vive com afinco no presente, com os olhos fixos na meta de perfeição indicada para o futuro. E como a essência da perfeição é a consciência da unidade, sabemos que ela não pode ser alcançada enquanto o discípulo tiver algum resquício de sentimento de separatividade, ou seja, de orgulho. Portanto, a humildade afasta as negatividades do coração assim como uma lâmpada dispersa a escuridão de uma sala.

---

342 Palmer, Sherrard & Ware (tr. e ed.), *The Philokalia* (Londres: faber and faber, 1979), 5 vol.
343 *The Philokalia*, Vol I, pp. 173-74.

Uma forma efetiva de promover a humildade é creditar todas as nossas realizações ao Mestre, ao Cristo interior, de quem recebemos inspiração para a realização das tarefas mais sublimes e importantes em nossa vida. Qualquer que seja a habilidade pessoal de que mais nos orgulhemos, ela nada mais é do que uma pálida manifestação da criatividade do Eu Superior. Se agradecermos o Mestre por esse dom estaremos nos conscientizando de que nada mais somos do que um canal para a expressão da energia criativa do Cristo, a quem todo o sucesso em nossa vida deve ser creditado.[344] Por isso Jesus dizia: *Aprendei de mim, porque sou manso e humilde de coração, e encontrareis descanso para vossas almas.* (Mt 11:29)

Paciência

As pressões da vida urbana moderna, com problemas de transporte, tensão no trabalho, demandas familiares crescentes, exacerbação das dificuldades financeiras e temor de desemprego, em meio ao esgotamento crescente do corpo e da mente, criam um ambiente propício para que a irritação apareça. O constante surgimento da irritação abre a porta para o aparecimento da raiva, grave defeito da personalidade e um dos fatores que mais contribuem para a infelicidade humana. Como combatê-los a não ser pelo exercício da paciência?

As ofensas e o sofrimento oferecem ocasiões importantes para praticarmos a paciência. Eles tendem a ocorrer com tanta frequência na vida diária que muitos desenvolvem uma pretensa defesa por meio da indiferença. Acham que mantendo os outros a distância estarão se resguardando dos problemas, pois imaginam que esses se originam no ambiente exterior. Ainda que seja possível evitarmos alguns problemas em nossa vida, a maior parte deles aparece porque são as inevitáveis consequências de nossas ações passadas. Quando trilhamos uma estrada pedregosa é mais prático calçarmos botas adequadas para protegermos nossos pés do que procurarmos retirar todas as pedras do caminho.

[344] No livro *Imitação de Cristo* esta prática é formulada da seguinte forma: *Considera cada coisa de* per si *como derivada do sumo bem; e, por isso, tudo se deve atribuir a mim (Cristo), como à sua origem. De mim, como fonte perene, o pequeno e o grande, o rico e o pobre tiram água viva; e os que me servem recebem graça sobre graça.* p. 198).

A tradição cristã sempre enfatizou a paciência como uma virtude que ajuda a superar os problemas da vida. Procurando reconfortar os membros da Igreja que na época passavam por privações, Tiago exorta:

> *Sede, pois, pacientes, irmãos, até a vinda do Senhor. Tomai como exemplo de uma vida de sofrimento e de paciência os profetas que falaram em nome do Senhor. Notai que temos por bem-aventurados os que perseveraram pacientemente. Ouvistes falar da paciência de Jó e sabeis qual o fim que Deus lhe deu. Com efeito, o Senhor é misericordioso e compassivo.* (Tg 5:7, 10-11)

Nas ordens religiosas a paciência é tida em alta conta, como uma virtude que complementa a humildade: *Procura sofrer, com paciência, os defeitos e quaisquer imperfeições alheias; pois que tu tens muito que te sofram os outros. Se não podes a ti mesmo fazer-te tal qual desejas, como pretendes sujeitar os outros a teu talante?*[345]

O conhecimento e a prática das "regras do caminho" mencionadas na seção anterior deste trabalho, especialmente o entendimento da operação da lei de causa e efeito, são de grande valia para o desenvolvimento da paciência. Tudo o que ocorre na vida diária, inclusive as agressões e ofensas que recebemos, foi causado originalmente por nós mesmos. Ainda que seja extremamente difícil nos contermos quando injuriados, devemos refrear a agressividade, mostrando paciência. A lei da compensação ensina-nos que não devemos retaliar os insultos e as palavras duras que nos forem dirigidas, pois assim não se consegue terminar o episódio doloroso que originou a querela, mas, ao contrário, voltamos a gerar outros episódios semelhantes ao que gostaríamos de ter evitado. Nesse sentido, a tradição judaica nos legou vários ensinamentos sobre a importância da paciência:

> *O homem paciente é cheio de entendimento, o impulsivo exalta a estultícia.* (Pr 14:29)

---

[345] *Imitação de Cristo*, p. 56.

O homem colérico atiça a querela, o homem paciente acalma a rixa. (Pr 15:18)

Com paciência dobra-se um magistrado, e a língua macia pode quebrar ossos. (Pr 25:15)

Por isso Jesus nos ensinou: *Não resistais ao homem mau; antes, àquele que te fere na face direita oferece-lhe também a esquerda; e àquele que quer pleitear contigo para tomar-te a túnica, deixa-lhe também a veste; e se alguém te obrigar a andar uma milha, caminha com ele duas* (Mt 5:39-41). A paciência e não a confrontação são os instrumentos recomendados pelo Mestre àqueles que aspiram trilhar o Caminho da Perfeição. A sabedoria milenar ensina: *Tem paciência, candidato, como quem não teme fracasso nem corteja êxito.*[346]

O mesmo pode ser dito quando somos acometidos de uma indisposição ou doença. Essas circunstâncias desagradáveis, como tudo em nossa vida, são consequência de nossos atos. Portanto, é tolice culparmos os outros ou o destino por nossos males. A sabedoria popular é inspiradora nesses casos, pois ela recomenda fazer de um limão azedo uma limonada. Devemos aproveitar todas as ocasiões na vida para gerar méritos, para desenvolver virtudes. Se estivermos doentes e impossibilitados de seguir nossas rotinas diárias, que melhor oportunidade para praticarmos a paciência? Devemos, nesses casos, entregar com resignação nossa sorte nas mãos de Deus e de seus auxiliares, que geralmente se apresentam como médicos e enfermeiros. Lamúria, indignação, desespero, críticas, cobranças e outras reações negativas só servem para criar uma vibração desfavorável, prejudicando a recuperação de nossa saúde e perturbando a paz de nosso próximo.

Contentamento

Há uma ideia inteiramente errônea de que o caminho espiritual, conhecido por suas renúncias, é sinônimo de tristeza e melancolia. Essa é

[346] *A Voz do Silêncio*, (Brasília: Editora Teosófica, 5ª ed., 2012, p. 153).

uma das muitas imagens deturpadas e negativas legadas pela ortodoxia que precisam ser sanadas.[347] O objetivo último da vida espiritual é a suprema bem-aventurança da vida unitiva. É absolutamente ilógico supor-se que o treinamento para a felicidade suprema é a infelicidade. A felicidade é nossa herança divina, não só no futuro paraíso, mas aqui e agora.

É importante cultivarmos o verdadeiro contentamento, que é livre de apegos e ansiedades. A felicidade passa a ser nossa companheira, dia e noite, quando nos apaixonamos por Deus em todas Suas expressões neste mundo. Quando nos damos conta de que todas as expressões de Deus na Natureza, que todos os processos da vida foram colocados no mundo para o nosso bem, não podemos deixar de agradecer e louvar ao Pai Supremo. Os arroubos dos místicos parecem expressar este tipo de profundo contentamento, independente das circunstâncias externas. Desde as primeiras experiências os místicos tendem a alternar suas vidas entre um indescritível contentamento e penosas mortificações. As visões e experiências vão aumentando em profundidade, com o passar do tempo, com o místico sentindo a cada estágio que chegou ao ponto máximo da escala da bem-aventurança, para conhecer novos picos de deleites espirituais na etapa seguinte.[348]

O contentamento é um poderoso antídoto contra o desespero e a tristeza que acometem tantos peregrinos no Caminho. Diz uma passagem do livro sagrado dos hindus, o *Bhagavad-Gitā*, falando do comportamento do sábio:

> *Contente com tudo quanto obtém sem esforço, livre dos pares de opostos, sem inveja, equilibrado no sucesso e no fracasso, ainda que aja não está preso.*[349]

O papel da felicidade no caminho espiritual é enfatizado por outras tradições orientais:

---

[347] *Se queres algo progredir, conserva-te no temor de Deus e não procures excessiva liberdade; antes refreia, com firmeza, todos os teus sentidos e não te entregues à vã alegria. O homem bom acha sempre motivo bastante para se afligir e chorar. Imitação de Cristo*, pp. 76 e 78.

[348] Vide *Mysticism*, pp. 239, 253, 354.

[349] *Bhagavad-Gitā* (Brasília: Ed. Teosófica, 2ª ed., 2014, p. 99).

Quando estamos contentes possuímos todas as coisas do mundo (Lao Tsê).

A saúde é o maior bem; o contentamento, o maior tesouro; o amigo fiel, o melhor parente. O Nirvana é a suprema felicidade.[350]

Dentre as passagens bíblicas ressaltando a importância do contentamento temos:

Os justos se alegram na presença de Deus, eles exultam e dançam de alegria. (Sl 68:4)

A piedade é de fato grande fonte de lucro, mas para quem sabe se contentar. Pois nós nada trouxemos para o mundo, nem coisa alguma dele podemos levar. Se, pois, temos alimento e vestuário, contentemo-nos com isso. (1 Tim 6:6-8)

Contentai-vos com o que tendes, porque ele mesmo disse: Eu nunca te deixarei, jamais te abandonarei. (Hb 13:5)

Ficai sempre alegres, orai sem cessar. Por tudo dai graças, pois esta é a vontade de Deus a vosso respeito, em Cristo Jesus. (1 Ts 5:16)

Equilíbrio e moderação

Foi dito que a prática das virtudes atua como um mecanismo de controle, um freio confiável na tortuosa estrada que conduz ao topo da montanha da realização espiritual. Nesse caso, o equilíbrio e a moderação funcionam como um freio motor que impede as derrapagens e quedas nos precipícios do desequilíbrio e do fanatismo que possam surgir no caminho apertado de que fala Jesus.

Buda, por sua vez, recomenda a seus seguidores o caminho do meio, a senda que evita os extremos de licenciosidade e austeridade. A disciplina de vida necessária para o autocontrole não pode descambar numa frenética autoflagelação. Os tristes espetáculos de masoquismo que ocorrem com frequência nas romarias, com fiéis cumprindo promessas insensatas, são sinais de uma religiosidade fanática e desorientada e não de uma espiritualidade sadia.

[350] *Dhammapada*, 204, p. 39.

Outras tradições orientais também postulam o equilíbrio, como podemos ver no *Bhagavad-Gitā*: *... renunciando aos apegos e equilibrado igualmente no sucesso e no fracasso; o equilíbrio é chamado Yoga.*[351]

No caminho da perfeição o homem deve aperfeiçoar **todos** os aspectos de sua vida. Assim, o devoto não pode passar dia e noite louvando a Deus diante de um altar, esquecendo suas obrigações para com a sociedade e até mesmo o cuidado do corpo. O estudioso não pode ficar o tempo todo grudado nos livros, ignorando seus deveres e as necessidades de seus familiares.

Precisamos usar o discernimento para concentrarmos energia no ideal espiritual sem, contudo, comprometermos aspectos importantes da vida pelos quais somos responsáveis, inclusive a saúde de nosso corpo, o bem estar de nossos familiares, as necessidades de nossa comunidade. Devemos, acima de tudo, cumprir nossos deveres, pois esses são a base da vida espiritual. Quando fazemos isso e aspiramos ardentemente servir a Deus, o nosso ambiente exterior vai sendo moldado, aos poucos, refletindo melhores condições para nossas necessidades espirituais do momento. Como a vida é um fluxo, o que é bom para nós hoje, estará ultrapassado no futuro. Novos desafios ser-nos-ão apresentados então.

A moderação deve ser exercida em todos os sentidos, a começar pelo desfrute dos prazeres naturais que a vida nos proporciona, como por exemplo, a comida. O prazer do paladar é lícito, o que não é aconselhável é a repetição imoderada da comida, descambando para o pecado da gula. Sempre que nos dedicamos de forma excessiva a alguma atividade e até mesmo ao exercício de uma virtude, chegará o momento em que um desequilíbrio será criado em nossa vida, demandando uma ação corretora. Assim, excesso de paciência gera preguiça e covardia, excesso de severidade na disciplina gera crueldade, excesso de compaixão estimula a injustiça, e assim por diante.

Na tradição cristã, a moderação e o equilíbrio sempre foram considerados como virtudes a serem cultivadas. O apóstolo Paulo, em particular, exortava seguidamente os membros de suas comunidades nesse particular:

---

[351] *Bhagavad-Gitā* (Brasília: Ed. Teosófica, 2ª edição, 2014, p. 65).

Que a vossa moderação se torne conhecida de todos os homens. (Filip 4:5)
Deus não nos deu um espírito de medo, mas um espírito de força, de amor e de sobriedade. (2 Tim 1:7)
Exorta igualmente os jovens, para que em tudo sejam criteriosos. (Tit 2:6)

VII
TRILHANDO O CAMINHO

Capítulo 26

TRANSFORMAÇÃO, INTEGRAÇÃO E UNIÃO

A pessoa que sente o chamado de Deus sabe que a Senda começa exatamente onde ela se encontra. As circunstâncias de sua vida, seus relacionamentos e seus problemas são os instrutores escolhidos pela providência divina para ajudá-la nessa etapa do Caminho. Cada período difícil, cada revés é a essência mesma da lição a ser aprendida. Porém, à medida que vai superando suas fraquezas e mudando sua maneira de pensar, o devoto verifica que o seu ambiente vai mudando, refletindo cada vez mais seu estado de espírito interior. Isso ocorre porque, quando aprendemos uma lição, a providência divina muda o cenário do palco da vida para que possamos vivenciar novos aprendizados.

Nunca é tarde para começar e nenhum problema é insuperável. As verdadeiras barreiras não estão no mundo exterior, mas sim no interior de nossa mente, daí a importância da *metanoia*, ou seja, da transformação de nossos estados mentais. Nenhum esforço é jamais perdido. O processo de transformação é cumulativo e recorrente, e todo esforço, pela lei de causa e efeito, dará seus frutos no devido tempo.[352]

O devoto que verdadeiramente abraça o caminho da perfeição, procurando utilizar com todo empenho os instrumentos de transformação colocados à sua disposição, verifica que alguns sinais começam a aparecer com o tempo. Crescente paz e contentamento tomam conta de seu coração.

---

[352] Na tradição oriental é dito que: *Após alcançar os mundos das ações puras, e havendo habitado lá por anos imemoriais, quem não alcançou o Yoga renasce numa casa pura e abençoada; Ou pode até nascer em uma família de sábios Iogues; porém, semelhante nascimento é muito difícil de se obter neste mundo. Ali recupera características pertencentes ao seu corpo anterior, e com estas trabalha novamente para alcançar a perfeição, Oh alegria dos Kuru-s. Bhagavad-Gitā*, (Brasília: Ed. Teosófica, 2ª ed., 2014, pp. 134-135).

Serenidade e alegria interiores, por sua vez, passam progressivamente a plasmar seu ambiente exterior. Circunstâncias cada vez mais favoráveis para a prática espiritual são colocadas no caminho daqueles que pedem essas dádivas ao Mestre. Por isso, Jesus advertia:

> *Todo aquele que ouve essas minhas palavras e as põe em prática será comparado a um homem sensato que construiu a sua casa sobre a rocha. Caiu a chuva, vieram as enxurradas, sopraram os ventos e deram contra aquela casa, mas ela não caiu, porque estava alicerçada na rocha. Por outro lado, todo aquele que ouve essas minhas palavras, mas não as pratica, será comparado a um homem insensato que construiu a sua casa sobre a areia. Caiu a chuva, vieram as enxurradas, sopraram os ventos e deram contra aquela casa, e ela caiu. E foi grande a sua ruína!* (Mt.7:24-27)

As primeiras etapas do processo de crescimento espiritual envolvem um ingente esforço para a transformação da natureza inferior. São tantos os aspectos de nossa personalidade que precisam ser modificados que só mais tarde nos damos conta de que alguns desequilíbrios gritantes precisam ser trabalhados. Começa então o trabalho de integração de todos os aspectos da totalidade humana.

A vida de todos os seres é um verdadeiro milagre de integração. Quer enfoquemos a vida global do planeta, a vida de uma pequenina célula ou a vida de um ser humano, sem a integração de uma infinidade de processos nenhum organismo poderia sobreviver. Muitos psicólogos e neurologistas estão chamando a atenção para a necessidade de integração do desenvolvimento dos dois hemisférios do cérebro. Dizem isso porque o homem moderno desenvolveu muito mais o hemisfério esquerdo, onde são registradas e processadas as atividades intelectivas. O hemisfério direito, onde ocorrem as atividades emotivas e intuitivas, permanece pouco estimulado. Assim, os pesquisadores têm verificado que os indivíduos mais bem-sucedidos, tanto na vida profissional e social quanto na familiar, são os que conseguem integrar seus sentimentos e percepções intuitivas com o processo intelectivo.[353]

A integração do inferior ao Superior é o processo que busca reconectar a consciência individual à universal, que sempre existiu no mundo real apesar de não ser percebida pelo homem em sua consciência usual. A união permanente do divino com o terreno é aludida na última passagem do Evangelho de Mateus, quando Jesus se despede dos discípulos, dizendo: *Eu estou convosco todos os dias, até a consumação dos séculos* (Mt 28:20). Mas essa integração deve ser percebida pelo homem. Por isso foi dito: *Reconheçam o que têm diante dos olhos, e o que é oculto lhes será revelado.*[354] Para isso o buscador deve deixar desabrochar sua natureza interior, usando toda a energia que lhe for possível direcionar para essa meta. Esse processo está expresso no Evangelho de Tomé em linguagem paradoxal:

> *Vendo crianças sendo amamentadas, Jesus disse a seus discípulos, 'Essas crianças sendo amamentadas são como aqueles que entram no Reino'. Eles lhe perguntaram: 'Nós, como crianças, entraremos no Reino?' Jesus lhes respondeu: 'Quando tornarem o dois em um, e o interior como o exterior, e o exterior como o interior, e o que está em cima como o que está em baixo, e quando tornarem o masculino e o feminino uma coisa só ... então haverão de entrar no Reino'.*[355]

O uso do instrumental transformador, as Chaves do Reino dos Céus, visa promover essa integração. Porém, até mesmo o uso dos doze instrumentos transformadores precisa ser integrado. As dificuldades encontradas no Caminho podem ser invariavelmente identificadas com o uso inadequado ou insuficiente de um ou mais instrumentos. Como a natureza humana é

---

[353] *Num certo sentido, temos dois cérebros, duas mentes – e dois tipos diferentes de inteligência: racional e emocional. Nosso desempenho na vida é determinado pelas duas – não apenas o QI, mas é a inteligência emocional que conta. Na verdade, o intelecto não pode dar o melhor de si sem a inteligência emocional. O velho paradigma defendia um ideal de razão livre do peso da emoção. O novo nos exorta a harmonizar cabeça e coração.* Daniel Golman, *Inteligência Emocional* (R.J.: Editora Objetiva), p. 42. Vide, também, Elaine de Beauport e Auro Sofia Diaz, *Inteligência Emocional – As Três Faces da Mente* (Brasília: Ed. Teosófica, 1998).

[354] *Evangelho de Tomé,* p. 126.

[355] *Evangelho de Tomé,* p. 129.

complexa, sua transformação requer a utilização do instrumental como um conjunto integrado de medidas, pois essas agem de forma interativa, complementando-se umas às outras. Uma passagem do Evangelho de Felipe ressalta o caráter complementar de diferentes aspectos da natureza humana necessários à consecução de um determinado propósito:

> *A agricultura no mundo requer a cooperação de quatro elementos essenciais. A colheita será reunida no celeiro somente se houver a ação natural da água, da terra, do vento e da luz. A agricultura de Deus, da mesma forma, é baseada em quatro elementos: fé, esperança, amor e conhecimento. A fé é a terra em que fincamos raiz. A esperança é a água por meio da qual somos nutridos. Amor é o vento por meio do qual crescemos. O conhecimento (*gnosis*), então, é a luz, por meio da qual (amadurecemos).*[356]

O processo de integração da consciência é, num certo sentido, o processo de retorno à essência das coisas, sendo facilitado por três aspectos divinos fundamentais: o Amor, a Verdade e a Ordem. O Amor, como já vimos, é o fator aglutinador por excelência no universo. É a força que leva à união dos pares de opostos na natureza manifestada, masculino e feminino, superior e inferior, Espírito e matéria, etc. Daí o ensinamento de Jesus, de que o amor é o maior dos mandamentos. O verdadeiro amor é o amor universal sem a conotação egoísta de posse de alguma parte desse todo.

A Verdade é outro elemento integrador do ser, como indicam as palavras de Paulo aos Efésios: *Seguindo a verdade em amor, cresceremos em tudo em direção àquele que é a Cabeça, Cristo, cujo Corpo, em sua inteireza, bem ajustado e unido por meio de toda junta e ligadura, com a operação harmoniosa de cada uma das suas partes, realiza o seu crescimento para a sua própria edificação no amor.* (Ef 4:15-16)

Mas, como a verdade pode promover a integração de nossa natureza inferior à superior? O processo de integração requer o reconhecimento da realidade dessas duas naturezas e a identificação de tudo o que impede ou

---

[356] *Evangelho de Felipe*, p. 156.

dificulta a manifestação da plenitude de nosso ser.[357] Se formos honestos conosco vamos verificar que, por uma série de mecanismos, procuramos dissimular e esconder muitos aspectos de nossa natureza, tanto inferior como superior.

Antecipando as descobertas psicológicas dos tempos modernos, Jesus disse: *Se manifestarem aquilo que têm em si, isso que manifestarem os salvará. E se não manifestarem aquilo que têm em si, isso que não manifestarem os destruirá.*[358] Jesus, aparentemente estava se referindo à manifestação de nossos conteúdos inconscientes, tanto de nossa natureza inferior como da superior. É óbvio que a manifestação de nossa natureza superior é a essência do processo evolutivo. Porém, a manifestação de tudo o que está oculto, ou melhor, reprimido em nossa natureza inferior é condição *sine qua non* para nossa libertação. Praticamente todos os processos terapêuticos modernos estão voltados para facilitar a expressão dos conteúdos mal resolvidos, as áreas ainda não suficientemente trabalhadas dos pacientes.

Pode parecer estranho que a ordem possa exercer um papel integrador. A ordem, porém, é um princípio universal. Os astrônomos, físicos, biólogos e ecologistas descrevem o universo como um mecanismo de imensa complexidade regido por uma ordem intrínseca que ultrapassa a nossa imaginação. Todo elemento, seja ele um corpo celeste, uma partícula subatômica, uma célula em nosso organismo ou um elo na cadeia alimentar, está em seu devido lugar. Tudo interage como engrenagens dentro do grande mecanismo do universo. Essa harmonia fundamental só pode ser explicada pela ordem inerente ao Plano Divino. Essa ordem exterior é um reflexo da ordem interior, que no homem é alcançada quando o indivíduo torna-se totalmente consciente.

O processo de integração, que é um retorno à essência do ser, é necessariamente acompanhado por um esvaziamento de tudo aquilo na

[357] Essa ideia é apresentada em *Luz no Caminho*, onde se usa o desabrochar da flor como símbolo do despertar da percepção direta da verdade: *Enquanto a personalidade toda do homem não tiver sido dissolvida e fundida; enquanto o divino fragmento que a criou não a manejar como mero instrumento de experimentação e experiências, enquanto a natureza toda não tiver sido vencida e se tornado submissa ao Eu Superior, a flor não poderá abrir-se.* p. 24.
[358] *Gospel of Thomas* # 70, em *The Nag Hammadi Library,* p. 134.

natureza inferior que vai contra o amor, a verdade e a ordem. Por exemplo, somente quando o indivíduo se esvazia do desejo egoísta de reter para si os frutos da bênção divina, colocando-se como um elo na cadeia interminável de agentes que compartilham generosamente o que recebem, é que estará pronto para o passo final da união com Deus. Esse ensinamento foi apresentado na parábola da figueira que foi tornada estéril por não ter compartilhado seus frutos (Mt 21:18-22), bem como nas parábolas da semente de trigo que deve morrer para dar muito fruto (Jo 12:24) e da pessoa que deve morrer para alcançar a vida eterna. (Jo 12:25)

Um indício de que o processo de esvaziamento está ocorrendo é a crescente simplicidade que pode ser notada na vida do buscador. Na medida em que seu coração se volta para o alto e naturalmente se torna desapegado das coisas do mundo, o devoto vai ficando indiferente a todas as exigências que anteriormente fazia da vida. A sofisticação no vestir, na alimentação, na vida social e familiar vai dando lugar àquela simplicidade característica de todos os grandes místicos e que foi um dos fatores marcantes da vida de Jesus e de seus discípulos. Para o homem moderno, libertar-se da ilusão dos modismos já é uma grande conquista. Com a presciência dos sábios, Paulo alertou-nos sobre os perigos das exigências da vida mundana, quando disse: *Receio, porém, que, como a serpente seduziu Eva por sua astúcia, vossos pensamentos se corrompam, desviando-se da simplicidade devida a Cristo.* (2 Cor 11:3)

Um aspecto dessa simplicidade é a busca da essência que se encontra escondida em todas as tradições. É dito que Buda, ao ser perguntado qual a essência de seu ensinamento, respondeu: *Cesse de praticar o mal; aprenda a praticar o bem.* É interessante notar que a assertiva de cessar de fazer o mal é peremptória. Tudo o que prejudica o eu individual e os outros "eus" deve ser evitado. Fazer o bem, no entanto, não é tão simples assim. Em nossa ignorância, muitas vezes tentamos ajudar os outros e acabamos prejudicando-os. Por isso, Buda nos insta a **aprender** a fazer o bem. Esse aprendizado é longo, até mesmo os discípulos avançados e os iniciados ainda estão aprendendo essa divina arte.

Se Jesus fosse perguntado qual a prática que resumiria a essência de seu ensinamento, é possível que viesse a responder: *Sede perfeitos como o Pai celestial é perfeito. Para isso amai-vos uns aos outros e procurai sempre agir com o coração, falar com o coração e pensar com o coração.* Jesus estaria assim indicando que nossa meta é a perfeição, que significa atingirmos a medida da estatura da plenitude do Cristo. A senda espiritual é pavimentada com o amor, o elemento aglutinador divino que supera todas as barreiras. Porém, esse amor precisa ser sábio e perceptivo, daí a segunda parte da recomendação de Jesus, para usarmos o coração como guia de todas nossas ações, palavras e pensamentos. Como Cristo habita no âmago de nosso ser, na câmara secreta do coração, quando nos centrarmos no coração, o Cristo passará a guiar todas as nossas ações, palavras e pensamentos, levando-nos, sem possibilidade de extravio, ao Reino dos Céus. Quando conseguimos ouvir a voz do coração, percebemos que a mensagem é suave e amorosa, e inteiramente dissociada da confusão que possa reinar em nossa vida exterior.[359] A partir de então estaremos conscientes da divina presença em nosso coração como Jesus indicou: *Nesse dia compreendereis que estou em meu Pai e vós em mim e eu em vós.* (Jo 14:20)

Essa orientação tem um paralelo em outras tradições como vemos em *Luz no Caminho*: *Observa com muita seriedade o teu próprio coração. Pois através do teu próprio coração vem a única luz que pode iluminar a vida e torná-la clara para teus olhos.*[360] Quando o buscador consegue ouvir a voz do silêncio em seu coração, as leituras e instruções exteriores tornam-se secundárias, porque, a partir de então, ele contará com a orientação do Mestre em seu interior.[361]

O devoto no limiar da experiência de comunhão precisará se valer da intuição, procurando identificar em suas meditações o que precisa ser feito para vencer as barreiras que ainda impedem sua união com o supremo bem.

---

[359] *The Mystical Christ*, p. 97.

[360] *Luz no Caminho,* (Brasília: Ed. Teosófica, 5ª ed., 2011, 87-88).

[361] *Luz no Caminho* sugere que quando o discípulo consegue ouvir a voz do Mestre interior a vitória está em suas mãos: *Mas, se o ouvires (o Mestre interior), imprime-o finalmente em tua memória, de modo que nada se perca do que tenha chegado a ti, e dele procura aprender o significado do mistério que te rodeia. Com o tempo não terás necessidade de instrutor algum.* pp. 32-33.

Nessa última etapa, a prática da lembrança de Deus assume uma nova conotação. Em vez de pensarmos em Cristo como o mestre que procuramos ter sempre ao nosso lado, devemos agora orientar nossa consciência para a realidade de que Cristo habita em nós. Algumas pessoas sentem-se inibidas em pensar sobre sua natureza última como sendo a de Cristo, pois estão condicionadas a acreditar que o poder divino do Cristo cósmico só se manifestou através do Cristo histórico. Porém, o próprio Jesus reiterou um antigo ensinamento contido nos Salmos (Sl 82:6), dizendo que somos todos deuses (Jo 10:34). Paulo foi bem explícito ao declarar: *Não sabeis que sois um templo de Deus e que o Espírito de Deus habita em vós?* (1 Co 3:16). A essência de nosso Eu Superior é o Cristo interior, e a meta nessa etapa deve ser tornar essa realidade cada vez mais presente em nossa consciência.

Devemos ter em conta que quando ativamos um pensamento, especialmente um pensamento bem definido e concentrado, os resultados inevitavelmente se farão sentir. No entanto, o fator tempo na equação divina nem sempre corresponde às nossas expectativas humanas. Devemos ter fé que o processo de criação foi ativado e que os resultados estão a caminho, porém não podemos criar expectativas rígidas a respeito de como e quando essa manifestação vai ocorrer. Assim, devemos continuar a viver em total engajamento no serviço do Senhor e com profunda alegria na certeza de que já somos um canal da beneficência divina e que vamos nos tornar cada vez mais conscientes de nossa verdadeira natureza, até que, em profunda bem-aventurança, possamos dizer como o apóstolo Paulo: *Já não sou eu que vivo, mas é Cristo que vive em mim.* (Gl 2:20)

Chega um determinado momento, porém, em que o devoto sente em seu coração que já chegou ao limite de sua capacidade. Isso é indicativo de que a fase do ciclo de atividade já cumpriu o seu papel e que agora ele deve aprender o segredo da entrega passiva e paciente a Deus. A partir de então, o progresso dependerá da ajuda do Cristo, de nosso mestre interior. Mas, de acordo com a lei divina, a ajuda do alto só pode ser concedida quando solicitada. Na Bíblia esse conceito é apresentado de forma poética e delicada numa tocante passagem do Apocalipse:

Eis que estou à porta e bato: se alguém ouvir a minha voz e abrir a porta, entrarei em sua casa e cearei com ele, e ele comigo. (Ap 3:20)

Essa é uma das mais reveladoras passagens da Bíblia. Jesus, como símbolo do divino em nós, demonstra, com uma humildade que deve servir de modelo para todos os que aspiram seguir seus passos, que ele está sempre à porta de nosso coração, batendo suavemente na esperança de que estejamos atentos ao chamado sutil do alto e venhamos abrir a porta de nosso recinto interior para que Deus possa entrar. Cristo está sempre pronto para cear conosco. Se tomarmos as medidas necessárias para convidá-lo a entrar em nossa casa, ele comungará conosco. Seremos envolvidos e impregnados, primeiramente de forma inconsciente e, no seu devido tempo, conscientemente, pela substância divina, tornando-nos unos com ele. Mas, para que isso possa ocorrer, devemos querer ativamente essa comunhão, o que significa uma aspiração ardente, que deve ser demonstrada pelo nosso empenho em fazer todo o possível para que a graça divina possa ocorrer. A coisa mais importante para isso é a disposição de tirarmos de nosso coração tudo aquilo que nos prende ao mundo (*kenosis*).

A Graça é, portanto, imprescindível na última etapa do processo que leva à união com Deus. Existe, no entanto, certa confusão com relação à natureza da Graça. A maior parte dos cristãos acredita que a Graça é independente da lei divina, sendo concedida por Deus a seus devotos de uma forma que lembra o favoritismo e paternalismo comuns aos nossos governantes. Essa ideia é inteiramente errônea e precisa ser corrigida. A lei e a ordem fazem parte integrantes da natureza de Deus. Todos os aspectos e níveis da manifestação são regidos por leis inexoráveis estabelecidas pelo governante supremo de todo o universo. Deus, portanto, não poderia ir contra suas próprias leis.

A Graça parece uma expressão de favoritismo porque somos espiritualmente cegos e não conseguimos perceber aquele ponto em que, com o ato de entrega da alma a Deus, é superada a última barreira que restava para a comunhão com o Supremo Bem. Esse momento crítico ocorre com a convergência de dois processos: o amadurecimento ou esgotamento dos débitos *kármicos* do indivíduo e o acúmulo de méritos até ser atingida a massa crítica, ou melhor, a velocidade de cruzeiro necessária para que a alma possa decolar vôo. Um *karma* maduro significa que não existem mais impedimentos para o próximo passo na Senda, e o acúmulo de méritos indica que o combustível para o voo da alma foi gerado pelo discípulo. A entrega irrestrita a Deus, nesse caso, funciona como o catalisador necessário para promover a combinação dos ingredientes espirituais existentes no interior da alma até que, decorrido o tempo necessário, ocorra a iluminação. Deus é absolutamente justo, portanto, o que chamamos de Graça é também uma expressão da grande lei. Por isso podemos dizer que a Graça não vem de graça; o místico deve trabalhar arduamente para merecê-la no seu devido tempo.

A importância da "entrega a Deus," característica dos últimos estágios da vida espiritual, sempre foi enfatizada pelos místicos. Catarina de Gênova escreve sobre o trabalho de purificação realizado pelo amor de Deus em operação no devoto que a Ele se entrega:

> *O último estágio do amor é aquele que ocorre e opera sem a participação do homem. Se o ser humano se tornasse consciente das muitas deficiências ocultas em si mesmo ele se desesperaria. Essas fraquezas são incineradas no último estágio do amor. Deus mostra então aquelas deficiências ao homem, para que a alma possa ver o trabalho de Deus, daquele amor em chamas. Se devemos nos tornar perfeitos, a mudança deve ser efetuada em nós, dentro de nós e ao nosso redor; isto é, a mudança deve ser o trabalho não do homem, mas de Deus. Isso, o último estágio do amor, ocorre exclusivamente pelo puro e intenso amor de Deus.*[362]

A necessidade da entrega paciente e humilde a Deus na última etapa do caminho é descrita numa passagem da Bíblia pouco compreendida. É dito que em sua pregação Jesus deparou-se na região de Tiro e Sidônia com uma mulher cananeia que gritava pedindo ajuda do Salvador:

---

[362] Catarina de Gênova, citada em *Divine Light and Fire,* p. 42.

Senhor, filho de Davi, tem compaixão de mim: a minha filha está horrivelmente endemoninhada. Ele, porém, nada lhe respondeu. Então os seus discípulos se chegaram a ele e pediram-lhe: Despede-a, porque vem gritando atrás de nós. Jesus respondeu: Eu não fui enviado senão às ovelhas perdidas da casa de Israel! Mas ela, aproximando-se, prostrou-se diante dele e pôs-se a rogar: Senhor, socorre-me! Ele tornou a responder: Não fica bem tirar o pão dos filhos e atirá-lo aos cachorrinhos. Ela insistiu: Isso é verdade, Senhor, mas também os cachorrinhos comem das migalhas que caem da mesa dos seus donos! Diante disso, Jesus lhe disse: Mulher, grande é a tua fé! Seja feito como queres! E a partir daquele momento sua filha ficou curada. (Mt 15:22-28).

O entendimento dessa passagem merece ser aprofundado, pois seus detalhes chocantes são indícios de que um importante ensinamento está sendo velado. Os personagens e os fatos relatados são símbolos de verdades eternas. A mulher cananeia, não sendo judia, simboliza uma alma que não pertence ao grupo de discípulos do Mestre. Sua filha é a personalidade, que é descrita como estando horrivelmente endemoninhada, ou subjugada pelas paixões materiais, os demônios de nosso lado sombra. Jesus, representando o Cristo interior, ao receber o apelo da alma, inicialmente responde com silêncio. Notamos que ele não se nega a ajudá-la nem tece considerações sobre a questão, mas simplesmente responde com silêncio, como responde às preces dos devotos de pouca fé. Mas a alma é perseverante e continua a insistir em seus apelos à divina Presença, demonstrando profunda humildade, mesmo em face ao silêncio de Deus. Prostrar-se no chão significa submeter-se inteiramente à vontade do Senhor, reconhecendo que seu destino está nas mãos do Salvador. Esse ato de total humildade indica que a alma já procurou por todos os meios purificar sua natureza inferior e reconhece que só o Supremo Bem pode ajudá-la.

A alma determinada a superar suas deficiências insiste em obter a ajuda do Cristo, que diz algo aparentemente cruel, comparando a mulher a um cachorrinho. Podemos estar certos de que o doce e compassivo Mestre jamais diria algo assim a uma pessoa que implorasse ajuda, prostrada a seus pés. Essa passagem é, portanto, inteiramente alegórica. O pão, como na eucaristia, representa o alimento espiritual. Esse alimento é dado prioritariamente aos "filhos", ou seja, aos iniciados que estão inteiramente comprometidos com a vida de serviço ao mundo e, portanto, devem ser devidamente preparados para esse ministério. Os cães, como os porcos, simbolizam as pessoas que ainda estão vivendo para o mundo.

A mulher cananeia, no entanto, mostrando que sua compreensão espiritual já era bastante desenvolvida, responde de forma surpreendente, dizendo que os cachorrinhos (os buscadores) comem as sobras (absorvem os ensinamentos) que caem da mesa de seus donos (os Mestres). Todos os aspirantes estão exatamente nesse estágio, alimentando-se das instruções dadas aos discípulos aceitos, que são 'as migalhas que caem da mesa' do banquete divino. Essa demonstração de fé, tornada possível por uma profunda humildade e determinação, fará com que a alma receba do Cristo, no seu devido tempo, algumas migalhas da Graça, que possam satisfazer suas aspirações naquele momento de sua vida (a cura de sua filha).

Todos os grandes místicos, nas etapas finais da vida unitiva, foram conhecidos pela imensa energia com que se dedicavam a seus afazeres, totalmente esquecidos de si mesmos, inteiramente voltados para o bem da humanidade. Significa dizer que entrar no Reino dos Céus é continuar trabalhando no cumprimento da vontade de Deus aqui na Terra, que é o crescimento evolutivo de todos os seres.

O místico sabe que sua missão é descrever a natureza do tesouro espiritual que agora é seu e compartilhar suas experiências sobre o modo de alcançá-lo. Esse tesouro, no entanto, tem que ser buscado por cada um. A visão espiritual tem que ser desenvolvida com o tempo, com a maturidade da alma, que não pode ser forçada, assim como não pode ser forçada a maturidade do corpo. O místico, como todo discípulo avançado, prega mais pelo exemplo e pela prática do amor do que pelas palavras, ainda que suas palavras geralmente sejam reconhecidas como de extrema sabedoria.[363]

Faz parte da grande Lei que a humanidade seja salva por seus próprios membros que despertaram o Cristo interior. É por isso que os grandes

[363] Vide, *The Mystical Christ,* p. 179.

Instrutores encarnam-se periodicamente para, no corpo físico, ajudarem seus irmãos sofredores. E é por isso que o Mestre procura com tanto afinco promover o despertar espiritual daqueles que estão suficientemente maduros e, em particular, facilitar o crescimento espiritual de seus discípulos. Esses discípulos, movidos pela compaixão, tornam-se obreiros na seara do Senhor, dedicando suas vidas, encarnação após encarnação, ao progresso espiritual da humanidade, trabalhando de forma altruísta para minorar o sofrimento e promover a harmonia, cooperação e crescimento de todos os seres.

Capítulo 27

A VIDA DO CRISTO COMO O CAMINHO

A integração, como foi visto no capítulo anterior, é a chave para o entendimento de nossa tradição esotérica. Somente quando o devoto consegue integrar o relato bíblico em sua realidade interior é que a mensagem de Jesus realmente começa a trabalhar em sua alma. Isso é feito quando despertamos para o fato de que os relatos evangélicos não são meramente acontecimentos históricos de um passado distante, mas sim, a história de nossa própria alma. A chave que abre esse entendimento é a compreensão do simbolismo e da alegoria implícitos na mensagem evangélica.

Encerraremos nosso estudo sobre a tradição esotérica do Cristianismo com um dos aspectos mais velado dos evangelhos, a própria vida do Cristo. A comovente história da vida de Jesus, como relatada nos quatro evangelhos, mais do que um relato biográfico exato da vida do Mestre, retrata, segundo um método velado da tradição milenar dos Mistérios, ensinamentos esotéricos profundos sobre a vida de cada filho de Deus, de cada um de nós.

Não é nosso propósito questionar a historicidade do relato bíblico que por tantos séculos serviu de esteio à devoção de milhões de fiéis. O Vaticano, porém, ciente de uma série de incongruências nos relatos bíblicos da vida de Jesus, vem estimulando estudos para elucidar diversas questões históricas, inclusive a verdadeira data do nascimento e da morte de Jesus, um problema insolúvel para os historiadores há séculos. No relato bíblico a data apresentada para o nascimento de Jesus é fixa, porém a de sua morte é variável, uma indicação de que o relato é mítico e não histórico. O recém-nascido Jesus teria sido perseguido por Herodes, porém, é sabido que esse personagem histórico reinou na Palestina no período de 37 a 4 antes de nossa era, tendo morrido, portanto, quatro anos antes do suposto nascimento daquele a quem ele teria mandado matar. Esse e outros problemas históricos relativos à vida de Jesus não são objeto de nosso estudo.

Tampouco examinaremos os paralelos da vida de Jesus com os relatos da vida de outros grandes personagens das mais diversas tradições, como Krishna, Odin, Baal, Indra, Zoar, Alcides, Mikado, Thor, Quexalcote, Fohi, Tien, Adônis, Quirinus, Prometeu, Maomé, Mitra, Hórus, Dionísio, Zaratustra e Buda, para citar alguns.[364] Ainda que alguns estudiosos tenham sugerido que a vida de Jesus é mais um exemplo do mesmo mito solar representado em outras tradições, especialmente na tradição egípcia, na qual Jesus era versado, essas considerações não são centrais para a nossa tese.[365]

Para o verdadeiro cristão convencido de que o Reino de Deus está em seu interior e que ele pode ser alcançado pela *metanoia*, o importante é saber que o relato dos evangelhos descreve de forma alegórica os cinco estágios, ou iniciações, pelos quais todo buscador terá que passar até atingir a meta suprema da perfeição. Se o Reino está no interior de cada um, com mais razão ainda estará o Cristo. A importância desse ensinamento foi reiterada por Paulo que, em inúmeras passagens de suas epístolas, orienta-nos para o Cristo em nós, a esperança de glória. O amadurecimento espiritual faz com que as barreiras da separatividade sejam progressivamente destruídas. Para o místico, o Cristo não é mais uma figura separada no tempo e no espaço, mas uma realidade permanente em seu coração, que deve ser vivenciada aqui e agora.

Procuraremos examinar, portanto, o relato evangélico como a descrição da verdade eterna dos grandes marcos iniciáticos da vida de todo filho de Deus na etapa final de retorno à casa do Pai. Esse enfoque não diminui em nada o

---

[364] Um exaustivo trabalho de Kersey Graves, intitulado *The World's Sixteen Crucified Saviors, or Christianity before Christ* (reprint, Montana, Kessinger Publishing Co) indica que várias características são comuns a quase todos esses salvadores da humanidade. Dentre elas vale mencionar: nascimento milagroso, de mães virgens, em 25 de dezembro; suas vindas teriam sido profetizadas anteriormente; uma estrela brilhante indicaria o local do nascimento; anjos, pastores e magos estariam presentes; eram de descendência real; foram ameaçados de morte na infância pelo governante do país onde nasceram; deram provas de sua divindade; afastaram-se do mundo por algum tempo para jejuar; disseram que o seu reino não era desse mundo; foram ungidos; foram crucificados pelos pecados do mundo; depois de três dias enterrados ressurgiram dos mortos; ao final de sua missão ascenderam ao céu.

[365] O leitor poderá obter mais informações sobre essas questões no exaustivo estudo de Gerald Massey, *The Historical Jesus and the Mythical Christ* (republicado em N.Y. por A&A Books Publishers, 1992).

respeito e a veneração que devemos sentir por Jesus, o Mestre que demonstrou de forma pungente como é possível alcançar-se a medida da estatura da plenitude do Cristo. O personagem central, Jesus, simboliza o Cristo interior, que procura de forma ingente trazer sua mensagem redentora a nossa natureza inferior. Os principais eventos da vida de Jesus serão interpretados a seguir como marcos referenciais das cinco grandes iniciações, por que passam todos grandes mestres.[366]

Primeira iniciação: o nascimento

O primeiro passo na senda da perfeição é o nascimento do Cristo. Ele é a luz do mundo, que permanece dormente em todos os seres até ser despertado em nossa consciência. Os relatos evangélicos apresentam uma riqueza de detalhes sobre o evento. A luz do Cristo nasce sempre quando as trevas são mais profundas no mundo, daí seu nascimento ser apresentado pela Igreja como ocorrendo em 25 de dezembro, data do equinócio do inverno, a noite mais longa do ano no hemisfério norte, onde ocorre o exemplo histórico. A luz do sol aparece nessa data sob o signo de virgem.

Jesus representa a centelha divina no homem, o Cristo. Sua mãe, Maria, simboliza a alma espiritual, situada no plano mental superior. José, seu pai, figura como a mente inferior. Por isso, não foi José quem gerou a criança, pois a luz da intuição não pode ser gerada pela mente concreta. No entanto, após o nascimento da criança divina ela passa a ser cuidada por esse pai adotivo. Maria e José, portanto, formam um casal, a mente superior e a inferior, sendo, nesse sentido, os pais do Cristo. O Cristo é concebido pelo Espírito de Deus, sendo a conceição imaculada anunciada a Maria pelo mensageiro divino, o arcanjo Gabriel, a expressão da vontade divina criativa. A anunciação é uma experiência interior pela qual todo iniciado deve passar. Nessa ocasião, a

[366] As interpretações apresentadas foram baseadas nos livros listados a seguir: Geoffrey Hodson, *A Sabedoria Oculta na Bíblia Sagrada*, e *A Vida do Cristo do Nascimento a Ascensão*, (Brasília: Ed. Teosófica, 1999); Annie Besant, *O Cristianismo Esotérico*, op.cit.; C.W. Leadbeater, *A Gnose Cristã*, op.cit.; Alice A. Bailey, *From Bethehem to Calvary, The Initiations of Jesus* (N.Y.: Lucis, 1981); Rudolf Steiner, *From Jesus to Christ* (Sussex, Inglaterra: Rudolf Steiner Press, 1991).

consciência do homem começa a desabrochar, expandindo sua capacidade intelectiva e percepção psíquica. Trata-se de um verdadeiro nascimento dentro da alma, aludido por Paulo alegoricamente: *meus filhos, por quem eu sofro de novo as dores do parto, até que Cristo seja formado em vós* (Gl 4:19).

No plano de Deus a harmonia está sempre presente. Toda vez que o pêndulo da vida estende-se para um extremo, deve inevitavelmente oscilar a seguir para o outro. Assim, depois do despontar da luz, da boa nova do nascimento divino, a força das trevas faz-se sentir, procurando trazer a morte. Herodes, o governante exterior, personifica as forças das trevas, ou seja, da matéria, que combatem a luz.[367] No ser humano, Herodes representa a personalidade autocentrada, a força do passado, que teme o nascimento da luz no interior do ser, pois o Cristo, a esperança do futuro, necessariamente provocará uma revolução, ameaçando o controle das forças da materialidade e do egoísmo que mantêm o homem prisioneiro. Para que as forças trevosas do mal não matem o recém-nascido, a divina família deve fugir para o Egito, terra dos mistérios e santuário onde os iniciados eram e ainda são instruídos.

A cena do Natal, rememorada com profunda alegria por milhões de cristãos todos os anos, está repleta de símbolos. O estábulo, ou gruta, representa o corpo físico que abriga em seu interior todos os membros da família divina, que são os diferentes princípios do homem. A manjedoura, onde o Cristo menino está reclinado, utensílio usado na alimentação dos animais, representa o corpo vital ou etérico que preserva e distribui o *prāna,* ou força vital do sol, pelo corpo físico. Os carneiros e as vacas representam as emoções. Para que o Cristo possa nascer pressupõe-se que esses animais tenham sido domesticados, ou seja, que as emoções do candidato à iniciação tenham sido disciplinadas e purificadas.

Os pastores representam os irmãos mais velhos e guias da humanidade, os Mestres que sempre comparecem às cerimônias de iniciação. Paulo refere-se a esses guias como *os justos que chegaram à perfeição.* (Hb 12:23) Os três reis magos, que vieram do Oriente (de onde vem a luz), simbolizam os três

[367] É interessante notar que, em hebraico, herodes quer dizer 'um terror', talvez derivado da palavra egípcia *heru*, aterrorizar.

aspectos da divindade. Eles trazem presentes (ouro, incenso e mirra) ao jovem iniciado, expressando os aspectos espirituais do poder, do amor-sabedoria e da inteligência. Com esses presentes a alma recém-iluminada, ou o Cristo-criança recém-nascido, está capacitado a empreender sua missão. Os reis magos são guiados pela estrela de Belém, o pentagrama que cintila acima da cabeça do hierofante sempre que um rito iniciático está em andamento.

Os evangelistas, como iniciados, conheciam claramente a linguagem sagrada e assim apresentaram um relato alegórico que preserva para todos os que têm olhos para ver a mensagem auspiciosa de que Cristo aguarda a oportunidade para nascer na consciência de todos os que aspiram alcançar o Reino dos Céus. Quando esse nascimento virginal ocorrer, a luz crística na alma do iniciado passará a derramar suas bênçãos sobre toda a natureza inferior do homem, estimulando sua capacidade intelectual, percepção e sensibilidade. A expansão de consciência consequentemente faz com que a unidade de todos os seres deixe de ser meramente um conceito intelectual para tornar-se, ainda que momentaneamente, uma profunda experiência de vida.

Segunda iniciação: o batismo

O batismo de Jesus por João Batista representa a segunda grande iniciação. A imersão nas águas do Jordão tem um profundo significado místico. A água sempre foi usada como símbolo das emoções e paixões. Para que um iniciado possa capacitar-se a agir como um instrutor e salvador de almas, torna-se necessário que passe por essas experiências, que compartilhe a dor do mundo. Assim, o mergulho nas águas simboliza essa profunda experiência de sintonia com a dor de todos os que sofrem e anseiam por uma vida de felicidade, saúde e harmonia. Ao aceitar voluntariamente compartilhar a dor do próximo, o iniciado assinala ocultamente que está pronto para receber a Graça divina.

O Poder divino é conferido quando, simbolicamente, Jesus emergiu da água e *os céus se abriram e ele viu o Espírito de Deus descendo como uma pomba e vindo sobre ele* (Mt 3:16). O iniciado que se compromete a servir a

Deus na labuta de salvação da humanidade demonstra ser um filho dileto do Pai, o que é confirmado por uma voz celestial que afirma: *Este é o meu filho amado, em quem me comprazo.* (Mt 3:17)

A segunda iniciação confere uma nova expansão de consciência e maiores poderes ao iniciado. O princípio intelectual, em particular, recebe um considerável estímulo. A capacidade analítica é consideravelmente aumentada, o que pode tornar o indivíduo demasiadamente crítico, orgulhoso e até mesmo materialista. Esse perigo é a contrapartida dos novos poderes concedidos. Assim como após a primeira iniciação os poderes da matéria se fizeram sentir na perseguição simbólica de Herodes, agora o iniciado enfrenta o mesmo processo numa volta mais alta da espiral, portanto, Jesus é alegoricamente levado ao deserto para ser tentado pelo diabo. (Mt 4:1)

O diabo simboliza o lado sombra do homem, os resquícios de orgulho, egoísmo e ambição pelo poder. O deserto simboliza o período de aridez espiritual que se segue a toda experiência de exaltação espiritual, como é testemunhado por todos os místicos. Durante esse estado interior de aridez, simbolizado pelos quarenta dias de jejum de Jesus, a personalidade é tentada a usar seus novos poderes para saciar sua fome, para obter posses e prestígio. O mesmo Jesus que mais tarde alimentaria com seus poderes teúrgicos cinco mil homens (Lc 9:14-17), recusa-se a usar seus poderes para transformar pedra em pão para satisfazer suas necessidades pessoais. Ao contrário de Jesus, que responde com sabedoria e determinação a todas as tentações do diabo interior, muitos iniciados não resistem às tentações do mundo, especialmente ao orgulho e à ambição. Enquanto esses tentadores trevosos não forem definitivamente derrotados, o iniciado continuará marcando passo nessa etapa da senda. Por isso, é dito que o período entre a segunda e a terceira iniciação tende a ser um dos mais demorados a ser vencido pela maior parte dos iniciados, consumindo, em geral, várias encarnações.

Depois de receber seus novos poderes, o iniciado inicia sua missão no mundo, o que é simbolizado pela passagem em que: *Jesus percorria toda a Galileia, ensinando em suas sinagogas, pregando o Evangelho do Reino e curando toda e qualquer doença ou enfermidade do povo.* (Mt 4:23)

Terceira iniciação: a transfiguração.

A terceira iniciação é geralmente representada na vida de Jesus pela transfiguração. É possível que esse acontecimento tenha sido inserido no lugar errado no relato bíblico, pois, no texto de *Pistis Sophia*, a transfiguração ocorre após a ressurreição de Jesus dos mortos, como parte do processo de iluminação suprema do Mestre, simbolizado pela ascensão ao céu.[368] Nas duas hipóteses, a transfiguração retrata o processo de iluminação, que na terceira iniciação é parcial, enquanto na quinta é total e definitiva. O relato menciona que a cena ocorre num monte (Mt 17:1-8), o que significa uma elevação do estado de consciência. Assim como na primeira iniciação os pastores de alma estavam presentes, também nessa ocasião os predecessores de Jesus no caminho da perfeição (Moisés e Elias) participam desse momento de glória.

Mas, se a transfiguração realmente tiver ocorrido como parte da quinta iniciação, qual seria, então, a passagem bíblica representativa da terceira iniciação? Certamente a eucaristia, o misterioso banquete divino. Jesus anuncia que desejava participar da páscoa com seus discípulos e que não a comeria até que ela se cumprisse no Reino de Deus (Lc 22:16). Ora, como foi dito anteriormente, o Reino de Deus é o estado de consciência da unidade, que é justamente alcançado quando a natureza superior do homem comunga com sua natureza inferior, o que é simbolizado pela eucaristia.

A terceira iniciação seria, então, simbolizada pela comunhão do pão e do vinho dos doze apóstolos. Toda a cena e seus personagens, no seu sentido esotérico, devem ser entendidos como simbólica. Jesus e seus doze apóstolos simbolizam a totalidade do ser humano, sendo a casa onde ocorre a ceia a representação do corpo físico, o templo de Deus. A ceia tem lugar no pavimento superior (Lc 22:11), ou seja, num estado de consciência elevado. Jesus representa a natureza divina do homem, o Cristo interior. Os doze apóstolos personificam as características do homem no mundo, com suas qualidades e fraquezas.[369] Pedro, por exemplo, representa a impulsividade e

[368] *Pistis Sophia*, pp. 93-95.

[369] Alguns autores sugerem que os doze apóstolos representam os doze signos do zodíaco.

pusilanimidade do homem que ainda não aprendeu a controlar suas emoções. Judas, o traidor, com sua cobiça e ambição, simboliza o lado sombra que acompanha todo discípulo até as últimas etapas do caminho. João, o discípulo que Jesus amava, retrata a alma, a unidade de consciência, que busca a inspiração do Alto, simbolicamente reclinando sua cabeça (símbolo da mente) sobre o coração de Jesus (símbolo do Cristo interior), para aí permanecer no aguardo da Graça Divina.

A sagrada eucaristia representa a integração do ser humano. Os aspectos da natureza humana, com suas negatividades e qualidades, os doze discípulos, recebem de Jesus, o pão e o vinho, símbolos da carne e sangue do Cristo, com a admoestação: *Se não comerdes a carne do Filho do Homem e não beberdes o seu sangue, não tereis a vida em vós* (Jo 6:53). Obviamente Jesus estava falando em linguagem cifrada, indicando que a carne do Cristo significa o conhecimento espiritual, o sagrado alimento que confere iluminação ao intelecto humano. O sangue de Cristo simboliza a vida divina, o fluido essencial que constantemente se verte sobre todo o universo, sem a qual nenhum ser poderia viver. A consciência da divina presença no homem iluminado confere a certeza da imortalidade da natureza superior do homem, a vida eterna de que nos fala a Bíblia.[370]

Após a exaltação conferida pela terceira iniciação, a inexorável lei divina da harmonia leva o iniciado a experimentar o seu oposto. No relato bíblico isso é apresentado como a experiência no Getsêmani, que ocorre apropriadamente após a ceia pascal (Mt 26:36-45). Jesus convida três de seus discípulos mais próximos a acompanhá-lo, para juntos orarem. Mas naquele momento de angústia, em que o iniciado descortina sua missão e os sacrifícios e sofrimentos que lhe sobrevirão, ele verifica que está só. Não conseguirá nenhum apoio

---

Gaskell, um estudioso da simbologia esotérica propõe a seguinte correspondência: Pedro – a mente analítica inferior; André – fé e investigação; Tiago – esperança e progresso; João – amor e filosofia; Felipe – coragem e determinação; Bartolomeu – perseverança; Tomé – busca intelectual da verdade; Tiago Alfeu – modéstia e receptividade; Simão Zelote – gentileza e atenção; Judas, irmão de Tiago; mente aberta; Mateus – deliberação crítica; Judas – prudência. (vide G.A. Gaskell, *Dictionary of the Sacred Language of all Scriptures and Myths* (Londres: G. Allan & Unwin).

[370] Vide G. Hodson, *A Sabedoria Oculta na Bíblia Sagrada,* pp. 40-41.

externo ou interno nesse momento de solidão, o que é simbolizado nos evangelhos pelos discípulos dormindo durante a oração (Mt 26:40-45). Numa atitude normal a qualquer ser humano, ao perceber o intenso sofrimento que lhe aguardava, Jesus invoca a Deus e diz: *Pai, se queres, afasta de mim este cálice* (Lc 22:42). Porém, como iniciado comprometido com a missão de redenção da humanidade, aceita as consequências de uma vida altruísta de total desapego, ainda que ao preço de sua própria vida, e submete-se humildemente à vontade divina.

Quarta iniciação: morte e ressurreição

O portal da quarta iniciação abre-se para o servidor resoluto e dedicado que aceita beber o cálice amargo da vida de serviço. Os sofrimentos intensos pelos quais passa o iniciado que aceita carregar a cruz do mundo e assumir parte do pesado *karma* da humanidade são representados nos evangelhos pelos dolorosos relatos da paixão do Senhor.

A morte para o mundo e a ressurreição para a vida eterna, os dois aspectos complementares que simbolizam a quarta iniciação, têm lugar em Jerusalém, a cidade santa. O iniciado deve entrar nesse elevado estado de consciência em plena posse de suas faculdades humanas, ou seja, num corpo físico. Isso é simbolizado pela entrada de Jesus em Jerusalém montado num jumento, um quadrúpede domesticado, que representa os quatro corpos inferiores do homem (físico, etérico, astral e mental concreto) devidamente disciplinados.

Nesse estágio o sofrimento parece ser o companheiro inseparável do iniciado. Na história de Jesus, começa com o sofrimento psíquico antecipado no Getsêmani, onde ele se sente terrivelmente solitário e sem o apoio de seus discípulos. No desenrolar dos acontecimentos, segue-se a traição de um discípulo e a fuga dos outros quando se sentem ameaçados. Cristo é escarnecido e insultado pela multidão enfurecida, representando as paixões dos homens que sempre zombam da natureza divina. Depois ele é açoitado e espancado pelos soldados, que são os condicionamentos da natureza inferior que seguem as ordens de nosso inconsciente, sempre preocupado com a manutenção do *status quo* de nossa vida mundana.

O julgamento é feito por Pilatos, o governante da ordem exterior, que simboliza a personalidade. Jesus é devidamente apresentado como aquele que procura subverter a nação e, quando interrogado por Pilatos, confirma que é o Cristo, rei da natureza humana. A personalidade, ao lavar as mãos, procura, como sempre, justificar-se alegando não ter culpa por condenar um inocente, pois está atendendo ao clamor da plebe (as paixões) e à recomendação dos sacerdotes, os líderes da natureza inferior, que representam o egoísmo, a ignorância, o orgulho e a ambição. Seguindo a tradição, Pilatos pergunta ao povo se prefere a libertação de Jesus ou do criminoso Barrabás. As paixões pedem a crucificação da natureza divina e a libertação do criminoso com o qual, em sua ignorância, identificam-se. Porém, Barrabás significa, em aramaico, o filho do pai. Portanto, a natureza inferior, mesmo com a conivência da personalidade, jamais conseguirá matar o Cristo. Ao exigir a libertação do criminoso Barrabás, estará simplesmente permitindo que o filho do Pai celestial, que é a alma ignorante de sua verdadeira natureza, continue a vagar pelo mundo até redimir-se de todos seus crimes contra a grande Lei para, então, retornar à casa paterna como o Cristo triunfante.

O relato da paixão de Jesus representa a *via crucis* de todos os que passam pela quarta iniciação: devem morrer para o mundo para alcançar a consciência permanente do Reino de Deus, a consciência da vida eterna. Paulo descreve essa experiência: *Fui crucificado junto com Cristo. Já não sou eu que vivo, mas é Cristo que vive em mim* (Gl 2:19-20). É interessante notar que a crucificação tem lugar no monte Gólgota, ou calvário, que significa a caveira. A culminação dessa importante iniciação ocorre mais uma vez num monte, uma clara indicação de um estado elevado de consciência. O Golgota representa o crânio humano, o lugar físico onde a consciência divina é crucificada. Jesus, expressando a consciência divina, é crucificado entre dois malfeitores, um dos quais seria o bom ladrão (Lc 23:39-43). Os dois ladrões simbolizam os dois aspectos da mente, um dos quais se volta para o alto e segue o Salvador rumo ao Reino dos Céus. O túmulo na rocha no qual Jesus teria sido enterrado é também outra representação de que o Cristo espiritual é enterrado no plano mais denso da manifestação, o plano físico, de onde só é libertado após cumprir sua missão terrena.

É dito no Credo dos Apóstolos que, após a morte, Jesus *desceu ao inferno e ao terceiro dia ressuscitou dos mortos*. Na Bíblia é dito que: *Morto na carne, foi vivificado no espírito, no qual foi também pregar aos espíritos em prisão* (1 Pd 3:19). Para os antigos o inferno não tinha a conotação de tormento eterno estabelecida mais tarde pela igreja. O inferno era tido como uma região ou lugar oculto, o Hades dos gregos, enfim, um submundo habitado pelas pessoas que deixavam o corpo físico para trás. Essa passagem pode ser interpretada de duas formas: uma psicológica e outra esotérica. A conotação psicológica é que o iniciado só pode alcançar a libertação quando desce ao inferno de seu inconsciente e liberta seu lado sombra. Ele só pode ser livre quando não existirem mais condicionamentos inconscientes em sua natureza inferior. A interpretação esotérica é que todo iniciado deve descer ao mundo astral e levar a luz e a esperança para as almas atormentadas pelo remorso dos erros cometidos quando encarnadas no mundo.[371]

A morte e o sepultamento são também figurativos, alegóricos. Não se referem à morte do corpo, mas sim à da sensação pessoal de autosseparação, pois agora, finalmente, o velho Adão é completamente superado. A ressurreição segue-se naturalmente. pois a alma livre e recompensada não está mais sepultada nas limitações do corpo e da mente. Ela pode deixar a tumba terrestre à vontade e, sem lapso de consciência, entrar nas regiões superiores do mundo celestial.[372] A vivência da unidade confere ao iniciado uma profunda compaixão. Ele agora, além de procurar aliviar a dor dos que sofrem injustiças e violências, busca ajudar os injustos e criminosos. Ele sabe que o injustiçado, caso tenha a atitude correta, estará terminando seu ciclo *kármico*, enquanto o criminoso está iniciando o seu, atraindo para si pesada carga de sofrimento, na justa medida do sofrimento que causou. O iniciado só estará pronto para a quarta iniciação quando puder perdoar aqueles que lhe ferem, bem como os que ferem a todos os fracos e oprimidos, como Jesus, que em meio à agonia da crucificação, disse: *Pai, perdoa-lhes: não sabem o que fazem.* (Lc 23:34)

[371] *A Gnose Cristã*, (Brasília: Ed. Teosófica, pp. 125-131).

[372] *A Sabedoria Oculta na Bíblia Sagrada*, (Brasília, Ed. Teosófica, vol. I, p. 163).

Quinta iniciação: a ascensão ao céu

Para os budistas e hinduístas, aquele que recebeu a quarta iniciação é chamado de *Arhat*, sendo conhecido como o liberto que não mais precisa retornar ao mundo dos homens, tendo merecido o descanso paradisíaco no que chamam de *Nirvana*. A maior parte dos *Arhats*, no entanto, movidos pela suprema compaixão compromete-se a permanecer na esfera terrena para ajudar na libertação de todas as almas sofredoras, até o fim dos tempos.

A alma (Jesus) agora venceu a morte, porque morreu para o mundo. Simbolizando o término de seu ministério terreno, o iniciado diz, como Jesus na cruz: *Está terminado* (Jo 19:30) e *Pai, em tuas mãos entrego o meu espírito.* (Lc 23:46)

No relato bíblico Jesus retorna dos mortos e fica algum tempo instruindo seus discípulos, preparando-os para prosseguirem com o ministério de salvação das almas. Esse retorno ao mundo terreno, seja num corpo físico, seja num corpo sutil, dependendo dos textos consultados, comprova o compromisso do iniciado em permanecer em nossa esfera terrena instruindo e ajudando a humanidade. Chega finalmente o dia que, em grande glória, ele ascende ao céu. No texto *Pistis Sophia* a ascensão é descrita de forma tocante, com a descida de anjos portando seus mantos de luz. Uma vez envolvido na luz, Jesus é transfigurado e seus discípulos não podem aguentar o brilho de sua luz até que Jesus desaparece no alto. Jesus, como todo o Adepto que recebeu a quinta iniciação, pode agora dizer: *Eu e o Pai somos um.* (Jo 10:30)

A quinta iniciação indica o término do aprendizado humano. O Mestre de Compaixão e Sabedoria alcança a perfeição e passa a ser um salvador de almas. Todas as tentativas de descrever a natureza desses excelsos seres são infrutíferas, pois não existe termo de comparação em nosso mundo terreno, já que eles agora pertencem a outra categoria de seres, muitas vezes descritos como divinos. São verdadeiros mensageiros plenipotenciários de Deus, trazendo, como Jesus, a eterna mensagem de salvação para as almas sofredoras. E essa é a meta que o Pai celestial estabeleceu para todos nós.

Como vimos anteriormente, a harmonia do processo evolutivo requer que cada experiência de exaltação do iniciado seja contrabalançada por uma experiência em sentido contrário. Assim, após as três primeiras iniciações, Jesus teria enfrentado as forças das trevas: a perseguição por Herodes, a tentação no deserto e a agonia no Getsâmane. Na quarta iniciação a ordem é invertida, primeiro a noite escura da alma culminando com a crucificação, para depois alcançar a exaltação da ressurreição dos mortos. E a quinta iniciação? Qual seria a possível contraparte penosa para quem alcançou a união com Deus? Para quem permanece constantemente na bem-aventurança de perfeita unidade com Deus, o seu estado oposto é justamente deixar esse estado paradisíaco. Essa é justamente a provação do Mestre de Compaixão e Sabedoria! Encarnar-se de tempos em tempos, assumindo as limitações inerentes a um corpo humano, submetido ao bombardeio das vibrações extremamente pesadas de nosso mundo, sempre que o Plano Divino requer sua atuação na Terra para dar mais um impulso ao processo evolutivo. Uma imagem que talvez possa transmitir uma vaga ideia do que deve ser essa provação para um Mestre seria o grau de sacrifício que um indivíduo de classe média faria ao decidir-se voluntariamente abandonar sua vida confortável para viver num barraco imundo num imenso aterro sanitário (o que comumente chamamos de lixão) para dedicar-se a ajudar as pobres almas que vivem catando lixo e morando naquela condição subumana.

A vida mística

Muitos cristãos sinceros, ao perceberem nos relatos da vida de Jesus uma representação alegórica dos cinco grandes marcos da vida do discípulo até atingir *a medida da estatura da plenitude do Cristo* (Ef 4:13), desejam também passar pela mesma experiência. Nesse caso, segue-se naturalmente a pergunta: como posso ser iniciado? O processo iniciático é um mistério que é mantido em segredo por aqueles que foram admitidos ao ádito sagrado. Sabemos que o primeiro passo é ser aceito como discípulo de um Mestre que assumirá o encargo de prepará-lo para as iniciações.[373] E o que devemos

[373] Vide, para mais informações, C.W. Leadbeater, *Os Mestres e a Senda*.

fazer para ser aceitos por um Mestre? Acreditamos que a aspiração ardente pela união com Deus e o uso do instrumental transformador descrito nesse livro abre o caminho para isso. Ademais, existe na tradição esotérica um lema auspicioso para todo buscador: '*Quando o discípulo está pronto o mestre aparece.*'

Nos primeiros séculos, após a morte de Jesus, os cristãos dedicados que levavam uma vida pura podiam ser admitidos aos grupos internos criados pelos discípulos de Jesus. Nesses grupos, uma vez devidamente preparados, os devotos podiam receber progressivamente os sacramentos, ou mistérios, instituídos por Jesus. Esses sacramentos eram: o batismo, a crisma, a eucaristia, a redenção e a câmara nupcial.[374] Os sacramentos tinham um estreito paralelo com as iniciações como descritas anteriormente. O batismo equivalia ao nascimento do Cristo interior (*Todos vós, que fostes batizados em Cristo, vos vestistes de Cristo* - Gl 3:27); a crisma era o batismo do Espírito Santo, equivalente ao batismo de Jesus nas águas do Jordão; a eucaristia era equivalente à comunhão da natureza superior com a inferior do homem, que ocorria na terceira iniciação; a redenção tinha um paralelo com a quarta iniciação, representada pela morte e ressurreição do Senhor; finalmente, o sacramento supremo da câmara nupcial representava a união completa e permanente da consciência do homem com a de Deus, representada pela ascensão de Jesus ao céu para permanecer à direita do Pai.

Com as perseguições instituídas pela ortodoxia, principalmente a partir do século IV de nossa era, os grupos esotéricos cristãos que mantinham a tradição dos mistérios de Jesus tiveram que se esconder para sobreviver. A história do ocultismo indica que inúmeros grupos, ao longo dos séculos, parecem ter recuperado de alguma forma essa tradição. Assim como esses grupos existiram no passado, é lícito supor-se que ainda existam nos dias de hoje, ainda que totalmente velados da curiosidade pública. Assim, em vez de lançar-se a uma busca desenfreada por grupos ocultos, que muito provavelmente poderá redundar na afiliação a grupos inidôneos, o devoto deve cuidar de sua preparação interior, lembrando-se da verdade milenar

[374] Vide *Evangelho de Felipe*, em *The Nag Hammadi Library*, p. 150.

mencionada anteriormente de que 'quando o discípulo está pronto o mestre aparece.'

Mas existe outra alternativa aos sacramentos exteriores, que são esses mesmos mistérios ministrados interiormente aos devotos sinceros. Esse é o caminho que vem sendo trilhado por milhares de místicos ao longo dos séculos. Esses incansáveis buscadores trilharam arduamente o caminho da perfeição, recebendo em seu coração, provavelmente de forma inconsciente, os sacramentos de Jesus, à medida que progridem no caminho espiritual. Ao analisarmos a vida dos místicos torna-se óbvio a correlação dos estágios da via mística com as iniciações e os sacramentos de Jesus.

Ainda que nem todos os místicos sigam exatamente a mesma sequência de experiências interiores, alguns pesquisadores sugerem que existem cinco etapas gerais pelas quais a maior parte desses ardentes buscadores passa a caminho da união final com o Bem-Amado.[375]

O despertar. A primeira etapa é caracterizada pelo despertar da consciência para a Realidade Divina. Ela é abrupta e bem marcante em muitos casos, mas também pode ser gradual. Geralmente, é acompanhada de sentimentos intensos de contentamento e até mesmo de arrebatamento espiritual, que proporcionam incentivos ao indivíduo a se dedicar integralmente a "seguir a Deus."

Purgação. Na segunda etapa, o místico torna-se consciente da disparidade entre a beleza e a pureza divina que foram experimentadas em seu interior frente à realidade do seu estado exterior, caracterizado por imperfeições, apegos, ilusões e impurezas. Inicia-se, então, a penosa etapa de purificação em que ele procura eliminar, pela disciplina e mortificação, tudo aquilo que julga ser uma barreira ou elemento impeditivo para seu progresso rumo ao ideal de união com Deus. São geralmente longos anos de esforço e sofrimento, na luta ingente contra a natureza inferior.

Iluminação. Depois do sofrimento da purgação vem a intensa felicidade da iluminação, ou comunhão com Deus. Tendo se libertado em grau considerável das 'coisas do mundo,' a custo de muito suor e lágrimas,

---

[375] As cinco etapas apresentadas a seguir foram resumidas do livro de Evelyn Underhill, *Mysticism*, pp. 169-70.

o místico pode agora colher os frutos da realidade espiritual que em nada se parecem com a gratificação dos sentidos. Ocorrem visões da Unidade, da Luz Divina, percepções intuitivas da natureza humana e da realidade das coisas, vozes angélicas e celestiais que o instruem, arrebatamentos e viagens fora do corpo. O místico entra numa nova dimensão e passa a contribuir de forma mais capaz e dedicada às necessidades dos que o cercam.

A noite escura da alma. Prossegue a alternância entre luz e sombra das três primeiras etapas. Depois de ter metaforicamente visto o Sol, o místico agora penetra nas profundezas das trevas. Tendo se deleitado com a experiência da presença de Deus, agora ele sofre com a ausência divina. Ele enfrenta a mais terrível de todas as experiências do caminho místico, descrita por João da Cruz como *a noite escura da alma* e, por outros, como a 'dor mística,' a 'morte mística,' a 'purificação do Espírito.' É uma verdadeira 'crucificação espiritual' a que o buscador deve submeter-se para alcançar a glorificação subsequente da ascensão às alturas da união com Deus. Enquanto estava na etapa da purgação, o místico buscava extirpar o interesse pelas coisas do mundo e pela gratificação dos sentidos, agora ele deve estender o processo de purificação ao âmago de sua natureza inferior, eliminar o sentido de ser um 'eu separado.' Somente quando a personalidade entrega-se inteiramente a Deus, com fé inquebrantável, apesar de sofrer com o que lhe parece ser o abandono da Divina Presença, quando não mais espera nada para o eu pessoal, cortam-se os últimos laços com a consciência egoísta, capacitando a alma a unir-se com o Supremo Bem.

A União. A bem-aventurança experimentada nesse estágio é inteiramente diferente de qualquer experiência de felicidade até então, pois agora o místico não experimenta algo fora de si como um observador ou mesmo como participante, como acontece na etapa da Iluminação. Nessa etapa ele une-se a Deus e tem a experiência absolutamente indescritível de ser divino. Essa é a meta final do caminho místico e da vida espiritual. É geralmente alcançada em estado de profunda contemplação, quando cessam todas as imagens do mundo das formas e dos conceitos, e o místico identifica-se com o Vazio, o estado contemplativo sem formas e conceitos, que é simultaneamente a plenitude da Vida e do Ser.

* * * * *

A rica tradição esotérica cristã sempre esteve voltada para a transformação do homem velho num homem novo. O objetivo dessa tradição não é formar meros devotos, ou cristãos tradicionais, mas sim verdadeiros Cristos, nascidos na gruta do coração, sendo batizados, transfigurados, mortos e sepultados, ressurgindo dos mortos e, finalmente, ascendendo em glória aos céus, para permanecerem à direita do Pai. Esse é o Caminho, trilhado por tantos milhares de buscadores sinceros ao longo dos séculos. Nele todos os ensinamentos e passagens da vida do Cristo retratam a vida de sua própria alma. Se for bem-sucedido nesse propósito, o místico perceberá que as palavras do Cristo eram dirigidas a ele: *Eu vos digo, verdadeiramente, que alguns que aqui estão presentes não provarão a morte até que vejam o Reino dos Céus* (Lc 9:27). Será excelsa a glória daqueles que alcançarem a perfeição, conforme se pode aquilatar nas palavras do Cristo registradas no Livro do Apocalipse: *Ao vencedor concederei sentar-se comigo no meu trono, assim como eu também venci e estou sentado com meu Pai em seu trono.* (Ap 3:21)

EPÍLOGO

Faço votos que o leitor tenha achado este livro tão estimulante quanto foi para mim pesquisar o material, vivenciá-lo e escrevê-lo. Caso sinta em seu coração que o texto expressa a essência do ensinamento esotérico passado por Jesus, saiba que essa descoberta traz consigo uma nova responsabilidade, a de tornar-se um elo na cadeia do conhecimento interior trazido por Jesus, cuja luz deve ser espalhada pelo mundo, conforme a recomendação do próprio Mestre:

> *Quem traz uma lâmpada para colocá-la debaixo do alqueire ou debaixo da cama? Ao invés, não a traz para colocá-la no candelabro? Pois nada há de oculto que não venha a ser manifesto, e nada em segredo que não venha à luz do dia. Se alguém tem ouvidos para ouvir, ouça!* (Mc 4:21-23)

Gostaria de sugerir que uma forma dinâmica e criativa de atender aos ditames dessa nova responsabilidade seria fazer um convite a alguns amigos para estudarem juntos este livro e outros títulos da literatura esotérica cristã.

O estudo em grupo tem várias vantagens. Em primeiro lugar vale mencionar a prática da virtude: devemos compartilhar com nossos irmãos tudo aquilo que achamos de bom para nós. Essa seria uma demonstração prática da verdadeira caridade, no seu sentido mais elevado. Vale lembrar que, ao procurarmos seguir os ensinamentos internos de Jesus, estaremos nos tornando discípulos do Mestre. Ele disse aos seus primeiros discípulos, como nos diz hoje: *Segui-me e eu vos farei pescadores de homens* (Mt 4:19). Uma vez convencidos que os ensinamentos esotéricos de Jesus têm o poder de transformar o homem velho num homem novo e, assim, abrir as portas do Reino dos Céus, devemos procurar levar a 'boa nova' a outros irmãos. E a melhor maneira de fazer isso, de forma humilde e inteligente, é convidá-los a trilhar o caminho conosco, no estudo e na vivência desses ensinamentos.

Outro grande mérito do estudo em grupo é a natureza complementar das aptidões e dos temperamentos humanos. Encontraremos certas pessoas que nos ajudarão a compreender alguns pontos que nos parecem confusos, bem como outras que irão questionar algumas proposições que nos parecem claras. Essa interação grupal será extremamente útil para promover não só o entendimento mais profundo dos ensinamentos, mas também, para facilitar a troca de experiências relacionadas com as práticas espirituais, pois os ensinamentos de Jesus só poderão nos ajudar à medida que os colocarmos em prática. *Tornai-vos praticantes da Palavra e não simples ouvintes, enganando-vos a vós mesmos!*(Ti 1:22)

Não podemos negligenciar a força da fé de um grupo de pessoas atuando em uníssono para um mesmo objetivo, como fazem os evangélicos e carismáticos. A Graça divina, tão óbvia nas atividades desses grupos, atuará com mais poder ainda em grupos irmanados pelo ideal de seguir Jesus rumo ao Reino dos Céus, como o próprio Mestre nos indicou: *Pois onde dois ou três estiverem reunidos em meu nome, ali estou eu no meio deles.* (Mt 18:20)

Esse processo inovador de estudar e praticar os ensinamentos de Jesus, se realizado por um bom número de pessoas, poderá alcançar a massa crítica necessária para desencadear um verdadeiro movimento em cadeia de renovação espiritual no mundo cristão. E o mais interessante é que essa renovação seria um retorno às origens de nossa tradição.

Que a Luz de Deus esteja com todos os que buscam a verdade.
Que a Paz do Senhor esteja com todos os que cultivam a harmonia.
Que o Amor Divino se irradie por todos os que amam seu próximo.

Raul Branco
Brasília, 1999.

ANEXO 1

EXERCÍCIOS E PRÁTICAS ESPIRITUAIS

Práticas preparatórias

O trabalho de autotransformação do devoto é grandemente facilitado por hábitos salutares especialmente direcionados para a vida espiritual. Como cada ser humano é uma experiência única da manifestação de Deus, não existe um padrão, em seus mínimos detalhes, igualmente apropriado para todas as pessoas. Existem, porém, alguns marcos referenciais, dentre os quais cada indivíduo pode fazer suas adaptações levando em consideração suas circunstâncias de vida e necessidades específicas em cada estágio da senda. As sugestões apresentadas a seguir devem ser entendidas como um exemplo possível dessas práticas e não como uma fórmula rígida e necessária para todos os casos.

Um atleta que se disponha a participar de uma competição olímpica sabe de antemão que deverá se submeter a um rigoroso programa de treinamento, por vários anos, para ter chance de ser bem sucedido. O seguidor de Jesus deve saber antecipadamente que seu ideal requer um programa de treinamento mais exigente do que o dos atletas olímpicos. A diferença é que o vigor físico essencial para os atletas esportivos não é um fator limitativo para os atletas espirituais. Para esses, as exigências de concentração e disciplina interior requerem outras capacidades que não as físicas.

Todo indivíduo voltado para a vida espiritual costuma rezar e meditar. Ainda que as orações e meditações estabeleçam a tônica da vida espiritual, o grau de realização espiritual da pessoa, na maior parte dos casos, dependerá das outras práticas durante o dia. Como um verdadeiro atleta espiritual o buscador deve usar todas as oportunidades e todo seu tempo disponível para o treinamento espiritual. Tudo deve ser feito com amor. O trabalho doméstico e profissional é a nossa oportunidade para contribuir de alguma forma para o grande plano de Deus. Por isso devemos procurar fazer tudo da melhor maneira possível, lembrando o ditado popular: *Tudo o que merece ser feito, merece ser bem feito*, porém, sem apego ao fruto das ações. Com isso tornamo-nos agentes da manifestação do bom, do belo e do justo no mundo, não importa se nossos deveres são importantes ou modestos.

A ginástica espiritual começa ao despertar. A primeira coisa a fazer é orar com todo fervor, agradecendo a Deus pela dádiva de mais um dia de vida com tantas oportunidades para o aprendizado e o serviço aos nossos semelhantes. Devemos agradecer a Deus pelas inumeráveis graças de toda natureza que Ele nos proporciona diariamente através da ação dos agentes da providência divina. Todas as coisas que nos cercam e que usufruímos foram feitas pelo esforço de centenas ou mesmo de milhares de outras pessoas utilizando os frutos da natureza. Enviemos a essas pessoas desconhecidas e à natureza, que é a expressão física de Deus no mundo, o nosso agradecimento. Agradeçamos, também, pelos revezes e pelas dificuldades que possamos enfrentar durante o dia, pois estes acontecimentos desagradáveis serão ocasiões para aprendermos lições importantes para nosso progresso, como ensinou o Apóstolo Paulo: *Por tudo dai graças, pois esta é a vontade de Deus a vosso respeito.* (1 Ts 5:18)

Devemos nos comprometer a procurar fazer tudo ao longo do dia da melhor maneira possível, com amor e de acordo com a verdade, dedicando todas as ações ao Pai misericordioso. Agindo como criadores conscientes de um campo vibratório elevado, devemos afirmar ao final da oração algo como: "Minha natureza essencial é de luz, paz e amor. Para que eu possa manifestar plenamente essa natureza, procurarei agir sempre de acordo com a verdade, com compaixão, paciência e humildade." Esse compromisso deveria ser renovado várias vezes ao dia, ou pelo menos ao meio-dia, ao final da tarde e antes de dormir.

Devemos dedicar todas as tarefas e atividades de nossa vida diária a Deus. Com isso daremos um grande impulso em nossa vida espiritual, pois, a partir de então, nossas atividades, não importa se singelas ou grandiosas, serão transformadas em oração, em lembrança de Deus e em dádivas ao Pai. Isso significa, na prática, que logo ao acordarmos, depois de nossa prece matinal, ao sairmos da cama, dedicamos nosso dia a Deus, ao efetuarmos nossa higiene matinal, dedicamos isso a Deus, ao tomarmos o café da manhã, dedicamos isso a Deus. Esta rotina deve continuar ao longo do dia, ao caminharmos, ao tomarmos o transporte para ir ao trabalho, escola ou compras, ao nos engajarmos numa conversa, ao executarmos nosso trabalho, ao lermos um livro, ao vermos um filme, etc.

O amor deve tornar-se a mola mestra a impulsionar as atitudes de nossa vida. A atitude amorosa não deve ser somente uma consideração teórica, mas um fato na vida diária. Ao dar "bom dia" ou "boa tarde," procuremos colocar em nossas palavras uma forte e genuína intenção que as pessoas realmente tenham um bom dia ou boa tarde, em vez de falarmos mecanicamente. Quando abraçarmos uma pessoa devemos procurar envolvê-la mentalmente com uma aura de luz ou o sentimento de nosso amor, desejando de todo coração que ela seja feliz. Procuremos transmitir amor dando atenção e compreensão, sendo verdadeiros e evitando as falsidades usuais de nossa sociedade. Procuremos ajudar estendendo nossa genuína cooperação e evitando prejudicar os outros. A empatia e a cooperação são fundamentais para nos tornarmos um verdadeiro canal do amor divino. Quanto mais deixarmos o amor de Deus fluir através do nosso ser para os outros, mais o amor se fará presente em nossa vida.

Todo momento em que estivermos preocupados com o tempo, procurando saber que horas são, devemos fazer a seguinte afirmação: "Como o tempo passa! Não quero mais perder tempo! Doravante quero cumprir a vontade de Deus e não a minha." Quanto mais repetirmos essa afirmação, procurando fazê-la com convicção, maior efeito transformador ela terá em nossa vida. É importante, porém, que esse exercício, como todas as práticas espirituais, seja feito de forma natural e sem nenhuma compulsão, para assim facilitar a passagem do fluxo natural da energia divina, com serenidade e harmonia. Esse exercício nos levará, naturalmente, a procurar determinar qual a vontade de Deus em nossa vida.

Antes de dormir, devemos buscar uma vibração elevada para influenciar nossos sonhos e atividades fora do corpo físico. A leitura de uma ou duas páginas de um bom livro de natureza espiritual é uma excelente forma de induzir essa vibração elevada. Finalmente, devemos fazer uma prece fervorosa agradecendo a Deus por todas as dádivas do dia, pedindo força e inspiração para superar nossas fraquezas. Como o sono equivale a uma morte temporária, podemos aproveitar esse momento anterior ao sono para reiterarmos total confiança no Pai misericordioso, entregando nossa vida em Suas mãos e repetindo as palavras de Jesus: "em todas as coisas e a todo momento *seja feita a Tua Vontade, Pai, e não a minha.*"

A meditação é o exercício central de toda prática espiritual. As quatro práticas meditativas apresentadas ao final deste anexo são especialmente úteis. Duas estão relacionadas entre si: a "meditação para conhecimento de si mesmo" e a "meditação para a purificação." Provavelmente são as mais necessárias para o devoto na primeira etapa da vida espiritual. Conhecer as negatividades e superá-las é o verdadeiro objetivo de toda a ascese e essas duas meditações são de muita ajuda nesse particular. Para as pessoas que se dedicam a trabalhos de natureza criativa ou estão procurando respostas para questões específicas, a meditação analítica é extremamente útil para obter novos vislumbres sobre o tema que está sendo estudado.

Muitas pessoas acham que o melhor momento para a meditação é cedo pela manhã. Dentre as razões para essa preferência podemos mencionar o fato que, de manhã cedo, as pessoas estão mais serenas e descansadas e existe menos barulho externo e interno para interferir na concentração. Aqueles que deixam a meditação para o final da tarde ou para a noite defrontam-se, seguidamente, com outras demandas inesperadas que exigem mais de seu tempo e, às vezes, acabam ficando sem meditar naquele dia. Mesmo quando conseguem meditar verificam que o cansaço afeta seu rendimento. Se você acha que sua rotina matinal é muito apertada para dedicar de dez a vinte minutos para a meditação antes de sair de casa, eis uma excelente oportunidade para fazer um 'sacrifício': levante-se um pouco mais cedo para serenar a mente e tentar comunicar-se com Deus através da meditação.

Meditação para o conhecimento de si mesmo.

Essa prática envolve os três níveis de consciência, ou "eus," que formam o homem integral: o eu consciente adulto, o eu inferior e o Eu Superior. A meditação é conduzida pelo eu consciente adulto, que é o nosso nível de consciência usual. Começamos assumindo um compromisso inabalável com a verdade, procurando conhecer todas as negatividades e imagens de nossa natureza inferior. Como essa informação está quase toda escondida no inconsciente, devemos invocar o Eu Superior, o Cristo interno, que tudo sabe e tudo pode, para ajudar-nos a obtê-la. Devemos ter paciência para aguardar a resposta, que pode chegar durante o período mesmo da meditação ou, durante o dia, em ocasiões e de formas inesperadas. Os padrões repetitivos de comportamento e, principalmente, de nossas reações emocionais, identificados no exercício sobre a revisão diária, servirão como ponto de partida para esse processo de recuperação do material inconsciente.

A primeira etapa é simplesmente a identificação das máscaras e das negatividades de nossa natureza inferior, o nosso lado criança, que não amadureceu e abriga inúmeros ressentimentos. Não devemos nos apavorar com nosso lado sombra, os aspectos negativos e destrutivos do ser primitivo que ainda existe escondido em nós. Essa natureza obscura é encontrada em todo ser humano até que ele atinja a iluminação. Devemos ter a mesma compaixão e paciência para com nossa criança interior que o Mestre tem para conosco. A identificação de nossas negatividades demanda muita paciência e determinação, pois ao longo de nossa vida sempre procuramos reprimir estes sentimentos e atitudes destrutivas.

A segunda etapa do processo é a exploração da razão por trás dessas negatividades, o entendimento das causas que nos levaram a adotar esse tipo de comportamento. As causas, geralmente estão escondidas em nossa infância.

A terceira etapa é a analise dos efeitos que as negatividades têm em nossa vida. Devemos verificar até que ponto elas são de caráter destrutivo, para nós e para as pessoas ao nosso redor. Essa constatação de como criamos um ambiente destrutivo e infeliz requer muita coragem de nossa parte, pois o nosso mecanismo de defesa sempre foi culpar os outros, as circunstâncias ou o destino por nossos problemas e sofrimentos. Essa é a prova cabal de nossa maturidade: a aceitação da responsabilidade pela criação de nossa vida, pelas nossas atitudes interiores e pensamentos que moldam o mundo exterior que nos cerca.

A etapa final do processo demanda muito amor, sabedoria e, mais uma vez, paciência e determinação. Essa etapa, extremamente delicada, é a reeducação de nossa criança interior. A ajuda do Mestre em nosso coração é indispensável. Precisamos invocar o Cristo interior, com sua ilimitada compaixão e sabedoria, para nos instruir sobre como trilhar o caminho estreito que evita tanto a repressão como a complacência com nossas negatividades. Teremos que reeducar e disciplinar nossa criança interior com amor e firmeza, e isso levará algum tempo. Mas, com fé é determinação, conseguiremos progressivamente reintegrar nossa natureza inferior ao nosso consciente e, à medida que formos fazendo progresso, teremos a agradável surpresa de constatar que estamos trazendo também para o nosso consciente o Cristo interior, que há muito tempo aguarda pacientemente ser convidado a compartilhar da nossa vida.

Meditação da purificação.

Um dos métodos mais efetivos de promover a purificação de nossos veículos é invocar os três aspectos do Divino – Verdade, Amor e Poder – em nossa meditação. Após visualizarmos o Cristo interior brilhando em nosso coração, devemos invocar seus poderes para purificar os instrumentos de nossa personalidade pelos quais ele se manifesta no mundo. Pedimos primeiramente que a Verdade, como Luz, torne visíveis as falsas imagens e negatividades de nossa natureza inferior. Quando as respostas forem obtidas, devemos passar à segunda fase, invocando o fogo do Amor divino para que ele envolva a nossa natureza inferior, incinerando todas as falsidades e transmutando nossas negatividades em qualidades superiores. Nessa etapa algumas pessoas sentem calor em seu coração. A última etapa é invocarmos o poder da Vontade divina, que atua como som, o Verbo de Deus. Devemos imaginar que nos entregamos inteiramente à Vontade divina, enquanto sentimos a repetição do mantra AMÉM ressoando do âmago de nosso coração, simbolizando "Seja feita a Vontade de Deus em mim."

Meditação de preparação para a morte.

Essa meditação promove a purificação, a renúncia e o desenvolvimento do discernimento. Deveria ser feita por um período mínimo de uma semana e máximo de um mês, para tomarmos consciência das verdadeiras prioridades de nossa vida. A partir de então, seria útil efetuá-la uma vez por mês, digamos, no dia de nosso aniversário, para simbolizar nosso compromisso de renascermos espiritualmente, e sempre que sentirmos que as demandas da vida material estão causando uma diminuição excessiva do tempo e energia dedicados à vida espiritual.

A prática consiste em analisarmos que mudanças deveríamos realizar em nossas vidas se soubéssemos que só temos mais três meses de vida. Não sabemos, na verdade, se teremos ainda três horas, dias, semanas, meses, anos ou décadas de vida neste plano. O que importa é a aceitação da morte do corpo físico, como inevitável, assumindo que tivemos a grande Graça divina de um aviso prévio para organizar nossas vidas. Nesse particular devemos nos lembrar das palavras de Jesus: *Vigiai, portanto, porque não sabeis nem o dia nem a hora.* (Mt 25:13)

Alguns instrutores de nossa tradição recomendam uma prática bem mais radical: *Feliz quem sempre traz diante dos olhos a hora da morte e se dispõe, cada dia, a morrer. Pela manhã pensa que não chegarás à noite; e à noite não contes chegar ao dia seguinte. Por isso está sempre prevenido e vive de tal modo, que a morte nunca te encontre desapercebido.*[376]

Devemos procurar, o mais rapidamente possível, por fim aos nossos ressentimentos, terminar inimizades e criar relacionamentos fraternos. O perdão sincero aos nossos desafetos é essencial para que possamos merecer também o perdão de Deus na hora do acerto de contas.

[376] *Imitação de Cristo*, p. 87.

Uma vez que tenhamos reorganizado os aspectos mais óbvios de nossas pendências e negatividades, assumindo o firme compromisso de colocar em prática as decisões tomadas durante a meditação, começa a etapa verdadeiramente espiritual do exercício. Devemos analisar nossas rotinas, nossos valores e, principalmente, nossas motivações. Nesse ponto o discernimento é importantíssimo para identificar o que nos ajuda na vida espiritual e o que, dentre nossos afazeres, é meramente mundano, ou seja, aquelas atividades da personalidade egoísta apegada às coisas do mundo. O discernimento também será preciso para estabelecermos as devidas prioridades dentre as atividades a serem realizadas nos "três meses que nos restam." O objetivo mais importante a ser perseguido nesse período de vida renovada é a expressão constante e sincera do amor. Com isso estaremos estabelecendo a vibração divina que nos acompanhará até o outro lado do véu.

Essa meditação, se realizada com seriedade durante um mês, mudará radicalmente a nossa vida. Nossa fé na bondade, justiça e sabedoria divinas será consolidada. Nosso amor a Deus e a todas as expressões divinas, incluindo os seres humanos, aumentará exponencialmente. A purificação de nossas negatividades e o desapego de tudo o que é impermanente ocorrerá naturalmente. Nossa vontade de seguir o chamado do alto se tornará mais firme, sendo expressa com determinação em todas as circunstâncias de nossas vidas. Em suma, a aceitação da inevitabilidade da morte e nossa preparação nesse sentido será para nós uma ressurreição. Nasceremos de novo e estaremos, então, em condição de dizer: *Já não sou eu que vivo, mas é Cristo que vive em mim.* (Gl 2:20)

Meditação do silêncio – contemplação.

O método é bastante simples e visa promover o silêncio interior. Primeiramente escolhemos uma palavra simples, a qual damos um valor sagrado como símbolo de nosso consentimento à presença e ação de Deus em nosso interior. Essa palavra deve tocar o nosso coração com um significado ou aspecto divino, como Luz, Paz, Silêncio, Amor, Senhor, Jesus, Pai, etc. Sentados confortavelmente com a coluna ereta, em lugar tranquilo, devemos procurar o total silêncio interior, na câmara secreta onde Jesus disse que se encontra "o Pai em segredo."

Quando percebermos pensamentos aflorando em nossa mente, enunciamos mentalmente, de forma lenta e suave, a nossa palavra sagrada; isso deve ser repetido cada vez que percebemos pensamentos em nossa consciência. Para algumas pessoas, pode ser mais proveitoso simplesmente voltar a atenção para a presença de Deus do que a repetição da palavra sagrada.

O termo 'pensamento' é usado para englobar toda percepção, incluindo as percepções dos sentidos, sentimentos, imagens, memórias, reflexões ou comentários. Qualquer que seja o 'pensamento' devemos retornar sempre, gentilmente, para a palavra sagrada; esta é a única atividade que iniciamos durante a meditação do silêncio, também chamada de oração de centralização. Mesmo que aparentes percepções ou ideias interessantes possam aflorar durante o exercício contemplativo, elas não devem ser elaboradas, mas simplesmente deixadas passar, voltando-se ao silêncio mental. O período mínimo para esse exercício contemplativo é de vinte minutos, sendo o ideal dois períodos por dia.

Revisão diária

Uma técnica muito útil usada em quase todas as tradições é a revisão diária feita antes de dormir. Nesse exercício a pessoa faz uma revisão do dia, procurando identificar os momentos em que cometeu falhas e aqueles em que agiu com acerto. A revisão não deve ser usada como desculpa para massacrar a personalidade por seus erros, pois nesse caso a prática seria abandonada rapidamente. Não se trata de alimentar sentimentos de culpa por nossas fraquezas, mas de nos conscientizarmos de nossas falhas. A prática da revisão deve ser vista como a atividade de um jardineiro que procura identificar as ervas daninhas para arrancá-las, mas sem prejudicar as plantinhas ainda débeis de nossas virtudes, que precisam de cuidado e paciência para poder crescer.

O caminho da perfeição, como o próprio nome diz, tem como meta a perfeição: *Portanto, deveis ser perfeitos como o vosso Pai celeste é perfeito* (Mt 5:48). Para que essa perfeição possa ser alcançada um dia, devemos nos comprometer a suprimir todos os defeitos de nosso caráter. Para isso, devemos em primeiro lugar identificá-los. Essa identificação não é um mero exercício intelectual, feita de uma vez para sempre. Ela precisa ser efetuada todos os dias, para constatarmos se estamos fazendo progresso ou se continuamos patinando em boas intenções, mas sem a devida determinação para agir, quando necessário, no sentido de cortar o mal pela raiz, a fim de evitar que ele mostre a sua cabeça de novo e de novo.

Mas, se a raiz de nossos defeitos está no inconsciente, como poderemos identificar aquilo que não estamos conscientes? Esse é o grande desafio e a razão porque as pessoas têm tanta dificuldade para se modificar. Porém, apesar de não estarmos conscientes das causas de nossos condicionamentos, podemos identificar os efeitos que eles têm em nossa vida. É por isso que o processo de revisão deve ser entendido como a primeira e importantíssima etapa no processo de transformação. Devemos procurar anotar, de forma bem resumida, todos os eventos que de uma forma ou de outra causaram desarmonia e nossa reação a essas situações. Devemos escrever da forma mais resumida possível o fato, anotando ao final o **sentimento** que o fato evocou. Isso deve ser feito mesmo que não possamos compreender de imediato a razão de nossos sentimentos desarmônicos.

O propósito dessa revisão por escrito é possibilitar que nossas anotações, depois de algum tempo, lancem luz sobre os padrões de comportamento que se repetem. Esses sentimentos ou eventos infelizes são uma indicação clara de que existe uma causa interior, um condicionamento que cria uma vibração que atrai, como se fosse um imã, essas circunstâncias exteriores, sendo isso consequência da lei de causa e efeito. Esses padrões repetitivos são a pista para uma análise das imagens que condicionam nosso comportamento e causam desarmonias, trazendo como consequência a infelicidade. Portanto, a revisão escrita é o primeiro e indispensável passo para o processo de autoconhecimento que possibilita a superação de nossos defeitos.

Observador desapegado.

Uma técnica recomendada em muitas tradições, para o efetivo conhecimento de si mesmo, consiste na prática do 'observador desapegado.'

Ao longo do dia, a nossa consciência deveria passar a funcionar em dois níveis: a personalidade, atuando com plena atenção, enquanto a alma age como um observador desapegado do nosso comportamento e motivações. Isso pode parecer utópico, além de nossa capacidade de realização. Porém, é uma técnica factível e de grande impacto na vida espiritual. O observador desapegado simplesmente observa, ao contrário da personalidade, que alterna suas reações aos atos da natureza inferior com condenação ou vergonha, quando não vira as costas ou racionaliza, considerando inevitáveis aquelas ações. Ainda que isso possa parecer inócuo, na verdade essa observação, quando o observador está isento de raiva ou de vergonha, é extremamente útil. Por um lado, a observação sistemática de todos os aspectos do comportamento da personalidade faz com que toda uma gama de reações anteriormente inconscientes ou semiconscientes passem a ser percebidas pela nossa consciência e tornem-se passíveis de serem trabalhadas. Por outro lado, o processo de observação torna claro para o indivíduo que a natureza inferior que ele tanto teme não é seu verdadeiro eu ou, pelo menos, não é todo o seu ser. Essa constatação advém da não identificação da natureza última do ser com aquilo que está sendo observado e a consequente identificação com o observador, que é um aspecto de sua natureza superior.

Lembrança de Deus

Sabemos intelectualmente que Deus é imanente, está em todas as coisas. No entanto, devemos procurar transformar esse conhecimento mental numa realidade em nossa vida diária. Podemos fazer isso procurando ver Deus em todas as coisas. Isso é relativamente fácil quando vemos um pôr de sol, olhamos o céu estrelado, contemplamos uma flor, o embate das ondas nas pedras, o trabalho das formigas e das abelhas e tantas outras maravilhas da natureza. Porém, devemos fazer um esforço adicional para ver a Deus em tudo. Cada vez que olhamos para os inúmeros artefatos de nossa civilização moderna, carros, computadores, telefones, televisão, etc., devemos ver a criatividade de Deus manifestando-se através de um de seus agentes na Terra, o homem. Tudo o que vemos, inclusive os processos da natureza, como o nascimento e a morte, a alimentação e a eliminação, o dia e a noite, tudo é uma expressão da sabedoria divina, que devemos apreciar como tal. Com isso, estaremos cada vez mais perto de Deus, em sintonia com o Alto e protegidos das influências nefastas da materialidade.

Outra forma de exercitar a lembrança de Deus é deixar que o nosso ser de luz, o Cristo interior, acompanhe-nos **conscientemente** durante o dia. É importante enfatizar o aspecto de estarmos conscientes dessa participação de Cristo em nossa vida, porque, na realidade, ele está sempre conosco, quer estejamos conscientes ou não, quer o invoquemos ou não. O Deus interior não só **está** conosco, mas Ele **é** a essência de nosso ser. O que é importante para a vida espiritual é desenvolvermos a consciência da participação de Cristo em nossa vida, procurando viver não só com Cristo, mas **como** Cristo, pois essa é a nossa meta. Podemos promover essa conscientização repetindo de todo coração as palavras de Paulo: *Já não sou eu que vivo, mas é Cristo que vive em mim* (Gl 2:20). Podemos, também, invocar o Mestre para que ele nos acompanhe ao longo do dia, procurando pensar o que ele faria em cada situação com que nos defrontamos. Quando aparecem problemas este é o momento de pedirmos a ajuda de Cristo, para agirmos com amor e sabedoria.

ANEXO 2

O HINO DA PÉROLA[377]

Esse Hino, atribuído a Bardesanes, influente poeta do gnosticismo cristão do século II, oferece uma excepcional oportunidade para percebermos a profundidade do misticismo nos primórdios de nossa tradição interna. O Hino apresenta um comovente relato da peregrinação da alma, que culmina com a sua 'salvação', representada pela aquisição da 'pérola' (a *gnosis*), e o consequente retorno ao reino da Casa do Pai, num estreito paralelo com a parábola do Filho Pródigo. Deixemos que a mensagem celestial de esperança penetre em nossos corações, pois a história que será narrada é a história de nossa vida.

> "Quando eu era criancinha, demasiado novo para falar e morava no Reino da Casa de meu Pai, deleitando-me na riqueza e no esplendor daqueles que me nutriam, meus pais me enviaram do oriente, nosso lar, numa missão, equipado com suprimentos para a jornada. Das riquezas de nossos tesouros eles me deram um grande carregamento, mas que era leve, para que eu pudesse carregá-lo sozinho.
>
> A carga consistia de ouro das terras altas, prata dos grandes tesouros, joias de esmeraldas da Índia e ágatas de Kushan. E cingiram-me com diamantes. Retiraram a minha veste cravejada de joias e adornada de ouro que, por seu amor, haviam feito para mim, e meu manto de púrpura, confeccionado na minha exata medida.
>
> E fizeram um pacto comigo, gravando-o em meu coração para que eu não pudesse esquecê-lo, dizendo isto: 'Se tu fores ao Egito e

[377] A versão aqui apresentada é uma tradução cotejada dos textos dos livros *The Gnostic Religion*, de Hans Jonas, *The Other Bible,* de Willis Barnstone, *The Hymn of the Robe of Glory*, de G.R.S. Mead e *The Gnostic Scriptures,* de Bentley Layton. As diferenças existentes entre as versões em inglês desses quatro autores explicam-se, em parte, pelo fato de existirem originais em grego e siríaco, que apresentam algumas diferenças. Os comentários são uma adaptação de um artigo de nossa autoria intitulado *O Hino da Veste de Glória ou Hino da Pérola*, publicado em TheoSophia, de julho de 1997.

dali trouxeres a pérola que se encontra no meio do mar, envolta pela serpente voraz, então colocarás outra vez a veste cravejada de joias e, por cima, o manto que tanto aprecias e serás um herdeiro de nosso reino, juntamente com teu irmão, o segundo em nossa hierarquia.

Deixei o Oriente e parti acompanhado de dois guias, pois o caminho era difícil e perigoso, e eu era jovem para tal viagem. Atravessei as fronteiras de Maishan, o lugar de encontro dos mercadores orientais, cheguei à Terra de Babel e entrei pelas muralhas de Sarbug. Continuei e, chegando ao Egito, meus acompanhantes separaram-se de mim.

Incontinente procurei a serpente, estabelecendo-me próximo de sua morada, aguardando a ocasião em que ela ficasse sonolenta e fosse dormir, para então lhe tirar a pérola. Como estava sozinho e me mantinha à parte, parecia um estranho para meus companheiros de hospedagem. Entretanto, lá eu vi um homem livre, meu parente da terra da Alvorada, um jovem formoso e bem favorecido, filho de Nobres. Ele veio e juntou-se a mim.

Fi-lo meu parceiro predileto, um parceiro para minhas jornadas. Como constante companheiro alertou-me sobre os egípcios, para que evitasse misturar-me com os impuros. Pois havia me vestido como eles, para que não pudessem imaginar que eu era estrangeiro e tinha vindo de longe para apossar-me da pérola e pudessem assim incitar a serpente contra mim.

Mas por alguma razão, eles souberam que eu não era de seu país. Com suas artimanhas, apresentaram-se a mim e ofereceram-me seus alimentos para comer. Ao prová-los, esqueci-me que era filho de um Rei e tornei-me um servo do rei deles. Esqueci completamente a pérola para a qual meus Pais me haviam enviado e, com o peso de seus alimentos, mergulhei num sono profundo.

Meus Pais percebiam tudo aquilo que estava acontecendo, e ficaram ansiosos. Foi feita então uma proclamação em nosso Reino: que todos se apresentassem rapidamente no Pórtico. E então os reis e chefes de Partia e todos os nobres do Levante decidiram que eu não deveria ficar no Egito. Escreveram-me uma carta e nela todos os nobres assinaram seu nome:

"De parte de teu pai, o Rei dos Reis, de tua mãe, Senhora do Levante, e de nosso segundo, teu irmão, ao nosso filho no Egito, saudações! Acorda e desperta de teu sono. Ouve as palavras de nossa carta! Lembra-te de que és filho de um rei; vê a quem serviste em tua escravidão. Pensa outra vez sobre a pérola, a razão pela qual viajastes ao Egito. Lembra-te de tua veste gloriosa e de teu esplêndido manto, para que possas outra vez vesti-los e usá-los como ornamentos, e para que teu nome possa ser lido no Livro dos Heróis, e com nosso sucessor, teu irmão, possas ser herdeiro em nosso reino."

A carta, que o Rei havia lacrado com sua mão direita, era como um mensageiro contra a ameaça dos filhos de Babel e dos rebeldes demônios do Labirinto. Ela voou na forma de uma águia, a rainha de todas as aves; voou até pousar ao meu lado, transformando-se num discurso inteiro. Com sua voz e o som de suas asas, levantei-me, despertando de meu sono profundo. Tomei-a, beijei-a, parti seu lacre e a li. As palavras de minha carta estavam redigidas como as que estavam escritas em meu coração

Lembrei-me naquele momento de que eu era filho de rei e que minha alma, nascida livre, tinha saudade daqueles da mesma natureza. Lembrei-me novamente da pérola, pela qual eu havia sido enviado em missão ao Egito. E comecei a cativar a terrível e ruidosa serpente. Encantei-a para dormir, cantando para ela o nome de meu Pai, o nome de nosso segundo e o de minha mãe, a Rainha do Oriente.

Apoderei-me, então, da pérola e parti em direção à casa de meu Pai. Retirei as vestimentas sujas e impuras, deixando-as em seu país de origem. Dirigi-me para o caminho pelo qual havia vindo, a estrada que leva à Luz de nossa casa, o Oriente. No caminho, encontrei diante de mim a mensagem que havia me despertado. E assim como ela havia me despertado com sua voz, agora me orientava com sua luz que brilhava à minha frente; com sua voz vencia meu temor, e com seu amor me conduzia. Eu segui adiante... Vislumbrava, às vezes, as vestes reais de seda, brilhando diante de mim. Segui adiante; passei pelo Labirinto; deixei a Terra de Babel à esquerda; e cheguei a Maishan, o lugar de encontro dos mercadores, que se localiza na costa.

Meus pais enviaram-me a Veste de Glória que eu havia despido e o Manto que a cobria. Enviaram-nos das alturas de Hyrcânia, pelas mãos de seus distribuidores de tesouros, pois que, por sua lealdade, a eles podiam ser confiados. Sem me lembrar de seu esplendor, pois a havia deixado na Casa de meu Pai na minha infância, ao vê-la, imediatamente a Veste pareceu-me como a imagem de mim mesmo.

Percebi nela todo o meu ser e, por meio dela, reconheci-me e percebi-me. Pois, apesar de termos sido originados da mesma unidade, éramos parcialmente divididos e, no entanto, éramos também unos em semelhança. Também, os tesoureiros que a haviam trazido do alto para mim, vi que eram dois seres, mas havia uma única forma em ambos, um único símbolo real consistindo de duas metades. E traziam meu dinheiro e minha riqueza em suas mãos e deram-me minha recompensa.

A gloriosa veste reluzente, enfeitada com brilhante esplendor de cores: com ouro, pérolas e também com pedras preciosas de diferentes cores. Para realçar sua grandeza estava cingida com diamantes. (Além disso) a Imagem do Rei dos Reis estava estampada inteiramente nela; pedras de safiras tinham sido afixadas na gola com lindo efeito.

Percebi que movimentos de *gnosis* abundavam em toda sua extensão, e que estava se preparando como que para falar. Ouvi o som de sua música, que sussurrava ao descer: 'Sou eu que pertenço àquele que é mais forte do que todos os seres humanos e para o qual fui indicada pelo próprio Pai. E percebi em mim como minha estatura aumentava com sua atividadc'.

E (agora), com seus movimentos reais, ela vinha em minha direção, como que apressada nas mãos de seus doadores, para que eu pudesse (tomá-la e) recebê-la. E de minha parte, também, meu amor instava-me a correr ao seu encontro e tomá-la. Estendi-me para recebê-la; com sua beleza colorida vesti-me e enrolei-me em meu manto de cores resplandecentes.

Vestido dessa forma ascendi ao Portal das Boas-Vindas e da Reverência. Inclinei minha cabeça e prestei homenagem à glória do Pai que a havia enviado, cujas ordens eu havia cumprido, e que, de sua parte, também havia feito o que prometera. Ele recebeu-me com alegria, e fiquei com Ele em seu Reino, e todos seus súditos estavam cantando hinos com vozes reverentes. Ele permitiu-me também ser levado à corte do Rei em sua companhia, para que com a pérola eu pudesse comparecer diante do Rei."

A história começa quando uma alma demasiado nova para falar (exercer seus poderes) é enviada, por seus pais, do mundo espiritual para o mundo material, numa missão que representa a grande peregrinação da alma. O Oriente é onde nasce a luz do sol físico e, no sentido figurativo, é a origem da Luz espiritual primordial. A alma é enviada com suprimentos para a jornada, que são a substância de todos os planos pelos quais o peregrino deve passar. As riquezas do tesouro do pai, joias e metais preciosos, referem-se aos poderes espirituais, que possuem grande valor e nenhum peso, podendo ser carregados facilmente pela alma. O ouro das terras altas simboliza a mais elevada sabedoria espiritual; e a prata, a compreensão espiritual; o diamante, a pedra mais preciosa, simboliza a essência espiritual do universo e sua expressão no homem como coragem intrépida e vontade indomável (a pedra mais dura que risca todas as outras); *a safira refere-se à sabedoria.*[378]

Para encetar a viagem o jovem deve retirar sua veste real e seu manto de púrpura. Temos aqui a descrição do processo involutivo, a penosa descida do espírito à matéria. A alegoria da retirada das vestes espirituais refere-se à desativação dos poderes espirituais no espírito reencarnante que deve recobrir-se com roupagens cada vez mais grosseiras, culminando na colocação de vestes que, por suas vibrações pesadas, são consideradas como impuras, o corpo astral e o físico.

Segue-se, então, o curioso pacto feito por seus pais, que é gravado no coração do peregrino, no âmago de seu ser, para que nunca mais possa ser esquecido. Esse pacto simboliza a missão do homem no mundo, que encerra a promessa de seu retorno triunfal às glórias celestiais. O conhecimento interior desse pacto explica a insatisfação latente que aflora no homem em determinados momentos, quando experimenta um sentimento de carência,

[378] Geoffrey Hodson, *A Sabedoria Oculta na Bíblia Sagrada*, (Brasília: Ed. Teosófica, 2007).

uma saudade inexplicável que o persegue, até que entende que as coisas externas deste mundo não atendem aos profundos anseios da alma. Começa, então, a busca do verdadeiro tesouro, quando se dá a compreensão de que vivemos em desterro neste mundo distante.

O pacto envolve a ida ao Egito, onde deverá recuperar a pérola preciosa que se encontra escondida no meio do mar, guardada pelas forças da matéria, simbolizadas pela terrível serpente. Essa pérola representa a *gnosis*, termo grego que significa conhecimento, porém não um conhecimento qualquer, mas o conhecimento último da Realidade, que é **vivencial** e não meramente intelectual.

O mar é o símbolo tradicional do plano emocional, onde se produzem as paixões e os desejos. A serpente, sobre a qual quase nada é dito no Hino, simboliza a tremenda força telúrica que, como desejo sexual, é a força da procriação, mas que quando sublimada e dirigida para o alto torna-se o poder da criação espiritual. Insinuada como um monstro terrível, a serpente é na verdade o fogo serpentino, chamado no Oriente de *kundalini*, que deve ser despertada e elevada cuidadosamente até o centro da cabeça, onde se encontra com a força espiritual que desce pelo *chakra* coronário para conferir a iluminação ou *gnosis*, simbolizada pela pérola.

O curioso é que o prêmio por essa realização extremamente difícil é o retorno ao estado inicial. Em paralelo com outras tradições, percebe-se aqui que os universos passam por infindáveis ciclos de manifestação e retração. Em cada ciclo a consciência divina desce progressivamente à matéria, num processo de involução, seguido por uma etapa evolutiva em que vai se sutilizando, desprendendo-se progressivamente do jugo da matéria, até manifestar plenamente sua natureza divina original.

O nobre filho parte do Oriente, da Terra da luz, acompanhado de dois guias. Esses são provavelmente aqueles seres divinos chamados de Arcanjos, Elohim ou Sefirotes, cuja missão é facilitar a descida da emanação das Mônadas dos planos da plenitude celestial até o corpo físico.

Segue-se um relato da passagem do jovem por diferentes lugares. A denominação desses locais deve corresponder à realidade histórico-geográfica da época em que o hino foi escrito e vela o seu significado interno. Atravessar as fronteiras de Maishan significa a passagem da alma pelos limites do mundo celestial, ou a ponte entre o mundo espiritual e o material, chamada no Oriente de *anthakarana*, e na Cabala referida como a *sephira Tiphereth.* É nesta esfera que os seres de luz se 'misturam' com os seres materiais, o lugar de encontro dos mercadores orientais. Esse local, ou melhor dito, o plano de consciência, parece simbolizar o ponto de transição entre a mente superior e a inferior, onde os conceitos abstratos são cambiados por conceitos concretos utilizados neste mundo. Chegam, então, à Terra de Babel, que tradicionalmente expressa a confusão dos sons, ou seja, das vibrações do plano dos desejos, das emoções e das paixões. Entram pelas muralhas de Sarbug, também referida como o Labirinto, simbolizando os inextricáveis meandros da Providência, que determina o destino dos homens, provavelmente uma alusão ao plano etérico em que uma complexa rede de ligações energéticas determina a conformação e as tendências dos corpos humanos. Ao chegarem ao Egito, símbolo do corpo físico, seus acompanhantes, tendo cumprido sua missão, retornam a seu mundo de origem.

Nosso aventureiro estabelece-se numa hospedaria, ou seja, no corpo físico em que veio ao mundo (para os gnósticos, o corpo humano era considerado como uma hospedaria da alma, expressando a ideia da impermanência). Ele parece um estranho aos seus companheiros, pois, enquanto o peregrino estiver consciente de sua missão divina, apesar de estar vestido como os egípcios (encarnado), será de alguma forma diferente dos outros, na medida em que seu comportamento e suas motivações estarão pautados por interesses que não são deste mundo. O viajante, porém, alia-se a um 'homem livre, filho de nobres da terra da Alvorada'. Esse, 'jovem formoso e bem favorecido', representa o guia, ou instrutor espiritual, que sempre aparece quando o peregrino está em busca do supremo tesouro, e sua orientação e ajuda são inestimáveis para que o buscador possa realizar sua missão.

O nobre amigo do nosso herói aconselha-o a não se misturar com os impuros. Os egípcios, porém, com suas artimanhas, apresentam-se ao viajante e oferecem-lhe seus alimentos. No caso, mais do que alimentos físicos, tratam-se de alimentos para as emoções e as paixões, para o orgulho e a ambição, que mantêm a mente constantemente direcionada para atividades ligadas às coisas deste mundo. Com isso, o filho do Rei esquece-se de sua missão e torna-se súdito do rei local, ou seja, passa a atender aos interesses materiais, mergulhando num profundo esquecimento das coisas espirituais.

Seus Pais percebiam tudo o que se passava e ficaram ansiosos. A ansiedade dos Pais é um véu, pois sabiam desde o início a natureza difícil da missão de seu filho e o longo tempo que deveria durar. Porém, chegado o momento apropriado na longa jornada da alma, que só a providência divina conhece, a corte divina envia uma mensagem em que cada membro da hierarquia celeste assina seu nome. Assinar o nome significa colocar seus poderes à disposição do destinatário.

A carta lembra uma referência similar existente no livro *A Voz do Silêncio,*[379] onde é dito que o guia é a voz interior, a expressão da consciência divina, que só pode ser percebida quando há total silêncio interior e, portanto, quando o indivíduo não mais está voltado para as coisas do mundo.

A carta voa como uma águia e, ao pousar ao lado do destinatário, transforma-se num discurso. A águia, a ave mais poderosa que voa em direção ao sol (o Logos) e desce para tomar pequenos quadrúpedes como presas (a personalidade quaternária), simboliza a natureza divina no homem que é enviada como mensageiro ao peregrino na terra distante. A águia representa o Cristo interior, a intuição espiritual, que ao pousar traz a verdade espiritual para o plano da mente concreta. Esse é um lindo simbolismo para a mensagem enviada pelo Pai e a corte celestial que, na realidade, já se encontra no interior da alma, no âmago do ser. O vôo representa a elevação de consciência que permite a percepção do mundo sutil além dos interesses mundanos.

A graça divina permite que o atribulado aventureiro possa ouvir a voz do silêncio, a mensagem da carta, e assim ele se levanta, despertando de seu sono profundo. O buscador regozija-se com a dádiva recebida, a lembrança de sua verdadeira natureza, e agradece a seus Pais, beijando a carta, ou seja, absorvendo a mensagem de seu Eu Superior à sua consciência usual. O

[379] *A Voz do Silêncio.* H.P. Blavatsky (Brasília: Ed, Teosófica, 1ª ed. 2012).

beijo é usado com frequência na linguagem sagrada para expressar a união, nesse caso a união da consciência superior (a mensagem do plano intuitivo simbolizado pela águia) com a consciência inferior (o jovem peregrino). O viajante percebe, então, que a carta já estava escrita em seu coração desde o princípio. Ela é a mensagem da Vida Una, que reverbera nos planos sutis desde o princípio da manifestação. Essa ideia é também expressa por Paulo: *Nossa carta sois vós, carta escrita em nossos corações, reconhecida e lida por todos os homens. Evidentemente, pois, uma carta de Cristo, entregue ao nosso ministério, escrita não com tinta, mas com o Espírito de Deus vivo, não em tábuas de pedra, mas em tábuas de carne, nos corações*! (II Cor 3, 2-3)

Ao receber a mensagem da carta, o buscador desperta e parte para cumprir sua missão. A história não dá maiores detalhes sobre como é obtido o tesouro, além da informação de que o jovem começou '*a cativar a serpente, encantando-a para dormir, cantando para ela o nome de seu Pai*'. Está implícito o poder dos nomes sagrados da divindade, usados na Cabala como *mantras*. O peregrino invoca o nome do Pai, da Mãe e de toda a hierarquia celestial, mobilizando toda a força divina dos Arcanjos para despertar e utilizar os tremendos poderes da serpente adormecida, a *kundalini*, elevando-a até a cabeça onde ocorre a iluminação libertadora, a *gnosis*, simbolizada pela pérola. Esse processo tem um estreito paralelo com a Cabala, em que a consciência é elevada pelo pilar central, usando a força armazenada na base, na *sephira Yesod*, valendo-se então da intermediação do redentor *Tipheret*, para finalmente alcançar a *sephira* oculta, *Daath*, que significa Conhecimento, ou seja, *gnosis*.

Uma vez obtida a pérola preciosa, o peregrino está livre do Egito e parte em direção à casa do Pai, deixando para trás as vestimentas impuras. Isso parece indicar que, tendo obtido a iluminação, o buscador liberta-se do mundo da matéria e, simbolicamente, descarta seus corpos grosseiros. Caso deseje mais tarde voltar numa missão de misericórdia para ajudar outros buscadores adormecidos no Egito, poderá adquirir veículos, ou vestimentas, apropriados para esse tipo especial de missão que, apesar de serem idênticos aos usados pelos moradores da Terra, não são sujos nem impuros, pois foram especialmente confeccionados para o nobre, agora um Mestre de Compaixão e Sabedoria.

Nosso herói retorna pelo caminho pelo qual viera. A direção do Oriente simboliza a direção de onde vem a luz, portanto, a alma dirige-se para as alturas espirituais, o que também significa, voltar-se para o seu interior.

Ocorre agora uma aparente contradição. O herói encontra, no caminho diante de si, a mensagem que o havia despertado. É como se houvesse um segundo encontro com a mensagem. Como o herói está liberto das limitações do corpo físico, agora pode perceber o que se encontra no recôndito de seu ser. A expansão de consciência, que inicialmente despertou a sua audição sutil, agora desperta também a sua visão espiritual. Essa parece ser a tendência da maior parte dos aspirantes na Senda, primeiramente a audição espiritual é desperta e só mais tarde a visão. Segue adiante, portanto, reconfortado pela voz amorosa do mestre interior e por visões diáfanas das vestes reais do mundo celestial. A Voz é o aspecto feminino de poder, e a Luz, o masculino, que guia, controla e ordena. A Voz e a Luz também podem ser interpretadas como sendo a Verdade Eterna, como nas Odes de Salomão.[380] Ele vê as vestes, mas ainda não pode vesti-las, pois não entrou no mundo da luz.

A crescente expansão de consciência que nosso nobre experimenta é descrita como uma viagem. Assim, é dito que ele deixa para trás o Labirinto e a Terra de Babel, chegando a Maishan, o lugar de intercâmbio entre os mundos espiritual c material. Uma vez transposto esse limite, expresso como 'a costa' onde se localiza a Maisham simbólica, aparecem os distribuidores do tesouro portando a Veste de Glória que havia sido deixada na casa do Pai. Mais uma surpresa: a veste se parece como a imagem dele mesmo.[381] O reencontro consigo mesmo, o reconhecimento de sua imagem primordial e a união com ela significam o verdadeiro momento da salvação.

---

[380] *Ascendi à luz como se na carruagem da Verdade, a Verdade guiava e me levava. Ela me carregou sobre golfos e abismos e me aguentou na subida de gargantas e vales. Ela tornou-se para mim um porto de salvação e colocou-me nos braços da vida eterna.* (Ode 38, 1-3)

[381] A ideia de que a Veste é sua imagem também foi expressa por Paulo: *E nós todos que, com a face descoberta, refletimos como num espelho a glória do Senhor, somos transfigurados nessa mesma imagem, cada vez mais resplandecente, pela ação do Senhor, que é Espírito.* (II Cor 3,18)

O fato de a veste parecer-se com seu dono é de grande importância em todas as tradições esotéricas. O conhecimento de nossa verdadeira natureza só pode ser realmente obtido através da *gnosis*, quando então percebemos todas as implicações de sermos a centelha divina interior, unos com o Pai e, portanto, com todos os seres.

Os tesoureiros apresentam-se como dois seres com uma única forma, representando a verdade oculta de que, no mundo da manifestação, toda unidade apresenta-se de forma dual. Cada ser de luz é completo, trazendo em si os dois aspectos da totalidade, masculino e feminino, força e forma. Os dois tesoureiros também representam o Mestre instrutor, que até então havia guiado ocultamente o jovem nobre, e o Grande Hierofante que concede a Iniciação, ou seja, a Veste de Luz que simboliza a iluminação suprema.

Os fiéis depositários dos tesouros do Rei finalmente entregam a recompensa prometida ao herói, a veste gloriosa. A veste cravejada de joias, os tesouros espirituais, tem estampada a Imagem do Rei dos Reis, ou seja, é uma expressão do Supremo. Ele, então, percebe que *movimentos de gnosis abundavam em toda a extensão (da veste) que estava se preparando como que para falar*. A consciência da unidade faz com que a *gnosis* suprema seja concedida, desvelando a verdade sobre todas as coisas diretamente à mente.

Pelas palavras da veste fica claro que o conquistador recebeu a iniciação final que o torna um super-homem, um Mestre de Compaixão e Sabedoria. Isso é confirmado pelo Nobre que diz: 'E percebi em mim como minha estatura aumentava com sua atividade.'

O próximo passo é a cerimônia de posse da veste, que simboliza o grande esplendor que deve ser a cerimônia de iniciação de um Mestre. A beleza colorida da veste e o manto de cores resplandecentes expressam o fato de que ao tornar-se Uno com o Todo, o Adepto tem a seu alcance os poderes dos sete raios, simbolizados pela profusão de cores. Finalmente o vencedor coloca a veste de luz e o manto de poder, ascende ao 'Portal das Boas-Vindas e da Reverência', onde se inclina e presta homenagem à glória do Pai. Esse o recebe com alegria, da mesma forma como o Pai agiu na parábola do filho pródigo, e todos os súditos do Reino participam das comemorações, pois mais um Filho de Deus, ou um raio do Sol Espiritual, retornou à fonte depois de cumprida sua missão.

ANEXO 3

PISTIS SOPHIA[382]

Outro grande mito cosmológico da tradição cristã é o mito de Sophia. A versão mais conhecida é a de Valentino, a qual sobreviveu apenas nas citações encontradas nas obras de seus detratores, pois nenhum documento diretamente atribuído a Valentino parece ser conhecido. Esses textos foram destruídos por ordem da Igreja Romana ao longo dos séculos de perseguição aos escritos e autores gnósticos. Outra versão pouco conhecida encontra-se no texto denominado *Pistis Sophia* agora comentado.

O documento, originalmente escrito em grego, e tido como perdido, foi guardado pela providência divina numa tradução para o copto, o dialeto do sul do Egito em princípios de nossa era. O manuscrito foi levado para a Inglaterra por volta de 1772, mas somente em meados do século XIX o texto foi traduzido para o latim[383] e, no final daquele século e início do século XX, para línguas vivas europeias. As melhores versões para o inglês foram produzidas por G.R.S. Mead[384] e Violet MacDermot.[385]

Apesar da tradição oral confirmar a importância daquele documento contendo instruções reservadas ministradas por Jesus a seus discípulos, após seu retorno dos mortos, ele teve relativamente pouco impacto no mundo cristão e mesmo em seus círculos esotéricos, devido ao caráter extremamente velado da linguagem com que foi escrito, que dificultava sobremaneira o seu estudo por aqueles que não dispunham das chaves para a sua interpretação. Essa dificuldade foi em parte superada com a publicação da versão brasileira

---

382 Este anexo é uma adaptação de um artigo de Edilson A. Pedrosa e Raul Branco intitulado *Pistis Sophia. Os ensinamentos internos de Jesus*, publicado pela revista TheoSophia, edição de junho de 1998.

383 Schwartze, M.G., *Pistis Sophia: opus gnosticum Valentino adiudicatum e codice manuscripto coptico Londinensi descriptum* (Berlin: J. Petermann, 1851).

384 Mead, G.R.S., *Pistis Sophia: A Gnostic Miscellany* (London: J.M. Watkins, 1921).

385 MacDermot, Violet, *Pistis Sophia* (Leiden, The Netherlands: E.J. Brill, 1978).

do livro,[386] que contém em sua introdução uma interpretação do mito, e mais de 400 notas explicativas, baseadas principalmente em anotações pouco conhecidas de Blavatsky.[387] A decodificação da linguagem simbólica apresentada na versão brasileira permite que os profundos ensinamentos desse maravilhoso mito possam ser melhor compreendidos.

O manuscrito descreve a Ascensão de Jesus como um evento iniciático, e nele são apresentadas interpretações reservadas de vários aforismos e parábolas do Mestre proferidos durante seu ministério público, destacando-se a importância dos mistérios, ou sacramentos. Mas é principalmente na narração do mito de Sophia que reside seu valor inestimável para a tradição cristã.

O mito de Sophia é a descrição simbólica da longa peregrinação da alma através de muitas encarnações na Terra até retornar ao seu lugar de origem. Ao despertar para a realidade de sua fonte divina, a alma volta-se ansiosa para a Luz do Alto, para Deus. A narrativa culmina com a revelação de que o destino de todas as almas é o retorno ao aconchego da Casa do Pai, como indicado na Parábola do Filho Pródigo e no Hino da Pérola.

Esse mito evidencia-se como a mais completa apresentação cosmogônica da tradição ocidental, com reveladores *insights* sobre as relações entre os diferentes níveis da manifestação do inefável e os princípios constituintes do ser humano.

Os princípios de que trata são os fundamentos da psicologia moderna apresentada, dois milênios depois, por Jung. *Pistis Sophia* (P.S.), a heroína da história, simboliza a alma, a unidade de consciência da natureza inferior do homem, enquanto Jesus, o par de P.S., simboliza a natureza superior que, no devido tempo, intervém como o salvador da alma. O processo de salvação ocorre por meio de uma série de "metanoias" e invocações de P.S., em que ela se lamenta sobre as aflições que lhe são causadas por várias entidades que a perseguem para retirar a sua luz. Dentre essas entidades destacam-se o

---

386 Branco, Raul, *Pistis Sophia, Os Mistérios de Jesus* (Brasília: Ed. Teosófica).

387 Blavatsky, H.P., "H.P.B.'s Commentary on the Pistis Sophia", *Collected Writings*, vol. 13, pp. 1-81.

Autocentrado e sua emanação, o 'poder com aparência de leão' e os 'regentes' dos eons. Esses seres são os verdadeiros inimigos da alma: o Autocentrado é a personalidade vaidosa, egoísta e presunçosa do homem; o poder com cara de leão é o egoísmo; os regentes dos eons são os desejos e as paixões que constantemente afligem a alma. Portanto, os perseguidores de P.S., os senhores das trevas, não são entidades exógenas, mas sim aspectos internos do homem, o seu lado sombra.

O papel central dos "arrependimentos" no processo de salvação de P.S. torna-se claro quando se verifica que o termo original traduzido por arrependimento vem da palavra grega *metanoia*, termo que originalmente significava mudança de estado mental ou dos conteúdos mentais que, por sua vez, leva ao arrependimento. Portanto, o longo processo de salvação de P.S. é a progressiva transformação dos estados mentais do homem, que possibilita sua libertação do caos, que ocorre simultaneamente com a apoteótica ascensão de Jesus ao Alto. Assim, a salvação da natureza inferior do homem é coincidente com a glorificação de sua natureza superior, simbolizada pelo Mestre. As diferentes etapas da salvação de P.S. são apresentadas em correspondência com as cinco grandes Iniciações, indicando as expansões de consciência por que passa a alma, incluindo sua iluminação e a dolorosa 'noite escura da alma', até sua libertação final da matéria. Curiosamente, essa fórmula para a libertação, a transformação da mente, é a mesma exposta na doutrina budista, indicando que os ensinamentos esotéricos dos grandes Mestres parecem originar-se de uma fonte única de sabedoria.

A cosmogonia de P.S. distingue claramente duas etapas: a não manifestação e a manifestação. A entidade suprema, a fonte de tudo o que existe, visível e invisível, permanece não manifesta, sendo chamada de Inefável, aquele ou aquilo sobre quem nada pode ser dito, pois está infinitamente além de qualquer concepção pelo homem. Quando o Inefável decide manifestar-se no processo de autoexpressão, emana de si diferentes entidades em cinco planos básicos de manifestação. Nesse sentido, a cosmologia de P.S. apresenta um estreito paralelo com o Vedanta e a Teosofia.

Cada um daqueles planos básicos está divido em três regiões: direita, meio e esquerda. Na região da direita, ou superior, manifestam-se entidades *idealizadoras*, isto é, criadoras de arquétipos; na região do meio encontram-se as entidades *nutridoras* que provêm os meios; e na da esquerda, ou região inferior, estão os agentes, ou *executores*, das funções do plano. Seus papéis parecem ser respectivamente o de Pai, Mãe e Filho, ou seja, a semente, a terra que nutre e o fruto.

O lugar de origem de Pistis Sophia é o plano intermediário, chamado de Plano Psíquico, equivalente ao Plano Mental Concreto, onde se situa a unidade de consciência (a alma) do homem encarnado. Ela cai no caos, subentendido como o estado de perturbação da mente, sendo perseguida pelos regentes dos eons, que são os desejos, as emoções e paixões do plano astral. Seu salvador é Jesus, sua contraparte, que simboliza a natureza tríplice do Eu Superior do homem.

O método de instrução do Salvador objetiva a transformação do homem a partir de seu interior, de dentro para fora. Por isso não são enfatizados os ensinamentos tradicionais de valores morais, geralmente usados para promover o ajuste da personalidade de fora para dentro. O próprio nome *Pistis Sophia* transmite a chave para o entendimento do processo. *Pistis*, o fator fundamental da jornada espiritual, significa fé, a fé primordial da alma em sua natureza divina, confirmada após seu despertar espiritual pelo conhecimento interior, a *gnosis*. *Sophia*, por sua vez, quer dizer Sabedoria, o objetivo final da peregrinação da alma, a sabedoria dos dois mundos, visível e invisível.

Após a entoação de cada "*metanoia*" de P.S., um dos discípulos oferece, alternadamente, a 'interpretação' dessa metanoia, que se baseia nas mesmas ideias contidas nos Salmos de Davi e nas Odes de Salomão. Há aí mais uma indicação de que os ensinamentos transformadores sempre estiveram disponíveis em todas as tradições, inclusive na dos profetas, da qual Jesus foi o maior representante.

O ensinamento de Jesus procura despertar o homem para a realidade de sua origem divina e de sua missão na Terra. Visto sob esse ângulo, o texto poderia ser interpretado como um 'mapa do tesouro', indicando a rota da grande jornada da alma e os principais acidentes geográficos do caminho, assinalando ainda as precauções a serem adotadas pelos peregrinos divinos.

GLOSSÁRIO

Alma. A alma pode ser entendida como o elo de ligação entre Espírito e matéria. A alma é um 'ser' eterno, que abriga em seu âmago a fagulha divina, Deus no interior do homem. Em cada encarnação a alma, que atua no plano mental superior, ou abstrato, projeta de si uma extensão até o plano mental concreto, que passa a ser a unidade de consciência do homem enquanto encarnado. Essa unidade de consciência é Pistis Sophia, no mito de mesmo nome, sendo também chamada de "eu adulto consciente" nos enfoques psicológicos. É interessante notar que, nos mundos inferiores, a alma usa veículos ou vestes mais densos para sua missão de experimentação e aprendizagem no mundo: os corpos mental concreto, emocional (astral) e físico; nos mundos superiores, no entanto, ocorre o reverso, sendo a alma o veículo das vestes espirituais mais diáfanas do Divino.

Anacoretas. Termo grego para os primeiros ascetas da história cristã que se retiraram para o deserto em busca da paz interior e exterior para encontrar a Deus no silêncio e na solidão.

Ascese. Exercício prático que procura levar à efetiva realização da virtude, à plenitude da vida moral. Exercícios de purificação, geralmente de natureza física, usados por monges e iogues, que se dizem ascetas.

Avatar. Do sânscrito *avatara*, encarnação divina. A encarnação ou descida ao corpo de um deus ou ser divino, que já atingiu o estado de perfeição e não mais precisa encarnar-se, com a missão específica de ajudar a humanidade. Krishna é considerado um avatar de Vishnu, o Dalai Lama um de Avalokitesvara e, Jesus, um do Cristo.

Karma. Significa ação. A grande lei cósmica de Causa e Efeito, ou lei da Retribuição, ou de causação ética. No Hinduísmo, Budismo e Cristianismo (primitivo) o *karma* é o poder que controla todas as coisas, a resultante da ação moral de todos os atos e pensamentos. O *Karma* nem pune nem recompensa, mas simplesmente faz retornar a cada um o efeito das ações que ele iniciou.

Cenobitas. Os devotos que buscaram a solidão e a simplicidade de vida no deserto, porém, verificando que a vida era extremamente difícil nesses lugares desolados, passaram a viver em comum, formando os primeiros conventos da tradição cristã.

Criação/emanação. O universo não foi criado por Deus no sentido em que entendemos comumente uma criação, em que o objeto criado está fora de seu criador. O Absoluto abarca tudo o que existe em todos os planos da manifestação. Quando Ele decide se manifestar, após imensas eras de inatividade, chamadas no oriente de *Pralaya*, Ele emana de sua própria essência uma série de projeções que, passando por diferentes planos, vão sendo envolvidas pela matéria daqueles planos, também parte da Fonte Una, e adquirindo consciência própria, parecendo então, para a mente humana, como seres separados. Inicia-se, então, o que é chamado pelos orientais o *Manvantara*, um longo período de manifestação. Assim, tudo o que existe faz parte do Uno; Criador e criatura são aspectos da mesma Totalidade.

Cristo. O Cristo é um dos aspectos da Divindade. O Cristo manifesta-se simultaneamente tanto em sua natureza transcendente como na imanente. O Cristo imanente é o Eu Superior do homem, a voz da consciência, que está sempre instando a alma a voltar-se para o alto. A natureza tríplice do divino pode ser percebida pelo místico como uma esfera com três zonas de luz, calor e chama.

Dervixes. Do árabe-persa *daruix*, que significa pobre ou asceta. No mundo muçulmano, um asceta ou monge nômade. Alguns dervixes, porém, vivem em comunidades. São, às vezes, chamados de 'encantadores do rodopio' por seu costume de rodopiar como prática para induzir estados alterados de consciência.

Docetismo. Doutrina gnóstica do século II, segundo a qual o corpo de Cristo não era real, porém, só aparente. Para os docéticos, Cristo, sendo um ser divino, não tinha um corpo de carne como os homens, mas podia manifestar-se no mundo material com um corpo sutil, ilusório, com toda a aparência de um corpo humano.

Doxologia. Fórmula litúrgica de louvor a Deus, geralmente ritmada.

Epifania. Aparição ou manifestação divina. Festividade religiosa que celebra essa aparição. Dia de Reis.

Escatologia. Termo teológico para a doutrina sobre a consumação do tempo e da história; tratado sobre os fins últimos do homem. O mesmo termo, derivado do grego *scato + logia*, também significa tratado acerca dos excrementos ou coprologia.

Esotérico. Esotérico, vem do termo grego *esoterikó,* que significa interno. Diz-se do ensinamento que, em escolas filosóficas da antiguidade grega, era reservado aos discípulos avançados e iniciados. Também usado para os ensinamentos ligados ao ocultismo.

Espírito. Muita confusão existe no uso desta palavra. Para os autores orientais, Espírito é o polo superior da substância Una universal, sendo o outro polo a matéria. O Espírito é sem forma e imaterial, geralmente referido na literatura hinduísta, budista e teosófica como *Ātma*.

Eu inferior. O conjunto dos veículos da manifestação do homem nos planos das formas: os corpos físico, etérico, astral e mental concreto. No sentido psicológico, todas as emoções e sentimentos desenvolvidos pelo indivíduo desde a mais tenra infância que, com a repetição, tornaram-se condicionamentos armazenados no inconsciente constituem o que chamamos de eu inferior. Poderíamos conceber o eu inferior como uma criança ferida, um ser primitivo que precisa, em primeiro lugar, ser conhecido conscientemente para, em seguida, ser reeducado e integrado ao eu adulto.

Eu Superior. Vários termos são usados para representar o aspecto divino no homem, sendo o Eu Superior usado extensamente nesta obra. O Eu Superior engloba todos os níveis da natureza superior que manifestam os aspectos divinos no homem, sendo representado em nossa tradição pelo Cristo.

Exegese. Usado na teologia para comentário ou dissertação para esclarecimento ou minuciosa interpretação de um texto ou de uma palavra.

Exotérico. O termo exotérico, por outro lado, refere-se aos ensinamentos externos, abertos ao público.

Hermenêutica. Interpretação do sentido das palavras. Usado na teologia como interpretação dos textos sagrados.

Homem. O ser humano deve ser encarado como uma expressão microcósmica do macrocosmo. Essa ideia está na Bíblia quando é dito que o homem foi criado à imagem e semelhança de Deus. Sob esse prisma, o homem poderia ser considerado como uma expressão de Deus no mundo, ainda que limitada, servindo para o propósito divino de experimentar a limitação da matéria por um tempo determinado, até o retorno da consciência para a Fonte Una, que na Bíblia encontra expressão na parábola do Filho Pródigo. O homem é formado de matéria ou consciência dos sete planos, podendo ser também apresentado de forma simplificada como existindo em três níveis: espírito, alma e corpo.

Ícone. Imagem. Representação da figura de Cristo, da virgem ou de algum santo, geralmente usada nas igrejas grega e russa.

Iconoclasta. Aquele que destroi imagens ou ídolos e, por extensão, obras de arte. Pessoa que não respeita as tradições, a quem nada parece digno de culto ou reverência. Partidário da luta contra as imagens sagradas desencadeada no século VIII por Leão Issáurico (Leão II, 675-741).

Máscara. É o conjunto das imagens idealizadas de si próprio que o indivíduo desenvolve na infância, como tentativa de defesa contra as situações da vida que, na sua imaturidade infantil, não conseguia enfrentar de outro modo mais verdadeiro e construtivo. A máscara procura encobrir aqueles aspectos do eu inferior que o indivíduo teme que possam lhe causar problemas de relacionamento caso sejam conhecidos. A máscara é, portanto, uma falsidade que, no processo de autotransformação, deve ser a primeira meta a ser identificada e descartada, para então abrir espaço para o conhecimento do eu inferior a ser trabalhado. Assim como os condicionamentos do eu inferior, a máscara, ou melhor, as máscaras do indivíduo estão geralmente escondidas no inconsciente e demandam um trabalho de fôlego para sua identificação, daí a importância da verdade no caminho espiritual.

Mônada. Do grego *monás*, único, unidade. De acordo com o conceito filosófico de Leibnitz, uma substância simples, sem partes, que, agregada a outras substâncias, constitui as coisas de que a natureza se compõe. No esoterismo, representa o Deus imanente no homem; a centelha divina que envia um raio de sua essência que se encarna nos planos inferiores.

Paradigma. Modelo, padrão.

Parênese. Termo de origem grega que significa exortação, discurso moral.

Parusia. Doutrina exotérica cristã que trata do retorno do Cristo, quando seria estabelecido o Reino de Deus na Terra.

Personalidade. É o que imaginamos como o homem no mundo, um agregado de veículos e níveis de consciência que age, em geral, como um conjunto que segue a resultante das diferentes forças que atuam sobre ela, incluindo a força da alma, da mente concreta, das emoções e dos instintos. A personalidade também engloba o eu inferior e as máscaras.

Planos. Os planos poderiam ser entendidos como diferentes níveis de densidade da substância una, ou níveis de consciência, que para nós se apresentam como a dualidade Espírito-matéria. No mundo físico sabemos que a água pode se apresentar no estado sólido, como gelo; no estado líquido, como a água do rio; e no estado gasoso, como o vapor d'água que sobe de uma chaleira e se acumula nas nuvens. Essas três substâncias são diferentes densidades da mesma coisa, água. No cosmo, o mesmo ocorre numa escala mais ampla. O apóstolo Paulo fala de forma simplificada sobre o homem como sendo Espírito, alma e corpo. A maior parte das escolas esotéricas fala de sete planos de manifestação. Apesar de, para efeitos didáticos, serem geralmente apresentados na forma de prateleiras, em que o mais sutil está no topo, e o mais denso, o corpo físico, em baixo, uma apresentação mais correta seria a utilização de uma esfera, em que a sutilíssima Fonte Una estaria no centro, enquanto os planos progressivamente mais densos estariam em camadas cada vez mais distantes do centro, até que a mais grosseira, o corpo físico, apresentar-se-ia como a casca exterior. Os cientistas entendem esses planos de manifestação como diferentes dimensões da matéria. Como a Fonte Una está no âmago de todas as coisas, sendo referida na linguagem cristã como o aspecto imanente de Deus, algumas escolas esotéricas sugerem uma imagem para Deus como sendo o círculo que tem o seu centro em toda parte (é imanente) e sua circunferência em lugar nenhum (é infinito).

Proléptico. Que antecipa. Diz-se de um fato que se fixa segundo uma era ou método cronológico ainda não conhecido quando ele ocorreu.

Querigma. Do grego *kerygma*, proclamação em alta voz. Núcleo central da mensagem cristã. Anúncio da mensagem cristã ao não cristão destinado a despertar a fé e a conversão. Cada um dos trechos do Novo Testamento que transcrevem alguma modalidade de mensagem.

Soteriologia. Termo derivado da palavra grega, *soter*, salvador; parte da teologia que trata da salvação do homem.

Torá. Do hebraico *torah*. A lei mosaica. A escritura dos hebreus, que encerra o Pentateuco.

Unidade. Como tudo o que existe vem da Fonte Una, a dualidade nada mais é do que uma ilusão, *maya*, como chamam os orientais, resultado da limitação da nossa capacidade de percepção. A unidade é, portanto, o conceito fundamental de todo entendimento espiritual.

BIBLIOGRAFIA

Altizer, T.J.J., *The Contemporary Jesus* (State University of New York Press, 1997)

Amis, Robin, *A Different Christianity* (State University of New York Press, 1995)

Andrews, Ted, *O Cristo Oculto. Mistérios Angélicos* (SP: Pensamento, 1997)

Angus, Samuel, *The Mystery-Religions and Christianity* (NY: Carol Publishing, 1996)

Anônimo, *Igreja Católica Liberal, Informações Gerais* (Diocese do Brasil, 1985)

Anônimo, *A Nuvem do Não-Saber* (SP: Edições Paulinas, 1987)

Anônimo, *Bhagavad-Gitā* (Brasília: Ed. Teosófica, 2014)

Anônimo, *Conversations & Letters of Brother Lawrence. The Practice of the Presence of God* (Oxford: One World, 1993)

Anônimo, *Dhammapada, caminho da lei* (Brasília: Ed. Teosófica)

Anônimo, *Pequena Filocalia* (SP: Edições Paulinas, 1985)

Anônimo, *Relatos de um Peregrino Russo* (SP: Edições Paulinas, 1985)

Anônimo, *The Book of Enoch the Prophet* (Artisan Sales, 1980)

Arnold, E., *A Luz da Ásia* (Brasília: Ed. Teosófica)

Baigent, M, R. Leigh e H. Lincoln, *Holy Blood, Holy Grail* (NY: Dell, 1982)

Bailey, Alice, *A Treatise on Cosmic Fire* (NY: Lucis Publishing Co., 1962)

Bailey, Alice, *From Bethehem to Calvary, The Initiations of Jesus* (NY: Lucis Publishing Co., 1981)

Bailey, Alice, *The Reappearance of the Christ* (NY: Lucis Publishing Co., 1948)

Beauport, Elaine e Auro S. Diaz, *Inteligência Emocional – As Três Faces da Mente* (Brasília: Editora Teosófica, 1998)

Besant, Annie, *O Cristianismo Esotérico* (SP: Pensamento)

Besant, Annie, *Ocultismo, semiocultismo e pseudo-ocultismo* (Brasília: Editora Teosófica, 1996)

Besant, Annie, *Um Estudo Sobre o Karma* (SP: Pensamento)

Bianchi, Ugo (ed.), *The Origins of Gnosticism. Colloquium of Messina 1966* (Leiden: E.J. Brill, 1970)

Blavatsky, H.P., *A Doutrina Secreta* (SP: Pensamento), 6 volumes

Blavatsky, H.P., *Ísis sem Véu* (SP: Pensamento), 4 volumes

Blavatsky, H.P., *Ocultismo Prático* (Brasília: Ed. Teosófica, 2011)

Boff, Leonardo, *A águia e a galinha* (Petrópolis: Vozes, 1998)

Boff, Leonardo, *Igreja, Carisma e Poder* (SP: Editora Ática, 1994)

Bohm, David, *A Totalidade e a Ordem Implicada* (SP: Cultrix)

Borg, Marcus, *Jesus. A New Vision* (Harper San Francisco, 1991)

Borg, Marcus, *Meeting Jesus Again for the First Time* (Harper San Francisco, 1995)

Branco, Raul, *Pistis Sophia. Os Mistérios de Jesus* (Brasília: Ed. Teosófica, 2009)

Broek, R.v.d e W.J. Hanegraaff (ed.), *Gnosis and Hermeticism. From Antiquity to Modern Times* (State University of New York Press, 1998)

Brox, Norbert, *A Concise History of the Early Church* (NY: Continuum, 1995)

Brunton, Paul, *Ideias em Perspectiva* (SP: Pensamento)

Bulgakow, Sergei, *Sophia The Wisdom of God* (NY: Lindisfarne Press, 1993)

Bultmann, Rudolf, *History of the Synoptic Tradition* (Peabody, Mass: Hendrickson, 1963)

Burke, George, *An Eagle's Flight. Autobiography of a Gnostic Orthodox Christian* (Geneva, Nebraska: Saint George Press, 1994)

Charlesworth, J.H., *Jesus dentro do Judaísmo* (RJ: Imago Editora, 1992)

Cintra, Frei Raimundo, *Mergulho no Absoluto* (SP: Edições Paulinas, 1982)

Clemente de Alexandria, *Stromateis* (Washington, DC: The Catholic University of America, 1991)

Codd, Clara M., *Meditação, sua prática e resultados* (Brasília: Editora Teosófica, 1992)

Collins, Mabel, *Luz no Caminho* (Brasília: Ed. Teosófica, 2011)

Collins, Mabel, *O Idílio do Lótus Branco* (Brasília: Ed. Teosófica, 2000)

Cooper-Oakley, Isabel, *Maçonaria e Misticismo Medieval* (SP: Pensamento)

Coppens, Peter Roche de, *Divine Light and Fire: Experiencing Esoteric Christianity* (Rockport, Mass: Element, 1992)

Crossan, J.D., *In Parables. The Challenge of the Historical Jesus* (Sonoma, CA: Polebridge Press, 1992)

Crossan, J.D., *Jesus. Uma Biografia Revolucionária* (RJ: Imago Editora, 1995)

Crossan, J.D., *The Birth of Christianity* (Harper San Francisco, 1998)

Crossan, J.D., *The Historical Jesus* (Harper San Francisco, 1993)

Dodd, C.H., *The Parables of the Kingdom* (Londres: The Religious Book Club, 1942)

Dodd, C.H., *The Parables of the Kingdom* (NY: Scribner, 1961)

Donaldson, J. (ed.), *The Ante-Nicene Fathers: Translations of the Writings of the Fathers down to aD. 325* (Grand Rapids: William B. Eerdmans, 1981)

Drummond, R.H., *A Broader Vision. Perspectives on the Buddha and the Christ* (Virginia Beach, Virginia, 1995)

Duffy, Eamon, *Saints & Sinners. A History of the Popes* (Yale University Press, 1997)

Duncan, A, *Jesus, Ensinamentos essenciais* (SP: Cultrix)

Dunn, J.D.G., *Jesus' Call to Discipleship* (Cambridge University Press, 1995)

Eastcott, Michael J., *O Caminho Silencioso* (SP: Pensamento)

Ellerbe, Helen, *The Dark Side of the Christian History* (San Rafael, CA: Morningstar Books, 1995)

Ferguson, Everet, *Backgrounds of Early Christianity* (Grand Rapids: W.B. Eerdmans, 1993)

Fideler, David, *Jesus Christ Sun of God* (Wheaton, Ill: Quest Books, 1993)

Fortune, Dion, *The Mystical Qabalah* (NY: Samuel Weiser, 1996)

Fox, Matthew, *Original Blessing* (Santa Fe, NM: Bear & Co, 1983)

Franciso de Assis, *Escritos e biografia de São Francisco de Assis* (Petrópolis: Vozes, 1988)

Funk, R. e R. Hoover (ed.), *The Five Gospels. The search for the authentic words of Jesus* (NY: Macmillan, 1993)

Funk, R.W., *Honest to Jesus* (Harper San Francisco, 1996)

Funk, R.W., *New Gospel Parallels* (Santa Rosa, CA: Polebridge Press, 1995)

Funk, R.W., *The Acts of Jesus.What did Jesus Really Do?* (Harper San Francisco, 1998)

Galilea, *A Sabedoria do Deserto, atualidade dos Padres do deserto na espiritualidade contemporânea* (SP: Edições Paulinas, 1986)

Garner, Adelaide, *Meditação, um estudo prático* (Brasília: Editora Teosófica, 1995)

Gibran, Kahlil, *Jesus the Son of Man* (Oxford: One World, 1993)

Goldsmith, Joel S., *As Palavras do Mestre* (SP: Pensamento)

Goleman, Daniel, *Inteligência Emocional* (RJ: Editora Objetiva, 1995)

Good, Dierdre J., *Reconstructing the Tradition of Sophia in Gnostic Literature* (Atlanta, GE: Scholars Press, 1987)

Graves, Kersey, *The World's Sixteen Crucified Saviors, or Christianity before Christ* (Montana: Kessinger Publishing Co.)

Haardt, Robert, *Gnosis. Character and Testimony* (Leiden: E.J. Brill, 1971)

Hall, Manly, *The Mystical Christ* (Los Angeles: The Philosophical Research Society, 1993)

Hall, S.G., *Doctrine and Practice in the Early Church* (Grand Rapids, Michigan: W.B. Eerdmans, 1991)

Haven-Smith, L., *The Hidden Teachings of Jesus. The Political Meaning of the Kingdom of God* (Grand Rapids, MI: Phanes Press, 1994)

Hawking, S.W., *Uma Breve História do Tempo* (RJ: Rocco, 1994)

Helms, Randel, *Gospel Fictions* (Amherst, NY: Prometheus Books, 1988)

Hodson, Geoffrey, *A Vida do Cristo do Nascimento à Ascensão* (Brasília: Editora Teosófica, 1999)

Hodson, Geoffrey, *Os Sete Temperamentos Humanos* (Brasília: Ed. Teosófica, 2012)

Hodson, Geoffrey, *O Lado Interno do Culto na Igreja* (SP: Pensamento)

Hodson, Geoffrey, *A Sabedoria Oculta na Bíblia Sagrada* (Brasília, Editora Teosófica, 2007)

Hoeller, Stephan A., *A Gnose de Jung e os Sete Sermões aos Mortos* (SP: Cultrix)

Hoeller, Stephan A., *Jung e os Evangelhos Perdidos* (SP: Pensamento, 1994)

Hultgren, A.J. e S.A. Haggmark (ed.), *The Earliest Christian Heretics. Readings From Their Opponents* (Minneapolis: Fortress Press, 1996)

Imbach, Josef, *Three Faces of Jesus. How Jews, Christians and Muslims See Him* (Springfield, Ill: Templegate, 1992)

Jean-Nesmy, Claude, *São Bento e a vida monástica* (RJ: Livraria Agir Editora, 1962)

Jeremias, J., *The Parables of Jesus* (NY: Scribner, 1963)

Jinarajadasa, C., *The Nature of Mysticism* (Adyar, India: Theosophical Publishing House, 1934)

João da Cruz, *Obras Completas* (Petrópolis: Vozes, 1996)

Johnston, W., *Cristianismo Zen. Uma forma de meditação* (SP: Cultrix, 1991)

Jonas, Hans, *The Gnostic Religion* (Boston: Beacon Press, 1991)

Jung, C.G., *AION, Estudos sobre o simbolismo do si-mesmo* (Petrópolis, RJ: Vozes, 1994)

Jung, C.G., *Memories, Dreams, Reflections* (NY: Vintage Books, 1963)

Kaplan, Aryeh, *Meditation and the Bible* (York Beach, Maine: Samuel Weiser, 1988)

Keating, Thomas, *Crisis of Faith, Crisis of Love* (NY: Continuum, 1998)

Keating, Thomas, *Invitation to Love. The Way of Christian Contemplation* (NY: Continuum, 1996)

Keating, Thomas, *Open Mind Open Heart* (NY: Continuum, 1997)

Kempis, Thomas, *Imitação de Cristo* (SP: Edições Paulinas, 1987)

Kersten, H. e E. R. Gruber, *O Buda Jesus. As Fontes Budistas do Cristianismo* (SP: Editora Best Seller, 1995)

King, C.W., *Gnostics and Their Remains* (Minneapolis: Wizards Bookshelf, 1973)

Kingsland, William, *The Gnosis or Ancient Wisdom in the Christian Scriptures* (Dorset, GB: Solos Press, 1993)

Kloppenborg, John (ed.), *The Shape of Q. Signal Essays on the Sayings Gospel* (Minneapolis, Fortress Press, 1994)

Koester, H., *Ancient Christian Gospels: their history and development* (Philadelphia, PA: Trinity Press, 1990)

Koester, H., *History and Literature of Early Christianity* (NY: Walter de Gruyter, 1987)

Krishnamurti, *Aos Pés do Mestre* (Brasília: Ed. Teosófica, 2010)

Lacarriere, Jacques, *The Gnostics* (San Francisco: City Lights Books, 1989)

Lao Tse, *O Livro do Caminho Perfeito (Tao Te Ching)* (Brasília: Ed. Teosófica,2014)

Layton, Bentley (ed.), *The Rediscovery of Gnosticism (*Leiden: E.J. Brill, 1981)

Leadbeater, C.W. *O Lado Oculto das Coisas* (Brasília: Ed. Teosófica, 2014)

Leadbeater, C.W., *A Gnose Cristã* (Brasília: Editora Teosófica, 1994)

Leadbeater, C.W., *O Credo Cristão* (SP: Pensamento)

Leadbeater, C.W., *Os Mestres e a Senda* (Brasília: Ed. Teosófica, 2014)

Leloup, J.Y. (tr.), *O Evangelho de Tomé* (Petrópolis, RJ: Editora Vozes, 1997)

Logan, A.H.B. (ed.), *The New Testament and Gnosis* (Edinburgh: T&T Clark, 1983)

Luckert, K.W., *Egyptian Light and Hebrew Fire. Theological and Philosophical Roots of Christendom in Evolutionary Perspective* (State University of New York Press, 1991)

Ludemann, Gerd, *Heretics. The Other Side of Early Christianity* (Louisville, Ke: Westminster John Knox Press, 1996)

MacDermot, Violet, *Pistis Sophia* (Leiden: E.J. Brill, 1978)

Mack, Burton, *O Evangelho Perdido* (RJ: Imago, 1994)

Mack, Burton, *Who Wrote the New Testament?* (Harper San Fransciso, 1989)

Magne, Jean, *From Christianity to Gnosis and From Gnosis to Christianity* (Atlanta, GE: Scholars Press, 1993)

Maia, Marcia, *Evangelhos Gnósticos* (SP: Mercuryo, 1992)

Mailer, Norman, *O Evangelho Segundo o Filho* (RJ: Record, 1997)

Marxsen, Willi, *Jesus and the Church. The Beginnings of Christianity (*Philadelphia: Trinity Press, 1992)

Massey, G., *Gerald Massey's Lectures* (NY: A&B Books, 1992)

Massey, Gerald, *The Historical Jesus and the Mythical Christ* (NY: A&B Books, 1992)

McGinn, Bernard (ed.), *Christian Spirituality. Origens to the Twelfth Century* (NY: SCM Press, 1996)

McManners, John (ed.), *The Oxford History of Christianity* (Oxford University Press, 1993)

Mead, G.R.S., *Fragments of a Faith Forgotten* (Londres: Theosophical Publishing Society, 1906)

Mead, G.R.S., *O Hino de Jesus. Um Rito Gnóstico* (Brasília: Editora Teosófica, 1994)

Mead, G.R.S., *Pistis Sophia. A Gnostic Gospel* (Blauvelt, NY: Spiritual Science Library, 1984)

Mechthild de Magdeburg, *The Revelations of Mechthild of Magdeburg (1219-1297)* (Londres: Longmans, Green, 1953)

Mehta, Rohit, *Procura o Caminho* (Brasília: Ed. Teosófica, 2012)

Mehta, Rohit, *Yoga. A arte da integração* (Brasília: Editora Teosófica, 1995)

Meninger, William, *The Loving Search for God* (NY: Continuum, 1994)

Merkur, Dan, *Gnosis. An Esoteric Tradition of Mystical Visions and Unions* (State University of New York Press, 1993)

Merton, Thomas, *Mystics and Zen Masters* (NY: The Noonday Press, 1994)

Merton, Thomas, *No Man is an Island* (NY: A Harvest Book, 1955)

Merton, Thomas, *The Seven Storey Mountain* (Londres: SPCK, 1995)

Merton, Thomas, *Zen e as Aves de Rapina* (SP: Cultrix, 1987)

Mitchell, Stephen, *O Evangelho Segundo Jesus. Uma nova tradução e guia de seus ensinamentos essenciais para cristãos e não cristãos* (RJ: Imago Editora, 1996)

Moody Jr, R.ª, *The Light Beyond* (NY: Bantan Books, 1988)

Mouravieff, Boris, *Gnosis, Study and Commentaries on the Esoteric Tradtion of Eastern Orthodoxy* (Newbury, MA: Praxis Institute Press, 1990), 3 volumes

Needleman, Jacob, *Cristianismo Perdido* (SP: Pensamento)

Nicholson, Shirley, *Sabedoria Antiga e Visão Moderna* (Brasília, Editora Teosófica, 1991)

Nikodimos e Makarios (ed.), *The Philokalia, The complete text* (Londres: Faber & Faber, 1979-1985), 5 volumes

O'Grady, Joan, *Heresy* (Dorset, GB: Element Books, 1985)

Ocarm, Carlos M., *Paulo Apóstolo. Um trabalhador que anuncia o Evangelho* (SP: Edições Paulinas, 1991)

Otto, Rudolf, *Mysticism East and West. A Comparative Analysis of the Nature of Mysticism* (The Macmillan Co., 1932)

Pagels, Elaine, *Adam, Eve and the Serpent* (NY: Vintage Books, 1989)

Pagels, Elaine, *Os Evangelhos Gnósticos* (SP: Pensamento)

Pagels, Elaine, *The Gnostic Paul* (Philadelphia: Trinity Press, 1992)

Pagels, Elaine, *The Origin of Satan* (NY: Random House)

Pearson, Birger A., *Gnosticism, Judaism, and Egyptian Christianity* (Minneapolis: Fortress Press, 1990)

Pearson, E.N., *O Pai Nosso à Luz da Teosofia* (SP: Palas Athena)

Perkins, Pheme, *Gnosticism and the New Testament* (Minneapolis: Fortress Press, 1993)

Perrin, N., *Rediscovering the Teachings of Jesus* (Londres: SCM Press, 1967)

Perrin, Norman, *Jesus and the Language of the Kingdom. Symbol and Metaphor in New Testament Interpretation* (Philadelphia: Fortress Press, 1976)

Pierrakos, E. e D. Thesenga, *Não Temas o Mal* (SP: Cultrix)

Pierrakos, Eva, *O Caminho da Autotransformação* (SP: Cultrix)

Prabhavananda, Swami, *O Sermão da Montanha Segundo o Vedanta* (SP: Pensamento)

Prophet, M.L. e E.C. Prophet, *Os Ensinamentos Ocultos de Jesus* (RJ: Nova Era, 1997)

Rabten, Geshe, *A Senda Graduada para a Libertação* (Brasília: Editora Teosófica, 1993)

Ramacharaca, Yogue, *Jnana-Yoga. Yoga da Sabedoria* (SP: Pensamento, 1974)

Riley, Gregory J., *One Jesus, Many Christs. How Jesus Inspired not one true Christianity but many* (Harper San Francisco, 1997)

Robinson, J. (ed.), *The Nag Hammadi Library* (San Francisco: Harper)

Rolle, Richard, *The Forms of Living* (NY: Paulist Press, 1988)

Ross, H.M., *Thirty Essays on the Gospel of Thomas* (Dorset: Element Books, 1990)

Ru Shin, Abd, *Os Dez Mandamentos de Deus. O Pai Nosso* (Stuttgart: Stiftung Gralsbotschaft, 1954)

Ruysbroeck, John, *The Adornment of the Spiritual Marriage. The Sparkling Stone. The Book of Supreme Truth* (Kila, Montana: Kessinger Publishing)

Salwak, Dale (ed.), *The Words of Christ* (Novato, CA: New World Library, 1996)

Schneemelcher, W. (ed.), *New Testament Apocrypha* (Louisville, USA: Westminster/John Knox Press, 1991), 2 volumes

Schuon, Frithjof, *Gnosis Divine Wisdom* (Pates Manor, GB: Perennial Books, 1990)

Schweitzer, Albert, *The Quest of the Historical Jesus: a Critical Study of Its Progress from Reimarus to Wrede* (NY: Macmillan, 1961)

Scott, Walter (ed.), *Hermetica* (Boston: Shambhala, 1985), 4 volumes

Segal, R.A. (ed.), *The Allure of Gnosticism* (Chicago: Open Court, 1995)

Segal, R. A. (ed.), *The Gnostic Jung* (Princeton University Press, 1992)

Silva, Georges e Rita Homenko, *Budismo: Psicologia do Autoconhecimento* (SP: Pensamento)

Simeão, o novo teólogo, *Oração Mística* (SP: Edições Paulinas)

Smith, Merton, *The Secret Gospel: The Discovery and Interpretation of the Secret Gospel According to Mark* (Clearlake, CA: The Dawn Horse Press, 1982)

Staz, Mario, *Jesus Terapeuta e Cabalista* (SP: Editora Ground, 1988)

Steiner, Rudolf, *Christianity as Mystical Fact* (NY: Anthroposophic Press, 1997)

Steiner, Rudolf, *From Buddha to Christ* (NY: Anthroposophic Press, 1987)

Steiner, Rudolf, *From Jesus to Christ* (Sussex, GB: Rudolf Steiner Press, 1991)

Suares, Carlo, *The Second Coming of Reb Yhshwh* (York Beach, ME: Samuel Weiser, 1994)

Sutherland, Claire, *Dentro da Luz* (Brasília: Editora Teosófica, 1998)

Taimni, I. K., *A Ciência do Yoga* (Brasília: Editora Teosófica, 1996)

Taimni, I. K., *Autocultura à Luz do Ocultismo* (Brasília: Editora Teosófica, 2007)

Talbot, Michael, *O Universo Holográfico* (SP: Best Seller)

Teilhard de Chardin, P, *Christianity and Evolution* (NY: A Harvest Book, 1974)

Teresa de Ávila, *Castelo Interior ou Moradas* (SP: Paulus, 1981)

Thesenga, Susan, *O Eu Sem Defesas* (SP: Cultrix, 1997)

Thiede, C.P. e Matthew D'Ancona, *Testemunha Ocular de Jesus. Novas Provas em Manuscrito sobre a Origem dos Evangelhos* (RJ: Imago Editora, 1996)

Tolstoy, Leo, *The Kingdom of God is Within You. Christianity not as a mystic religion but as a new theory of life* (University of Nebraska Press, 1984)

Trungpa, Chogyan, *Além do Materialismo Espiritual* (SP: Cultrix)

Underhill, Evelyn, *Mysticism. The Nature and Development of Spiritual Consciousness* (Oxford: One World, 1993)

Vários, *A Bíblia de Jerusalém* (SP: Edições Paulinas, 1993)

Vermes, Geza, *The Religion of Jesus the Jew* (Minneapolis: Fortress Press, 1993)

W. Nigg, *The Heretics: Heresy Through the Ages* (NY: Dorset Press, 1962)

Wagner, W.H., *After the Apostles. Christianity in the Second Century* (Minneapolis: Fortress Press, 1994)

Weaver, W.P. e J.H. Charlesworth (ed.), *Earthing Christologies. From Jesus'Parables to Jesus the Parable* (Valley Forge, PA: Trinity Press, 1995)

Welburn, Andrew, *As Origens do Cristianismo* (SP: Best Seller, 1991)

Welch, John, *Spiritual Pilgrins* (NY: Paulist Press, 1982)

Wink, Walter, *Cracking the Gnostic Code. The Powers in Gnosticism* (Atlanta, GE: Scholars Press, 1993)

Winterhalter, R. *Jesus' Parables. Finding our God Within* (NY: Paulist Press, 1993)

O PODER TRANSFORMADOR DO CRISTIANISMO PRIMITIVO

O autor, alicerçado em suas obras anteriores: *PISTIS SOPHIA e OS ENSINAMENTOS DE JESUS E A TRADIÇÃO ESOTÉRICA CRISTÃ*, foi especialmente feliz em colocar em linguagem simples a resposta a muitos questionamentos sobre a vida espiritual geralmente formulados por aqueles que insistem em entender a mensagem bíblica e as doutrinas cristãs.

O Cristianismo original é especialmente relevante para o atual momento de transição em que vivemos. O leitor será levado a concluir que os ensinamentos essenciais de Jesus são tão relevantes e contundentes para nossa sociedade moderna como foram para os primeiros seguidores do Caminho. Seu resgate poderia ser considerado como uma obra da Providência Divina.

Todo devoto sincero que busca conhecer o âmago dos ensinamentos de Jesus encontrará em *O PODER TRANSFORMADOR DO CRISTIANISMO PRIMITIVO* a resposta a seus anseios. O autor apresenta, de forma sistematizada, os ensinamentos e as práticas espirituais essenciais que, ao longo dos séculos, levaram tantos milhares de cristãos à experiência de Deus e, finalmente, à união com o Pai, geralmente referida como a Ascensão ao Céus.

Dentre os temas examinados destacam-se os fundamentos práticos da vida ética, o despertar do Cristo interior, o conhecimento da verdade que nos libertará, o entendimento da crença em Cristo, as chaves para a interpretação da Bíblia e as práticas espirituais que nos levam ao exercício da contemplação.

Para Padre Marcelo Barros, prior do mosteiro beneditino de Goiás Velho: "Este livro do Raul é um presente de amor para você que o lê e para todo mundo que busca a Paz através do diálogo e da superação das intransigências, discriminações e fundamentalismos".

PISTIS SOPHIA
OS MISTÉRIOS DE JESUS

COMENTÁRIOS DE HELENA BLAVATSKUY

TRADUÇÃO E INTERPRETAÇÃO
RAUL BRANCO

PISTIS SOPHIA - Os Mistérios de Jesus contém parte dos ensinamentos secretos de Jesus que foram ministrados aos discípulos após a ressurreição do Mestre.

Originalmente escrito em grego e tido como perdido, esse documento foi encontrado numa tradução para o copto, a língua do Alto Egito nos primeiros séculos da nossa era.

A tradição oral confirma a importância de *Pistis Sophia* como o mais esotérico de todos os ensinamentos de Jesus que foram preservados.

Esta edição, revisada e com comentários adicionais de Helena Blavatsky, contém novas sugestões de interpretações na Introdução e mais de 400 notas explicativas ao longo do texto, facilitando assim seu entendimento.

Maiores informações sobre Teosofia e o Caminho Espiritual podem ser obtidas escrevendo para a **Sociedade Teosófica no Brasil** no seguinte endereço: SGAS Quadra 603, Conj. E, s/ nº, CEP 70.200-630 Brasília, DF. O telefone é (61) 3226-0662. Também podem ser feitos contatos pelo fax (61) 3226-3703 ou e-mail: secretaria@sociedadeteosofica.org.br
site: www.sociedadeteosofica.org.br.